ARCHIVES HISTORIQUES

DU POITOU

I

POITIERS
IMPRIMERIE DE HENRI OUDIN,
RUE DE L'ÉPERON, 4
1872

SOCIÉTÉ

DES

ARCHIVES HISTORIQUES

DU POITOU.

STATUTS ET ORGANISATION

DE LA

SOCIÉTÉ DES ARCHIVES HISTORIQUES

DU POITOU.

Le 29 novembre 1871, la lettre suivante a été adressée aux personnes connues par leurs publications ou par l'intérêt qu'elles portent à tout ce qui se rattache à l'histoire du Poitou :

MONSIEUR,

Malgré les nombreux travaux qui depuis quelques années ont été consacrés à notre histoire locale, celle-ci n'est encore qu'imparfaitement connue. Il y a surtout beaucoup à recueillir dans les documents manuscrits que leur dispersion et surtout la difficulté qu'offre la lecture de la plupart aux personnes qui ne se sont pas livrées aux études spéciales de la paléographie, n'ont pas permis de consulter fructueusement. De plus, des sinistres récents et trop souvent répétés sont venus nous donner un grave avertissement et nous dire qu'il n'est que temps de sauver de la destruction les enseignements que le passé nous a légués. Venir en aide aux travailleurs en leur conservant les matériaux qui peuvent servir à composer leurs œuvres, tel est le but que se propose la SOCIÉTÉ DES ARCHIVES HISTORIQUES DU POITOU.

Cette Société nouvelle n'a nullement l'intention de se substituer à celles qui sont déjà constituées dans notre pays et qui suivent avec honneur la voie qu'elles se sont depuis longtemps tracée. Elle vient seulement les seconder et les compléter. Chacun sait qu'il est aujourd'hui impossible de publier une œuvre d'histoire sans l'accompagner de ses preuves; or, ces textes, qui peuvent être utiles à d'autres qu'à celui qui les a recueillis pour un travail spécial, ont parfois de la peine à rentrer dans le cadre des publications annuelles de nos Sociétés; nous serons heureux de leur ouvrir nos colonnes.

Faisant appel au concours de tous ceux qui se soucient de l'honneur de leur pays et qui ont à cœur de conserver les souvenirs glorieux de son passé, nous espérons que vous voudrez bien vous joindre à nous, et nous nous empressons de vous soumettre le règlement de notre Association.

> BARDONNET, *membre de plusieurs Sociétés savantes*; BONSERGENT, *ancien bibliothécaire de la ville de Poitiers*; DE LA BOUTETIÈRE, *membre de la Société des Antiquaires de l'Ouest*; LECOINTRE-DUPONT père, *membre de plusieurs Sociétés savantes*; LEDAIN, *membre de l'Institut des provinces*; RÉDET, *ancien archiviste du département de la Vienne*; RICHARD, *archiviste du département de la Vienne*.

De nombreuses adhésions ont répondu à cet appel, et, le 24 décembre 1871, s'est tenue à Poitiers une première réunion dans laquelle la Société des Archives historiques du Poitou s'est constituée.

Le règlement provisoire joint à la lettre-circulaire du 29 novembre a été légèrement modifié et définitivement adopté à la séance du 18 avril 1872, ainsi qu'il suit :

I.

Il est établi à Poitiers une Association, sous le nom de *Société des Archives historiques du Poitou*.

II.

Cette Société a pour but la publication de textes inédits, relatifs à l'histoire de la province, de ses villes, de ses établissements, de ses notabilités.

III.

Elle compte 60 membres divisés en membres titulaires et membres honoraires, par égale portion.

IV.

Les membres titulaires sont tenus de fournir dans un délai de trois ans, à partir du jour de leur entrée dans la Société, un travail de nature à être inséré dans ses publications ; sinon, ils seront considérés comme membres honoraires et devront en acquitter les charges. Ils versent une cotisation annuelle de 15 francs.

V.

Les membres honoraires, dont le concours actif n'est pas obligatoire, versent une cotisation annuelle de 25 francs.

VI.

Le siége de la Société est fixé aux Archives du département de la Vienne.

VII.

La Société se réunit quatre fois par an, le 3ᵉ jeudi des mois de janvier, avril, juillet et novembre, et décide de toutes les questions qui lui sont soumises.

VIII.

Le bureau de la Société, qui est en même temps le Comité de publication, est nommé à la séance de novembre. Il se compose d'un président, d'un secrétaire, d'un trésorier et de quatre membres.

IX.

Le président représente la Société dans ses relations extérieures, convoque et préside les réunions, reçoit la correspondance et détermine la part de travail qui peut incomber à chacun des membres du Comité.

X.

Le bureau revise les textes communiqués par les membres ou par des personnes étrangères, propose à la Société ceux qui lui paraissent dignes d'être publiés, voit les dernières épreuves et donne le bon à tirer, enfin procède à la confection des tables, ou désigne, sur la demande qui lui en serait faite, un membre de la Société pour se charger de ce soin.

XI.

La Société publie chaque année un ou deux volumes grand in-8º, d'environ 25 feuilles d'impression.

XII.

Le volume est tiré à 150 exemplaires numérotés sur papier de choix, qui sont destinés à la vente, et à un certain nombre d'exemplaires sur papier de luxe, dont l'emploi est déterminé ci-après.

XIII.

Chaque membre a droit à un exemplaire des publications de la Société sur papier vergé, à bras; cet exemplaire portera dans un cartouche le nom imprimé du sociétaire. L'auteur d'un travail égal au moins à cinq feuilles d'impression, inséré dans le volume, recevra un second exemplaire, ainsi que les membres du bureau et celui qui aura été chargé de la confection des tables.

XIV.

Le tirage à part des travaux édités par la Société ne peut être autorisé que jusqu'à concurrence de cinq exemplaires.

XV.

Le but de celle-ci étant uniquement la publication de textes inédits, ceux-ci ne pourront être accompagnés que d'une notice explicative du document, indiquant sa provenance, son objet, et les causes qui lui ont mérité d'être publié.

XVI.

Chaque volume est précédé d'un extrait de la décision de la Société qui autorise sa publication, et est terminé par une table alphabétique de tous les noms de personnes et de lieux cités dans le volume, et, s'il y a lieu, par une table des matières.

XVII.

Les membres de la Compagnie sont invités à recueillir tous renseignements relatifs à l'histoire de nos Archives locales, à leurs inventaires, à la dispersion des documents manuscrits. Ces notes, si la situation budgétaire le permet, serviraient à la confection d'un Annuaire qui relaterait en même temps les actes de la Société et en mettrait ainsi les membres en communion plus intime.

XVIII.

A partir de la constitution définitive de la Société, nul ne sera admis à en faire partie que sur la présentation écrite et signée par trois membres. Le vote aura lieu au scrutin secret dans la séance qui suivra celle de la présentation, et il faudra pour être élu avoir réuni les trois quarts des suffrages des membres assistants à la séance.

XIX.

Le présent règlement ne pourra être modifié que de l'assentiment des deux tiers des membres présents à la séance dont la lettre de convocation énoncera les points qui seront soumis à une nouvelle discussion. Toute demande de modification du règlement devra être faite par écrit et signée de trois membres.

LISTE GÉNÉRALE

DES MEMBRES

DE LA SOCIÉTÉ DES ARCHIVES HISTORIQUES DU POITOU

POUR L'ANNÉE 1872.

Membres titulaires :

MM.

Audinet, ancien recteur, à Poitiers.
Barthélemy (A. de), membre du Comité des travaux historiques, à Paris.
Beauchet-Filleau, correspondant du ministère de l'Instruction publique, à Chef-Boutonne.
Beaudet (A.), licencié en droit, à Saint-Maixent.
Bonsergent, ancien bibliothécaire, à Poitiers.
Chamard (Dom), religieux bénédictin, à Ligugé.
Chasteigner (Cte A. de), membre de plusieurs Sociétés savantes, à Ingrandes (Vienne).
Clervaux (Cte de), membre de plusieurs Sociétés savantes, à Saintes.
Delayant, bibliothécaire de la ville, à la Rochelle.
Délisle (L.), membre de l'Institut, à Paris.
Delpit (J.), secrétaire de la Société des Archives historiques de la Gironde, à Izon.
Desaivre, docteur en médecine et maire, à Champdeniers.
Favre (L.), à Niort.
Fillon (Benjamin), à Fontenay-le-Comte.

MM.

Frappier (P.), membre de la Société de Statistique des Deux-Sèvres, à Niort.
Gouget, archiviste de la Gironde, à Bordeaux.
Ledain, membre de l'Institut des provinces, à Poitiers.
Lièvre, pasteur, président du Consistoire, à Angoulême.
Ménard, ancien proviseur, à Poitiers.
Ménardière (de la), professeur à la Faculté de Droit, à Poitiers.
Orfeuille (Cte R. d'), membre de la Société des Antiquaires de l'Ouest, à Poitiers.
Palustre (Léon), conservateur du Musée, à Tours.
Port (C.), archiviste de Maine-et-Loire, à Angers.
Rédet, ancien archiviste de la Vienne, à Poitiers.
Rencogne (de), archiviste de la Charente, à Angoulême.
Richard (A.), archiviste de la Vienne, à Poitiers.
Richemond (L. de), archiviste de la Charente-Inférieure, à la Rochelle.
Rochebrochard (L. de la), membre de la Société de Statistique des Deux-Sèvres, à Niort.
Tourette (L. de la), docteur en médecine, à Loudun.

Membres honoraires :

MM.

Bardonnet (A.), membre de plusieurs Sociétés savantes, à Niort.
Boutetière (Cte de la), membre de la Société des Antiquaires de l'Ouest, à Chantonnay (Vendée).
Brossé (de la), membre de la Société des Antiquaires de l'Ouest, à Poitiers.
Chéruel, recteur de l'Académie de Poitiers.
Mgr Cousseau, évêque d'Angoulême.
Deschastelliers, curé de Notre-Dame, à Poitiers.
Dubeugnon, professeur à la Faculté de Droit, à Dijon.
Lecointre-Dupont père, membre de plusieurs Sociétés savantes, à Poitiers.
Marchegay (P.), ancien archiviste, aux Roches-Baritaud (Vendée).

MM.

ROCHETHULON (Mis DE LA), député de la Vienne, à Beaudiment (Vienne).
TRANCHANT, conseiller d'État, à Paris.
TRIBERT (L.), député des Deux-Sèvres, à Champdeniers.

Bureau :

MM.

RÉDET, président.
RICHARD, secrétaire.
LEDAIN, trésorier.
BONSERGENT,   membre du Comité.
BARDONNET,   id.
BOUTETIÈRE (DE LA), id.
AUDINET,   id.

CARTULAIRE

DU PRIEURÉ

DE SAINT-NICOLAS

DE POITIERS

———

L'église de Saint-Nicolas devait sa fondation à Agnès de Bourgogne, veuve de Guillaume le Grand, duc d'Aquitaine, remariée avec Geoffroi Martel, comte d'Anjou. Les documents relatifs à son origine, aux possessions dont elle fut dotée et à ses vicissitudes jusqu'au commencement du XIIe siècle, constituent le petit cartulaire que nous reproduisons littéralement. Ce cartulaire fait partie d'un manuscrit sur papier, sans pagination et sans couverture, conservé aux archives du département de la Vienne, fonds de l'abbaye de Montierneuf. Il en remplit les deux premiers cahiers, comprenant 14 feuillets de 0,30 centimètres de haut sur 0,22 de large. Il paraît avoir été écrit au commencement du XVe siècle. Le troisième cahier, composé de 7 feuillets, contient la chronique de Martin, moine de Montierneuf, publiée en majeure partie par DD. Martène et Durand dans le *Thesaurus novus anecdotorum*, t. 3, col. 1209, et le surplus par M. Ch. de Chergé à la suite de sa Notice historique sur l'abbaye de Montierneuf, dans les Mémoires de la Société des Antiquaires de l'Ouest, t. 11, p. 258. Cette chronique est suivie d'un traité passé en 1166 entre le chapitre de Saint-Hilaire et la même abbaye de Montierneuf pour régler les droits et obligations réciproques de ce chapitre et du monastère de Saint-Nicolas, qui dépendait alors de Montierneuf : il occupe les trois dernières pages du troisième cahier, mais il n'y est pas transcrit en entier ; la fin devait se trouver dans un quatrième cahier, qui est perdu. Cet acte a été imprimé, d'après l'original, parmi les *Documents pour l'histoire de l'église de Saint-Hilaire de Poitiers*, dans les Mémoires de la même Société, t. 14, p. 175.

Le cartulaire de Saint-Nicolas se compose de quarante-cinq pièces, dont trois seulement sont datées. Comme un assez grand nombre de ces actes ne renferment que des noms de personnes obscures qu'on ne rencontre point dans d'autres documents datés, il n'est pas facile de les classer chronologiquement. Les deux premiers prieurs de Saint-Nicolas, nommés comme témoins, peuvent être de quelque secours dans cette tâche. Hugues, le premier connu, ne figure dans aucun acte à date certaine, mais la pièce XL du cartulaire prouve qu'il vivait encore sous le règne de Guillaume VIII, duc d'Aquitaine. Il a eu pour successeur Simon (n° XXXVII), qui a souscrit une charte de Saint-Hilaire de 1078 ou 1079. Les actes où paraît Hugues sont donc antérieurs à 1078 ; faute d'autres données, ceux où intervient Simon ont été placés vers 1080.

Mais l'absence de date est surtout regrettable dans la charte de fondation, qui malheureusement a subi de graves altérations. Il est manifeste d'abord que les dispositions exprimées à partir des mots *Legavit quoque comes Guillelmus* jusqu'à ceux-ci : *Si quis vero donaria ista*, ont été interpolées. Ce n'est plus Agnès qui parle ; c'est un anonyme qui énonce des faits postérieurs à la fondation. Ensuite les souscriptions ne se rapportent aucunement à l'époque où vivait cette comtesse, qui a terminé ses jours peu après 1068 ; car elles mettent en scène Guillaume IX, duc d'Aquitaine, fils de Geoffroi, auquel il a succédé en 1086 ; Philippe, femme du même Guillaume IX, qu'elle a épousé en 1094 ; Guillaume, leur fils, et enfin Goscelin, trésorier de Saint-Hilaire et archevêque de Bordeaux, mort le 19 juin 1086. Ces souscriptions mensongères ont été maladroitement substituées à celles qui terminaient la charte d'Agnès et à la suite desquelles était probablement indiquée l'année de l'Incarnation. Pour suppléer cette date, il faut recourir à d'autres documents. Les premiers mots de la XII° pièce du cartulaire : *Edifficavit Agnes comitissa in mercato Pictavensi in honore sancti Nicholai ecclesiam pro filio suo comite scilicet Guillelmo*, apprennent que Guillaume, fils d'Agnès, était comte du Poitou lorsque fut édifiée l'église de Saint-Nicolas : or Guillaume VII, surnommé Aigret, succéda à Eudes en 1039 et mourut en 1058. Il est permis d'inférer d'une disposition contenue dans la pièce n° XIII, que la fondation du monastère dont il s'agit est antérieure à 1052; d'autre part, il semblerait résulter d'un passage de la chronique de Martin, moine de Montierneuf, qu'elle est postérieure à celle de l'abbaye de Notre-Dame de Saintes, qui eut lieu en 1047. Voici en quels termes s'exprime le chroniqueur : *Mater vero Agnes videlicet comitissa hec fecit monasteria, monasterium Vindomiense in territorio Carnoteno, quod admodum largis possessionibus honoravit, monasterium sancte Dei genitricis sanctimonialium in suburbio Xanctonice civitatis, monasterium quoque Sancti Nicholai in suburbio Pictave civitatis, quibus eciam ample neccessaria tribuit.* Ce serait donc entre les années 1047 et 1052 que se placerait l'origine du monastère de Saint-Nicolas, conclusion conforme à l'opinion de dom Fonteneau, qui attribue cette fondation à l'année 1050 environ (t. 20, p. 57, note 2, et p. 111, note 7).

La charte d'Agnès a été publiée par dom Martène dans le *Thesaurus novus anecdotorum*, avec la date de 1060 environ; mais ce texte renfermant d'assez nombreuses incorrections, nous n'avons pas cru devoir nous contenter d'y renvoyer; nous avons également jugé à propos de reproduire intégralement quatre autres pièces déjà imprimées dans différents ouvrages.

On trouve dans la collection de dom Fonteneau, tomes 12 et 20, la plupart des actes qui composent le cartulaire; mais la copie en a été prise sur celle qui, d'après ce cartulaire, a été insérée dans un terrier du prieuré de Saint-Nicolas, aussi conservé aujourd'hui aux archives du département de la Vienne. Dom Fonteneau a donné une date approximative aux actes dépourvus de notes chronologiques; celles que nous avons adoptées, sans être toujours d'accord avec les siennes, en diffèrent peu pour la plupart.

Le monastère de Saint-Nicolas ne jouit pas longtemps d'une existence indépendante. La comtesse Agnès y avait établi treize chanoines réguliers, dont l'un avait le titre de prieur. Un quart de siècle s'était à peine écoulé que ces religieux transgressèrent ouvertement leur règle, qui leur défendait de rien posséder en propre. Ne tenant aucun compte des avertissements réitérés du comte de Poitou, ils furent bannis de leur monastère, et Guillaume le donna à l'abbaye de Montierneuf qu'il avait nouvellement fondée. Le cours et les incidents de cette affaire sont exposés dans les pièces numérotées VI,

VII, VIII, IX et X. Le prieuré de Saint-Nicolas dépendit de cette abbaye jusqu'à la Révolution. En 1166 il était occupé par un prieur et plusieurs religieux, comme on l'apprend par le traité mentionné plus haut : *prior Sancti Nicolai cum ceteris fratribus ejusdem monasterii.* On lit dans le tome 68 de la collection de dom Fonteneau (page 204) qu'il cessa avant 1350 d'être conventuel, et (page 208) qu'il tomba en commande au commencement du XVI° siècle. Pierre de Rochechouart, évêque de Saintes et doyen de Saint-Hilaire, en fut le premier prieur commendataire.

Dès cette époque l'église de Saint-Nicolas était fort délabrée ; mais à la fin du même siècle, en 1596, sa ruine fut presque consommée par la faute des maire et échevins, qui, ainsi qu'il est raconté dans le terrier du prieuré, dressé en 1722, « ayant fait construire dans
« cette église un moulin à poudre et salpêtre, et Barthélemy Aubert,
« prieur, s'y étant opposé et mis en chemin pour procéder contre
« eux au privé conseil, fut enlevé et détenu longtemps en prison à
« Tours, et pendant sa détention ce moulin fist tomber presque
« toutes les voutes et le comble de l'église, et il ne resta qu'une
« partie du chœur, qui est à présent en bon estat, avec le clocher,
« où de temps immémorial il n'y a plus qu'une cloche. » La nef resta découverte et dans un complet abandon, puisqu'en 1660, suivant le mémoire déjà cité (D. Fonteneau, t. 68, page 205), on y voyait plusieurs ormes d'une telle grosseur qu'ils paraissaient être âgés de plus d'un siècle et qu'ils furent vendus à un charron au prix de 80 livres. Le clocher, étant venu à menacer ruine, fut démoli en 1768. Quant au chœur, il a survécu à tous les désastres ; de la nouvelle place du lycée on aperçoit encore le sommet de ses voûtes élancées dans la cour d'une auberge dont il n'est plus qu'une profane dépendance, de même qu'une crypte à colonnes, qui aurait mérité d'être signalée dans le Répertoire archéologique du département de la Vienne.

Le terrier de 1722 contient de nombreux renseignements sur le prieuré de Saint-Nicolas, et, indépendamment des chartes transcrites dans les 12° et 20° volumes de la collection de dom Fonteneau, on trouve dans le 68° quelques autres documents historiques, notamment une liste des prieurs depuis la fondation jusqu'au commencement du XVII° siècle.

RÉDET.

CARTULARIUM

MONASTERII

SANCTI NICOLAI PICTAVENSIS

I.

CARTA AGNETIS COMITISSE PICTAVENSIS ET ANDEGAVENSIS DE FUNDATIONE ECCLESIE SANCTI NICHOLAI PICTAVENSIS [1].

Cum universis per orbis partes sub christiana quidem religione degentibus difficilimum, ymo laboriosum valde sit seculares penitus aborrere lapsus quamdiu eis mundanis conceditur uti, ab ipsis neccesse est usibus et si non omnino segregatim pro facultatis tamen modulo ad Dei memoriam animum aliquando convertant. Me sane pre cunctis culpo, que tam sero nec sic tenuem pietatis quam erga Deum habeo centenam partem complere valens, ad Dominum vix quasi de gravi somno evigilans respicere cepi. Itaque demum recolens illud : qui parce seminat parce et metet, dignum equidem duxi, eciam haud absurdum credidi utrum Beati Nicholai honore eclesiam edificarem edificatamque de meis rebus ditarem, quathenus ipso intercedente michi in eternum a Domino messis centupla restituatur. Ego igitur

---

1. Vers 1050. Voir ci-dessus, page 2, les observations sur cette charte. Elle a été publiée dans le *Thesaurus novus anecdotorum* de DD. Martène et Durand, t. 1, col. 186.

Agnes [1] tale propositum taleque efficere cupiens desiderium, prefato Sancto, meis ambobus filiis, Guillelmo videlicet et Gauffrido faventibus, volentibus, firmantibus, ecclesia fundata, tredecim inibi Dei et Sancti servicio constitui canonicos ob meorum simul et illorum remissionem peccatorum, in quorum stipendia diligenter erogare decrevi terram de Lucho, quatuor cadrugis sufficientem; aliam quoque terram de Puteolis, quantum sexdecim cadrugis arari potest; preterea apud Cissiacum viginti arpentos vinearum simulque unum colibertum cum ipsa sua hereditate; item apud Lodonolium consuetudinem totam quam ibi habet comes et commadaticiam. Cum hoc in villa cui Agrissiaco vocabulum est dono Sancto Nicholao totum ex integro quod ibi habebam, excepta causa Christiani et fedo Fulconis, ita tamen ut post meum dicessum Fulco per canonicos habeat suum fedum, Christiani causam in dominio habeant. His quoque adicitur mea pars complantacionis quam cum comite habebam apud Vacariam; rursus ad pontem qui Biberis medietas pedagii, de annona vero quarta pars, in sale autem de quinque denariis duo. Donavi quoque Sancto Nicholao et clericis ejus unum molendinum qui est in flumine Biberis, ut in perpetuum habeant, quem comparavi de Rainaldo de Constest xii denariorum libris, consencientibus uxore ejus et filiis : accensant autem ipsum molendinum clerici Sancti Nicholai per singulos annos de clericis Sancte Radegundis uno modio annone et dimidio ad antiqum sextarium cellarii ipsius ecclesie, ita tamen ut dimidium sit ex frumento et aliud dimidium ex grossa annona; adhuc autem et piscariam hic ubi Biberis alveum Clini, a sursum usque deorsum, quantum fedus Gunterii durat, in ipso Clini flumine. Videns autem hec admodum pauca, super adjeci decimam mei monetagii in moneta Pictavensi. Comparavi eciam binas domos ante

---

1. Agnès de Bourgogne, troisième femme de Guillaume le Grand, duc d'Aquitaine, remariée avec Geoffroi Martel, comte d'Anjou.

portam Sancti Nicholai, quarum in altera feci furnum edificare ad ipsius Sancti clericorum opus, reliquam vero ad alias necessitates dimisi, de quibus ambabus duo videlicet denarii in censum quot annis redduntur. Legavit quoque comes Guillelmus [1] supradicto Sancto in morte sua pedagium quod uxor sua apud Mausiacum tenebat, scilicet de Ingolinis, de decem solidis duodecim denarios, de Voltron. vero sex denarios de decem solidis. Preterea donavit Agnes comitissa post mortem filii sui, Guillelmi videlicet comitis, annuante filio Gauffrido [2], vendas salis de mercato Pictavensi, de carro scilicet duos sextarios salis et unum denarium, de quadriga cum temone unum sextarium et unum denarium, de quadriga sine temone tres denarios si quatuor boves ibi habentur, si duo unum et dimidium, de beroata cum asinis unum denarium; preterea quoque per totam villam et infra civitatem et extra, ubicumque sal venundabitur, cujuscumque fuerit, equitis vel servientis, clerici vel laici, de uno quoque modio unum denarium. Adjecit quoque terram Forzilliarum, quam per commutacionem habuit ab Isemberto de Castello Aillon. Donavit preterea fedum quem Guillelmus Almarici de illa tenebat, similiter et quem Borellus de Mosteriolo habebat. Attribuit postea comes Gauffridus pro anima sua supradicto Sancto terciam partem decime sui victus per universa sua cellaria. Si quis vero donaria ista suprascripta, que ego Agnes Sancti Nicholai ecclesie dedi, queque filii mei dederunt, vel alii forsitan homines daturi sunt, infirmare injuste voluerit et calumpniam intulerit, aut aliquid de rebus que illi ecclesie in usus fratrum attribute sunt aufferre conatus fuerit, aut si quis ita demencia captus fuerit ut, inde clericis canonice

---

1. Guillaume V, surnommé Aigret, comte de Poitou, VII duc d'Aquitaine, mort en 1038.
2. Geoffroi ou Guy, qui prit aussi le nom de Guillaume, succéda à son frère et mourut en 1086.

sive regulariter degentibus expulsis, cucullatam congregacionem dico aut monachos inducere maluerit, nullam licenciam habeat, quin ymo perpetuo anathemati subjaceat, nec usque in eternum absolucionem recipiat. S. Guillelmi Acquitanorum ducis, filii Gauffridi ducis. S. Philipe comitisse uxoris ejus. S. Guillelmi pueri, filii ejus. Signum Gocelini thesaurarii Sancti Hilarii et Burdegalensis archiepiscopi, concedentis et annuentis hec omnia que sunt hic scripta.

II.

CARTA RAINALDI DE CONTEST DE MONTE TAMISARIO ET DE VILLA DE TRUNX [1].

Apostolica commonente sentencia didicimus quod dum tempus habemus, bona omnino operari debemus. Rursus dominica auctoritas prohibet fugam fieri hieme vel sabbato. Quo circa dum adhuc michi bonum operari conceditur, dum nundum fuga hieme vel sabbato fieri perurgetur, decrevi ego Rainaldus de Contest ante diem mortis, dum locus est venie, parvulam anime mee elemosinam facere. Placet igitur ecclesie Sancti Nicholai, que in foro Pictavensi [2] sita est et noviter edifficata, conferre in elemosinam totam illam meorum fundorum porciunculam quam in Monte Tamisario et in villa que Trunx vocatur habeo, ut impperpetuum firmiter habeat sine ulla calumpnia et absque ulla mala ali-

---

1. Vers 1060. Goscelin, trésorier de Saint-Hilaire dès 1047, fut archevêque de Bordeaux de 1059 à 1086. L'église de Saint-Nicolas était nouvellement bâtie : *noviter ædificata*.
2. *In mercato Pictavensi*, n° XII ; *juxta forum vetus*, n°s XLI et XLIII ; *juxta mercatum prope muros Pictavensis urbis*, n° IV ; *secus muros Pictavis*, n° X. Le Marché vieux, appelé place Royale après que la statue de Louis XIV y eut été érigée, était en dehors de l'enceinte gallo-romaine de Poitiers.

cujus potestatis consuetudine, sicuti ego hactenus tenui. Et ego Gaufredus Arahers et ambo filii mei cum uxore mea, scilicet Samuel et Guillelmus, fedum quod in eodem fundo habebamus similiter Sancto Nicholao concedimus atque Sancti servientibus. S. Goscelini thesaurarii Sancti Hilarii et Burdegalensis archiepiscopi, concedentis firmiter hec omnia que sunt hic scripta.

III.

CARTA GAUFFREDI, VICECOMITIS TOARCENCIS, ET AMELINE UXORIS SUE ET AYMERICI FILII SUI DE TERRA DE DUOBUS LUCIS [1].

Terram Sancti Nicholai que vocatur de duobus Lucis et vineas et domos cum habitatoribus suis et omnia culta et inculta ejusdem ville, sicuti canonici tenuerunt et possederunt, ego Gauffredus, vicecomes Toarcensis, et uxor mea Amelina et Aymericus filius meus donamus, reddimus et concedimus Deo et Sancto Johanni evvangeliste Novi Monasterii et Sancto Nicholao in manu domini Marci abbatis et Guidonis ejusdem ecclesie prioris. Et quia hanc terram uxori mee Ameline donaveram in dote, concessit eidem abbas medietatem burgi et quartam partem terre et quartam partem vinearum dum adviveret, et post mortem illius servitoribus ecclesie in jus proprium rediret, si tamen sponte propria et misericordia in vita sua reddere noluisset. Hec donacio facta est videntibus istis : Guillelmo Tornamina, Berlaio de Pasavanto, Gauffredo Malileonis, Gauffredo capellano, firmiter et integerrime post mortem illius, si-

---

1. Vers 1106. Geoffroi III, vicomte de Thouars, 1104-1123; Marc, abbé de Montierneuf, 1101-1126. Les trois premiers témoins ont souscrit des chartes de la fin du xie siècle.

cut diximus, sine auro, sine argento et sine alicujus rei precio.

Signum Gauffredi vicecomitis. Signum Ameline vicecomitisse. Signum Gauffredi filii ejus. Signum Aimerici filii ejus.

IV.

PRIVILEGIUM ALEXANDRI PAPE [1].

Alexander, episcopus, servus servorum Dei, dilecte filie Agneti, quondam Acquitanorum ducis uxori nobilissime, caritativam in perpetuum salutem. Religiosis desideriis dignum est prebere consensum, ut fidelis donacio celerem consequatur effectum. Quapropter inclinati precibus tuis atque carissime communis filie Agnetis, Romane imperatricis [2], tue quidem carnaliter, mee autem spiritualiter, recepimus in tuicionem et defencionem apostolice sedis ecclesiam Sancti Nicholai Pictavensis urbis conventualem, quam tu ipsa juxta mercatum prope muros Pictavensis urbis eo desiderio a fundamentis edificasti, ut clerici ibi in perpetuum Deo serviant, qui communem vitam religiose in laudibus Dei et pia hospitalitate ceterisque bonis operibus intenti ducant. Cui scilicet ecclesie ad sustencionem clericorum Deo ibi famulancium multa contulisti, inter que terram dedisti in fundo dicto Luco, quatuor quadrugis sufficientem; item aliam terram in Puteolis, quantum sexdecim quadrugis per annum arari potest; item in fundo Cisico viginti jugera vinearum, similiterque unum

---

1. 1061-1068. Alexandre II, pape, 1061-1073. Agnès, à qui la bulle est adressée, ne paraît plus dans aucun acte après le 1ᵉʳ août 1068. Cette pièce a été publiée en 1868 avec la date : vers 1063, dans les *Analecta juris pontificii*, 87ᵉ livraison, d'après une copie prise dans le terrier du prieuré de Saint-Nicolas.

2. Agnès, fille de Guillaume V, duc d'Aquitaine, et d'Agnès de Bourgogne, avait épousé l'empereur Henri III, surnommé le Noir.

servum cum omni quam incolit terra; item apud Lodonium totam consuetudinem et commandaticiam quam ibi comes habere solet; item in fundo Agriziaco totum quod tu ipsa ibi habebas, exceptis rebus Christiani et fedo Fulconis, ita tamen ut post tuum discessum Fulco predictum fedum teneat jure canonicorum, similiter res prefati Christiani in dominio canonici habeant; item apud Vacariam tuam partem complantacionis vinearum quam cum filio tuo habebas; item in ponte Biberis fluvii medietatem peatgii, de annona vero quartam partem, in sale autem de quinque denariis duos; item in flumine ejusdem Biberis molendinum unum; item in flumine Clini piscariam, totum per longum quantum durat fedum Gunterii; item in ipsa urbe Pictavensi decimam porcionem redditus monete; item in eadem urbe ante portam Sancti Nicholai domos duas, in quarum una furnum habetur a te edifficatum; item Guillelmus dux tuus filius predicte ecclesie Sancti Nicholai in fundo Mausiaco fiscalem redditum quem solebat accipere uxor sua, ita videlicet ut in villa que vocatur Ingolins de decem solidis denariorum accipiant unum, in villa autem que vocatur Voltron ex decem solidis denariorum denarios sex; item in eadem urbe Pictavensi, concedente filio tuo Acquitanorum duce, peatgium salis; item ubicunque venditur sal in urbe debeant canonici habere ex omni modio denarium unum; item in fundo Forcilia terram quam habuisti per commutacionem ab Isemberto Ailonensi; item fedum Emmanrici et Borelli de Mostriolo. Item predictus filius tuus Gauffredus dedit sepenominate ecclesie terciam partem denariorum sui victus per omnia sua cellaria. Hec autem omnia que superius conceduntur et que in futurum aliquo legali modo premisse ecclesie Sancti Nicholai concessa fuerint, sibi firmamus atque apostolica xanccione et auctoritate in perpetuum roboramus, ut congregacio clericorum inibi communem vitam religiose ducencium hec et que in posteris temporibus concessa fuerint in perpetuum possideant pro usu victuum et vestimentorum atque in expensis hospitum recipiendorum ; et hec congregacio communis vite clericorum nunquam transmutetur vel in usu secularium clericorum vel in ordinem sanctimonialium vel monachorum quamdiu regularem duxerint vitam. Quapropter judicio Sancti Spiritus constituimus, sanccimus atque auctoritate apostolica precipimus, ut nullus unquam archiepiscopus, nullus episcopus, nullus abbas, nullus rex vel dux, nullus comes, nulla comitissa, nulla ecclesiasticave persona aliquid de hiis omnibus que superius dicta sunt, id est que sunt ecclesie Sancti Nicholai tributa et item tribuenda, temerario ausu subtrahere, aufferre vel alienare, aut ejusdem ecclesie infestare clericos aut inquietare presumat. Si quis autem, quod absit, hujus nostre apostolice constitucionis temerarius fractor extiterit, gladio anathematis se percussum et christianorum consorcio donec resipiscat segregatum se noverit : erit anathema maranatha ; qui vero nostris his apostolicis preceptis obedierit et pius conservator extiterit, apostolorum Petri et Pauli promereatur eternam benediccionem atque illis intercedentibus omnium peccatorum remissionem.

V.

CARTA GAUFFREDI DUCIS DE SANCTO NICOLAO, FILII AGNETIS QUE QUIDEM FUNDAVERAT ET DOTAVERAT MONASTERIUM SANCTI NICHOLAI [1].

In nomine sancte et individue Trinitatis. Omnibus sancte matris ecclesie tam presentibus quam futuris alumnis, ego Aquitanorum gratia Dei dux Gaufridus volo manifestum fieri, quia omnia que mea mater Agnes pro redempcione

---

1. 1058-1068. Cette charte a été publiée en 1868 dans la 87ᵉ livraison des *Analecta juris pontificii*, avec la date : vers 1062.

anime patris mei et sue monasterio Sancti Nicholai, quod ipsa apud Pictav. in foro fundavit, ad canonicorum Deo et Sancto Nicolao ibi serviencium usus donavit, annuo et dono, eaque donaria que antecessor et frater meus Guillelmus, cujus exta ibi requiescunt, pro patris et matris sueque anime redempcione dicto monasterio Sancti Nicholai aut canonicorum victus augmentum concessit, cuncta eciam que egomet dedi vel dabo aliive dedere vel dederint concedo. Supradictum vero monasterium resque ipsius atque canonicos, ut inconcusse firmiterque semper permaneant, principi apostolorum Beato Petro committo, quatenus sub domini pape et canonicorum Romane ecclesie Beati Petri tutele semper subsistant; non ut dominus papa vel Romani canonici Sancti Petri ipsum istud monasterium vel res ipsius monasterii tribuant cui velint vel canonicos in alienam manum transmutent : nam in disposicione bonorum canonicorum qui ibi bene vixerint tam ipsos canonicos quam ipsum monasterium, salvo episcopali ecclesie Pictavensis regimine, constituo; sed si qui modo viventum vel posterorum sepe nominatum monasterium dissipare vel canonicos conturbare voluerint, ipsi prohibeant atque continuo protegere studeant, censumque decem videlicet solidorum Sancti Petri canonici Romani a Sancti Nicholai canonicis Pictavensibus uno quoque anno suscipiant. Hoc autem totum sub hujus cirographi auctoritate obnixe firmare procuravi, uti testimonii gracia alteram hujus carte scisse partem Romani canonici Sancti Petri, alteram vero habeant Pictavenses canonici Sancti Nicholai. Propter hoc enim hujusmodi benefficii apud canonicos Sancti Nicholai mercedem impetravi, ut scilicet pro meorum remissione facinorum et in vita mea et post obitum meum unum canonicum in monasterio suo semper habeant, unique pauperi quaque die alimentum prebeant, atque una quaque feria absque solemnitate in matutinis et in complectorio unum psalmum cum sua oracione, et in quacumque secunda feria in vita mea unam missam : Salus populi quidem, et post obitum meum Requiem eternam pro me canant, ut sue misericordie dextera piissimus Deus ab omnibus malis atque inimicis me perpetuo tam in vita mea quam post obitum meum protegat atque defendat. Illi autem obtinuerunt apud me ut in mercato Pictavensi unum servientem in perpetuum habeant, qui eorum partem de venda salis fideliter colligat et cellarario vel camerario illorum reddat, et hic in tale libertate habeatur ut nullam consuetudinem vel comiti vel cuilibet alii faciat nisi tantum canonicis. Hoc quoque constitui cum eis ut de loco vel communitate vel proprietate illorum nichil tangens liberos et absolutos in perpetuum dimittam. Testes sunt hujus constitucionis ipse comes, qui firmavit eam, et omnes qui subsignati sunt. S. Ysemberti episcopi. S. Agnetis, matris hujus comitis. S. Aldeberti comitis. S. Hugonis vicecomitis. S. Hugonis de Liziniaco. S. Savarici vicecomitis et fratris ejus. S. Engelelmi. S. Petri de Briderio. S. Tetbaldi. S. Stephani. S. Guidonis. S. Arnaldi. S. Caloni.

VI.

QUALITER CANONICI ECCLESIAM SANCTI NICHOLAI AMISERUNT ET MONACHI EAM RECEPERUNT [1].

Nostri benignitas Redemptoris fragilitati providens humani generis diversa diversis vulneribus medicamina proposuit omnibus. Ut enim mores hominum ad diversa sunt proclives facinora, celestis disciplina sic nos monet contrariis opponere contraria, vulneribus namque vulnera sanantur. Alii namque ciborum deviant opulencia, alii errant corporis

---

1. 1086. Goscelin, archevêque de Bordeaux, est mort le 19 juin 1086, suivant le *Gallia Christiana*, t. 2, col. 805. Aimeri n'aurait pas été doyen de l'église cathédrale de Poitiers avant cette année 1086, suivant le même ouvrage, t. 2, col. 1214.

incontinencia, alii cupiditate, alii avaricia, diversi diversa sibi vindicant vicia, ac sane mentis racio virtutem opponit vicio. Quidam enim corpus affligant jejunio, quibusdam vigilia placet et oracio, quibusdam castitatis caritatisque connexio. Verum bone memorie Agnes, Pictavensis comitissa, quamvis his ceterisque virtutibus operam daret, impensius tamen in monasteriorum edifficio virorumque religiosorum obsequio. Inter alias namque Beatissimi Nicholai ecclesiam a fundo construxit tredecimque canonicos posuit, quorum aliis unum prefexit, sub cujus canonice degerent imperio, secundum sancti Augustini normam, absque proprio. Erat enim sibi in animo fixum primitive ecclesie colegium, de qua legitur : erat illis anima una et cor unum. Quibus hoc promittentibus firmeque firmantibus fieri fecit privilegium, in quo loci, eorumque vite posicionisque continebatur principium. Talium est condicio ut vivant unanimes et sine proprio, et si quis ab isto recedit proposito, probatur apostata regule canonumque judicio. Quod firmatum auctorizatumque ab episcopis potentibusque hujus terre mulier ut prudens Romam deferri fecit, apostolicamque auctoritatem inscribi peciit, ne quis posset impedire, ipsi nec eciam canonici, a suo si vellent aliquando proposito recedere, quin ei suisque pro sua liceret emandare voluntate. Apostolicus vero Alexander peticionem hujus videns ydoneam laudavit, manuque propria secundum ejus peticionem privilegium ditavit tam in canonicos, si a proposito recederent, quam in alios. Canonici vero timore hujus condicionis aliquandiu pretenderunt simulacionem religionis ; non audebant enim manifeste quoad ipsa vixit ad propria redire. Illa mortua non habuerunt in absconso quod prius habuerunt in animo. Dux autem Acquitanorum Gauffredus, filius ejus, vir religiosus, hoc audiens, ut justum erat indoluit, ac privilegium repeciit sibique exponi fecit, eosque materne constitucionis et apostolici precepti reguleque tradicionis prevaricatores intellexit. Verum ne aliquid injusticie habere posset videri, non semel tantum, bis et tercio, sed multociens ut ad propositum reddirent fecit moneri. Illi vero ut homines dediti seculo Deum respuerunt illumque tempore longo per se ac per alios maxime fatigaverunt, existimantes eum tedio flecti posse ab incepto. At ubi intellexerunt eum non desistere, quin illos oporteret aut ecclesia carere aut ad propositum redire, simulaverunt se jugum regule velle accipere. Quod ut audivit, priorem eis de monasterio regulari elegit, sed in hoc peccavit, quia illius episcopi consilio non fecit. Ut vero illum eis preponere voluit, episcopum archidiaconosque vocari fecit, illisque abstantibus canonicorum voluntatem super illo quesivit : quam quidam respuerunt quidamque concesserunt, amissionis causa, quamvis ficto animo. Tunc dux Pictavensis Gauffredus, non immemor pristine transgressionis, tam priori quam canonicis, annuante episcopo Isemberto et Raginaldo, Sancti Cipriani abbate, archidiaconibusque, probante clero et populo, hanc condicionem dedit, quod si reddirent ad propria iterum priorique obedire nollent secundum regule preceptum, quod faciebant esset irritum, ac deinceps liberum faciendi de ecclesia quod vellet arbitrium haberet. Ut episcopus, comes ceterique ad sua remeaverunt, canonici diem secundum nec tercium expectaverunt, sed illico in claustro murmurare ceperunt priorique obedienciam negaverunt, propria nec dimittere voluerunt. Insuper insurgere [1] et minari ceperunt. Dum hec agerentur, Lemovicencium episcopus Pictavis venit, suumque clericum, judicio Goscelini, Burdegalensis archiepiscopi, et Reginaldi, abbatis Sancti Cipriani, aliorum calumpnia comitique [2] ne vellet retinere, sua suorumque auctoritate interdixit. Venerat namque absque consilio priora-

---

1. Ce mot, défiguré dans le cartulaire, a été restitué d'après la copie de dom Fonteneau (t. 12, p. 637), prise sur une autre copie conservée autrefois aux archives de l'abbaye de Saint-Hilaire-de-la-Celle.

2. On lit *aliorum calumniam comiti* dans la même copie de dom Fonteneau : ce qui ne rend pas le sens plus clair.

tumque retinere volebat ipsius absque imperio. Ille tamen quamvis se male egisse intellexit, ad ecclesiam redire non distulit, ibique manere quoquo modo nolente episcopo temptavit. Presul vero ut ejus rebellionem cognovit, mox fretus justicia supradictam ecclesiam adiit ac illum ad suam nullo contradicente ecclesiam remisit. Tunc demum Beati Nicholai ecclesiam dux tam culpa prioris quam canonicorum esse orbatam intelligens et ab omni sic calumpnia illorum liberatam credens, archiepiscopum Burdegalensem Gosceli- num, Raginaldum Sancti Cipriani abbatem, Bertramnum Nobiliacensem abbatem, clericos civitatis adsciri fecit, eisque rem ordine enucleavit supplex; atque ut quam meliorem super hac desolata ecclesia sentenciam haberent, sibi ut darent rogavit. Ad hec omnes consencientes, ne iterum in ruinam veniret, ut ecclesie Beati Johannis Evvangeliste daret, lauda- verunt suaque auctoritate omnes firmaverunt. Verum dux, eorum accepta sentencia, ut firmius auctorisabiliusque fie- ret, R. Sancti Cipriani abbatem ad episcopum civitatis misit, ut ei prout gestum erat narraret ac sibi quid haberet animi mandaret. Ille autem clericorum audiens contumaciam, non tantum laudavit, sed eciam decanum suum Aymericum et archidiaconos Radulphum et Petrum misit ut confirmarent locoque sui donum per omnia coroborarent; ipse namque adeo infirmabatur quod sine detrimento corporis sui magno venire non poterat.

VII.

CARTA GAUFFREDI, DUCIS ACQUITANORUM, FILII AGNETIS COMITISSE, QUALITER DONAVIT ECCLESIAM SANCTI NICHOLAI MONACHIS NOVI MONASTERII [1].

Gauffredus, dux Acquitanorum, in suburbio Pictave urbis monasterium in honore Dei genitricis Marie et beati Johan-

---

1. 1086. Geoffroi ou Guillaume VIII, duc d'Aquitaine, est mort le 24 septembre 1086.

nis Evvangeliste et sancti apostoli Andree ex precepto apostolici Gregorii et confirmacione construxit, quod cum devote intenderet ad opus fratrum de suis rebus tam in villis quam in silvis et in ecclesiis ditare, canonicorum Sancti Nicholai enormitas apostolicique privilegii infractio ejus ad aures pervenit. Mater enim sua Agnes, bone memorie comitissa, cum Alexandri apostolici assercione sigillique firmacione canonicos qui secundum regulam sancti Augustini sine proprio viverent posuit; illi autem nec Deum nec homines reverentes, apostolici precepti, regule beati Augustini per omnia facti sunt transgressores. Unde predictus dux multis modis ut ad predictam regulam redirent per se et per alios sepe monuit, sed non quod juste petebat efficere potuit, verum ut se nichil proficere vidit, Goscelinum, Burdegalensem archiepiscopum, et Guillelmum, Lemovicensem episcopum [1], et Sancti Cipriani abbatem. Reginaldum, archidiaconosque Petrum et Radulphum, ceterosque canonicos Sancti Petri convenit, quorum consilio ac judicio, accepta Isemberti confirmacione, monasterio supradicto, ne tantum Beati Nicholai ecclesia deinceps detrimentum pateretur, contulit, que res quoad ipse vixit firma mansit et inconcussa.

VIII.

JUDICIUM AMATI, ARCHIEPISCOPI BURDEGALENSIS LEGATIQUE APOSTOLICI, DE EADEM ECCLESIA SANCTI NICHOLAI [2].

Ego Amatus, legacione sedis apostolice fungens, Pictavis ad ecclesiastica negocia disponenda adveni, ubi Gauffredus,

---

1. Le premier évêque de Limoges du nom de Guillaume ne paraît qu'en 1098. Le copiste aura par erreur substitué ce nom à celui de Guy, qui gouvernait en 1086 le diocèse de Limoges.
2. Vers 1090. Pierre, archidiacre de Poitiers, a été sacré évêque le 22 février 1087; Boson a été comte de la Marche de 1088 à 1091. Amé, légat du Saint-Siége, fut élu archevêque de Bordeaux, le 4 novembre 1088 (*Gallia Christiana*, t. 2, col. 806), et mourut en 1101.

dux Acquitanorum, monasterium in honore Beati Johannis Evvangeliste pro remedio anime sue construxerat, cui plurima benefficia conferens, ecclesiam quoque Beati Nicholai, Isemberto episcopo concedente, contradidit. Qua de causa clerici venientes ad me proclamaverunt de supradicti monasterii monachis. Verum utriusque partis causa audita et diligenter examinata, presentibus Guillelmo, archiepiscopo Auxiensi, et Guillelmo [1], supra nominati ducis jam defuncti, et Aimerico decano Sancti Petri de sede, cum archidiaconibus ceterisque canonicis, necnon Marcherio, priore Sancte Radegundis, et canonicis Sancte Marie Majoris et quam plurimis terre proceribus collaudantibus et confirmantibus, judicatum est jamdictam ecclesiam Sancti Nicholai juste amisisse monachosque perpetuo tenendam canonice accepisse. Quod judicium Petrus archidiaconus, episcopo defuncto, jam a clero in episcopum preelectus et tunc collaudavit, et post factus episcopus ratum fore canonica auctoritate firmavit. Hanc diffinicionem Raginaldus, abbas Sancti Cipriani, et Aimericus vicecomes Rogacensis [2], Boso quoque comes de Marchia, et Boso, vicecomes de Castello Ayraudi, necnon domini de opido Parthenay, videlicet Geldoinus et Ebbos, Rotbertus eciam Burgundio, et Maingodus de Metlo collaudantes affirmaverunt.

IX.

ITEM EJUSDEM AMATI DE BERNARDO QUI SE DICEBAT PRIOREM SANCTI NICHOLAI [3].

Quoniam multociens controversiarum judicia vetustate ab hominum cadunt memoria, placuit nobis judicium quod

---

1. Le mot indiquant la qualité de ce personnage a été omis par le copiste.

2. Au lieu de *Toarcensis*; Aimeri IV, vicomte de Thouars, de 1055 ou 1058 à 1093.

3. 1089. Le concile de Saintes s'est tenu en 1089, suivant la chronique de Maillezais. Labbe, *Nova biblioth. manuscr. libr.*, t. 2, p. 213.

actum est in Xanctonensi consilio de ecclesia Beati Nicholai
et de Bernardo Stirpensi clerico, qui dicebatur esse prior,
commandare scripto. Quod judicium sic habetur : Judicatum est a domino Amato, Dei gracia, Romane sedis vicario,
et a compluribus episcopis et abbatibus et a multis probis clericis astantibus, quia episcopus suus Lemovicensis canonice
revocaverat eum et reduxerat in suam ecclesiam, irritum
esse quod fuerat de eo in Beati Nicholai ecclesia factum.
Venerat namque in Beati Nicholai ecclesiam et ejus priora-
tum acceperat sine jussu episcopi sui Lemovicensis. Unde
contigit quadam vice, cum supradictus episcopus Pictavos
venit et eum ibi repperit, quod judicio Goscelini, Burdega-
lentis archiepiscopi, et plurimorum abbatum et clericorum
concensu suum clericum supradictum Bernardum recepit
et sue ecclesie sicuti suum reddidit. Quapropter audita ejus
causa, judicatum est ab omnibus canonice discernentibus
injustam de supradicta ecclesia Beati Nicholai contra abbatem
Novi Monasterii, qui eam recte susceperat, habere causam,
quia sine licencia sui episcopi et sine commandaticiis litteris
extraneam ecclesiam invaserat. De Gerardo[1] vero collaudatum
et judicatum est, si religiose se haberet, ut victum et ves-
titum pro modo inde haberet.

X.

PRIVILEGIUM URBANI PAPE DE ECCLESIA BEATI NICHOLAI [2].

Urbanus, episcopus, servus servorum Dei, dilecto in
Christo filio Geraldo, abbati Novi Monasterii, quod in Pic-

---

1. Il était prieur de Saint-Nicolas.
2. 1093, 17 octobre. Cette bulle est imprimée dans le *Gallia Christiana*, t. 2, instr., col. 356, et dans le *Recueil des Historiens de France*,
t. 14, p. 706.

tavensi suburbio situm est, ipsiusque successoribus regulariter substituendis in perpetuum. Ad hoc sedi apostolice deservire, concedente Domino et beato Petro cooperante, cognoscimur, ut pro data divinitus facultate injusticiam opprimere, justiciam erigere et religionem augere curemus. Unde servorum Dei quieti magnopere providere satagimus, ut a secularibus tumultibus liberi divine comtemplacioni ardencius inherere prevaleant. Tuis igitur, carissime fili, Geralde abbas, piis votis et reverendissimi confratris nostri, quondam autem patris, Hugonis, Cluniacensis abbatis, justis peticionibus annuantes, omnem libertatem sive immunitatem vestro Novo Monasterio per apostolice memorie Gregorii septimi, predecessoris nostri, privilegium attributum nos quoque presentis decreti auctoritate conferimus. Preterea Beati Nicholai ecclesiam, secus muros Pictavis ab Agnete comitissa edifficatam, tibi tuisque successoribus perpetuo possidendam concedimus, sicut a legato nostro Amato, Burdegalensi episcopo, et a reverendissimo confratre nostro Petro, Pictavensi episcopo, presentibus episcopis et abbatibus, cum filii nostri Guillelmi comitis favore, in consilio deffinitum esse cognovimus, sicut et venerabilis filius noster Raynaldus, monasterii Beati Cipriani abbas, se presente, constitutum veridica coram nobis assercione testatus est. Quia illic enim statuti canonici, secundum accepti a Romana ecclesia privilegii tenorem, vivere contempserunt et ab ipsius civitatis episcopo sive a legatis nostris ammoniti ad sue regule propositum converti pertinaciter renuerunt, non inmerito juxta angelicum judicium regnum Dei ab eis ablatum et fructus ejus facientibus datum est. Illorum autem querela omnino deinceps consopita silencio perpetuo conticescat. Vestra itaque, filii in Christo carissimi, interest apostolice sedis liberalitati et gracie dignis accionibus respondere, regularis discipline ordini sollicite insudare, ut quanto a secularibus tumultibus liberiores estis, tanto amplius placere Deo tocius mentis et anime virtutibus anheletis. Si quis vero regum, sacerdotum, judicum atque secularium persona, hanc nostre constitucionis paginam agnocens, contra eam temere venire temptaverit, potestatis honorisque sui dignitate careat, reumque se divino judicio de perpetrata existere iniquitate cognoscat; et nisi que ab illo sunt male ablata restituerit vel digna penitencia illicite acta defleverit, a sacratissimo corpore ac sanguine Dei et Domini redemptoris nostri Jesu Christi alienus fiat atque in extremo examine districte ulcioni subjaceat; cunctis eidem loco justa servantibus sit pax Domini nostri Jesu Christi, quathenus et hic fructum boni operis percipiant et apud districtum judicem premia eterne pacis inveniant. Datum per manus Johannis, sancte Romane ecclesie diaconi cardinalis, sexto decimo kalendas novembris, indicione II, anno Dominice Incarnacionis millesimo XXIII°[1], pontificatus autem domini Urbani pape secundi anno sexto.

XI.

CARTA GAUFFREDI DUCIS DE DECIMA CELLARIORUM SUORUM DATA SANCTO NICHOLAO [2].

Omnipotenti Deo omnes dies vite mee gratias ago, qui me servum suum inter mundi adversa positum anime mee tamen vel parvulam ut faciam hortari aliquando dignatus est misericordiam. Unde ego Gauffredus, Acquitanorum dux, Agnetis filius, non inmemor volo volensque jubeo quatenus

---

1. Cette date a été inexactement trancrite dans le cartulaire. Géraud a été abbé de Montierneuf de 1092 à 1096.
2. Vers 1060. Cette donation est antérieure à la bulle d'Alexandre II (n° IV), qui la mentionne.

panis meus vinumque totum per universa cellaria in pago Pictavensi in festivitate sancti Michaelis per singulos annos addecimetur, caro autem in festivitate sancti Andree, cujus decimacionis duabus pro anima mea inter Sanctum Nicholaum et Sanctam Radegundim divisis partibus, tercia in sortem pauperum redigatur. Do quoque preterea quatuor feras Sancto Nicholao, duas in festivitate ejus, duas vero, alteram in Nativitate Domini, alteram in Pascha, similiter et Sancte Radegundi.

XII.

CARTA DE CONCORDIA FACTA INTER CANONICOS BEATI ILARII ET CANONICOS SANCTI NICHOLAI [1].

Edifficavit Agnes comitissa in mercato Pictavensi in honore Sancti Nicholai ecclesiam pro filio suo comite scilicet Guillelmo, ubi misit tredecim canonicos ad serviendum Deo suoque fideli Nicholao, cui edifficationi adjunctum fuit aliquantulum de terra Sancti Ilarii; de qua re clerici ejus subtristes terre supradicte calumpniam intulerunt quamdiu exinde censum non habuerunt. Ex consilio igitur comitisse constituerunt canonici Sancti Nicholai cum clericis Sancti Ilarii ut per singulos annos redderent xii denarios Sancto Ilario in censum sine ullius relevaminis honore, dum locus ille canonicos habuerit. Signum thesaurarii de Engolisma. S. Alboini decani. S. Oggisii precentoris.

---

1. Vers 1060. Cette pièce a été publiée parmi les *Documents pour l'histoire de l'église de Saint-Hilaire de Poitiers*. (Mémoires de la Société des Antiquaires de l'Ouest, t. 14, p. 80.)

XIII.

CARTA AGNETIS COMITISSE DE MOLENDINO QUOD DEDIT SANCTO NICHOLAO [1].

Notum sit omnibus sancte ecclesie fidelibus quod ego Agnes comitissa comparavi de Raynaldo de Contest, consencientibus uxore ejus et filiis, libris denariorum XII, unum molendinum qui est in flumine Biberis, comparatumque donavi Sancto Nicholao et clericis ejus, ut in perpetuum habeant, meo filio Guillelmo annuante atque Gauffrido, ut Deus anime mee misereatur et filiorum meorum vitam perducat ad senectutem et eorum amplificet honorem. Accensant autem ipsum molendinum clerici sancti Nicholai per singulos annos de clericis Sancte Radegundis uno modio annone et dimidio ad antiquum sextarium cellarii ipsius ecclesie, ita ut dimidium sit ex frumento et dimidium ex grossa annona. De quibus supradictis clericis ipse Rainaldus habuit per Bonitum Duridentis, Bonitus vero per Gunterium, qui emit eum in manumfirmam de ipsis.

XIV.

CARTA DE VACARIA [2].

In nomine sancte et individue Trinitatis. Ego Goscelinus, Burdegalensis archiepiscopus, Beati Hilarii gracia Dei thesaurarius, omnesque simul Beati Hilarii canonici, omnibus sancte matris ecclesie alumpnis tam presentibus quam futuris volumus manifestari, quod canonici Sancti Nicholai ad nos venientes deprecati sunt ut medietatem tocius terre tam

---

1. Vers 1050. Cette donation, qui contient la charte de fondation, paraît avoir été faite au monastère de Saint-Nicolas dès son origine.
2. 1068, 27 juin.

culte quam inculte, que constabat Beati Hilarii esse apud Vacheriam, et decem jugera vinearum, que in ipsa terra Beati Hilarii propria sine ulla parte comitis habebant, hanc enim terram canonici Beati Hilarii comiti Guillelmo, marito Agnetis comitisse, ad plantandum vineas dederant, quam comitissa Agnes suique filii Guillelmus videlicet et Gauffredus, Acquitanorum duces Beatique Hilarii abbates, Sancto Nicholao pro animarum suarum remedio concesserant, deprecati sunt igitur ut nos quoque eamdem terram eidem Sancto sub censu concederemus. Quorum preces benigne suscipientes, rogatu et amore ipsius Agnetis comitisse et concessu filii sui domini nostri abbatis Gauffredi scilicet Acquitanorum ducis, totam supradictam medietatem terre et decem jugera vinearum excepta tocius terre Sancto Nicholao sub censu decem solidorum concessimus, eo vero videlicet tenore, ut ab hac die in antea supradictam terram sine ulla calumpnia canonici Sancti Nicholai habeant et possideant, censum autem, scilicet decem solidos, uno quoque anno in festivitate translacionis beati Hilarii que est vi kal. julii canonicis Sancti Hilarii reddant. Si quis vero contra hanc institucionis cartam calumpniando insurrexerit, melediccionem omnipotentis Dei incurrat, centumque auri libras judice cogente persolvat, ejusque calumpnia irrita permaneat. Hanc enim institucionis cartam noster dominus abbas Goffridus dux et nos, scilicet ego Goscelinus thesaurarius et omnes alii canonici Beati Hilarii nostris manibus firmavimus et aliis quorum nomina subscripta habentur ad firmandum tradidimus. S. Hisemberti episcopi Pictavensis. S. decani Alboini. S. precentoris Otgisii. S. subdecani Petri. S. Viviani subcantoris. S. Radulphi Clocarii. S. Rainaldi Letardi. S. Gauffredi Letgerii. S. Acfredi gramatici. S. Petri de Sancto Johanne. S. Maingaudi. S. Aimari de Cameris. S. Rotberti Engobaldi. S. Airanni. S. Fulconis Emmanrici. S. Johannis Viviani. S. Rotberti de Mirebello. S. Hugonis de Cohec. S. Rainaldi Guiberti. S. Girardi dapiferi. S. Girardi de Dois. S. Bernardi Meschini. S. Guillermi nepotis precentoris. S. Legterii de Rufiaco. S. Johannis Balfredi. S. Odelini. S. Arnaldi. S. Ramnulfi capicerii. S. Guidonis gramatici. S. Hugonis de Cohec. S. Iterii de Cohec. S. Bartholomei de Viveona. S. Airaudi de Sancto Gregorio. S. Constantini pueri. S. Gosberti. S. Guillemi Ademari. S. Arberti. S. Gauffridi Acquitanorum ducis. S. Goscelini thesaurarii. Acta sunt hec v kal. julii M° LX° VIII° ab Incarnacione Domini, et regni Philipi Francorum regis VIII^{no}, et undecimo Gauffredi Acquitanorum ducis anno, epacta existente XIIII^{ma}. Guillelmus Beati Hilarii cancellarius dictando subscripsit.

XV.

CARTA DE DONACIONE CUJUSDAM DOMUS CUM ORTO SANCTO NICHOLAO [1].

In nomine sancte et individue Trinitatis. Ego Gilla volo notum fieri omnibus sancte Dei ecclesie filiis tam hodiernis quam eciam futuris, me ad canonicos Sancti Nicholai accessisse et eis ultro, pro viri mei Girardi anime remedio atque mee, natorum eciam meorum, domum meam cum cellario et orto obtulisse et concessisse, eo tamen tenore ut, quamdiu vitam mihi Deus concesserit, supradictam domum, scilicet cellarium et ortum, uti mea possideam. Volo quoque notum fieri omnibus canonicos supradicti Sancti videlicet Nicholai non tantum hoc michi annuisse, verum eciam in vita mea cotidie quantum uni canonicorum victum dacturos et post mortem in numero canonicorum nomen meum scripturos et singulis annis diem anniversarii velut cujusdam canonici celebraturos officiis. Super hec omnia paciscuntur michi post mortem meam sese quemdam pascere servientem, qui meo filio serviat, si michi superstes remanserit. Quod si

---

1. Avant 1078. Hugues a été prieur avant Simon, qui figure en cette qualité dans une charte de Saint-Hilaire de 1078 ou 1079.

quis parentum meorum vel aliquis alius hanc cartam infringere voluerit, anathema sit et centum libras auri persolvat judici. S. Hisaelis. S. Stephani venditoris. S. Alberti. S. Rotberti fratris ejus. S. Bernonis. S. Hugonis prioris. S. Mauricii. S. Gaukerii. S. Ugonis. S. Ramnulfi. S. Rotgerii. S. Girardi. S. Odilonis. S. Gaufridi. S. Rotberti. S. Giroardi. S. Johannis. S. Arduini.

XVI.

CARTA [1].

In nomine patris et filii et Spiritus Sancti. Ego Bernardus et uxor mea Oda favemus post obitum cujusque nostri terciam partem omnis possessionis quam obtinemus Sancto Nicholao ejusque clero, excepta mansione qua modo moramur. S. Heldre. S. Guillelmi, filii ipsius Bernardi. S. Hisaeli. Canonicorum: S. Rotgerii. S. Rotberti. S. Girardi. S. Odilonis. S. Hugonis prioris. S. Bernardi. Et Oda uxor illius favet post obitum cujusque sui terciam partem omnis possessionis quam obtinet Sancto Nicholao illiusque clero, excepta mansione qua modo moratur. S. Ode, uxoris Bernardi.

XVII.

CARTA [2].

Ego Gunbaldus, filii filieque mee clericis Sancti Nicholai quemdam vendicionem terrarum jugerorum III^{or}, in se habencium puteum ex quo agricole ville illius que dicitur ad sanctum Georgium bibunt, et desertarum vinearum jugerorum duum et unius jugeri prati facio, annuante Ademaro et fratre ejus, filio Leoni de Cursac, ex quibus ille procedit, preciumque vendicionis illius solvit xxv, et ilius census singulo anno xii denarii.

---

1. Avant 1078.
2. Vers 1060?

XVIII.

CARTA [1].

Simon, servus Sancti Nicholai, canonicis et successoribus suis universis. Certum vobis sit quod Stephanus filius Gunbaudi, in die qua obiit frater suus Arnaudus, antiquam ille sepeliretur, pestiferam consuetudinem panis et vini et carnis in tribus festivitatibus, quam requirebat, librum quemdam super altare Sancti Nicholai ponendo, penitus relinquit in presencia nostra pro anima fratris sui, videntibus canonicis nostris et audientibus Giraudo, Aimaro, Giraudo, Johanne, Rotberto et Aimerico Godinello et Ainardo Coco et Stephano Cracunio et Aimerico de Calviniaco. S. Martini Cellatoris. S. Girberti sui privigni. S. Isaelis. S. Johannis Isaelis.

XIX.

CARTA [2].

Consuetudinem panis et vini quam habuit in ecclesia Sancti Nicholai Samuel filius Gaufredi Araers propter terram de Trens reliquit et donavit Deo et Sancto Nicholao. Insuper dedit unum jugum terre a Montamiser, quod jugum est ante ecclesiam Sancte Marie. Et hoc pro tali conveniencia, ut ipse et uxor ejus sepeliantur in cimiterio Sancti Nicholai, si in loco competenti finierint. Unde duos solidos dedimus sibi in caritate, Garnerio existente priore.

XX.

CARTA [3].

Notum sit omnibus sancte Dei ecclesie alumnis quod qui-

---

1. Vers 1080.
2. 1079-1086. Garnier a été prieur après Simon.
3. Avant 1078.

dam homo nomine Guillelmus de Petra et uxor sua nomine Benedicta omnia que habere videntur, scilicet vineas, terras et prata, Sancto Nicholao et omnibus canonicis ibi permanentibus post obitum suum dederunt. De hoc autem dono testes sunt quorum nomina subscripta habentur : prior Hugo, Arduinus, Girardus, Affredus sacerdos, Girardus prepositus.

XXI.

CARTA [1].

Benaventus de Lodonio post decessum suum dimidium juctum de vinea donavit Sancto Nicholao.

XXII.

CARTA [2].

Arnaldus, presbiter et canonicus Sancti Nicholai, in villa que dicitur Selena dedit Deo et beato Nicholao et canonicis ecclesie Sancti Nicholai tam presentibus quam futuris dimidiam domum et tria opera vinee et unum opus terre arabilis, et in terra Columbarii dimidium opus terre salicibus plene. Hujus donacionis testes sunt Girardus canonicus et Odilo et Otbertus et Ansterius, Arnaldi donatoris germanus.

XXIII.

CARTA [3].

Ego Ansterius Deo et Sancto Nicholao et canonicis suis omnium earum rerum quarum medietatem unam Arnaldus, frater meus et Beati Nicholai canonicus, dedit Sancto Nicho-

---

1. Avant 1078 ?
2. Vers 1080.
3. Vers 1080.

lao, alteram vero michi, partem meam sine retinaculo aliquo dono; id est domus et vinearum et arborum que sunt in Selena, et dimidii operis terre et salicum que sunt in Columbario, et super hec complantum vinee quam habeo cum Constantino de Selena. Et ut firmum hoc permaneat, hanc scripturam feci fieri et factam confirmavi, et post super altare Sancti Nicholai posui, videntibus hominibus subnotatis : Simone priore, canonicis Mauricio, Girardo, Otberto, Giraldo, Frotgerio et Arthenico et Ainardo, et canonico Rotberto.

XXIV.

CARTA EBOLI DE CASTELLO ALLIONIS [1].

Emma, Acquitanorum comitissa, de hoc seculo migratura, inter alia dona rerum suarum que anime sue deputavit, alodium quoque Forzilias nuncupatum sic tripartita est, ut Beato Hilario de tribus partibus unam, alteram Sancte Cruci adscriberet, terciam vero daret propinquo suo Aloiensi Ebalo. Post cujus decessum Isembertus filius ejus tamdiu tenuit quod pater sibi reliquid in Forziliis quousque Agnes comitissa, que ecclesiam Sancti Nicholai Pictavis construxit, pactum cum eo fecit, ut ipse Isembertus meditarias, quas in Alnisio dederat prefate ecclesie, quo commodiores illi forent ex vicinitate, per commutacionem ab ea susciperet, et terciam partem, quam in Forziliis habebat, possideret ecclesia Sancti Nicholai, cui nimirum fundus quo vicinior eo commodior fieri deberet. Cujus commutacionis vicissitudinem sedes apostolica non ignoravit, quem [2] eam per manus pape Alexandri inter ceteras ecclesie supramemorate dotes ratam esse percipiens, apostolica auctoritate consignavit et privilegium confirmacionis sue debito more coaptavit, quod eciam predicte comitisse destinare curavit.

---

1. Vers 1060. Cet échange est antérieur à la bulle du pape Alexandre II, qui le mentionne.
2. Sic, au lieu de *que*.

XXV.

CARTA [1].

Airaudus Discapdelatus, Airaudus filius ejus, Goscerannus privignus ejus, Petrus ejusdem cognatus, quicquid juris habebant in terra Sancti Nicholai de Luco, pro salute animarum suarum Sancto condonant atque Sancti servientibus. S. Sancti Nicholai. S. Hugonis prioris. S. Rotgerii. S. Girardi. S. Hugonis. S. Fulconis. S. Rainerii. S. Giroardi. S. Gaufridi. S. Rotberti. S. Ramnulphi. S. Mauricii. S. Johannis. S. Andree. S. Odilonis. S. Arduini. S. Imalrici. S. Lisoi. S. Isaelis. S. Johannis filii ejus. S. Alberici. S. Aimerici Salinarii. S. Airaldi Discapdelati. S. Airaldi filii ejus. S. Gosceranni privigni ipsius. S. Petri, cognati supradicti Airaldi.

XXVI.

CARTA VICECOMITIS CASTELLI AIRAUDI DE MOLENDINO (DE ARCA SUB PONTE CASTRI AYRAUDI) [2].

Quoniam sicut per unum hominem subintravit peccatum et per peccatum mors atque cunctos sui propagine maculavit, ita et per unum vita, qui sua morte mundum a primi parentis culpa liberavit. Jesus Christus ergo dominus noster, cum in forma esset equalis patri, formam servi suscipere dignatus est ex utero intacte Virginis Marie, in qua redemit sibi ecclesiam non habentem maculam neque rugam, quem [3] dum adhuc peregrinatur in terris ac fluctibus seculi et lima tribulacionis aptatur in celis, eget in hoc seculo cibo, eget eciam vestimento. Quia ergo nos in

---

1. Avant 1078.
2. Vers 1060? Hugues a été vicomte de Châtellerault de 1047 à 1076 environ. — Les mots compris entre parenthèse sont écrits en marge du cartulaire.
3. Sic, au lieu de *que*.

seculari habitu constituti, licet per fidem ecclesie sumus filii, non tamen meritis eorum qui Christo assidue deserviunt poterimus sociari nisi illis nostris ex possessionibus caritatis officio impendamus, quatenus cum eis vitam eternam habere mereamur. Hac igitur de causa, ego Hugo vicecomes dedi ecclesie Sancti Nicholai, que sita est in foro Pictavensi, et ejus servientibus canonicis unam arcam in ponte ad molendinum construendum, et pisces, pro redempcione et salute tam anime mee quam uxoris et filiorum et successorum meorum, maxime cum predicte ecclesie canonici michi et uxori et filiis benefficium et societatem suam dederint et pro nobis tam vivis quam eciam deffunctis Deum assidue exorare promiserint. Quicunque ergo successorum meorum vel quicunque alius predictam donacionem ecclesie Sancti Nicholai vel ejus canonicis aufferre, alienare, inquietare vel aliquem malum usum mictere presumpserit, judicio Dei contendat, qui ut servis sue ecclesie ex propriis facultatibus serviamus cotidie per sacram scripturam ammonere non cessat. Ut autem hec donacio firmior et liberalis omnibus modis habeatur, ego ipse Hugo vicecomes propria manu subscripsi, ipsis moventibus per unumquemque annum in festivitate sancti Nicolai census duodecim nummos accipiens.

XXVII.

CARTA GAUFREDI COMITIS ANDEGAVENSIS DE TERRA AGRICIACI [1].

Justum est et christianis principibus maxime convenit quatenus res sancte ecclesie, unde ejus servitores vivere debent, ab injustis hominibus equitatis jure deffendant.

---

1. Avant 1052. Barthélemy, *de castello quod dicitur Mirabel*, était seigneur de Mirebeau. (D. Fonteneau, t. 18, p. 115.) Il fut élu archevêque de Tours en 1052.

Unde ego Gaufredus, Andegavorum comes, pro salute anime mee, ecclesie sancti Nicholai, que sita est in foro Pictavensi, quam uxor mea Agnes edificavit, dum edifficaretur nonnulla contuli, et omnia que predicta uxor mea Agnes vel ejus filii, comites videlicet Pictavenses, vel quicumque alii aliquid prefate ecclesie Sancti Nicholai pro salute anime sue contulerunt, ego in defencione mea et in tuicione ubicumque sint suscepi, que modo habet vel aliquando habere poterit, maxime ea que circa fines mee terre adjacent : terram illam videlicet cultam et incultam cum omnibus possessionibus suis, que est in villa que dicitur Agriciacus; eo videlicet tenore, ut, qualiscumque lis vel guerra inter me et Pictavensem comitem vel meos et ejus successores fuerit, nullam omnino lesionem, nullum dampnum, nullam calumpniam paciantur res Sancti Nicholai quas ego in mea terrena deffensione suscepi. Verum quia ego multis et diversis curis ac negociis impeditus ad omnia non possum respondere, commisi predictam terram Sancti Nicholai cum possessionibus suis Bartholomeo de castello quod dicitur Mirabel sub sacramento fidei sue, quod michi fecerat, ut predictam terram cum habitatoribus suis et omnibus possessionibus in eo loco deffenderet. Quapropter ego omnes successores meos pro Christi nomine obtestor ut possessiones prefate ecclesie Sancti Nicholai, quam ego pro remedio anime mee in defensione suscepi, nullus infestare aut inquietare permittat; quod qui fecerit, judicium Christi, qui omnium ecclesiarum est auctor, incurrat.

XXVIII [1].

De terris et vineis Sancti Nicholai que sunt Agriciaci, quas Afredus Panetus Sancto per rapinam inique auferebat,

---

1. 1052-1068. Barthélemy fut archevêque de Tours de 1052 à 1068.

postquam retinere non poterat, sentencia enim bonorum quorum nomina infra subscripta sunt in judicio convictus fuerat, sancto et nobis reddere constituit hoc modo : quadraginta et v solidos de nostro, nobis ipsis gratantibus, accepit ipse, et nepos ejus, qui cum eo calumpniabatur et qui postea prece avunculi sui compulsus Sancto quoque omnia dimiserat, uxor ejus et filii, nostri beneficii participes hujus rei gratia effecti sunt. Hec sunt nomina eorum sub quibus et judicium factum est et amicicia sumpta inter nos et ipsum : Bartholomeus archiepiscopus, Loduinus, Gilebertus Graduga, Gaufredus prepositus.

XXIX.

CARTA HACFREDI PANETI [1].

Hacfredus cognomine Panetus quandam olim terram tenebat, quam Agnes Comitissa cum toto censu ab illa exeunte Sancto Nicholao suisque canonicis dederat, de qua ipse diu eidem Sancto et suis clericis haud minimam injuriam fecit. Sed postea Bartholomeo Turonensi archiepiscopo precipiente, vellet aut nollet, in jus apud castrum Mirebellum ante eumdem ipsum archiepiscopum adductus est. Postremo, cum prior et alii canonici viderent quod nunquam ipsam terram derelinqueret, suum petivere censum. Tum judices qui aderant ibi judicaverunt quod ipsi rectum haberent et ita eis censum reddere deberent quomodo major erat, et si hoc facere nollet, omnino supra nominato Sancto suisque clericis terram derelinqueret. Tunc ipse videns et percipiens quod tota illa terra nequaquam tantum valeret quantum census erat, illo et suis amicis priori supplicantibus et omnibus aliis misericordiam pro Dei magna pietate poscentibus, dederunt ei prior et alii canonici pro illa supradicta terra

---

1. 1052-1068.

quadraginta et v nummorum solidos, videntibus et asserentibus eodem supranominato archiepisco et Lodoico, a quo ipse tunc temporis terram tenebat, et aliis omnibus ibi presencialiter astantibus, concessit eis libenter habere quod jure non potuit denegare.

XXX.

CARTA ABBATIS MALLEACENSIS DE AGRICIACO [1].

In nomine omnipotentis Dei. Comitissa Agnes, illustris et nobilissima femina, Acquitanorum ducis uxor, edificavit monasterium Sancti Nicholai confessoris in foro Pictavensi, cui, inter multa predia que predicte ecclesie contulit, dedit eciam terram Abonis et filii ejus Frederici, quam possidebant in villa Agriciaco, que distat a castro Mirabello duobus milibus, cultam et incultam, tam in vineis quam in agris et pratis, fevum et alodium; quam terram predictus Abo et filius ejus Fredericus dederunt pro animabus [2] animarum suarum cenobio Sancti Petri Malleacensis, cui tum preerat abbas nomine Teodelinus, qui prefatam terram Abonis et ejus filii dedit et vendidit predicte comitisse Agneti susceptis ab ea mille solidis; cui eciam comitisse predictus abbas Teodelinus dedit colibertos in villa Tisiciaco, quos ibi habebat. Tenuit igitur hec predicta Agnes in suo dominio quousque ecclesiam Sancti Nicholai edificavit, et memoratam terram cum colibertis que a predicto Teodelino abbate habebat ecclesie Sancti Nicholai ejusque servitoribus canonicis jure possessionis imperpetuum tradidit. Postea vero, regnante Philipo rege Francorum, et in Acquitania principante strenuissimo duce Guidone, ejusdem Agnetis comitisse filio, anno sui principatus x^{mo}, regente eciam Pictavensem ecclesiam pontifice Isemberto, indicione vi^{ta}, domina Agnes reno-

---

1. 1068, 1er août.
2. Sic, au lieu de *remedio*.

vavit convencionem et pactum cum domino Goderanno abbate Malliacensis monasterii et ejus monachis de predicta terra Frederici, Sancti Hilarii canonici, et patris ejus Abonis, que est in Agriciaco, et de colibertis quos ipsa Agnes tenuerat a Teodelino, antecessore Goderanni abbatis, eo videlicet tenore quod canonici Sancti Nicholai singulis annis x^{cem} solidos Pictavensis monete persolvant monachis Malliacensis monasterii pro censu in festivitate ejusdem Sancti Nicholai. S. Goderanni abbatis, qui eciam Santonensis Dei gracia episcopus subscripsit et confirmavit. S. Geroardi cancellarii. S. Hugonis. S. Umberti. S. Geraudi. S. Rainaldi. S. Johannis. S. Otgerii, prepositi sancti Martini. S. Rotberti, prioris Sancti Martini. S. Benedicti prioris. S. Constantini Milventi. S. Richardi cantoris. S. Guillelmi. S. Guinemanni, prioris sancte Radegundis. S. Aimerici fratris ejus. S. Ernaudi. S. Gaufredi. S. Garnerii camerarii. Facta primo die augusti mensis anno ab Incarnacione Domini millesimo LXVIII. Scripta vero a Johanne, canonico et cantore Sancti Nicholai.

XXXI.

ITEM DE EADEM TERRA [1].

Ex curte Agriciaco habet Agnes comitissa Pictavensium junctos LXVIII de terra arabili, et est de terra Aboni judice, et in villa Daucias et Jezellas junctos xxx^{ta} II^{os} de terra Tecelino, et ab ipsa villa Agriciaco de prato junctos IIII^{or}, et inter Daucias et Jesellas duos junctos de prato, et in ipsa curte de vineas dominicas junctos XLVIII; et in villa Daucias de terra Emalrici junctos XII, et de vineas junctos XI, et de prato juncto uno, et in alio loco inter Poltiniaco et Jarigias junctos X, que illa donavit Manigno, et in alio loco de vineas

---

1. Vers 1068 ?

junctos sex et medium, que illa donavit Stephano Paracinse, et in alio loco a la Ciconia junctos iiii⁰ʳ et opera una, que illa donavit Airan, et in ipsa villa Ciconia junctos iiii⁰ʳ, que illa donavit Eblono, et in alio loco junctos iiii⁰ʳ, que illa donavit Arduino, et in alio loco junctos ii, que illa donavit Sancti Porcharii, et in alio loco junctos iii, que illa donavit Girberto.

XXXII.

CARTA ARBERTI DE SANCTO JOVINO [1].

Convenienciam quam clerici Sancti Nicholai cum Arberto de Sancto Jovino, Milonis filio, constituerunt de pervasione quam ipse fecerat in terra que dicitur Agriciacus, quam Agnes comitissa Sancto Nicholao dederat, hec est. Idem igitur Arbertus in supradicta terra culturam que est juxta fontem, quartam quoque quam Girardus et Berno colunt, preter hec eciam Acfredum Macellarium omnemque ejus parentelam non solum calumpniabatur, verum eciam per vim aufferebat. Multis itaque ante persuasionibus pulsatus, multisque precibus ab ipsis canonicis obstrictus, fratribus suis Petroque de Luchec, qui terre illius partem tenebat, concedentibus, dimisit tandem, non tamen sine nominata pecunie quantitate et aliis peticionibus. Peciit namque in principio pro ea quadringentos solidos; peciit quoque ut, si ipse post mortem suam apud Sanctum Nicholaum sepeliri vellet, gratis acciperetur, nisi tamen sua sponte illic aliquid inpenderet. Eadem condicio constituta est de fratribus suis et de Petro supradicto. Si vero ipse Arbertus ad tantam inopie necessitatem veniret ut de suis habundanciis vivere nequiret, reciperent eum in loco Sancti Nicholai et ei necessaria suppeditarent, sicut uni ex canonicis quamdiu advi-

---

1. Vers 1080.

veret. Est etiam in convencione ut omni tempore vite sue in cadragesima vel in adventu dominico habeat conversacionem cum canonicis, si ei voluntas adfuerit, et preter hec in una quaque ebdomada unam missam.

XXXIII.

ITEM CARTA DE EADEM RE [1].

Hec est carta quam Simon Maingoti et uxor sua Thomasa fecerunt abbati Novi Monasterii Guidoni et Aimerico Sancti Nicholai priori de fine calumpnie quam uxor sua Thomasa fecerat post mortem mariti sui prioris Arberti, et ipse ejus instinctu sibi maritali copula conjunctus de terra Agriciaci. Unde, tam pro remedio animarum suarum quam judicio et consilio Guillelmi de Mirebello ceterorumque baronum, concesserunt eamdem convencionem, quam Arbertus de Sancto Jovino habuerat cum canonicis Sancti Nicholai de eadem terra, se firmissime imperpetuum habituros cum Sancti Johannis Evvangeliste et Sancti Nicholai monachis. Quod ut firmum et inconcussum deinceps maneret, monachi dederunt ipsi Simoni LX^{ta} solidos uxorique sue xx^{ti} solidos, cum consilio Guillelmi supradicti et Rainaudi de Seneciaco. Cujus convencionis sunt testes Johannes et Bartholomeus, canonici Sancti Petri, et Aimarus vicarius, Lozoicus de Chiniciaco. S. Simonis. S. Thomase uxoris ejus. S. Rotberti, filii Phromontis. S. Rainerii Rufi. S. Bernerii. S. Rainaudi. S. Gaufridi Calviniachi. S. Rotberti Pictavensis. S. Normandi. S. Aimerici Faie.

---

1. Vers 1090. Cet acte est postérieur à l'union du prieuré à l'abbaye de Montierneuf, dont Guy fut abbé de 1077 à 1092.

XXXIV.

ITEM CARTA GUILLELMI, FILII ARBERTI DE SANCTO JOVINO [1].

Quoniam res bene gesta, litterarum apicibus tradita, solet melius recoli, volumus presenti cartula posteriorum memorie commandare rem quam recte agendo nobis coram testibus placuit firmare. Ego igitur Guillelmus, filius Arberti de Sancto Jovino, pro remedio anime mee omniumque parentum meorum dono, laudo et concedo Deo et Sancto Nicholao omnem terram helemosine cum colibertis suis quam pater meus predictus donaverat predicte ecclesie in villa Agriciaco, nulla michi reservata consuetudine nisi quam pater meus retinuit, scilicet ut in adventu vel in cadragesima, si vellet apud Sanctum Nicholaum solus manere, quantum unus canonicorum cotidie haberet, aut si pauper moreretur, gratis ibi sepeliretur. Hoc solum in ea et non aliud retineo, ac pro defencione et rerum predictarum restauracione hujus elemosine, a priore Sancti Nicholai Duranno decem libras recipio. Quicunque hoc donum ultra calumpniari seu inquietare presumpserit, viginti auri libras componat et, nisi cito resipuerit, iram Dei incurrat. Hujus doni testes sunt Marcus abbas, in cujus manu factum est; Durannus prior Sancti Nicholai, Martinus monachus, Garnerius abbas Sancte Marie; milites Thomas de Marciaco, Tetmarus et Rorgo filius ejus, Albuinus, Iderius, Gualcherius, Ginemarus, Rainaldus de Dociaco; rustici seu servientes Giraldus, Arveus, Frogerius, Gaufredus Brocca, Rainaldus et Frogerius Caprarii, Guillelmus de Doaciis et alii multi.

---

1. Vers 1106. Durand était prieur en 1106 (*Gallia Christiana*, t. 2, col. 1266).

XXXV.

CARTA TETBALDI CLERICI[1].

Beati Nicholai monasterio septem jugera terre in quibus vinee fuerunt, que eciam sunt apud Agriciacum villam ad Ciconiam, donasse me Tetbaldum clericum, jussu et precatu domine Agnetis Acquitanorum, Gaufredi matris, de qua in fisco ipsa jugera habebam, sapiat qui sapere velit. Ut autem hec donacio firma permaneat, ipsa manibus suis firmavit et filium suum Gaufredum comitem ut annueret precata est. Guillelmus frater meus annuit.

XXXVI.

CARTA BERENGERII ASTA NOVA[2].

Ego Berengerius Asta nova in Dei nomine, et uxor mea Gosberta et filii mei, videlicet Aymericus et Isembertus, filie que mee Hilaria et Benedicta, et ego Berengerius Pendilles et uxor mea Aldeardis et filius meus Rainaldus et Acfridus et filia mea Aldeburgis, pro remedio animarum nostrarum condonamus Deo et Sancto Nicholao ejusque servientibus imperpetuum vi opera terre in territorio Agriciaci in media villa. Ipsi autem canonici nobis benefficium ecclesie de missis et psalmis et elemosinis concedunt.

XXXVII.

CARTA ARNALDI VILLANI[3].

Sapiant omnes tam consanguinei mei quam presentis eccle-

---

1. 1058-1068. La comtesse Agnès intervient pour la dernière fois dans un acte du 1er août 1068 ; Geoffroi son fils a été comte de Poitou de 1058 à 1086.
2. 1058-1068 ?
3. Vers 1080. Simon, prieur, qui a souscrit en cette qualité une charte

sie Sancti Nicholai canonici presentes et venturi, et confidenter credant quod ego Arnaldus cognomento Villanus, desiderans meis peccatis reddere propicium Dominum, Hugone priore vivente, Deo et beato Nicholao et canonicis universis sue ecclesie Guidonem colibertum meum perpetuo in colibertum habendum et fructum suum totum dedi, et donacionem hanc supra prefati Sancti Nicholai altare posui. Defuncto autem Hugone, in presentia successoris sui nomine Simonis hanc cartam feci fieri et eam confirmando tercia feria Pasche supra idem altare Sancti Nicholai posui, videntibus eodem Simone et canonicis suis Odilone, Girardo, Rotberto, atque laicis Aymerico Pipaldo et Johanne Simonis, serviente, atque ipso Guidone qui datus est.

XXXVIII.

CARTA PETRI CLERICI [1].

Ego in Dei nomine Petrus, clericus Sancti Petri Puellensi, habeo terras et vineas, hoc est complentum in curte de Agriciai in villa Daulces in terra Sancti Nicholai, hoc est plus minus inter terras et vineas vi junctos et dimidium, quod ita vendidi per auctoritatem nepotum meorum infantibus Geldrau et sorori mee nomine Adelora, cuidam homini scilicet Durant de Cassellas, et accepi ab eo precium in argenti sol. xxx^{ta} denariorum, ita ut teneat, possideat et faciat quicquid voluerit, nemine contradicente, censum persolvat cui lex est. Si ego aut est aliqua persona qui contra istam vendicionem inquietare presumpserit, solidos c componat et quod petit non vindicet, et ista vendicio firma permaneat. S. Petri, qui istam vendicionem fecit Durant. S. Geldrau. S. sororis sue Adelora. S. nepotum suorum, Aldoar, omnium infancium aliorum.

---

du chapitre de Saint-Hilaire, donnée en 1078 ou 1079, avait succédé à Hugues.

1. Vers 1080 ?

XXXIX.

CARTA PETRI DE BRIDERIO DE VENDA SALIS[1].

Ego Petrus de Brider, dapifer comitis Pictavensis, notum fieri volui omnibus fidelibus me dedisse ecclesie Sancti Nicholai et ejusdem ecclesie servientibus canonicis, que sita est in foro Pictavensi, vendam salis que michi hoc subsequenti jure, quod posterius inferam, competit. Fuit igitur quidam miles nomine Aino de quodam castello quod dicitur Velza, qui accipiens quamdam nobilissimam uxorem, filiam Alberti de Cambono, quam videlicet feminam, quia clarissimis orta et possessionum ac terrarum est locuplex, predictus Aino per se habere non poterat, promisit Pictavensi comiti, qui est Acquitanorum dux, duo milia solidorum ut eam sibi uxorem et ejus honorem habere concederet. Ego autem Petrus prefato Ainoni illorum duo milia solidorum apud comitem fidejussor extiti, michique sepefatus Aino sacramento juravit et post sacramentum eciam quatuor obsides dedit Giraudum de Gusum et Francum de Lairet et Rannulphum de Corum et Arnulfum Jornal, ut de prefata pecunia me non deciperet vel contra comitem incurrere sineret. Solvit ergo Aino memorate pecunie quantitatem usque ad octo libras, quas cum non habens unde redderet, vel habens reddere nollet, invitus comiti persolvi. Ipse autem dedit michi Petro prefatam salis vendam in foro Pictavensi, quam ex jure uxoris sue habebat, ut vendam illam salis haberem per octo libras, quas minus comiti solverat; de quibus ego fidejussor eram et quas comiti solveram. Quam donacionem tam ipse comes Gaufredus, dux Acquitanorum, quam uxor sua, id est Ainonis, et prefati obsides auctorizaverunt et firmaverunt. Ego autem Petrus prefatam vendam salis ecclesie Sancti Nicholai vel ejus servientibus canonicis dedi perpetualiter possidendam, tenendam, perfruendam.

---

1. Vers 1075.

XL.

CARTA PETRI DE BRIDERIA DE OLERON [1].

Ego in Dei nomine Petrus Briderensis, Goffridi ducis Acquitanorum dapifer, omnibus Dei fidelibus tam presentibus quam futuris volo manifestari quod, pro Dei amore omniumque Dei fidelium et pro anime mee amicorumque meorum redempcione, michi complacuit ut de rebus quas Dei gracia possidebam Dei Beatique Nicholai servitoribus aliquid attribuerem, videlicet meditarium nomine Umbertum in insula que vocatur Oleriolum habitantem, cum omnibus possessionibus suis tam agrorum quam vinearum, quam pratorum, quam veprium, id est tam cultarum quam incultarum, et cum parte terre de Mairac, que michi contingit liberum ab omni alicujus hominis cosdumpna; alium quoque meditarium nomine Ramnulfum, manentem in villa que dicitur Mota, eodem modo dedi cum omnibus possessionibus suis. Hoc autem donum concensu et voluntate domini mei ducis Acquitanensis, a quo eum fiscaliter possidebam, Beati Nicholai servitoribus feci. Si quis vero contra hanc cartam calumpniando insurrexerit, iram omnipotentis Dei incurrat aurique centum libras judice cogente persolvat et ejus calumpnia irrita permaneat. Ut ergo hec carta firmior permaneret, dominus meus Goffridus, dux Acquitanensis, suis manibus firmavit, et ego meis quoque manibus firmando aliis optimis viris, quorum nomina subscripta habentur, eam ad firmandum tradidi. S. Gaufridi Acquitanorum ducis. S. Petri dapiferi de Briderio. S. Gosberti Francigene. S. Guillelmi Bastardi. S. Borelli de Mosterolo. S. Hugonis prepositi. S. Hugonis prioris Sancti Nicholai. S. Odilonis cantoris.

---

1. Vers 1075.

XLI.

CARTA HUMBERTI SALINARII DE SALINA DE OLORON [1].

Deo et glorioso confessori suo Nicholao et ecclesie sue, que sita est juxta forum vetus urbis Pictavensis, et Simoni, ejusdem ecclesie priori, et omnibus ejus canonicis tam modo presentibus quam in futuro successuris, ego Humbertus salinam meam, que ante domum est Martini salinarii in terra que vocatur Agulie apud castrum Oleronum, in domo Airaudi de Forgiis tercio idus junii, videntibus et audientibus clericis ejusdem Simonis prioris, Gosberto, Johanne, Girberto Bardonis, et equitibus Airaldo de Forgiis et Gilduino et Ulgerio, dedi post obitum meum sine mora qualibet vel calumpnia ex integro possidendam in propriam. Ut eciam hec helemosina mea inviolata perpetuo consisteret, presentem cartam manu propria confirmavi et ab hiis qui subscripti sunt feci confirmari, ea convencione ut scribatur et fiat in eadem ecclesia post mortem meam sicut unius ex canonicis meum annuatim anniversarium. S. Gosberti. S. Johannis. S. Girberti. S. Atonis capellani. S. Josmari. S. Aimeri de Arcellis. S. Aldeberti.

XLII.

ITEM CARTA FILII EJUS DE EADEM SALINA [2].

Hec est carta cum qua Constantinus Morandus concessit donum Beato Nicholao in manu Garnerii Sanctonicensis, quod pater suus fecerat de salina de Angullis et de vinea de duobus Lucis. Ipse vero Garnerius concessit ei unum quadrantem terre in quo vineam plantaret; de qua

---

1. Vers 1080.
2. *Idem.*

haberet quicquid consuetudinis exiret, scilicet quartum. Hujus carte sunt testes. Arnaudus presbiter et Gauterius Losdunensis et Iterius et Acfredus. S. Constantini Morandi. S. Arnaldi Calcri. S. Andree Brugali.

XLIII.

CARTA ITERII DE SALINA AD BRANDAM [1].

Omnipotenti Deo sanctoque confessori Nicholao et ecclesie sue, que sita est juxta forum vetus urbis Pictavensis, et Simoni, ejusdem ecclesie priori, et omnibus ejus canonicis in ea tam modo servientibus Deo quam in futuro servituris, et ut post obitum meum in prefata ecclesia scribatur nomen meum et fiat sicut unius ex canonicis meum annuatim anniversarium, salinam meam que facta est in loco qui dicitur Branda, videntibus et audientibus clericis ejusdem Simonis prioris, Gosberto, Johanne, Girberto Bordonis et Attone presbitero et Airaldo de Forgiis et Aimaro de Talnaico, in ecclesia Sancte Marie que est in Castro Olerono, octavo decimo kalend. julii, dedi post mortem meam, sine dilacione aliqua et calumpnia mortalis cujuslibet possidendam in propriam. Ut autem hec donacio, immo helemosina mea stabilis et inconcussa sine fine permaneat, presentem cartam super hoc compositam manu propria confirmavi et confirmandam supradictis testibus tradidi. S. Gosberti. S. Johannis. S. Girberti. S. Attonis. S. Airaldi. S. Aimari.

XLIV.

EXEMPLAR LITTERARUM PASCALIS PAPE PETRO, EPISCOPO PICTAVENSI, MISSARUM DE AGRICIACO [2].

Pascalis, episcopus, servus servorum Dei, venerabili

---

1. Vers 1080.
2. 1108? 6 novembre. Pascal II, qui a été pape de 1099 à 1118, était à Anagni en novembre 1108, 1112, 1114.

fratri Petro, Pictavensi episcopo, salutem et apostolicam benediccionem. Non modicum de tua dileccione miramur, quod visis litteris nostris usque adhuc justiciam Novo Monasterio facere distuleritis, de Guillelmo de Mirabello, qui nimirum eidem monasterio manifesti juris possessionem, villam videlicet Agriciacum violenter aufert, pro quo eciam pater ejus a domino papa Urbano excommunicatus dicitur. Precepimus itaque ut infra dies XL^{ta} postquam litteras presentes acceperis, de raptore illo canonicam justiciam facias. Datum Anagnie VIII idus novembris.

XLV [1].

Pascalis, episcopus, servus servorum Dei, venerabilibus fratribus et coepiscopis archiepiscopo Burdegalensi, Petro Pictavensi, R. Sanctonensi, salutem et apostolicam benediccionem. Ab abbate Novi Monasterii Marco, viro, ut asseritur, religioso, querelam accepimus super Guillelmum militem, dominum Castellionis, quod Monasterio Novo abstulerit villam Artigiam Extremam, et super Guillelmum de Mirabello, quod monasterio abstulerit villam Agriciacum, et super uxorem et filios Alberti Talamundensis, quod monasterio abstulerit villam Jarigiam. Vestram igitur dileccionem scriptis presentibus monemus et precipimus ut de predictis parrochianis vestris prefato abbati et monasterio canonicam justiciam faciatis. Datum Beneventi VI idus decembris.

---

1. 1101-1107. Marc a été abbé de Montierneuf de 1101 à 1126 ; Ramnulfe, évêque de Saintes, de 1083 à 1107.

TABLE CHRONOLOGIQUE

DES PIÈCES CONTENUES

DANS LE CARTULAIRE DE SAINT-NICOLAS

Vers 1050.   Fondation du monastère de Saint-Nicolas par la comtesse Agnès. N° I.

Vers 1050.   Don fait à l'église de Saint-Nicolas, par la même comtesse, d'un moulin sur la Boivre. N° XIII.

Avant 1052.   Charte de Geoffroi-Martel, comte d'Anjou, qui prend sous sa protection toutes les possessions de l'église de Saint-Nicolas, et principalement la terre d'Agrissay, située près les confins de son comté. N° XXVII.

1052-1068.   Notice d'un jugement rendu par Barthélemy, archevêque de Tours, et deux autres arbitres, sur un litige relatif à la terre d'Agrissay. N° XXVIII.

— —   Autre notice du même litige. N° XXIX.

Vers 1060.   Don fait à l'église de Saint-Nicolas, par Rainaud de Contest, de ce qu'il possédait à Montamisé et à Tron. N° II.

— —   Notice d'un accord conclu entre les chanoines de Saint-Nicolas et ceux de Saint-Hilaire, par suite de réclamations élevées par ces derniers au sujet d'une petite portion de leur fief que la comtesse Agnès avait comprise dans la dotation de l'église de Saint-Nicolas. N° XII.

— —   Charte de Guillaume VIII, duc d'Aquitaine, fils d'Agnès, ordonnant que la dîme de son pain, de son vin et de sa viande serait prélevée chaque année au profit des églises de Saint-Nicolas et de Sainte-Radégonde, et concédant deux foires à chacune de ces deux églises. N° XI.

Vers 1060.	Notice de la cession faite à Saint-Nicolas par Isembert de Châtellaillon, du tiers de la terre de Frouzilles, en échange de métairies en Aunis. N° XXIV.
— —	Vente par Gombaud et ses enfants aux clercs de Saint-Nicolas de quatre arpents de terre avec un puits où les habitants de Saint-Georges puisent de l'eau, de deux arpents de vigne et d'un pré. N° XVII.
— —	Don par Hugues, vicomte de Châtellerault, à l'église de Saint-Nicolas, d'une arche du pont de Châtellerault pour y bâtir un moulin. N° XXVI.
1058-1068.	Charte de Guillaume VIII, duc d'Aquitaine, qui confirme les donations faites au monastère de Saint-Nicolas par Agnès, sa mère; et Guillaume VII, son frère, et met les chanoines de Saint-Nicolas sous la protection de ceux de Saint-Pierre de Rome, en les assujettissant à un cens annuel de dix sous envers ces derniers. N° V.
— —	Don au monastère de Saint-Nicolas par Thebaud, clerc, de sept arpents de terre à Agrissay. N° XXXV.
— —	Don par Bérenger *Asta Nova* et autres de six œuvres de terre à Agrissay. N° XXXVI.
1061-1068.	Bulle du pape Alexandre II, qui met sous la protection du Saint-Siége l'église de Saint-Nicolas avec toutes ses possessions. N° IV.
1068, 27 juin.	Don fait à la même église par le chapitre de Saint-Hilaire de la moitié de la terre de la Vacherie, avec dix arpents de vigne, à la charge d'en payer un cens de dix sous. N° XIV.
— 1er août.	Ratification par la comtesse Agnès de la donation qu'elle avait faite à l'église de Saint-Nicolas de terres à Agrissay, achetées par elle de Théodelin, abbé de Maillezais, et de colibers que lui avait donnés cet abbé; dispositions confirmées et souscrites par Goderan, abbé de Maillezais, successeur de Théodelin. N° XXX.
Vers 1068.	Dénombrement de terres possédées par la comtesse Agnès à Agrissay. N° XXXI.
Vers 1075.	Don à l'église de Saint-Nicolas par Pierre de Bridier, sénéchal du comte de Poitou, de la vente du sel au marché de Poitiers. Le donateur relate les circonstances singulières auxquelles il avait dû la possession de ce droit. N° XXXIX.

Vers 1075.	Don par le même à Saint-Nicolas de deux hommes avec leurs possessions en l'île d'Oléron. N° XL.
Avant 1078.	Don par *Gilla* d'une maison avec un cellier et un jardin, à condition que la donatrice en conservera la jouissance et sera nourrie par les chanoines sa vie durant, et qu'après sa mort un anniversaire sera célébré pour elle comme pour un chanoine. N° XV.
— —	Don par Bernard et *Oda*, sa femme, du tiers de tous leurs biens, à la réserve de la maison où ils demeuraient : don qui ne devait recevoir son effet qu'après leur mort. N° XVI.
— —	Don par Guillaume de la Pierre et Benoîte, sa femme, de tous leurs biens sous la même condition. N° XX.
— —	Don par *Benaventus de Lodonio* d'un demi-journal de vigne sous la même condition. N° XXI.
— —	Don par Airaud *Discapdelatus* et autres de ce qu'ils possédaient dans la terre du Luc. N° XXV.
Vers 1080.	Renonciation faite par Étienne, fils de Gombaud, le jour de la mort de son frère Arnaud, à des prestations de pain, vin et viande qu'il requérait abusivement des chanoines de Saint-Nicolas en trois jours de fête. N° XVIII.
— —	Vente par Pierre, chanoine de Saint-Pierre-le-Puellier, à Durand de Chézelles, de terres et vignes situées à Douces et dépendantes de la terre d'Agrissay. N° XXXVIII.
— —	Don d'un colibert aux chanoines de Saint-Nicolas par Arnaud Villain. N° XXXVII.
— —	Don à l'église de Saint-Nicolas par Arnaud, prêtre et chanoine de cette église, de la moitié d'une maison à Saleigne et de terres qu'il possédait en ce lieu et à Colombiers. N° XXII.
— —	Don de l'autre moitié des mêmes maison et terres par *Ansterius*, frère d'Arnaud. N° XXIII.
— —	Don d'une saline en l'île d'Oléron par Humbert. N° XLI.

Vers 1080.	Adhésion de Constantin Morand à cette donation. N° XLII.
— —	Don par Itier d'une saline en la même île, au lieu appelé *Branda*. N° XLIII.
— —	Notice des conditions que durent subir les chanoines de Saint-Nicolas pour mettre un terme aux usurpations et aux vexations d'Arbert de Saint-Jouin dans la terre d'Agrissay. N° XXXII.
1079-1086.	Renonciation par Samuel, fils de Geoffroi Araer, à une prestation de pain et de vin qu'il recevait en l'église de Saint-Nicolas à cause de la terre de Tron, et don d'un arpent de terre à Montamisé, à condition que lui et sa femme seront enterrés dans le cimetière de Saint-Nicolas. N° XIX.
1086.	Notice où sont exposés les faits qui déterminèrent Guillaume VIII°, duc d'Aquitaine, à bannir de l'église de Saint-Nicolas les chanoines réguliers que sa mère, la comtesse Agnès, y avait établis, et à donner cette église à l'abbaye de Montierneuf. N° VI.
— —	Autre notice du même don fait par le duc Guillaume VIII à l'abbaye de Montierneuf. N° VII.
1089.	Jugement d'Amé, légat du Saint-Siége, contre Bernard, chanoine de Lesterp, qui se disait prieur de Saint-Nicolas. N° IX.
Vers 1090.	Jugement du même légat, déclarant que les chanoines de Saint-Nicolas avaient été justement exclus de cette église et que les moines de Montierneuf en avaient été canoniquement investis. N° VIII.
— —	Composition faite entre Simon Maingot et Thomase, sa femme, d'une part, Guy, abbé de Montierneuf, et Aimeri, prieur de Saint-Nicolas, d'autre part, au sujet des prétentions élevées sur la terre d'Agrissay par ladite Thomase depuis la mort d'Arbert de Saint-Jouin, son premier mari. N° XXXIII.
1093, 17 oct.	Bulle du pape Urbain II, qui confirme les immunités accordées à l'abbaye de Montierneuf par le pape Grégoire VII et lui confère l'église de Saint-Nicolas, conformément aux décrets d'Amé, son légat, et de Pierre, évêque de Poitiers. N° X.

1101-1107.	Lettres du pape Pascal II ordonnant à l'archevêque de Bordeaux et aux évêques de Poitiers et de Saintes de statuer sur les plaintes portées par Marc, abbé de Montierneuf, contre plusieurs seigneurs, entre autres contre Guillaume de Mirebeau. N° XLV.
Vers 1106.	Confirmation par Guillaume, fils d'Arbert de Saint-Jouin, des dons faits par son père à l'église de Saint-Nicolas dans la terre d'Agrissay. N° XXXIV.
— —	Charte de Geoffroi, vicomte de Thouars, d'Ameline, sa femme, et d'Aimeri, son fils, restituant à l'abbaye de Montierneuf la terre des Deux-Lucs, telle que l'avaient possédée les chanoines de Saint-Nicolas. N° III.
1108? 6 nov.	Lettres du pape Pascal II ordonnant à Pierre II, évêque de Poitiers, de sévir dans un délai de quarante jours contre Guillaume de Mirebeau, à raison de ses usurpations sur la terre d'Agrissay. N° XLIV.

CARTULAIRE

DU

PRIEURÉ DE LIBAUD

Les *Archives d'Anjou* [1] et la *Bibliothèque de l'École des Chartes* [2] ont donné des notions complètes sur le grand Cartulaire de l'abbaye de Fontevraud, regrettable manuscrit dont la portion la plus importante est aujourd'hui en Angleterre, dans la collection de documents de feu sir Thomas Phillipp's. C'est dans cette partie qu'existe le texte des chartes concernant le prieuré de Libaud.

Libaud est un village de la commune de la Réorthe, arrondissement de Fontenay-le-Comte (Vendée), à la porte duquel une métairie a gardé le nom caractéristique de l'*Abbaye*. Ce dernier point fut d'abord un château fortifié, dans la mouvance de Sainte-Hermine et à son extrémité nord, dans une position militaire parfaitement choisie, sur la croupe abrupte d'un mamelon qui sépare la vallée du Lay de celle d'un des ruisseaux qui grossissent son cours. Donné ensuite par le seigneur de la Réorthe aux religieuses de Fontevraud, elles y établirent un prieuré, dont l'existence conventuelle cessa au milieu des guerres du xive siècle. Quelques traces des fortifications de l'ancien *Castrum*, la tradition d'une antique chapelle, comprise autrefois dans son enceinte, sont tout ce qu'il en reste aujourd'hui, *etiam periere ruinæ*.

Les chartes 6 à 29, numéros 54 à 77 du manuscrit de sir Phillipp's, paraissent avoir été transcrites, à la fin du xiie siècle, sur

---

1. Volume 1er, p. 210.
2. 4e série, vol. 1er, p. 125.

des feuillets du grand Cartulaire laissés en blanc, par un religieux né dans le pays. Elles offrent cet intérêt particulier que, par la nature des dons et les noms des donateurs, arrière-vassaux d'un arrière-fief de la vicomté de Thouars, elles montrent, achevant l'œuvre du fondateur, toute une classe de petits propriétaires qu'on voit rarement aussi bien en scène dans les monuments de ce temps. Elles appartiennent au dernier tiers du XIIe siècle, car deux générations seulement y paraissent à titre de contractants ou de témoins; le plus grand nombre appartient à la même date, et les noms de tous ceux qu'on rencontre dans d'autres documents vivaient à cette époque précise [1].

Avant ces vingt-quatre pièces, sont données ou indiquées cinq autres, qui se trouvaient dans la partie du grand Cartulaire de Fontevraud aujourd'hui perdue sous les numéros 164, 234, 344, 426 et 463, et après elles trois du XIIIe siècle, dont les originaux sont aux archives du département de Maine-et-Loire, les unes et les autres relatives au prieuré de Libaud; le tout, formant un ensemble de trente-deux chartes, a été réuni par M. Paul Marchegay, qui a bien voulu offrir sa copie à la Société des Archives historiques du Poitou.

(Note du Bureau de la Société.)

---

1. On trouve dans le Cartulaire de l'Abbaye de Boisgrolland : Hervé de Mareui[1] vers 1149 (charte 32). — Pierre Brun vers 1171 (ch. 69). — Aimery Menard vers 1171 (ch. 34) et vers 1180 (ch. 58). — Michel de Poaut, prêtre, vers 1190 (ch. 103). Parmi ceux plus connus : Jean-aux-Belles-Mains était évêque de Poitiers de 1162 à 1182, Henfredus archidiacre de Thouars en 1186, et un vicomte Aimery ne peut être qu'Aimery VII, vicomte de Thouars de 1173 à 1226.

CARTULARIUM

PRIORATUS LIBAUDI

I.

(1137 ou 1139.)

Posteritati fidelium notum sit quod Benedictus, magistri Fulcherii de Orbisterii monasterio abbate discipulus, dedit locum de Jaonicia, quem ad observationem ordinis de Cartusia edificaverat, Deo et ecclesie Fontis Evraudi in manu domne Petronille prime, Dei gratia, supradicte ecclesie abbatisse, concedente eodem supradicto Fulcherio abbate de Orbisterio. Pro hoc vero dono dedit eadem abbatissa eidem Fulcherio alterum mutuo locum, qui Barra Sancti Saturnini dicitur, quem Freevinus in elemosina ecclesie Fontis Evraudi contulerat. Hoc vero donum factum est in claustro Sancti Hylarii Pictavensis, cum baculo Gaufridi Burdegale civitatis archiepiscopi, in manu Gaufridi Carnotensis episcopi atque apostolice sedis legati et in manu supradicti Gaufridi Burdegale civitatis archiepiscopi, Guillelmi Aleelmi Pictavensis episcopi atque Lanberti Engolisme civitatis episcopi; presentibus: Arnaudo Qui Non Ridet, et Chalone de Mella archidiaconis. Testes vero ex parte Fulcherii hi fuerunt: Girardus abbas Broli Herbaudi, Stephanus prior Orbisterii, Judicael, Guelinus, Arnoldus. Testes ex parte Fontis Evraudi : Raginaudus de Coceio, Johannes pellitarius.

Postmodum jam dicta Petronilla abbatissa, cum Gerardo memorato abbate in capitulum Fontis Evraudi, circumsedente sanctimonialium non modica multitudine, convenit, et eandem quam Pictavis fecerant ibidem concordiam confirmaverunt. Hujus rei testes sunt : Petrus de Milliaco sacerdos, Nicholaus sacerdos, Robertus Mala Sorex, Judicael; et de sanctimonialibus : Florentia priorissa, Mathildis subpriorissa, Juliana de Bretulio, Mabilia de Castello, Riveria.

Iterum paulo post, in capitulo Orbisterii, domnus Fulcherius, ejusdem loci abbas, ratum hoc habuit et in sempiternum permanere, omni remota calumpnia concessit atque viva voce corroboravit. Isti sunt testes : Stephanus prior ejusdem loci, Gualterius subprior, Martinus cellerarius, Guillelmus sacrista et multi alii. Acta carta Innocentio papa sancte Romane ecclesie pontificatum tenente, Ludovico Francorum rege atque Aquitanorum duce atque Guillelmo Aleelmi Pictavorum pontifice.[1]

II.

Scripto firmiter curavimus inserendum quod Benedictus cognomento Capellanus, magistri Fulcherii de Orbisterio monasterio abbatis discipulus, locum de Jaunaia ea nimirum

---

1. Cyrogr. Orig. Arch. de Maine-et-Loire. Fontev., Fen. 23, sac 5, pièce 1re, intitulé : *Carta de Jaonicia et de Barra prope Castrum Lebaudi.* C'était le numéro 164 du grand Cartulaire. Cette charte est postérieure à 1137, *Ludovico Aquitanorum duce*, et antérieure à 1140, *Guillelmo Aleelmi Pictavorum pontifice;* dans cet intervalle, on ne peut placer la réunion des évêques qu'elle constate qu'en 1137, au moment du sacre de Louis le Jeune comme duc d'Aquitaine, ou en 1139, *quo anno*, dit la Gallia Christiana (t. VIII, col. 1138, de Gaufrido episcopo Carnotensi), *celebrato concilio Lateranensi de mandato summi Pontificis Gaufridus totam Aquitaniam perlustravit et altaria a Gerardo Engolismensi vel Gilone Tusculanensi episcopo schismatico consecrata solemni ritu exsecratus propriis manibus diruit aliaque exstrui jussit.*

integritate qua illum ad observationem ordinis Chartusie tenebat, ita totum cum appendiciis suis Deo et ecclesie Fontis Ebraudi contulit ad usus procul dubio sanctimonialium prefate ecclesie in monasterio de Colinances religiose deservientium in perpetuum solite et quiete possidendum. Et hoc concesserunt magister ejus predictus abbas Fulcherius et Garsias de Macheco cum filiis Arcoit, Radulfo, Garsia.

Hujus rei testes : Gaufridus Gormont, Petrus de Milliaco sacerdos et frater Fontis Ebraldi, etc., etc.; agente et ecclesiam Fontis Ebraldi strenue regente dilecta domina Petronilla, ejusdem loci prima venerabili abbatissa [1].

III.

Jaunacia. Donum Fulcherii abbatis Orbisterii [2].

IV.

Castellum Libaudi. Donum Petri Tronelli de Raorta [3].

---

1. Numéro 426, imprimé en partie par le P. de la Mainferme, dans le *Clypeus Fontebraldensis*, vol. II, p. 97, 98, complété à l'aide d'une ancienne copie aux Arch. de Maine-et-Loire, n'est qu'un abrégé du précédent avec quelques variantes.

2. Numéro 234, dont on n'a pu retrouver ni copie ni extrait autre que cette courte mention du P. Lardier dans la table analytique du grand Cartulaire qu'il a dressée de 1646 à 1658; il y a tout lieu de croire que ce numéro était une autre copie d'un des précédents.

3. L'inventaire analytique du P. Lardier résume ainsi le contenu de cette charte et de la suivante qui portaient les numéros 344 et 463 : « Petrus Tronellus dat prædium Hiberni Piri, in nemore Iguerando terram « Durandi Faiolis, et pratum et quartam partem vinearum de Nois et « dimidiam partem feodi vineæ Berengarii Calietea et piscaturam a molen- « dino Peleful et decimam annonæ et vini de consuetudinibus et medicta- « tem terræ Raslorum et quartam partem terræ Castri Liebandi. » Il est d'autant plus fâcheux de ne pas avoir ces textes, que c'est probablement en vertu de l'un ou de l'autre que les Religieuses s'établirent à Libaud.

V.

Castellum Lebaudi. Donum Petri de Raorta.

VI.

Petrus Travers dedit Deo et ecclesie Fontis Ebraudi quicquid habebat in terra dau Vigau, en dret la maisun de Lucaio, videlicet cosdumam et rupturam; de terra vero que est supra viam tantummodo rupturam dedit : idcirco habuit tria quarteria frumenti.

Hujus rei testes sunt : Raginaudus de Grua, Orris, Petrus Beidererei, Renaldus Chiruns.

VII.

Petrus Barboteas et Menardus de Ognetis dederunt Deo et prefate ecclesie rupturam duorum desertorum que erant juxta domum de Lucaio : unum extra fossa, juxta Podium Beraudi, alterum vero infra eadem fossa, ex parte domus; et idcirco habuit uterque illorum v solidos in karitate.

Hujus rei testes sunt : Giraudus de Gruia, Petrus Bedareren, Renaldus Chiruns, Orris et alii plures.

Post aliquantum vero temporis Guillelmus Barboteas, heres predicti Petri Barbotea, dedit Deo et prefate ecclesie sextam partem de feodo predictorum desertorum.

Hujus doni testes sunt : Michael capellanus Sancti Georgii, Johannes de Motis, Stephanus Grundini, Paganus Ragoini, frater Simon.

Item Aimericus Menardi dedit Deo et prefate ecclesie medietatem feodi predictorum desertorum.

Hujus doni testes sunt : Michael de Poaut, Stephanus Grundini, frater Simon, Arnaudus Vigerius, Arnaudus de Faolia et uxor ejus Marsilia, soror predicti Aimerici, qui hoc idem concesserunt et ideo habuerunt duos solidos.

VIII.

Guillelmus Barboteas dedit Deo et ecclesie Fontis Ebraudi feodum et roturam partis sue quam habebat in terra Lamberti Papini; et idcirco habuit v solidos.

Hujus rei testes sunt : Aimeric de Rocha, Guillelmus de Monte, Andreas Filluns.

Radulphus vero Poers roturam partis sue, quam in eadem terra habebat, Deo et prefate ecclesie attribuit; et idcirco habuit x solidos caritative. Hoc concessit Guillelmus Poers.

Hujus doni testes sunt : Simon decanus, Malus Sangis.

Postea vero voluit Radulphus Poers ire apud Rocham Amatoris, peregrinationis causa; et dedit ei Renaudus Galterii quemdam palefredum cum sella et freno, et ipse Radulphus Poers dedit Deo et prefate ecclesie feodum terre Lamberti Papini de qua, ut supradiximus, rupturam dederat. Dedit iterum partem quam habebat in pascuis de Cancholia, que participant cum Guillelmo Barbotea et Temerio, et de Chaumetta. Hoc concessit Guillelmus Poers et mater ejus, et Katerina que quandam helemosinariam propter hujus doni concessum habuit.

Hujus doni testes sunt : Paganus Raganers, Renulfus ferrerius, frater Simon, Evroinus, Arnaudus et plures alii.

IX.

Guillelmus Barboteas dedit Deo et ecclesie Fontis Ebraudi feodum terre quod participat cum Coennea ad Vetulam Mortuam; et feodum terre que est extra Barram a sinistra parte, en dreit la maisun; et feodum terre que est aus Chiruns, que est ultra fossa et fuit de terra Coennea.

Hujus rei testes sunt : frater Michael de Poaut, Johannes de Motis, Petrus Grenarius, Andreas Fillun, frater Simon, Arnaudus decanus, Willelmus Tabaris.

X.

Petrus Troneas dedit Deo et ecclesie Fontis Ebraudi domum de Castro Lebaudi, et nemus et planum; sicut dominus ipse etiam metas posuit.

Iterum dedit omnes collectas quas dominus Sancti Herminii habebat in terra quam colunt sanctimoniales vel earum fratres : illam videlicet collectam que pertinet ad dominum, ubicumque vero sit cultura.

Iterum dedit et concessit quicquid sanctimoniales vel earum fratres in terra Sancti Herminii recte acquirere possent.

Hujus rei testes sunt : Gaufridus de Bruluet, Gaufridus Ascelin, Petrus Bruns, Josbertus Barboteas et plures alii.

Hoc idem donum concessit Herveus de Marolio et Teobaudus Chabot, filius ejus, audiente Savarico Segebrant, Girardo mercatore, Pagano Triqueng, Bruno de Marolio, Thoma, Pagano Bodin [cum] pluribus aliis.

XI.

Aimericus Grinberti fuit homo sanctimonialium reddendo annuatim xii denarios censuales et decimam omnium bestiarum suarum.

Renaldus fecit mutuum cum Aimerico Grinberti, et dedit ei quartam partem prati de Traol et medietatem prati de Chaumetta pro medietate terre de Querqu : tali conditione ut Renaldus Gauterii et ejus successores custodiant et defendant Aimerico Grinberti commercium, sin autem quisque capiat quod prius tenebat.

Boers Grinberti dedit Deo et ecclesie Fontis Ebraudi se ipsum et quartam partem feodi Grinbertinorum, et fuit frater Fontis Ebraudi.

XII.

Radulfus Poers et Aimericus Menardi et Willelmus Barboteas dederunt Deo et ecclesie Fontis Ebraudi quicquid habebant in ooca que partitur cum terra P. Travers intra fossa et viam Sancti Herminii, et quicquid habebant extra fossa in terra de Chiruns.

Hujus rei testes sunt : Michael de Poaut et Johannes de Motis et Stephanus Grundins et Johannes Conens et Petrus Travers et filii ejus.

XIII.

Res geste, nisi scribantur, vix ab oblivionis interitu defenduntur. Ideoque memorie scripti mandamus quod Arveus de Marolio et Teobaudus Chaboz, filius ejus, dederunt Deo et ecclesie Fontis Ebraldi et fratri Guillelmo de Sarberge, qui frater Petri Tronea dicebatur, domum de Luchaio libere et quiete, remoto omni servicio. Insuper concesserunt eidem Willelmo quicquid in terra Sancti Herminii vel ipse vel alii fratres prefate ecclesie recte adquirere possent.

Quicquid vero in feodo Grinbertinorum habebant Deo et ecclesie supradicte concesserunt. Illud vero quod Radulfus Grinberti Deo et ecclesie Fontis Ebraldi dederat, quando se ipsum ordini et religioni ecclesie prefate tradidit, videlicet terram de sub les Noers et de sub Piro et terram de Bottentret, hoc totum concesserunt Arveus de Marolio et Teobaudus filius ejus; hoc idem concessit Willelmus Travers et etiam Petrus Travers.

Hujus rei testes sunt : Aimericus Grinberti, Radulfus Grinberti, Renaudus Grinberti et omnes Grinbertini.

Et sciendum est quod prefatam terram de Bottentret propter ignorantiam et negligentiam fratrum jam dicte ecclesie,

Gauterius Gorrini diu excoluit et sibi appropiavit. Quod cum Renaudus Gauterii, prior de Castro Lebaudi et de Luchaio, per prefatos testes, videlicet Aimericum Grinberti et Renaudum Grinberti et Johannem Grinberti, cognovisset, jam dictum Gauterium Gorini in curia archipresbiteri de Auparesio, videlicet Gauterii Aigret, traxit et prefatam terram prenominatorum testium examinatione, in presentia predicti archipresbiteri adquisivit.

Postea vero Renaldus Boscheneas, consanguineus ejusdem Gauterii Gorrini, predictam terram de Bottentret Renaudo Gauterii calumpniavit; ideoque conquestus est Renaldus Gauterii domino Hunfredo, Toarcensi archidiacono, qui predictum Renaldum Boschenea Gauterio archipresbitero sub justicia ponere precepit. Cum vero Renaldus Boscheneas sub justicia poni erubesceret, Renaldo Gauterii in curia archipresbiteri se responsurum obtulit; archipresbiter vero disceptationis diem utrique assignavit.

Veniens ergo Renaldus Gauterii ad prefixum diem, testes idoneos protulit, quorum unus, scilicet Johannes Grinberti, juramento in eadem curia examinatus est et cum tuitu tocius curie predictam adquisivit terram. Et ut pacifice et quiete de cetero terram possideret, xv solidos Renaudo de Boscheneia dedit.

Hujus rei testes sunt : Gauterius archipresbiter, Aimericus nepos ejus et prior Sancti Medardi, Anterius capellanus de Calleria, Josdoinus Sancti Hilarii capellanus, Guillelmus Charruns, Gaufridus foresterius, Guillelmus Segebrandi, Gaufridus Colez pluresque alii.

XIV.

Petrus Barboteas et Menardus de Ognetis dederunt Deo et ecclesie Fontis Ebraudi feodum terre que est juxta puteum de Luchaio, ex utraque parte vie ; et est longitudo istius terre usque ad prata.

Propter hoc donum habuit Petrus Barboteas xx solidos et uxor ejus Estreveria quasdam botas in karitate ; et propter hanc caritatem concessit terram de juxta les Noes. Meinardus vero de Ognetis habuit propter idem donum duo sextaria frumenti et unam quadrigam, et uxor ejus xii denarios et filius ejus Aimericus iii denarios ad emendum cultrum et vaginam.

Hoc vidit et audivit Petrus Travers, Boscheneas, Aimericus vicecomes et duo fratres de domo Simon et Orris et alii.

Iterum sciendum est quod Aimericus Coeneas dedit Deo et ecclesie Fontis Ebraudi roturam supradicte terre de qua P'. Barboteas et M. de Ognetis dederant feodum ; et dedit insuper medietatem terre que est extra fossa. Et propter hoc dedit ei Raginaudus Gauters xv solidos et unam minam fabarum.

Hoc donum fuit factum in manu Constantini decani, audiente Johanne mercatore, et Renaldo capellano Sancti Herminii et Willelmo Airaudi et Stephano Martini et Petro de Tiré, Willelmo de Sancto Georgio et Radulfo Poer et Petro Travers et Giraudo milite et Thoma et Amblardo et Girardo.

Et sciendum est quod tres bosselées terre que sunt infra Barram, a dextra, sunt de la longai que est usque ad prata.

XV.

Audeart la Baudeia dedit Deo et ecclesie Fontis Ebraudi quicquid habebat in vinea que est ad puteum de Luthaio et quicquid habebat au vigau de la Baretta et in grois que sunt super pontem Sancti Georgii et quicquid habebat in prato de super la Chaumettem et lo masurau de Quadruvio. Sed sciendum est quod postea fuit querela inter Renaudum Gauterii e la Baudeiam et pueros ejus quia in supradictis calumpniam fecerunt.

Raginaudus Gauterii vero ecclesiastica justicia eos coegit ita quod quedam filia jamdicte Baudeie sub sententia mortua est et post ejus domum in orto sepulta.

Tali modo vero coacta, venit coram episcopo Johanne Pulchras Manus. Illuc namque veniens Raginaudus Gauterii testes idoneos secum adduxit, videlicet Stephanum Martini et Audebertum Posdrea, qui in presentia domini episcopi juraverunt quod ipsa mulier prefata illud donum fecisset.

Postea vero, jussu domini episcopi, facta est concordia inter Raginaudum Gauterii e la Baudeiem et ejus infantes in ecclesia Sancti Georgii, in manu Biscardi decani; et ut de cetero non esset inter eos querela, reliquit ei R. Gauters lo masurau de Quadruvio. Hanc pacem concessit tenendam la Baudeia et filii ejus, et unus quisque habuit unum denarium.

Hujus rei testes sunt : ipse decanus, Johannes mercator, Stephanus Martini, Guillelmus de Sancto Georgio.

Post mortem vero Audeart la Baudeie et post mortem Gaufridi Baude, filii sui, dedit Deo et ecclesie Fontis Ebrardi Boninus Baudez, filius Gaufridi Baude, lo masurau de Quadruvio quod supradiximus. Hoc concessit Plentiva, mater Bonini, que habebat illud in dote; et ob hoc dedit eis Raginaudus Gauterii in karitate unam minam siliginis. Hoc concessit Petrus Baudez, avunculus Bonini supradicti, et ideo habuit unum quarterium siliginis.

Hujus rei testes sunt : Petrus Travers, Gaufridus Gauvegneas, frater Simon, Martinus de Arbergamento, Radulfus cultor, Guillelmus li Petit, Arnaudus Vigerii et plures alii.

XVI.

Raginaudus Gauterii emit de Willelmo Gouini rupturam illius terre que est extra Barrettam xv solidis. Hoc concessit Petrus Travers, de cujus feodo erat.

Hujus rei testes sunt : frater Simon decanus, Petrus Bedarrerem.

Petrus Travers dedit Deo et ecclesie Fontis Ebrardi terram que est a l'Espinée ; et ob hoc dedit ei Raginaudus Gauterii xx solidos in caritate, et uxori sue, que concessit, quasdam botas.

Hujus rei testes sunt : Giraudus de Grua et Orris, Petrus Beidarrere.

XVII.

Guillelmus Villani dedit Deo et ecclesie Fontis Ebrardi, quando perrexit Jherosolimam, rupturam cujusdam minete terre que participat cum terra in qua sunt li noer.

Hujus doni testes sunt : Michael de Poaut, Petrus Chalantunis, Stephanus Grundini, frater Simon, Martinus de Arbergamento, Radulfus cultor, Arnaudus Vigerii.

XVIII.

Boneta, uxor Johannis Mareschalli, que erat justus heres terre Garini Ravau, dedit Deo et ecclesie Fontis Ebrardi quinque quarterias terre in feodo, juxta terram de Cormerio, reddendo annuatim ad Natale unum denarium censualem, vadimonium non ferentem.

Hoc concessit Johannes Mareschallus, vir Bonete ; hoc idem concessit filius et filia Bonete : ideoque quiptavit Raginaudus Gauterii Bonete et marito suo omne debitum quod debebant ei super terras suas et vineas, scilicet iv libras.

Hoc factum fuit in manu Chabot de Niolio et Guillelmi Chabot, qui erant domini istius feodi, qui hanc terram concesserunt Deo et ecclesie Fontis Ebrardi ; et ob hoc dedit eis R. Gauterii v solidos.

Hujus rei testes sunt : R. Poerii, A. Poerii, Gaufridus Poerii, Willelmus Ropardi, Giraudus Morandi, Giraudus clericus.

XIX.

Arenbors la Chotarde et Theobaudus filius ejus et filie sue et mariti earum dederunt Deo et ecclesie Fontis Evrardi lo vignau qui est juxta terram de la Barette. Hoc concessit Petrus Travers, de cujus feodo erat, et ideo dedit ei R. Gauterii xii denarios ; et Gaufrido Baude alios xii denarios, qui concessit quia de ejus feodo erat ; et Petro Baude alios xii denarios, qui concessit hoc idem quia de suo feodo erat. Sed sciendum est quod prior de Luchaio reddet ii denarios de servitio quando servicium requireretur in feodo.

Hujus rei testes sunt : frater Simon, Arnaudus Vigerius, Arnaudus de Faiolia, Giraudus Morandi, Stephanus Briceas, Martinus de Arbergamento, Radulphus Bubulcus et plures alii.

XX.

P. Villani dedit Deo et ecclesie Fontis Ebrardi rupturam duarum sextariarum terre ad Plantas, reddendo annuatim in vigilia Natalis Domini, vel in die, unum caponem vel iii denarios [1], et hoc erit in electione prioris. Et ob hoc dedit ei R. Gauterii duo sextaria frumenti et Lucie, uxori sue, que concessit, unum quarterium fabarum.

---

1. (*Sic.*) Il y a évidemment ici une faute de copie, car deux droits étaient établis : l'un de cens annuel, l'autre de rachat par la mutation du prieur. Le chapon était sans doute le premier et les 3 deniers le second.

Hoc concessit A. Poerii et Gaufridus Poerii et R. Poerii, de quorum ligantia erat; et ob hoc dedit eis R. Gauterii III solidos, unicuique XII denarios.

Hujus doni testes sunt: Stephanus Grundini, Petrus Travers, frater Simon, Arnaudus Vigerius, Giraudus Moranz, Stephanus Briceas, Radulfus Bubulcus, Martinus de Arbergamento et plures alii.

XXI.

Gaufridus Gauvegneas et Marquisia, uxor ejus, dederunt Deo et ecclesie Fontis Ebrardi rupturam cum una gerbarum dau vignau in quo fuit nemus, et est inter vineas et terram de la Barrete, ad censum unius denarii ad Natale, sine gagio; et ob hoc dedit eis R. Gauterii unum sextarium frumenti in karitate.

Hujus rei testes sunt : Petrus Travers, qui hoc fecit facere priori et in manu ejus fecit; frater Simon est testis, Arnaudus Vigerius, Radulfus Bubulcus, Martinus de Arbergamento et plures alii.

XXII.

Notum sit omnibus quod Petrus Baudet dedit Deo et ecclesie Fontis Ebraudi se ipsum et omnia que habebat in feodo Grinberterie et XII denarios censuales in quodam prato. Quosdam reddit familia Aimerici; et est conditio talis quod quando voluerit accipere habitum religionis, recipietur in fratrem; sed ipse de suo proprio censu pannos perquiret et emet.

Hoc concessit Gaufridus Megne et Auberga mater ejus.

Hoc concessit Raginaudus Grinberti, et Johannes Grinberti et Boninus nepos ejus, qui habuit quandam tunicam propter concessum.

Hoc concessit Petrus Travers, de cujus feodo erat ; et ideo habuit v solidos.

Hoc vidit et audivit : Gaufridus Gauvegneas, Arnaudus Vigerius, Radulfus Bubulcus, Willelmus Jambuez, frater Simon, Constantinus monachus et plures alii.

XXIII.

Petrus Travers dedit Deo et ecclesie Fontis Ebrardi quicquid habebat in terra Guillelmi Gouin, scilicet terragium et decimam et duo atilia de censu. Hoc concessit Willelmus Travers, filius ejus.

Hoc vidit et audivit frater Simon, Constantinus monachus, Radulfus Bubulcus, Arnaudus Vigerius, Willelmus Jambuez et plures alii.

XXIV.

Notum sit omnibus quod Gaufridus Gauvegneas et Marquisia uxor ejus dederunt Deo et ecclesie Fontis Ebrardi quoddam vinetum et quoddam nemus ad extirpandum. Hec duo dona simul conjuncta quandam minetam terre faciunt.

In hac terra habet prior de Lucai rupturam et decimam; domina Marquisia et vir ejus habent terragium et duos denarios de censu.

Hoc vidit et audivit Petrus Travers, frater Simon, Renus li Ferruns, Arnaudus Vigerius, Radulfus Bubulcus, Willelmus Jambuez et plures alii.

XXV.

Raginaudus Gauterii emit de Pagano Raguener et de uxore sua et filiis eorum quandam vineam que est in Monte Beraudi, post suam domum.

Hoc concessit Petrus de Torgné de cujus feodo erat; et ideo habuit xii denarios.

Hoc audivit Renus li Ferruns et uxor ejus et Truanz frater ejus, frater Simon, B. et Arnaudus Berners et Maximilla uxor ejus, qui pro hoc concessu unum quarterium frumenti habuit et tres pueri ejus habuerunt tres denarios.

Hoc etiam concessit Alienordis, uxor R. Poer, et Willelmus filius ejus, Katerina filia ejus.

Hoc etiam viderunt frater Simon et Gaufridus Orris et Gaufridus Baudez et multi alii.

Notum sit omnibus quod Petrus Baudez dedit Deo et ecclesie Fontis Ebraldi seipsum et omnia que habebat in feodo Grinberterie et xii denarios censuales [1].

XXVI.

Notum sit omnibus hominibus, presentibus et futuris, quod inter Gauterium [2] et Aimericum Poer et Gaufridum Poer fuit lis quondam; et ipsi ceperunt de segetibus Reginaudi Gauterii v sextaria, unam medietatem frumenti et alteram secule, et unum porcum qui xv solidos valebat et domum suam de Luchai arserunt, et de isto foris facto erant excommunicati. Et propter pacem de isto forisfacto dederunt ad ecclesiam de Fontevau ad Joaneres, juxta vineam sacerdotis, tres quarterias terre ad unum nummum census quem debet prior de Luchai reddere in die festi Sancti Georgii. Et si non reddet in die prior nummum, post diem festi erunt duo nummi sine alio vagio; scilicet quod de hac condicione dedit Reginaudus Gauterii Aimerico Poer et Gaufrido Poer xx solidos; et Willelmo Poer, nepoti eorum, iii solidos, quia annuit hoc pactum et hoc donum; audientibus et viden-

---

1. V. ci-dessus numéro XXII.
2. *Sic* pour *Raginaudum Gauterii*.

tibus : Michaele sacerdote de Sancto Jurio et suo capellano, Willelmo Landri et Evroino et Giraudo Renoarz et Gautero Bochet et Stephano Grinberto clerico, Johanne Decano clerico et plures alii.

XXVII.

Notum sit omnibus hominibus quod Petrus Rusticus dedit Deo et ecclesie de Fontevau duas sextarias terre Ad Plantas, omne hoc quod habebat in feodo, roturam et medietatem scilicet feodi ; et hoc annuit Aimericus Poer et Radulfus Poer, qui erant domini sui lige ad III nummos census sine wagio et sine duplicacione. Et hanc helemosinam annuit Petronilla, mater ejus, et Andreas filius suus, de sum parrastre, qui par oscle clamabant terciam partem terre.

Et hoc sciatis quod Raginaudus Gauterii dedit Petro Rustico duos sextarios frumenti et duos boissellos in caritate, quando ipse Petrus Rusticus dedit helemosinam.

Hoc vidit et audivit Gaufridus Poers, R. Poers, Aimericus Poers qui debent esse garitores et defensores de helemosina ad ecclesiam de Frontevau.

Hoc vidit et audivit Michael sacerdos de Sancto Georgio et Johannes de Motas suus capellanus, et frater Simon de Barra de Luchai, et Martinus de l'Erbergement, et Ernaudus Veieraus, Guillelmus Jambuez, et frater ejus Petrus Barba Rufa et plures alii.

XXVIII.

Notum sit omnibus tam presentibus quam futuris quod Petrus Travers dedit Deo et ecclesie de Frontevau unam minetam terre a la Barrete, l'essart Willelmi Geoz in feodum totum et roturam, cum annicione uxoris sue et filiorum suorum.

Hoc vidit et audivit Michael sacerdos et Willelmus Landri suus capellanus, Hernaudus Veerax et frater Simon, Willelmus Jambuet, Radulfus de Barra et plures alii.

Et insuper R. Gauterii dedit Petro Traverso, propter hanc helemosinam, unam elemosinam (?) unam asinam albam propter minetam terre de la Barrete et propter feodum et propter duos chapuns quos Petrus Travers habebat de censu in mineta terre unum chapuns, quos ipse P. Travers dedit R. Gauterio cum elemosina terre.

XXIX.

Sciendum est quod domna Susanna, que fuit domina de la Roote, dedit ecclesie de Frontevau unum quarterium frumenti in elemosina in villa de la Bretunnere.

Hoc vidit Willelmus Brunet, capellanus de la Roote et Petrus Couez sacerdos, Gaufridus Charbunnel sacerdos, qui ad suam absolutionem fuerunt.

XXX.

(1217.)

Notum sit omnibus tam presentibus quam futuris quod [ego] R. de Argentun, miles, dedi Deo et ecclesie Fontis Ebraldi et domui de Castro Lebault, in puram et perpetuam helemosinam, sex solidos et octo denarios censuales quos habebam in Bridoneria, et prior predicte domus michi reddebat annuatim in Natale Domini. Similiter dedi et concessi predicte domui quidquid juris habebam in nemore dau Chalunge, cum assensu uxoris mee Johanne et filiorum meorum Hubelini et Radulfi; videntibus et audientibus istis: Petro Seguinos, decano de Marolio, in cujus manu hoc donum fuit factum, et B. priore de Castro Radulfi, Hilario capellano, J. priore de Castro Lebault, P. d'Ingrande et R. fratre ejus, et Huberto Filletea et Guillermo fratre ejus et pluribus aliis.

Hoc donum factum fuit in domo capellani de Roorta. Et quoniam sigillum non habebam, sigilli Petri Seguinos munimine roboravi. Actum anno gratie M° CC° XVII° [1].

XXXI.

(1222.)

Notum sit omnibus tam presentibus quam futuris quod ego Petrus Episcopi, dominus de Sancto Hermete, dedi et concessi Deo et beate Marie et ecclesie Fontis Ebraudi, abbatisse et sanctimonialibus ejusdem loci ibidem Deo servientibus, pro redemptione anime mee et parentum meorum, omne jus et dominium et quicquid juris et juridicionis habebam et habere debebam seu petebam in tota terra et aqua domus sue de Libaudo et pertinenciis ejusdem habendum a predictis et pacifice in perpetuum possidendum, retenta michi et successoribus meis solummodo executione latronis seu malefactoris qui capietur in eadem, absque furto qui eisdem monialibus remanebit. Preterea dedi et concessi eisdem omne jus et dominium quod habebam et petebam super totis hominibus ejusdem domus de Libaudo et pertinenciarum suarum in quocumque loco potestatis mee existentibus, exceptis illis de Barra de Luzaio super quibus habent septem solidos cum dimidio juridicionis solummodo. Ut autem factum istud robur obtineat perpetue firmitatis, meas presentes litteras dedi abbatisse et conventui supradictis,

---

1. Orig. mutilé. *Arch. de Maine-et-Loire*, Fontev., Fen. 23, sac 5, pièce 2.

sigilli mei munimine roboratas in testimonium veritatis. Actum anno Domini M°CC°XXII° [1].

XXXII.

(Vers 1260.)

CONTINETUR HIC QUANTITAS MOBILIUM QUE INVENTA FUERUNT IN DOMO CASTRI LEBAUD.

Primo est ibi calix unius marci argenti.
Item quedam crux argentea.
Item unum missale.
Item duo gradalia optima.
Item unum trophonarium et duo breviaria et unum antiphonarium et unum collectarium et unum psalterium.
Item tria paria vestimentorum : duo parata et integra et alterum sine paramento.
Item duo superlicia cum largis manucis.
Item duo superlicia cum strictis manucis.
Item vii toualias ad altare.
Item tres arche plene avena.
Item vi sextarii frumenti unum quarterium minus.
Item duo granaria plena siligine, que continent, secundum estimacionem stricturatorum, xliiii sextarios.
Item una mina pissorum cornutorum et alia fabarum.
Item quatuor dolia plena vino et una cupa similiter, que bene continent, secundum estimacionem legitimam, xxviii modios vini puri, excepta beveta familie.
Item ix culcitre cum octo culsinis, et sex auricularia, et

---

[1]. Vidimus donné en la cour de *Saint-Hermine*, le 16 juin 1374, d'après un autre vidimus donné en la cour de Loudun, le 29 novembre 1299. (*Arch. de Maine-et-Loire.*)

ix mappe in communi expensa, et quatuor in quadam archa, et duo manutergia et xli linteamina.

Item lii ulne tele.

Item vii tapeta : duo forrata et alia non.

Item tres culcitre puncte et unum coopertorium.

Item ponnum[1] pro una capa facienda.

Item unum baconem sine capite, et dimidium pro expensa famulorum.

Item quindecim pecie corii pro sotularibus familie, et duo uncta et dimidium.

Item tria carteria linossi.

Item in pecunia numerata xiii libre et ii solidi.

Item unus ciphus argenteus unius marci quem habet presbiter de Roorte, cognatus prioris, et sex coclearia argenti de quibus due reddentur illi presbitero.

Item duo equi et quatuor boves et xxxv capita animalium et xl oves et xiv capre.

Item xi porci, exceptis porciculis, et xxii anseres.

Item v ollee cupree et unum patellum et tres odacie.

HEC SUNT DEBITA PRIORIS.

Pedissecce domui, quatuor sextarii siliginis.

Item Johanne, xxv solidi.

Petro de Riamoldio, sustori, xxii solidi.

Fabro, lx solidi.

Item Stephano Pigrea, iii solidi.

Item pro sepo ad candelas, iii solidi.

Item Aymerico Lemossinea, ii sextarii.

Item Paludello, iii mine.

---

1. *Sic* pour *pannum*.

Item monerio, III mine.

Item Stephano bubulco, III mine.

Item bercarie, v bucelli.

Item Aldeardi la Maitresse, unum sextarium et unam archam.

HEC DEBENTUR DICTO PRIORI.

Gaufridus Cendrer, xxx solidi.

Item Bassins de la Ferre, XL solidi.

Item duo filii Giraudi Cendrer, XL solidi.

Item de arreragiis censuum Sancti Valeriani, XL solidi [1].

---

1. Origin., *Arch. de Maine-et-Loire*, Fontev., Fen. 23, sac 5, pièce 5.

TABLE ANALYTIQUE

DES PIÈCES

CONTENUES DANS LE CARTULAIRE DE LIBAUD

I. Benoît, disciple de Foucher, abbé d'Orbestier, donne à Fontevraud le lieu de *Joanicia*, près de Libaud.

II. Don du lieu de *Jaunaia* par Benoît, disciple de Foucher, abbé d'Orbestier.

III. Don de Foucher, abbé d'Orbestier, relatif au lieu de *Jaunacia*.

IV. Don de Libaud par Pierre Troneau de la Réorthe.

V. Don de Libaud par Pierre de la Réorthe.

VI. Pierre Travers cède à Fontevraud ses droits sur une terre près de Luçay.

VII. Pierre Barbotteau et Ménard d'Ougnettes cèdent la *roture* de deux terres incultes près de Luçay. Guillaume Barbotteau, héritier de Pierre, donne ensuite le sixième, et Aimery Ménard la moitié du *fief* de ces deux terres.

VIII. Guillaume Barbotteau cède le *fief* et la *roture* de sa part, dans la terre de Lambert Papin ; Raoul Poers la *roture* de sa part, dans la même terre. Ce dernier, au moment de partir en pèlerinage pour Rocamadour, donne le *fief* dont il avait déjà cédé la *roture* en échange d'un cheval complétement harnaché.

IX Guillaume Barbotteau donne le *fief* d'une terre à Mortevieille, d'une autre à la Barre et d'une autre aux Chirons.

X. Pierre Travers ajoute quelques dons à celui de Libaud.

XI.	Traité entre le prieur de Libaud et Aimery Grinbert, homme des religieuses. Boers Grinbert se donne avec tout ce qu'il possédait à Fontevraud.
XII.	Raoul Poers, Aimery Ménard et Guillaume Barbotteau donnent leurs parts dans un bien situé près de Sainte-Hermine.
XIII.	Don des terres de Sous-le-Noyer, Sous-le-Poirier et Bottentret. Jugements de l'archiprêtre de Pareds, qui maintiennent au prieur de Libaud la terre de Bottentret, disputée par Gautier Gorrin, puis par Rainaud Boscheneau.
XIV.	Pierre Barbotteau et Ménard d'Ougnettes cèdent le *fief* et Aimery Coenneau la *roture* d'une terre à Luçay.
XV.	Transaction et accord entre le prieur de Libaud et la famille Baude au sujet de biens sis à Luçay, à la Barette et à Saint-Georges.
XVI.	Ventes de terres à la Barette et à l'Espinée, consenties au prieur de Libaud par Guillaume Gouin et Pierre Travers.
XVII.	Guillaume Villain, à son départ pour Jérusalem, donne la *roture* d'une minée de terre.
XVIII.	Bonnete, femme de Jean Mareschal, donne, près du Cormier, cinq quarterées de terre qui devront un denier de cens annuel.
XIX.	Arenbors la Chotarde et ses enfants donnent le *vignau* touchant la Barette.
XX.	P. Villain donne la *roture* de deux sexterées de terre aux Plantes.
XXI.	Geoffroy Gauvegneau et Marquise, sa femme, donnent la *roture* du vignau touchant la Barette.
XXII.	Pierre Baude se donne avec tout ce qu'il possédait à Fontevraud.
XXIII.	Pierre Travers donne les droits seigneuriaux qu'il avait sur la terre de Guillaume Gouin.
XXIV.	Geoffroy Gauvegneau et Marquise, sa femme, donnent une minée de terre à défricher.
XXV.	Payen Raguener vend au prieur de Libaud une vigne à Montbereau.
XXVI.	Violences exercées par Aimery et Geoffroy Poers contre le prieur de Libaud; transaction qui termine leurs différends.

XXVII. Pierre le Paysan, donne deux sexterées de terre aux Plantes.
XXVIII. Pierre Travers cède une minée de terre à la Barette pour une ânesse blanche et un chapon.
XXIX. Suzanne, dame de la Réorthe, donne un quartier de froment sur la Bretonnière.
XXX. P. d'Argenton donne six sols huit deniers de cens sur la Bretonnière.
XXXI. Pierre Lévesque, seigneur de Sainte-Hermine, cède tous ses droits de suzeraineté au prieuré de Libaud, excepté les cas d'exécutions.
XXXII. Inventaire du prieuré de Libaud.

DONS D'HOMMES

AU XIIIe SIÈCLE

EN BAS-POITOU

Lorsqu'on veut étudier l'état des personnes au moyen âge dans une circonscription, c'est aux cartulaires des abbayes et prieurés y ayant existé qu'il faut demander le plus grand nombre de renseignements. Mais beaucoup ont disparu ; la plupart de ceux qui nous restent ne sont pas encore publiés. D'ailleurs cette question vaut la peine qu'on ne néglige, à son sujet, aucune source d'informations.

C'est pourquoi les pièces suivantes, ayant trait à l'histoire sociale, au XIIIe siècle, de la partie du Bas-Poitou qui forme aujourd'hui le département de la Vendée, ont été réunies. Elles proviennent, partie des Archives du grand Prieuré d'Aquitaine de l'Ordre de Malte, aujourd'hui fonds H 3 de celles du département de la Vienne ; partie des manuscrits de dom Fonteneau, appartenant à la Bibliothèque de la ville de Poitiers.

Il est sans doute superflu de l'ajouter, ce n'est pas la liberté personnelle des hommes donnés par ces chartes qui est aliénée, mais l'obligation d'acquitter les redevances que les coutumes féodales leur imposaient.

Louis DE LA BOUTETIÈRE.

DONS D'HOMMES

AU XIIIᵉ SIÈCLE

EN BAS-POITOU

Anterius, seigneur de Mortagne, avait donné aux Hospitaliers de Saint-Jean Hugues de Ceres. Aimery, fils d'Anterius, donne en échange de Rainaud, fils de Hugues, un courtil et une aire. (*Original jadis scellé. Archives de la Vienne, fonds H* ³, *liasse* 851[1].)

Vers 1200[1].

Ut auferatur calumpnia posterorum res gesta comendatur eterno privilegio literarum. Cognoscat igitur presens etas et sciat postera quod Anterius, Mauritanie dominus, dedit Deo et domui Hospitalis, pro suorum remissione pecaminum, Hugonem de Ceres cum suis heredibus, hoc tenore quod ab omni consuetudine servicii sint immunes. Defunto autem Anterio, filius Hugonis predicti in locum alium se transtulit de propria manssione, Aimerico tunc tumporis Anterii filio dominante. Platea vero in qua Raginaudus, Hugonis filius, domum suam fabricavit, erat in terra que dicitur la Baraeere; terra autem ista sub Aimerici jamdicti continebatur dominio. Ipse vero A. causa dicti Raginaudi et

---

1. L'écriture est semblable à celle de la fin du xiiᵉ et commencement du xiiiᵉ siècle; en outre, plusieurs chartes de l'abbaye de la Grenetière qui mentionnent divers seigneurs de Mortagne et des Herbiers, prouvent que ceux dont il est question ici vivaient à cette date.

mansionem in terra predicta fabricatam, cortillum et aream dedit domui Hospitalis et concessit perhenniter possidendum. Hoc factum fuit in manu Landrici Audemer procuratoris domus de Monte Acuto et in manu Arnaudi ministris domus de Praeles et in manu Raiginaudi capellani de Ceres ; P. Jucal vidente, qui huic pactioni voluntatem tribuit et assensum, ita quod R. jadictus in loco illo ab omni gravamine servicii sit immunis. Actum publice, in domo domini A., istis videntibus et audientibus : G., de Rupe, Simone de Roorta, Simone Boet, Willelmo Radulfi et pluribus aliis ; ne pactio ista possit ab aliqua calumpnia [1], ipse A. fecit paginam sui sigilli munimine roborari.

Hugues de Thouars, seigneur de Montaigu, et Marguerite, sa femme, donnent à Guy des Herbiers tous les droits leur appartenant dans la baillie de Maurice Amorry et le péage des Herbiers, sauf l'hommage et quinze jours de garde au château de Montaigu. *(Dom Fonteneau, vol. VIII, d'après l'original jadis scellé aux Archives du château de la Durbellière.)*

1205.

Res geste commendande sunt litteris ne discedant incommodo vetustatis. Ideoque notum fieri volumus tam futuris quam presentibus quod Hugo de Thoarcio, dominus Montis Acuti, dedit Guidoni de Herbertis, pro suo bono servicio et legitimo, sibi et heredibus suis, benigne, in perpetuum possidendum pacifice et quiete, omne illud quicquid capit et habere debet dominus Montis Acuti in bailleia Mauricii Amori, nulla consuetudine aut servicio ibi retento excepto homagio quod Guydo de Herbertis et heres suus debet domino Montis Acuti et quindecim diebus de custodia ; in

---

1. Omis sans doute *deleri* ou *gravari*.

qua debet intrare die crastina anni novi cum armis sine uxore sua. Quod si forte advenerit quod supradictus Mauricius dicto Guidoni vel heredi suo super bailleia ista injuriam facere voluerit, tantum Mauritius Amorri dicto Guidoni faciet in curia sua quantum dictus Mauritius facere debet domino Montis Acuti ; et cum predictis dedit illi omnes suas cosdumas, magnas et minimas ; et super hoc toto dedit dicto Guydoni et heredi suo omne suum paagium des Herbiers. Istud donum Margarita Montis Acuti dedit et concessit Guydoni de Herbertis et heredibus suis, que tunc temporis erat heres legitima Montis Acuti. Hoc audivit Raginaudus Lohers, Andreas de Malebrario, Petrus de Traiant, Gaufridus Champenit, Petrus Canuttus et plures alii. Ad donum istud, cum factum esset, affuit Gaufridus de Torgne, Petrus Guichart, Aimericus de Traiant, Guillelmus Normandellus, Raginaudus Lohers, qui sui homines ligii erant, et Petrus Veers et Joannes Papart et plures alii. Ne igitur super hoc accusare eum possit aliquis in aliquo et trahere illum possit in curia, ego Hugo de Thoarcio, dominus Montis Acuti, et Margarita, heres ejusdem ville, impressione sigillorum nostrorum litteras dedimus sigillatas. Actum pacifice anno ab Incarnatione Domini M°CC°V°.

Guillaume de Mauléon, seigneur de Talmond, fait certains dons à Jean de Thouars, à la charge de payer aux Templiers trois sous de cens annuel. (*D. F., vol. LII, d'après l'orig. scellé en cire blanche sur cordon de fil à double queue* [1], *aux Arch. du Temple de Mauléon.*)

1207.

Notum sit omnibus tam presentibus quam futuris quod ego Willelmus de Malleone, dominus Thalmundi, dedi et con-

---

1. Sur le sceau en partie brisé on distinguait un lion armé et lampassé.

cessi dilecto et fideli meo servienti Johanni de Thoarcio et heredibus suis, pro suo bono et fideli servicio mihi ab eodem J. facto, viagium castri mei de Malleone et quamdam domum, apud Thalmundum sitam prope domum quondam Willelmi de Mirebello defuncti ; que dictus J. et heredes sui in perpetuum pacifice possideant et quiete ; et sint ipse J. et heredes sui cum predictis rebus et omnibus aliis que acquirere poterunt per totam terram meam ab omni talleia, bianno et ab omni exercitu et alio omni servicio et cosduma liberi et immunes. Hoc excepto quod dictus J. et heredes sui fratribus milicie Templi, pro servicio et guarimento dicte donacionis, reddent annuatim, in festo Omnium Sanctorum, tres solidos tantummodo currentis monete. Ut autem hoc donum firmum et stabile in perpetuum habeatur, dicto Johanni dedi presentes litteras sigilli mei munimine roboratas. Actum apud Thalmundum, videntibus et audientibus : Thoma clerico cancellario meo et Willelmo Giraldi senescallo meo, anno gracie M°CC°VII°.

P. Cailleau, seigneur de la Caillère, donne aux Templiers Guillaume Papin. *(D. F., vol. LII, d'après l'orig. scellé en cire verte sur cordon à double queue de soye rouge et blanche*[1]*, aux Arch. du Temple de Mauléon.)*

1215.

Universa negotia mandata litteris et voci testium ab utroque trahunt immobile firmamentum. Notum sit omnibus tam futuris quam presentibus quod ego P. Calleas, dominus castri Callerie, dedi Deo et beate Marie et fratribus milicie Templi, pro remissione meorum peccaminum et parentum

---

1. Sur le sceau en partie brisé on distinguait un lion armé et lampassé, les griffes passant dans un franc quartier.

meorum, Willelmum Papin hominem meum liberum et immunem, nullo michi retento servicio, eisdem quiete et pacifice cum heredibus suis in perpetuo possidendum. Hec donacio facta fuit apud Pozaugium, coram domo mea, anno ab Incarnatione Domini M°CC°XV°, audientibus et videntibus istis : fratre Salomone de Mauge, tunc temporis preceptore domus Templariorum Sancti Salvatoris de nemore Malleonii, Willelmo Rosea et C. de Copos, militibus, A. Meinnart, Luca de Salebon, J. Bissaut, W. Maugendre, J. Viau et pluribus aliis. Et ad majorem confirmacionem, ego P. Calleas presentem cartam sigilli mei munimine roboravi.

Pierre Levesque, seigneur de Sainte-Hermine, donne aux Hospitaliers de Saint-Jean Aimery Brun. (*Vidimus orig. jadis scellé. Arch. de la Vienne, H* [3], *liasse* 335.)

1215.

A toz ceaus qui cest present escrit verront et orront Guillelme de Mont Leon, chanoynes de Xainctes et adonques arceprestres de la Rochele, saluz en Ihesu Crist. A vostre université faisom assaveir que nos avom veu et mot à mot diligentement parleu une chartre, qui est saielée dau saiau au noble homme mon sire Pierre Levesque, sires adonques de Saint Hermyne, non corrumpue, non maumise, non effacée et sanz vice nul que ele ait en sei, si cum il apparest en la premère face, dont la tenor est icele. Sciant presentes et posteri quod ego Petrus Episcopi, dominus Sancte Hermine, Deo et fratribus Hospitalis dedi et concessi Aymericum Brun, hominem meum, cum omni tenamento suo, quod de me habebat, liberum et inmunem ab omni servicio ; et omne dominium, quod meum et in ejus tenamentum habebam, dictis fratribus dedi et concessi, de supradicto Aymerico vel de ejus heredibus nullo servicio michi retento. Hec donacio facta fuit apud Sanctam Herminam, videntibus et audientibus : Bernardo presbitero de Faiolia, Ranulfo de Jussun, Gaufrido de Chastelars, Aymerico. Bederreire, Raginaudo. de Vinosa, Blanchardo Carnifice, Guillelmo Bistardea et pluribus aliis. Et ut hoc firmius haberetur, dictis fratribus Hospitalis super hoc dedi cartulam meam sigilli mei munimine roboratam. Hoc factum fuit publice, anno ab Incarnatione Domini M°CC°XV°. Et en garentie de ceste chose, nos Guillelme de Mont Leon, arceprestres dessus nommez, avom apposé à cest présent transcrit nostre saiau en maire garentie de vérité. Ceu fut fait l'an de l'Incarnacion Ieshu Crist MCC et quatre vinz et dous, on meis d'octobre.

Hugues de Thouars, seigneur de Montaigu et de la Garnache, donne aux Hospitaliers de Saint-Jean une ouche et trois hommes : Rainaud Bechet, Guillaume Chaicetel et Jean Guerry ; plus, certains droits pour eux et leurs hommes habitants du bourg de l'Hôpital, à Montaigu. *(Orig. jadis scellé Arch. de la Vienne, H* [3], *liasse 855.)*

1215.

Notum sit omnibus presentibus et futuris quod ego Hugo de Thoarthio, dominus Montis Acuti et Ganapie, et ego Margarita, uxor ejus, dedimus et concessimus, in perpetuam elemosinam, Deo et fratribus Hospitalis Ierosolimitani, oscheam que sita est inter ecclesiam Hospitalis et domum elemosinariam Montis Acuti, que quondam videlicet vocabatur oschea Vigenni sacerdotis, libere, quiete et pacifice possidendam. Insuper, pro salute animarum nostrarum et parentum nostrorum, dedimus eisdem fratribus tres homines de quibus contentio inter nos et eosdem fratres tunc temporis vertebatur, videlicet Raginaudum Bechet, Willelmum Chaicetel, Johannem Guerri, et ethiam quamdam domum sitam juxta portam Sancti Georgii in doa nostra et ortos quos homines eorumdem in doa nostra excolebant ; quod si forte eandem domum vel ortos contingeret demoliri propter murorum edificationem vel fossatorum reparationem eisdem fratribus recompensacionem competentem in rebus aliis faceremus. Addidimus ethiam hec premissis, eisdem fratribus confirmantes quod liberam habeant potestatem sicuti antea de jure habuerint, vendendi quibus voluerint vinum et bladum quod in sua domo propria habebunt. Homines vero eorum in vico Hospitalis manentes eandem habeant libertatem in blado et vino vendendis, nisi nos in castro nostro de vino et blado nostro proprio vendendo bannum nostrum faceremus ; et tunc eciam eisdem hominibus liceret ut vinum dolii quod inciperent vendere et bladum unius arche similiter venderent, set durante banno nostro vinum alius dolii et bladum alterius arche vendere non liceret. Quod si, quantum ad articlum istum pertinet, eidem fratres in vino et blado vendendis sibi vel hominibus suis majorem probare possent competere libertatem vel per cartas sufficientes vel per testes idoneos, non obstante banno nostro illam concessimus libertatem, eorumdem Hospitalariorum privilegiis et libertatibus in perpetuum suo robore duraturis. Hec autem facta sunt et concessa apud Montem Acutum, videntibus et audientibus : Willelmo de Brosiliis, Guillelmo Barbotins, Durando de Chauche, P. de Ceres, fratre Gaufrido Morre magistro Hospitalis, fratre Thoma, sacerdotibus, J. Bonivint clerico, Guillelmo de Clichon, P. de Traiant, Mauricio Amaurri, militibus et multis aliis. Postmodum vero dicta domina apud Ganapiam que superius scripta sunt liberaliter integrum concessit, videntibus et audientibus : Erberto, Willelmo Barbotins, Durando de Chauche, fratre G. Morre, fratre Toma, sacerdotibus, fratre Vilano, Clarenbaudo, Guillelmo Catuis, militibus, J. clerico, P. de Salarteina. Ut autem carta ista firmitatis robur obtineat in perpetuum valitura et duratura, dictus nobilis Hugo de Thoarcio sigilli sui munimine roboravit, et ethiam dicta Margarita nobilis domina, ad firmitatis augmentacionem, ne aliqua machinatione vel apteraptacione posset violari, ipsam pietatis intuitu sigillo suo decoravit. Actum fuit hoc publice, anno Incarnationis dominice millesimo CC° XV°.

Eustachie, dame de Chemillé et de Mortagne, donne aux Templiers Pierre Couteneeau en échange d'un four à Mallievre. *(D. F., vol. LII, d'après l'orig. jadis scellé aux Arch. du Temple de Mauléon.)*

1216.

Universis Christi fidelibus presentes litteras inspecturis Heustachia, domina Cameliaa et Mauritanie, salutem in Domino. Noverit universitas vestra quod ego dedi et concessi Deo et fratribus Templi in perpetuam elemosinam Petrum Costenceau cum heredibus suis et ejus teneamenta, que tunc temporis possidebam, in tota terra mea ab omni servicio et consuetudine cum heredibus suis liberum et immunem. Dedi hominem prefatum pro quitacione cujusdam furni, quem fratres Templi habebant apud Malam Leporam, et tali pacto quod fratres Templi furnum non facient in terra mea nisi assensu meo fecerint et mea propria voluntate vel heredum meorum. Adhuc sciendum est quod homines Templi coctionem habebunt in communi furno Male Lepore sine dilacione sicuti alii mei homines. Si vero pro defectu furnarii dampnum haberent fratres Templi, michi vel heredibus meis monstraretur (et tunc) faceremus emendari. Hujus rei testes sunt : frater Salomon de Maugie tunc temporis preceptor domus Templi Sancti Salvatoris de Malleone, in cujus presencia hoc donum factum fuit, Johannes capellanus Templi, Symon de Roauta, Aimericus de Roauta filius ejus, Gocelinus de Sancto Paulo, milites, et plures alii. Actum publice, anno gracie M° CC° XVI°. Ut hoc ratum et stabile in posterum habeatur, presentem litteram sigilli mei munimine volui roborari.

Geoffroy et Guillaume de Mouchamps donnent aux Templiers Thomas du Périer. Eustachie, dame de Mortagne, confirme ce don. *(D. F., vol. LII, d'après l'orig. scéllé en cire rouge et blanche sur cordon de soye rouge et blanche*[1]*, aux Arch. du Temple de Mauléon.)*

1218.

Notum sit omnibus tam presentibus quam futuris quod Gaufridus de Molli Campo et Guillelmus de Molli Campo, milites, dederunt et concesserunt Deo et fratribus Templi in perpetuam helemosinam Tomam do Perer et heredes suos et omnia illa tenementa que dictus Tomas a predictis militibus possidebat, cum assensu etiam et voluntate Eutachie, domine Moritanie; ita dicti nichil sibi retinuerunt. Postea vero sciendum est quod Eutachia, domina Moritanie, dedit et concessit Deo et fratribus Templi in perpetuam helemosinam omne illud juris quod habebat super Tomam do Perer et super heredes suos, ab omnibus costumis et ab omnibus serviciis liberos et immunes. Hec dona concessa (annuit R. de) Malebrario, tunc temporis maritus Eutachie, domine Moritanie. (Hanc) helemosinam recepit frater Mauricius de Cheintres, tunc temporis preceptor domus Templi Sancti Salvatoris de Malleone. Hujus rei testes sunt : frater Salomon de Mauge, Simon de Roorta, Matheus Foresters, Gaufridus Baudarz et plures alii. Ut hoc ratum et stabile in posterum habeatur, Eutachia, domina Moritanie, sigilli sui apposuit firmitatem. Actum publice, anno ab Incarnatione Domini M° CC° XVIII°.

---

1. Sur le sceau en partie brisé on distinguait trois roses ou trois besants.

Germond de Forges se donne aux Templiers avec 20 sous de cens sur tous ses revenus. (*D. F., vol. LII, d'après l'orig. jadis scellé aux Arch. du Temple de Mauléon.*)

1218.

Omnibus Christi fidelibus ad quos presens scriptum pervenerit Germundus de Forgis eternam in Domino salutem. Noverit universitas vestra me, pro salute anime mee et animarum omnium antecessorum et successorum meorum, dedisse et concessisse, et hac presenti charta mea confirmasse, Deo et beate Marie et fratribus milicie Templi Salomonis corpus meum et cum corpore meo viginti solidos redditus, percipiendos singulis annis in perpetuum de meis redditibus quos habeo in terra Mali Leonis, in liberam, puram et perpetuam elemosinam, quietam et solutam ab omni seculari servitio et exactione; et quia sigillum proprium non habui, presens scriptum sigillo domini Gaufridi, filii Aufredi, feci sigillari. Actum apud Accon, anno Incarnationis dominice M°CC°XVIII°, hiis testibus : Gaufrido filio Aufredi, G., Willelmo de Flocellariis milite, P. nepote meo, G. Guion et multis aliis.

Brient de Montaigu, seigneur de Commequiers, confirme aux Hospitaliers de Saint-Jean toutes leurs possessions dans le territoire de Montaigu, et tous les droits appartenant à eux et à leurs hommes habitants du bourg de l'Hôpital à Montaigu. (*Vidimus donné le 3 novembre 1476 par Robin Lambert, greffier de la Cour de Montaigu, pour le Roy nostre sire. Arch. de la Vienne, H* [3], *liasse* 855.)

1218.

Ego B. de Monte Acuto, dominus de Kamiquiers, omnibus presentes litteras inspecturis, salutem in Domino. Noverit universitas vestra quod ego B. de Monte Acuto, dominus de Quamiquiers, cum assensu et voluntate Agnetis uxoris mee, concedentibus filiis et filiabus meis., videlicet Joscelino, Giraldo, militibus, Herberto, Mauricio, Heloys, Katherina, pro salute anime mee atque parentum meorum tam antecessorum quam successorum, dedi et concessi Deo et fratribus sancti Hospitalis Ierosolimitani omnes donationes et helemosinas quas hidem fratres habent apud Montem Acutum, tam in castro quam in territorio, in puram et perpetuam helemosinam; videlicet omnia herbergamenta sua et burgum eorum de Monte Acuto et omnes homines in eodem burgo manentes ab omnimodis vendicionibus, tam in foro quam extra forum, et aliis cosdumis et exanctionibus liberos et immunes, et quod hiidem fratres theloneum et omnes vendiciones hominum suorum, ubicunque facte sint in territorio Montis Acuti, habeant et in perpetuum possideant. Concessi etiam eisdem fratribus ut omnes terras quas ipsi vel eorum homines, quolibet racionabili modo de hominibus meis, domino propicio, adquirere poterant in terris et in feodis meis, tam in presenti habitis quam in futuro michi vel successoribus meis cedendis, libertatem atque facultatem habeant excolendi et possidendi. Donavi etiam atque concessi quasdam plateas et quamdam domum, juxta portam Sancti Georgii in doa dicti castri sitas, quas eorumdem homines excolebant. Quod si forte eamdem domum vel plateas contigeret demoliri propter murorum edificaciones vel fossatorum reparaciones compensacionem conpetentem, in loco conpetenti, eisdem fratribus tam ego quam successores mei facere teneremus. Addidi etiam huic donationi quamdam oscheam sitam inter ecclesias Sancte Crucis hospitalis et domum helemosinariam Montis Acuti que vocatur oschea Vigeanni sacerdotis, in perpetuam helemosiniam, libere, quiete et pacifice possidendum, sicut aliqua helemosina liberius et quietius potest donari, haberi et possideri. Hec autem omnia superius scripta, sicut in serie presentium litterarum continetur, prefata Agnete uxore mea et filiis atque filiabus meis suprascriptis concedentibus, eisdem fratribus Hospitalis Iherosolimitani dedi, concessi atque presenti cartula mea sigillo meo roborata confirmavi. Actum est hoc anno Incarnati Verbi M°CC° octavo decimo.

Savary de Mauléon, seigneur de Pareds, donne aux Templiers Pierre Alon de Pouzauges. (*D. F.*, *vol. LII, d'après l'orig. jadis scellé aux Arch. du Temple de Mauléon.*)

Avril 1221.

Que geruntur in tempore ne labantur cum tempore poni solent in voce testium et scripture memorie comendari. Noverint ergo tam presentes quam futuri presentem cartulam inspecturi quod ego Savaricus de Malo Leone, dominus Alperusiensis, pro salute animarum domini P. de Alperusio et domini Willelmi de Canta Merula defunctorum, atque pro salute anime mee patrisque et matris mee et omnium parentum meorum, in puram et perpetuam helemosinam dedi et concessi Deo et domui milicie Templi Hyerosolimitani Petrum Alonem de Pozaugiis et heredes suos, cum illis que de me habent tenementis, ab omni exactione liberos et immunes. Ut autem hec donacio et concessio ratam et inconcussam obtineat firmitatem, presentem cartulam sigilli mei munimine feci communiri, his testibus : Galfrido Borsardo, Reginaldo Richerii, Galfrido Giraldo, militibus, Willelmo Bernardo de Colungiis seniore, fratre Thoma Nonetensi, in cujus manu factum fuit donum istud, et multis aliis. Actum fuit hoc anno ab Incarnatione Domini M°CC°XXI°, mense aprilis, apud Niortum.

Savary de Mauléon, seigneur de Pareds, donne aux Templiers Pélerin de Pouzauges, auquel il fait don de certaines redevances. *(Orig. jadis scellé. Arch. de la Vienne, H³, liasse 845.)*

1221.

Universis presentes litteras inspecturis Savaricus de Malo Leone, dominus Alperusiensis, salutem. Noverit universitas vestra quod nos, pro salute anime nostre et omnium parentum nostrorum tam antecessorum quam successorum et anime domini Petri Alperusiensis bone memorie, in puram et perpetuam helemosinam dedimus et concessimus Deo et fratribus militie Templi Jherusalem Pelegrinum de Pozaugiis et heredes suos, cum omnibus tenementis suis, ab omni tailliata, cosduma, exactione et servicio liberos et immunes. Insuper dedimus predicto Pelegrino, pro servicio ab eodem recepto, quicquid capiebamus super homines de Barris Dorynni et eorum tenementa, et reddet ipse dictis fratribus singulis annis v solidos censuales in Nativitate beati Johannis Baptiste. Si vero dictus Pelegrinus decesserit, heredes sui vel propinquior generis sui qui tenementum suum habebit reddet de mortagio quinquaginta solidos tantum fratribus memoratis. Et ut hec donatio rata et inconcussa permaneat in posterum, presentes litteras sigilli nostri munimine fecimus roborari. Actum anno gracie M°CC°XX° primo.

Guy de Tulle, précepteur des Templiers d'Aquitaine, reçoit Guillaume Asselin comme homme du Temple de Lande Blanche. *(Copie du XVᵉ siècle, non scellée. Arch. de la Vienne, H³, liasse 398.)*

Mai 1222.

Universis Christi fidelibus presentibus pariter et futuris presentes litteras inspecturis frater Guido de Tullo, domorum milicie Templi in Aquitania preceptor humilis, salutem in Domino. Noveritis quod nos, de assensu et consilio fratrum nostrorum, fratris Stephani preceptoris de Codria, fratris Hamelini preceptoris de Landa Alba et plurium aliorum, recepimus in custodia et defensione domus nostre Guillelmum Acelini, cum omnibus rebus ad ipsum pertinentibus, ab omni servicio et costuma liberum et immunem; ita tamen quod domui nostre de Landa Alba annuatim tenetur reddere quatuor solidos censuales monete currentis, apud Lesessars ad festum Sanctorum Omnium persolvendos. Si autem dictus G. unicum habuerit heredem vel plures, unicus heres, qui a patre emancipatus fuerit, patre vivente dicte domui tenetur reddere annuatim III solidos censuales, patre mortuo quatuor; si autem plures fuerint heredes, quilibet illorum emancipatus III solidos census simili modo, sive patre vivente, sive mortuo, dicte domui tantum modo persolvere tenetur; in obitu autem dicti G. vel uxoris sue vel alicujus heredum emancipatorum, quicumque sit ille, vel eciam uxor heredum, in obcione succedentis mortuo erit ut reddat pro mortagio dicte domui nostre xxx solidos aut de mobilibus ipso mortuo remanentibus percipiet dicta domus juxta consuetudinem nostrorum hominum aliorum[1]. Et sub dicta forma dictum Guillelmum in hominem recepimus, et in hujus rei testimonium eidem contulimus nostras litteras, sigilli nostri munimine sigillatas. Actum apud Landam Albam, anno Domini M° CC° XXII, mense maii.

---

1. Une Bulle du pape Honorius III du 21 décembre 1216 (*dat. Rome, apud Sanctum Petrum*, xii *kal. januarii, pontificatus nostri anno primo*) fait défense à tous prêtres et clercs de s'attribuer une part du droit appartenant aux chevaliers du Temple sur la succession de leurs sujets, droit qui était du tiers quand ceux-ci laissaient des héritiers, et de la moitié quand ils ne laissaient ni héritiers ni femme.

Pierre Fauquex donne aux Hospitaliers de Saint-Jean Jeanne Martineau et un pré à Bodet. Pierre Levesque, seigneur de Sainte-Hermine, confirme cet acte en donnant tout ce qu'il y pouvait prétendre de droit et de seigneurie. (*Orig. jadis scellé. Arch. de la Vienne, H* ³, *liasse* 335.)

1224.

Ego P. Episcopi, dominus Sancte Hermine, omnibus tam futuris quam presentibus presentem cartulam inspecturis salutem in Domino. Noverit universitas vestra quod P. Fauquex, homo meus, cum assensu et voluntate et concessu Willelmi Fauquex fratris sui, dedit et concessit Deo et fratribus sancte domus Hospitalis Iherusalem Joiam la Martinele et suos heredes cum suo tenemento; dedit etiam ipse P. quoddam pratum quod habebat aput Bodet. Hec omnia dedit et concessit Deo et fratribus libere habenda et quiete tenenda et possidenda pacifice. Ego vero predictus P. Episcopi quicquid juris et dominii in supradicta habebam helemosina, pro salute anime mee parentumque meorum, eisdem fratribus dedi, et concessi in perpetuum habere helemosinam et quiete tenere et pacifice possidere, sicut aliqua potest helemosina liberius haberi et quietius teneri et possideri. Et quum hoc donum semper ratam et inconcussam optineat firmitatem, ad voluntatem meam et peticionem utriusque partis sigilli mei munimine presentem cartulam roboravi. Factum est hoc anno gracie M° CC° XX° IIII°.

Pierre Levesque, seigneur de Bournezeau, donne aux Hospitaliers de Saint-Jean P. de Boele, Constant Verdoisel et Jean Martineau. (*Orig. jadis scellé. Arch. de la Vienne, H* ³, *liasse* 335.)

1224.

Notum sit omnibus tam futuris quam presentibus quod ego P. Episcopi, dominus Bornezelli, pro salute anime mee parentumque meorum, dedi et concessi Deo et fratribus sancte domus Hospitalis Iherusalem P. de Boele et suos heredes cum suis pertinenciis et Costencium Verdoisel et suos heredes cum suis pertinenciis. et Johannem Martinau et suos heredes cum suis pertinenciis. Ego enim predictus P. Episcopi hec omnia supradicta dictis fratribus in perpetuam helemosinam dedi et concessi libere habenda et quiete tenenda et pacifice possidenda, sicut aliqua potest helemosina liberius haberi et quiecius teneri et possideri, nullo etiam michi nec meis heredibus dominio retento. Et quum hoc donum semper ratam et inconcussam optineat firmitatem, ad voluntatem meam et peticionem eorumdem fratrum sigilli mei munimine presentem cartulam roboravi. Factum est hoc anno gracie M° CC° XX° IIII°.

Pierre Levesque, seigneur de Sainte-Hermine, donne aux Hospitaliers de Saint-Jean tout ce qu'il peut avoir de droit et de seigneurie sur Jean de Bede. *(Orig. jadis scellé. Arch. de la Vienne, H³, liasse 335.)*

17 avril 1225.

Notum sit omnibus tam futuris quam presentibus quod ego P. Episcopi, dominus Sancte Hermete, pro salute anime mee et animarum parentum meorum, quicquid juris et dominii habebam in Johanne Bedis et suis heredibus, dedi et concessi Deo et fratribus sancte domus Hospitalis Iherusalem habere libere et quiete tenere et pacifice possidere, sicut aliqua potest helemosina liberius haberi et quietius teneri et possideri, nullo tamen michi nec meis heredibus in eodem Johanne nec suis heredibus, rebus nec possessionibus, dominio nec servicio retento. Et ut hoc etiam donum semper ratam et inconcussam obtineat firmitatem, ad peticionem dictorum fratrum et voluntatem ejusdem Johannis sigilli mei munimine feci firmiter roborari. Factum est hoc die jovis ante festum beati Jeorgii, anno Verbi Incarnati M° CC° XX° V°.

Hugues du Bois, seigneur de Chantemerle, et Agnès, sa femme, donnent aux Templiers Jean Rezis et certaines choses au Teil. (*D. F., vol. LII, d'après l'orig. jadis scellé de deux sceaux, dont l'un en cire verte sur cordon de soye rouge et verte* [1], *aux Arch. du Temple de Mauléon.*)

1225.

Sciant omnes tam presentes quam futuri presentem cartulam inspecturi quod ego Hugo de Boscho, dominus Cante Merule, cum assensu et voluntate domine Angnetis, uxoris mee, pro salute anime mee et sue, dedi et concessi in puram et perpetuam helemosinam Deo et beate Marie et fratribus milicie Templi Johannem Rezis, hominem meum, et heredes suos, cum omnibus suis possessionibus, scilicet cum domibus et terris et rebus aliis, ab omnibus costumis et exactionibus liberos in perpetuum et immunes. Preterea dedi et concessi predicto Johanni et heredibus suis, cum voluntate et assensu predicte Angnetis, quicquid habebam in feodo Teyliau, exceptis hominibus et homenagiis, bieno et terragio et excepta parte Teobaldi Chaboz. Necnon dedi et concessi eis duo prata, que sunt infra nemus prope Lardeyriam, et illud pratum quod est inter domum Johannis de Sotters, militis, et molendinum Bonet et duo predicta prata, juxta la Furore, et terram cum pratis in duobus locis juxta Aubreteriam, et unam sexteriatam terre en la Lardere. Et ut hoc donum ratum et inconcussum permaneat, sigilli mei et sigilli dicte Angnetis, uxoris mee, presentem cartam feci munimine roborari. Actum anno gracie Mº CCº XXº Vº.

---

1. Sur le sceau fort endommagé on distinguait les branches d'un chêne remplissant l'écu.

Savary de Mauléon donne aux Hospitaliers de Saint-Jean Jean Pâtissier. (D. F., vol. LII, d'après l'orig. jadis scellé aux Arch. du Temple de Mauléon.)

Août 1226.

Notum sit omnibus tam presentibus quam futuris presentem cartulam inspecturis quod ego Savaricus de Maloleone dedi et concessi, et hac presenti cartula mea confirmavi, Deo et domui Sancti Johannis hospitalis Jerosolimitani Johannem Pistore et omnia tenementa sua et jura ubicumque fuerint. Et si dictus Johannes Pistore maritali copule se subjugaverit, idem maritagium et heredes qui exhibunt de uxore sua cum sepedicto Johanne Pistore, liberos ab omni exactione prefate domui hospitalis concessi. Ut autem hec donacio et concessio rata in perpetuum et inconcussa permaneat, hanc presentem cartulam sigilli mei munimine feci roborari. Prefatus autem Johannes et heredes sui tenentur annuatim persolvere sepedicte domui hospitalis quinque solidos censuales et unum prandium tribus fratribus et famulis suis. Actum anno Incarnationis Domini M°CC°XX°VI, mense augusti.

Aimery Rouaut donne aux Templiers Etienne et Jean Cochineau. (D. F., vol. LII, d'après l'orig. jadis scellé aux Arch. du Temple de Mauléon.)

1226.

Universis ad quos presentes littere pervenerint Aimericus Roeas, miles, salutem. Noverint universi, presentes pariter et futuri, quod ego do et concedo Deo et milicie Templi Stephanum Cochinea et J. Cochinea fratrem ejusdem et heredes ipsorum et domum quam de me habebant censualem, cum assensu et voluntate dominarum Hilarie scilicet et Cecilie, germanarum mearum, que mecum partiebantur illud idem. Et ut istud ratum et firmius haberetur, sigillo domini Willelmi Chastegnerii militis, tunc temporis domini Castanarie, de cujus feodo res supradicta movebat, presentes litteras sigillari voluit pars utraque. Hoc vero actum est anno gracie M°CC°XX°VI°.

Geoffroy de Lusignan, seigneur de Vouvent, donne aux Templiers Etienne et Jean Cochineau. *(D. F., vol. LII, d'après l'orig. scellé en cire verte sur lacs de soye jaune, noire et rouge* [1], *aux Arch. du Temple de Mauléon.)*

1226.

Omnibus ad quos presentes littere pervenerint Gaufridus de Lezigniaco, dominus Volventi, salutem in Christo. Noverit universitas vestra quod ego dedi et concessi Deo et fratribus militie Templi in heleemosinam, pro redemptione anime mee et antecessorum meorum, Stephanum et Johannem Cochineas et heredes suos et omne dominium quod in eisdem habebam, tam in eis quam in suis possessionibus aliis, ab omni domihio et servicio liberos et immunes, quiete et pacifice in perpetuum possidendos. Et ut istud in posterum ratum et stabile permaneret, presentes litteras sigilli mei munimine roboravi. Actum anno gratie M°CC°XX°VI°.

---

1. Sur le sceau était représenté un homme à cheval sonnant de l'oliphant et caressant de la main gauche un chien placé sur la croupe de son coursier, et sur le contre-scel un lion sur un écu burelé, légendes illisibles par suite de la détérioration.

Guillaume, vicomte de Brosses, seigneur de Pouzauges, et Belle-Assez, sa femme, abandonnent à des arbitres le jugement de leurs différends avec les Templiers au sujet de Guillaume Papin, Pierre Alon, Pelerin et Jean Rezis [1]. *(Vidimus donné le 4 janvier 1386 soubz le scel duquel l'on use ès contraiz en la chastellenie de Mauléon, par J. Petit. Arch. de la Vienne, H³, liasse 728.)*

5 décembre 1227.

Ego G., vicecomes Brociarum, dominus Pozaugiarum, et domina Bellassatis, uxor nostra, notum facimus universis quod cum esset contencio inter nos, ex una parte, et fratres milicie Templi, ex altera, super pluribus hominibus, pacificatum fuit in hunc modum : quod nos tenemur reddere super juramento proprio, quod ego vicecomes interposui, et juramentum J. de Teyl, Guillelmi Raimunt, J. de Rammoia, Davi de Riaumo et P. Uleco, militum, die mercurii tercia infra Quadragesimam apud Boscum Rolandi, novies viginti libras viginti solidos minus, ad probaciones hominum per eorum juramenta, et similiter tenemur reddere magistro Arberto et Guillelmo Bonar, fratribus, quinquaginta quinque libras, que continentur in jam dicta servicia novies viginti librarum viginti solidos minus, ad probacionem dictorum fratrum per eorum juramenta. Et eadem die et eodem loco, ego Guillelmus, vicecomes, et domina Bellasatis, uxor nostra, et frater G. de Breyes, preceptor milicie Templi in Aquitania, tenemur ponere quilibet pro parte sua duos arbitros, ego et uxor nostra dominum archidiaconum Thoarcensem et dominum abbatem de Absya, frater G. de Breyes debet ponere fratrem Stephanum de Codrya et Guillelmum Galant, vel quilibet parcium tenetur ponere duos probos

---

1. Les deux chartes de 1228, qui viennent après la suivante, prouvent que la décision des arbitres donna raison aux Templiers, dont les droits étaient établis par quatre chartes rapportées ci-dessus, p. 83, 91, 92, 96.

viros ad arbitrandum coram Rolando Giraut, milite, mediatore communiter a partibus electo. Et tam mediator quam arbitri tenentur jurare a principio quod super hiis de quibus data est eis a partibus potestas arbitrandi bona fide secundum jura procedant arbitraturi, set etiam super quatuor hominibus, videlicet super Guillelmo Papin, P. Alun, Pelegrino, J. Rezis, et eorum bonis ; tali forma quod si per sententiam mediatoris et arbitrorum supradictorum dicti homines judicabuntur esse fratrum milicie Templi, ego dictus vicecomes et uxor nostra tenemur super dampnis satisfacere dictis hominibus ad summam arbitrorum, sin autem nobis remanerent ex bonis suis sine contradicione. Item sciendum quod super dampnis junctis a nobis Templariis et eorum hominibus irrogatis, ut dicitur, tenemur sibi satisfacere et passis injuriam ad summam arbitrorum super conviciis et maledictis que nobis opponuntur tenemur satisfacere fratribus milicie Templi ad dictum fratris Stephani de Codrya et fratris R. Eboris ; hoc addito quod Vincencius Tuez, homo Templariorum, bona sua que movent a Templariis habebit in pace et si quidem haberet de burgensiis nostris, non posset illa retinere nisi de voluntate nostra. Item sciendum quod finito arbitrio isto super hiis que nobis et fratribus milicie Templi remanebunt, dabimus cartas nostras ad invicem ut partibus firmum et statile perseveretur. Actum die mercurii ante festum beati Nicholai apud Albam Petram, presentibus partibus consencientibus, anno Domini M°CC°XX° septimo.

Guillaume, seigneur de la Forêt-sur-Sèvre, donne aux Templiers une aire, et affranchit de toute redevance envers lui Jean le Tamisier. (*Orig. jadis scellé. Arch. de la Vienne*, H[3], liasse 845.)

Janvier 1228.

Omnibus Christi fidelibus presentes literas inspecturis Willelmus, dominus de Foresta super Separiam, salutem in Domino. Noveritis quod, de consensu et voluntate Katerine uxoris mee et fratris mei Seibrant, dedi et concessi Deo et fratribus Tenpli in perpetuam helemosinam plateam que est intra domum Stephani de Albya et domum Luce defuncti, prout per metas dividitur, ab omni dominio et consuetudine liberem et inmunem. Insuper, de predicto consensu, perpetua libertate quiptavi Deo et fratribus memoratis Johannem lo Tamiser et heredes suos ab cosdumis omnibus, vendis et paagiis liberos et inmunes in tota terra mea. Et ut hec dicta donacio et quiptacio ratam et inconcussam obtineat firmitatem, sigilli mei munimine roborari presentem cartulam dignum duxi. Actum fuit hoc mense januarii, anno ab Incarnatione Domini millesimo ducentesimo vicesimo septimo.

Guillaume, vicomte de Brosses, seigneur de Pouzauges, et Belle-Assez, sa femme, abandonnent aux Templiers tous les droits qu'ils avaient prétendus sur Jean Rezis, Pierre Alon, Guillaume Papin et les hommes de la Davière. *(D. F., vol. LII, d'après l'orig. jadis scellé aux Arch. du Temple de Mauléon.)*

17 août 1228.

Que geruntur in tempore ne labantur poni debent in voce testium vel scripture. Ideo universis Christi fidelibus presentes litteras inspecturis ego G., vicecomes Brocearum, dominus Pozaugiarum, et ego Bellasatis, uxor ejus, salutem. Universis per presens scriptum notificamus quod cum quedam contentio verteretur inter nos, ex una parte, et fratres milicie Templi, ex altera, super quibusdam hominibus et eorum tenementis, post multas alegationes et altercationes, tandem inter nos et ipsos talis pacis compositio fuit facta : quod nos, pro redemptione anime nostre et parentum nostrorum in perpetuum quitavimus Deo et fratribus milicie Templi quidquid juris habebamus in predictos homines, scilicet in Johanne Rezis, Petro Alum, Guillelmo Papin et eorum tenementis et in hominibus de Davieria et eorum tenementis. Quitavimus etiam tenementa et omnia bona predictorum hominum, que in hujus compositionis tempore possidebant. Quitavimus insuper Vincentium Cleruet cum ejus tenementis et fraternitate sua, quam in terra nostra habere jure hereditario debebat. Dicti vero fratres milicie Templi quitaverunt nobis sex vigenti et octo libras Turonenses quas dictis fratribus et eorum hominibus debebamus. Remiserunt etiam nobis injurias et dampna que predictis fratribus nobis dicebant et eorum hominibus intulisse ; et injurias et dampna et expensas, que occasione dictarum injuriarum a nobis petebant, penitus quitaverunt. Et ut hec pacis compositio ratam et inconcussam obtineat firmitatem, ego Giraudus, vicecomes Brocearum, dominus Pozaugiarum, et ego Bellasatis, uxor ejus, sigillorum nostrorum munimine roborari fecimus presens scriptum. Actum apud Absiam, die jovis prima post Assumptionem beate Marie, anno ab Incarnatione Domini M°CC°XX°VIII°.

Giraud, vicomte de Brosses, seigneur de Pareds, et Belle-Assez, sa femme, donnent aux Templiers Pélerin Rogueniteau. *(D. F., vol. LII, d'après l'orig. jadis scellé aux Arch. du Temple de Mauléon.)*

1228.

Universis presentes litteras inspecturis G., vicecomes Brucie, dominus Alperusiensis, et Bellasatis, ejus uxor, domina Alperusiensis, salutem in Domino. Noverit universitas vestra quod nos, pro salute animarum nostrarum et omnium parentum nostrorum tam antecessorum quam successorum et anime domini P. Alperusiensis bone memorie, in puram et perpetuam helemosinam dedimus et concessimus Deo et fratribus milicie Templi Peregrinum Rogenitelli et heredes suos cum omnibus tenementis suis ab omni tallia, cosduma, exactione et servitio liberos et immunes. Insuper dedimus predicto Peregrino, pro servicio ab eodem recepto, quidquid capiebamus super homines de Barris Dorini et eorum teneamenta, et reddet predictis fratribus singulis annis quinque solidos censuales in Nativitate beati Johannis Baptiste. Si vero dictus Peregrinus decesserit, heredes sui vel propinquior generis sui qui tenementum suum habebit reddet de mortagio quinquaginta solidos tantum fratribus memoratis. Et ut hec donacio rata et inconcussa permaneat in posterum, presentes litteras sigillorum nostrorum munimine fecimus roborari. Actum anno gracie M°CC°XX° VIII°.

Thibaut Herpin, chevalier, donne aux Templiers tous ses droits sur deux pièces de terre sises en fief de Bazoges, sur les bords de l'Arcanson, et appartenant à Jean Cochineau et Marie, sa femme. (*D. F., vol. LII, d'après l'orig. jadis scellé de deux sceaux, dont l'un en cire verte sur cordon de soye jaune, rouge et blanche*[1], *aux Arch. du Temple de Mauléon.*)

1234.

Notum sit omnibus tam presentibus quam futuris presentem cartulam inspecturis quod ego Theobaldus Harpini, miles, dominus de Frogeriis, cum assensu et voluntate Radulphi Arpini, militis et P. Arpini, fratrum meorum, dedi liberaliter et concessi in puram et perpetuam helemosinam

---

1. Sur ce sceau on voyait d'un côté un écu chargé d'oiseaux sans nombre, semblables à des merlettes, mais becqués et membrés. De la légende on ne lisait plus que.... LLERM...; de l'autre côté, un oiseau fantastique à la queue terminée en queue de serpent. De la légende on lisait seulement...: LLERM...... RE... C'était le sceau de l'archiprêtre de Pareds, dont la légende était sans doute : « Sigillum Guillermi archipresbiteri. »

Deo et fratribus milicie Templi Sancti Salvatoris prope Malleonem terragium et quidquid juris et dominii habebam et habere poteram in duabus peciis terre sitis prope ripariam d'Arquencum, quas scilicet pecias terre Stephanus Cochunneas et Maria, uxor sua, de me tenebant; ita quod dictus Stephanus et dicta uxor sua et eorum heredes habebunt et tenebunt in perpetuum quiete et pacifice dictum terragium cum omni jure et dominio predictis de fratribus milicie Templi prenotatis, sub annuo censu duodecim denariorum, scilicet sex denariorum in Pascha Domini et sex denariorum in festo Omnium Sanctorum, dictis milicie Templi fratribus annis singulis reddendorum. Et ut dicta donacio firmior in posterum haberetur, R. Silvestri, tunc temporis gerens vices archipresbiteri Alperusiensis, et Hugo Lunelli, dominus de Bazogiis, in cujus feodo predicte terre pecie continentur, et de ejus assensu et voluntate facta fuit dicta donacio, salvis tamen eidem Hugoni duobus denariis et uno obolo, quos ipse de dicta terra de taillia percipit annuatim, presenti cartule, ad peticionem meam et fratrum meorum predictorum, sigilla sua apposuerunt in veritatis testimonium et munimen. Actum anno Incarnationis dominice M°CC°XXX°IV°.

Jean de Montgommery, prieur de l'Hôpital de St-Jean en France, Guillaume de Boisse, une femme nommée Tabary et Geoffroy de Rael, clerc, terminent par une transaction certains démêlés existant entre eux. (*Orig. jadis scelle. Arch. de la Vienne, H³, liasse* 335.)

Mars 1234 ou 1235.

Universis presentes litteras inspecturis, frater Johannes de Montegosmeri, sancte domus Hospitalis Jerosolimitane prior humilis in Francia, salutem in Domino. Notum facimus quod cum Willelmus de Boiz in quadam terra, in qua quedam mulier dicta la Tabarie agriculturam habebat et possidebat, ut dicebatur, totum dominium et dominii jus haberet, tam dictus dominus quam dicta mulier, interveniente labore et consilio Gaufridi Raelii clerici, dictam terram, jus et dominium quod in ipsa habebant, nobis et nostre domui de Faiole in puram et perpetuam elemosinam dederunt, et concesserunt habenda in perpetuum et pacifice possidenda. Gaufridus vero predictus, qui in terragio de dicta terra dicto domino provenienti quintam partem pro servientia sua jure hereditario habebat et possidebat, nobis et dicte domui quicquid in dicto terragio et in ipsa terra habebat dedit et concessit libere et pacifice perpetuo possidendum. Et nos, de fratrum nostrorum consilio, ob hujus beneficii recompensationem, predicto Gaufrido et heredibus suis im perpetuum unam plateam dicte terre, continentem unum quarterium, sitam inter plateam Garini Allumnelli et plateam Johannis Racoudet, sub annuo censu sex denariorum, in vigilia Sanctorum Omnium, apud Nalier nostro mandato reddendorum, tradidimus et concessimus habendam im perpetuum et pacifice possidendam. Quod, ut notum et ratum permaneat, presentes litteras fecimus sigilli nostri munimine roborari. Datum anno gracie millesimo ducentesimo tricesimo quarto, mense martio.

Guillaume, seigneur de la Forêt-sur-Sèvre, donne aux Templiers tous ses droits sur la bourgeoisie et les biens de Guillaume de Cerisay, clerc. (*D. F., vol. LII, d'après l'orig. jadis scellé aux Arch. du Temple de Mauléon.*)

25 mars 1236.

Viro venerabili et dilecto fratri Guillelmo de Sonaio, preceptori fratrum milicie Templi in Aquitania, et omnibus presentes litteras inspecturis Guillelmus, dominus de Foresta super Separim, miles, salutem in perpetuum. Notum vobis facio quod, anno ab Incarnatione Domini M°CC°XXX° V°, die jovis proxima ante Pascha Domini, ego dictus Willelmus constitutus apud Guernateriam dedi liberaliter et concessi in perpetuum Deo et fratribus milicie Templi Sancti Salvatoris prope Malleonium quidquid juris et dominii habebam in burgencia et tenamentis Willelmi de Cerezyo, clerici, sub annuo censu quinque solidorum a predicto W. in festo Assumptionis beate Marie dictis fratribus annis singulis solvendorum. Et ad majorem hujus rei noticiam, presentibus litteris sigillum meum apposui in veritatis testimonium et munimen.

Guillaume, seigneur de la Forêt-sur-Sèvre, affranchit de certains devoirs Robin Delart. *(D. F., vol. LII, d'après l'orig. jadis scellé aux Arch. du Temple de Mauléon.)*

1238.

Universis Christi fidelibus presentem cartulam inspecturis ego Willelmus, dominus Foreste super Separim, salutem in eo qui est vera salus. Notum sit omnibus tam presentibus quam futuris quod ego, cum assensu et voluntate Segebrandi, fratris mei, militis et Reginaldi filii mei, feodavi spontanea voluntate in perpetuum Robinum Delartum et heredes suos de venda et pedagio, quod michi debebat eundo et redeundo per totam terram meam, libere et pacifice possidendum. Et ne possit de cetero supradicto Robino et heredibus suis super hoc calumpnia suboriri, ad majorem rei certitudinem, dedi eidem Robino et heredibus suis supradictis presentem cartulam sigilli mei munimine roboratam in testimonium veritatis. Factum fuit hoc anno Domini $M^o CC^o XXX^o VIII^o$.

Geoffroy de Lusignan, seigneur de Vouvent et Mervent, affranchit Jean Galoubeau du service militaire et donne cet affranchissement aux Templiers. *(D. F., vol. LII, d'après l'orig. jadis scellé aux Arch. du Temple de Mauléon.)*

1238.

Universis Christi fidelibus presentes litteras inspecturis G. de Lezigniaco, vicecomes Castri Eraudi, dominus Volventi et Mareventi, eternam in Domino salutem. Noverit universitas vestra quod nos in puram et perpetuam helemosinam absolvimus perpetuo Johannem Galobea et heredes suos cum omnibus tenementis suis ab omni exercitu et costuma, salvo jure vassallorum nostrorum et alieno; et ipsum et heredes suos voluimus et concessimus esse a predictis serviciis perpetuo liberos et immunes; in cujus rei memoriam nostras eidem J. dedimus patentes litteras sigilli nostri robore communitas. Hanc autem quictacionem fecimus et concessimus Deo et fratribus milicie Templi Sancti Salvatoris prope Malleonem habendam in puram et perpetuam helemosinam ac pacifice possidendam. Actum anno Domini M° CC° XXX° VIII°.

Geoffroy de Lusignan, seigneur de Vouvent et Mervent, renonce à tous les droits qu'il pouvait prétendre sur un airault qu'Étienne et Jean Cochineau avaient acheté à Mouilleron. *(D. F., vol. LII, d'après l'orig. jadis scellé aux Arch. du Temple de Mauléon.)*

19 mai 1239.

Gaufredus de Lezigniaco, dominus Volventi ac Mareventi, omnibus presentes litteras inspecturis eternam in Domino salutem. Noverit universitas vestra quod nos dedimus et concessimus in puram et perpetuam helemosinam, pro salute anime nostre et parentum ñostrorum, Deo et preceptori et fratribus milicie Templi Sancti Salvatoris de Malleonio quoddam ayraudum situm in burgo domini de Rocha apud Mollerum, quod fuit Flandine defuncte, et quamdam peciam orti, que est post ipsum ayraudum, quam emerunt Stephanus Cochoneas et Johannes, frater ejus, homines preceptoris predicti et fratrum milicie Templi Sancti Salvatoris de Malleonio a Willelmo de Vergna et ejus uxore, ab omni servicio et costuma immunia habenda, pacifice et perpetuo possidenda, nichil juris et dominii nobis retinentes nec heredibus nec successoribus nostris in omnibus supradictis. Ut hec autem donacio rata et integra permaneat, dedimus dicto preceptori et fratribus milicie Templi de Malleonio nostras patentes litteras sigilli nostri robore communitas in testimonium veritatis. Datum die jovis proxima post Pentecosten, anno gracie Domini M° CC° XXX° IX°.

Guy, vicomte de Thouars, et Alix de Mauléon, sa femme, donnent à Geoffroy de la Flocelière le four et le péage du Boupère, les villages de la Roussière, de la Brunelière et de la Frenollière, moyennant cinq cents sous de rachat et quinze jours de garde annuelle au château de Pouzauges. (*D. F., vol. VIII, d'après une copie aux Archives du château de l'Estenduère.*)

Août 1239.

Universis Christi fidelibus presentes litteras inspecturis Guido, vicecomes Thoarcii, salutem in Domino. Noveritis quod nos, cum assensu et voluntate dilecte uxoris nostre Hahaliz de Malleone, dedimus liberaliter et concessimus dilecto et fideli nostro Gaufrido de Floceleria, militi et ejus heredibus, pro servicio nobis ab ipso fideliter exhibito, furnum et pedagium de Alba Petra, insuper et villas scilicet Rosseriam, Bruneleriam et Frenunleriam, cum omnibus pertinentiis ad dictas villas spectantibus, que ville site sunt in castellania de Pozaugiis, que omnia ratione uxoris nostre predicte nos contingebant..... ita quod heredes dicti Gaufridi pro predictis tenebuntur reddere nobis seu heredibus nostris quingentos solidos pro placito de mortua manu quando evenerit. Dictus etiam miles et heredes sui nobis et heredibus nostris tenebuntur gardam facere per quindecim dies, sine uxore, in castello Pozaugiarum annuatim, et debet intrare in gardam faciendam dictus miles seu heres suus, sibi successor, octo diebus transactis post Nativitatem beati Johannis Baptiste. Homo noster erit etiam ligius dictus miles, et heredum nostrorum similiter et heredes sui...... Datum in mense augusti, anno Domini M°CC°XXX°IX°.

Hugues Luneau, seigneur de Bazoges, et Théobald, son frère, donnent aux Templiers et à Jean Paumier un airaud à Mouilleron et tous les droits de justice attachés à sa possession. *(D. F., vol. LII, d'après l'orig. jadis scellé aux Arch. du Temple de Mauléon.)*

27 avril 1245.

Universis Christi fidelibus presentes litteras inspecturis Hugo Lunelli, miles, dominus Basagiarum, et Theobaldus, frater suus, salutem in Domino. Notum sit omnibus presentes litteras inspecturis quod ego Hugo Lunelli, miles, Basagiarum dominus, et Theobaldus, frater meus, simplex miles, donamus et concedimus preceptori milicie domus Templi Sancti Salvatoris de Maleonio et Johanni Paumer et Guillermo, filio suo et heredibus eorumdem, quemdam airaudum, que fuit a la Boteline defuncte et Johanni de Bersona similiter defuncto, situm in vico nostro de Molerone, scilicet inter domum Petri de la Venderie et domum Stherifenetrea et ante domum a la Jordeine. Et donamus eciam et concedimus predicto preceptori milicie domus Templi Sancti

Salvatoris de Maleonio et predicto Johanni Paumer et predicto Guillermo, filio suo et heredibus eorumdem censum, sanguinem et latronem, et omnia jura que in predicto airaudo habemus et habere possumus. Et hoc multi viderunt et audierunt, scilicet : P. Foresters, et Salars, et Guillermus dau Poysat armiger, et dominus de la Copechaignere, capellanus de Basagiis. Et ut hoc magis perhibeat testimonium veritati, presentem cartulam fecimus sigilli nostri munimine roborari. Datum die jovis post festum beati Marci evangeliste, mense aprilis, anno Domini M⁰ CC⁰ XL⁰ V⁰.

Hugues Gifard, précepteur des Templiers d'Aquitaine, compose avec Pierre et Jean Gabard, frères, au sujet du droit de mortuage. *(D. F., vol. LII, d'après l'orig. jadis scellé aux Arch. du Temple de Mauléon.)*

1258.

Universis presentes litteras inspecturis vel audituris frater Hugo Gifardi, domorum milicie Templi in Aquitania preceptor humilis, eternam in Domino salutem. Noveritis quod inspecta, considerata et cognita et cogitata utilitate et honestate nostra, de voluntate et assensu fratrum nostrorum, quitavimus et remisimus Petro et Johanni Gabardi[1], fratribus et eorum uxoribus, quas habent vel habituri sunt, omnibusque liberis et heredibus eorum et eciam uxoribus predictorum heredum quicquid juris funeratilii seu mortagii in eis habere possumus vel debemus in morte cujuslibet eorumdem[2] : ita tamen quod, post mortem cujuslibet eorumdem, successor defuncti vel heres preceptori nostro Sancti

---

1. Probablement les possesseurs des Gabardières, commune de Saint-Philbert du Pont-Charrault, canton de Chantonnay.
2. Voir la note page 93.

Salvatoris prope Malleonem, qui tempore fuerit, centum solidos reddere tenebitur et nichil amplius poterimus seu poterit predictus preceptor de bonis defuncti extorquere vel habere ratione mortagii antedicti ; ita eciam quod liberis seu pueris in patria potestate constitutis nec centum solidi nec aliud mortagium exsolvetur. Et ut hoc ratum et stabile in perpetuum permaneat, dedimus super his predictis Petro et Johanni Gabardi et uxoribus et heredibus eorumdem nostras patentes litteras sigillo nostro sigillatas in testimonium predictorum. Datum anno Domini M°CC°L°VIII°.

Maurice de Belleville, seigneur de la Garnache et de Commequiers, accorde le droit de chasse aux hommes de ces deux seigneuries. *(Vidimus fait le 12 septembre 1459 par Jehan Quenoiller, clerc, gardę du scel estably aux contraictz à Poictiers pour le Roy nostre sire. Arch. de la Vienne, H³, liasse 380.)*

8 mars 1261.

A tous ceaus qui cestes presentes lectres verront e orront Maurices de Belleville, sires de la Gasnaiche e de Quemiquers, saluz en nostre seignor. Sachent tuit que cum nos fussum requis communaument de tote la gent de la terre de la Gasnaiche e des appartenances e de Quemiquers, de laigue dau Laigneron envers la Gasnache, que noz vosissum e octroiessum que il poussent e deussent prendre cers, biches, pors, leyes, en tote la terre desus dicte, nos esmouz por piété, e por le communau proffeit dau pais, volum e octreum e donnons a tote la gent communaument de tote la terre de la Gasnache e de Quemiquers, de laigues dau Leigneron envers la Gasnaiche, e a lor hers e a lor successors e a lor gens de lor pain e de lor vin tant solement, que il pouchent prendre, toz temps, mais totes les feyz que il porrent e vodrent, en tote la terre de la Gasnache foranne e en tote la terre de Quemiquers foranne, tot ainsi come laigue dau Laigneron on emmainet devers la terre de la Gasnache, cers, biches, pors, leyes e totes sauvazine e toz ozeas, exeptez quatre ozeas de rapine, faucon, hotor, sacre, gurfaut, e colum de soye e en quaucumque meniere que il porrant, exeptées fosses, peyges, reyz, o que lon peust prendre cers, biches, pors, leyes, e cordeas aseures, e senz ce que il i pouchent amenner gens de fors les devises desus dictes. E est assavoir que nous havom retenu a nostre deffens, demeunie a nous e a noz herz e a noz successors, noz boys demaines, ce est assavoir tote nostre forest de la Gasnaiche, si com le preclos en levet des le chep des Aygroneres devers Lisle Chauvet jusque a la grant forest, ensemblement o la grant forest, exceptées les Rosselleres, les boys aus Achardaus, les Jarries e la hayee de Pont Habert, des le mareis jusque a la Gasnaiche, o le foucher et o la hayee de Buignum, exceptée la Coudrie devers la forest jusque au pas de Longe Reye, par ont lon vait de la Gasnaiche en Ré, excepté les boys de Chalanz e la garenne de conilz et nostre garenne de la Veyerie e de Solendea, en quels garennes de la Veyerie e de Solendea il porront prendre le cerf, la biche, le port et la leye, e exeptée tote nostre isle des Oyes e tote nostre isle de Monz, fors tant que ilz porront prendre en la dicte isle de Monz le cerf, la biche, le porc et la leye tant solement, et en tos noz autres boys quauque part que il seient en terres desus dictes et des laigue dessus nommée, fors que en ceaus lous que nous havom retenu a nostre deffens, nous volum e octreiom e donum que tote la gent desus dicte e lor hers et lor successors e lor gens dessus dictes pouchent prendre toutes les feyz que il voudront e porront totes les bestes dessus dictes e toz les ozeas si com dessus est pecifié, e en la marche si com o le est acoudume. E est assavoir que, quant la beste entrera en boys retenuz a nostre deffens, cil qui la corrent et qui la segrant saresterant de fors le boys et retrairont lors cheins se il poent e niront plus outre por segre icelle beste; e est assavoir que si li chein a ceaus qui corrent e segrant la beste éréent trouvé en la forest et en boys desus dit retenuz a nostre deffens, nostre commendement ne les octiront pas, einz les chaceront sens octire e sens blecier lor estient, si ce neie tant matin qui fussent acoudume por aus a aler e a corre par la forest e par les boys desus diz; e en garentaige de ceste chose, nous avom donné a tote la gent dessus dicte e a lor herz e a lor successors e a lor gens dessus dicte cestes présentes lectres seellées de nostre seiau. Ce fut fait e donné le mardi avant la feste sainct Gregoire, en lan de l'Incarnacium Nostre Seignor mil e dous cenz e sexante.

Bertrand de Chalon, précepteur des Habites, de l'ordre des Hospitaliers de Saint-Jean, certifie quels devoirs lui sont dus par Guilloys, habitant de Beauvoir. *(Orig. jadis scellé. Arch. de la Vienne.* H [3], *liasse* 390.)

24 avril 1264.

Universis presentes litteras inspecturis Bertrandus de Chalon, preceptor domus hospitalis de Habitis, Pictavensis dyocesis, salutem in Domino. Noveritis quod nos et domus nostra in domo dicti Guilloys quam inhabitat, sita ante domum Johannis Morelli defuncti, inter domum Andree Forre defuncti, ex una parte, et puteum de Cornaire, ex altera, in parochia de Belveario, nichil amplius habere consuevimus nisi quinque solidos annui redditus singulis annis solvendos preceptori de Habitis, vel ejus mandato, apud Belvearium, in festo omnium Sanctorum, a dicto Guilloys et ejus uxore et suis heredibus, et unum convivium semel in anno prestandum a dicto Guilloys et Radegunde ejus uxore et suis heredibus preceptori de Habitis, qui pro tempore fuerit, et cuidam fratri suo et cuidam armigero cum tribus

equitaturis tantum apud Belvearium. Et est sciendum quod
dictus Guilloys et dicta uxor sua poterunt alienare dictam
domum et facere voluntatem suam plenarie de eadem, tam
in vita quam in morte, et nichil aliud quam dictos quinque
solidos et dictum convivium petere possumus ab dicto
Guilloys nec ab ejus uxore nec ab eorum heredibus seu successoribus, salvo magno dominio quod in dicta domo et suis
pertinenciis ex concessione Petri, quondam domini de Ganaspia, obtinemus. In cujus rei testimonium presentes dedimus litteras dictis Guilloys et Radegundi, ejus uxori, sigillo
nostro sigillatas. Datum die jovis post resurrectionem Domini, anno Domini M° CC° sexagesimo quarto.

Jugement en l'assise de la Roche-sur-Yon qui attribue au précepteur de Launay, des Hospitaliers de Saint-Jean, la haute justice sur
le bourg de l'Hôpital, à Montaigu, qui lui était contestée par Maurice, seigneur de Belleville. (*Orig. jadis scellé. Arch. de la Vienne,
H.*³, *liasse* 855.)

21 septembre 1289.

Cum inter preceptorem domus hospitalis de Alneia, ex
una parte, et Mauricium, dominum de Bella Villa, militem,
ex altera, contencio verteretur, super eo quod dictus preceptor se plegiaverat contra dictum dominum quod idem dominus faciebat eidem tort et force, de novo, capiendo
quendem latronem in burgo hospitalis juxta Montem Acutum,
in quo burgo alta justicia ad ipsum preceptorem pertinebat,
ut dicebat, idemque dominus contrarium asserens se contra-
plegiasset, et postmodum dicte partes voluissent et concor-
dassent quod inquireretur qui eorum melius casus alte
justicie cum evenerant explectasset, et quod illi qui dictos
casus melius explectasset sesinam alte justicie reportaret. Inquesta enim super hiis facta pro utraque partium predic-

tarum, demum in assia presenti, que fuit apud Rocham super Yonem, anno Domini M° CC° octuagesimo nono, die mercurii in festo beati Mathei apostoli, predicta inquesta publice lecta, judicatum fuit dictum preceptorem casus alte justicie in loco predicto melius explectasse et ipsum preceptorem sesinam alte justicie in dicto loco habere debere. Quam sesinam eidem preceptori reddidimus et adjudicavimus per judicium curie nostre. Actum anno et die predictis et in assisia supradicta.

Ythier de Nanteuil, prieur de Saint-Jean de l'Hôpital en France, et Maurice de Belleville, seigneur de Montaigu, terminent par une transaction leurs démêlés au sujet de la haute justice sur le bourg de l'Hôpital, à Montaigu. *(Orig. jadis scellé. Arch. de la Vienne, H³, liasse 855.)*

16 juin 1294.

A touz ceus qui ces presentes lettres verront et orront frere Ythier de Nanteil, de la sainte meson de l'hospital de Saint Jehan de Jerhusalem humble prieus en France, salut en nostre Seignor. Sachent tuit que comme contenz feust meuz entre nous et noz freres, on nom de nostre meson, d'une part, et monseignor Morice de Belle Ville, chevaler, seignor de Mont Agu et de la Garnache, d'autre part, sus la haute joutice d'un bourc assis lez Mont Agu, qui est apelez vulgaument le borc de l'Hospital, en la parfin, empres pluseurs contenz et altercacions, furent feit seur ce pes et acort en la meniere qui sansuist. Cest a savoir que a nous et a nostre meson demeure et remaint ledit borc franchement et quictement, o toute joutice haute et basse, voierie, seignorie, rapt, murtre, encis, bannir et forsbannir, rapeler et essoreillier, defeire, jugier, condempner, assodre se cas i avient de pitié senz en prendre louier ne emolument, et punir en toutes manieres les mauffeiteurs, et tout ce que sires et princes doit et puet avoir en sa terre ; en tele maniere que se aucuns maulfeteurs estoit pris ou dit borc, qui mort eust deservie, nous et noz freres le poons et devons tenir en nostre prison et feire jugier par nous ou par nostre gent, et nous remanit la despoille et hemolumenz pesiblement, sanz ce que li diz chevalers i puisse jamais riens demander ; et lui jugié, nous ou noz aloez devons feire asaveir au dit chevaler, ou a ses aloez, ou a son chastelain de Mont Agu, avenamment et convenablement, a Mont Agu, que il aillent recevoir le mauffeiteur jugié, quar nous le voulons meitre hors de nostre terre tout nu, et le leur devons livrer a leur porte tenent a l'issue de nostre bourc, laquele porte est apelee volgaument la porte de l'hospital, et lors illec les genz dou dit chevaler le doivent receuvre et meitre, ou feire meitre a exequcion ; et se en apres que nous le dit mauffeiteur leur auriens offert avenamment et convenablement, i aviens domage par la negligence au dit chevaler, ou de ses genz, li diz chevalers nous est tenuz a garder senz domages ; et dure ledit bourc si comme les bonnes qui i sont le devisent, et se des dites bonnes estoit contenz, nous elliriens un preudomme et li diz chevalers en elliroit un autre, qui deviseroient le debat bien et loiaument par leur serement. Et est a savoir onquore que li privilége, qui nous ont esté donné des ancesseurs dou dit mon seigneur Morice, chevaler, demeurent a nous et a l'ospital en leur pooir et en leur vertu, en chacun article, senz estre corrumpu par ceste pes ; et demeure li diz chevalers quietes envers nous et envers l'ospital et nous vers lui de touz domages de temps trespassé por reson dou dit plet. En tesmoignage de laquele chose, nous avons pendu le seel de nostre prioré de France en ces présentes lettres qui furent feites lan de grace mil deus cenz quatre vinz et quatorze, le mescredi apres la feste saint Barnabé l'apostre, en nostre chapitre a Corbeil.

EXTRAITS

DES

ARCHIVES HISTORIQUES

DE LA VILLE

DE FONTENAY - LE - COMTE

Dans sa séance du 1er février 1866, le Conseil municipal de Fontenay-le-Comte a décidé, sur la proposition de M. Benjamin Fillon, l'un de ses membres, qu'un crédit serait porté, chaque année, au budget de cette ville, pour faire transcrire tous les documents de nature à intéresser son histoire, à un titre quelconque. M. Fillon a été, en même temps, chargé de recueillir les éléments de ce travail, de les faire copier en un format uniforme, de les classer, et de dresser les tables détaillées qui doivent accompagner l'ensemble. Grâce au concours intelligent et dévoué que lui a prêté M. Alexandre Bitton, receveur des contributions indirectes, douze cents pièces, composant la première série, ont déjà été reproduites, avec indication des sources auxquelles elles ont été puisées. On y a joint en outre bon nombre de portraits, de vues, plans, cartes et *fac-simile* de diverses sortes. Les tables des noms de lieux, des noms d'hommes et des matières, sont en voie d'exécution, et permettront de consulter avec fruit cet important recueil, qui, par plus d'un côté, intéresse l'histoire générale du Poitou.

Voici son titre : *Archives historiques de la ville de Fontenay-le-Comte, réunies et mises en ordre par B. Fillon, avec la collaboration* de A. Bitton. — *Première série.* — 8 volumes in-folio et un de tables.

Les documents qui vont suivre, annotés par M. Fillon, ont été puisés dans ce recueil. Ils donnent un aperçu de la pensée qui a présidé à sa formation.

L'exemple donné par le Conseil municipal de Fontenay devrait être suivi. Ce serait l'un des plus sûrs moyens de sauver de la destruction une foule de pièces, pleines d'intérêt à divers points de vue, et de reconstituer les annales des anciens centres de population.

EXTRAITS

DES

ARCHIVES HISTORIQUES

DE LA VILLE

DE FONTENAY-LE-COMTE

I.

Inscription tumulaire d'Hecfred, abbé de Luçon (?). *(Manuscrits de Prézeau, appartenant à M. Poëy d'Avant, de Maillezais.)*

Dernier tiers du Xe siècle, ou commencement du XIe.

Cette inscription, dont la copie a été conservée par Prézeau, ancien juge de paix de Maillezais[1], était encastrée, avant la Révolution, dans le mur de la chapelle latérale qui se trouve à gauche du grand autel de l'église de Notre-Dame de Fontenay. La pierre qui

---

1. Prézeau a recopié, sur un cahier in-4° de cinquante-six pages, une série d'inscriptions qui se trouvaient à Fontenay et lieux environnants au XVIIIe siècle, et qui avaient été recueillies par un érudit dont le nom n'est pas connu. Il en a ajouté quelques autres à ce premier recueil; mais elles sont, en général, reproduites d'une manière inexacte.

la portait y avait été employée comme simple moellon. Elle provenait, par conséquent, des matériaux de démolition d'un édifice plus ancien, datant de la seconde moitié du xe siècle, ou du commencement du xie. Or cet édifice, dont la crypte existe encore, était l'ancienne chapelle du prieuré de Notre-Dame, membre dépendant de l'abbaye de Luçon ; circonstance qui fait supposer que le personnage mentionné sur l'inscription était abbé de ce dernier monastère. Peut-être même était-ce le fondateur du prieuré.

Sur une autre pierre, placée à côté de celle-ci, on lisait cette seconde inscription, en caractères de la première moitié du xie siècle :

PRIDIE . NON . AVG .
OBIIT . AMELIVS . PR
IOR .

II.

Charte de fondation du petit monastère de Saint-André des Gourfailles, près Fontenay-le-Comte, par Richard Cœur-de-Lion, roi d'Angleterre et duc d'Aquitaine, partant pour la Terre-Sainte. *(Copie du* xiiie *siècle, communiquée par M. And. Barnard, de Londres.)*

6 mai 1190.

RICARDUS, Dei gratia rex Anglie, dux Normannie et Aquitanie, comes Andegavensis, archiepiscopis, episcopis, abbatibus, comitibus, baronibus, justiciariis, senecallis, prepositis, ballivis et fidelibus suis totius terre sue salutem. Sciatis nos, pro salute anime nostre et animarum antecessorum et successorum nostrorum, concessisse, et presenti carta nostra confirmasse Deo et parvo monasterio, quod fundavimus ad honorem beati Andree, in loco qui dicitur Gorfalia, in liberam et perpetuam helemosinam, terram que vocatur Leporaria, cum omnibus pertinenciis suis, et quicquam ibi habemus *(lacune de cinq mots)*. Preterea dedimus predicto parvo monasterio omnes consuetudines quas possidemus in curte Tusche Gigonis et pertinenciis suis, sine ullo retinemento. Dedimus etiam in bosco nostro Serniaci usum lignorum ad construendas ecclesiam et domos, et ad comburendum, et ad alia sibi necessaria faciendum. Dedimus insuper prefato monasterio vineas nostras Serniaci, et costumam vini Vitralle, et molendinum Roche Eboli, quod est in Vendeia, et piscatoriam Bonnellam, et mansionem Viride Vallis, et prata ejusdem mansionis. Preterea concedimus dicto parvo monasterio et monachis in eo Deo servientibus, quod si aliquam terram, que fuerit de feodo nostro, acquisierint, sive emptione, sive de dono alicujus, eamdem libertatem habeant in terra illa, quam habebant in aliis terris suis, quas ipsis in helemosinam contulimus. Volumus etiam et firmiter precipimus quod prefatum parvum monasterium et monachi in eo Deo servientes omnia predicta habeant et teneant bene et pacifice, libere et quiete, cum omnibus pertinenciis suis, et cum omnibus libertatibus et consuetudinibus suis. Volumus etiam quod omnes homines eorum, in tota terra que pertinet ad predictum monasterium, sint liberi ab omni expeditione, angaria, et ab omni consuetudine et seculari exactione. Testibus fratre Milone, elemosinario nostro; Joanne, archipresbitero[1]; Petro, vic. tenente decani; Martino Berardi, priore; Gaufrido de Funtanis et Thebaldo, militibus. Datum per manum Johannis Dalancon, v. t. cancellario nostro, apud Funtanetum, sexta die maii, primo regni nostri.

Le monastère des Gourfailles cessa bientôt d'exister, et une partie de ses domaines fut attribuée à celui de l'Absie. Le reste forma un arrière-fief de minime importance. On a découvert, il y a une trentaine d'années, en ce lieu, qui est situé sur le chemin de Fontenay à Sérigné, un petit trésor, composé de monnaies de Saint-Martin de Tours, de Gien, d'Aquitaine, du Mans et du Poitou. Les plus récentes étaient précisément au type poitevin de Richard Cœur-de-Lion.

---

1. L'archiprêtre d'Ardin ?

III.

Confirmation par Philippe-Auguste du don de la charge de prévôt et sénéchal héréditaire de Fontenay et du fief du Pâtis, que Guillaume de Mauléon avait fait à Gérard de la Pérate. *(Copie de la main de Jean Besly. Coll. de M. B. Fillon.)*

1207.

PHILIPPUS, Dei gratia Francorum rex. Noverint universi ad quos presentes litteræ pervenerint quod fidelis noster Wilelmus de Maloleone [1] dedit et concessit in hereditatem et feodum Gerardo de Perata, militi, et heredibus suis, pro fideli servicio quod ei et fratri suo fecit, prepositurum et senescalliam Fonteniaci, cùm omnibus pertinentiis, et terram quæ vocatur lo Patis, et boscum, vineam et molendinum Vadi Pinchon cum appenditiis. Nos autem, ad preces dicti Wilelmi de Maloleone, hanc donacionem et concessionem sigillo nostro confirmamus, et quicquid contigerit, omnia predicta predicto Gerardo de Perata garantizamus.

Actum apud Partiniacum, anno Domini M° CC° VII°.

Un inventaire des titres de la seigneurie du Pâtis, dressé en 1482, mentionne un vidimus de cette charte de l'an 1373. C'est probablement là que Besly l'avait trouvée. Le Pâtis était alors la propriété du frère de sa seconde femme, Claude du Boulay.

Gérard de la Pérate, auquel Guillaume de Mauléon avait concédé en fief la prévôté de Fontenay, appartenait à une famille originaire des environs de Parthenay, et était peut-être neveu d'Arnoul de la Pérate, abbé de Sainte-Croix de Talmond, de l'année 1199 à 1204, et frère de Raoul de la Pérate, qui gouverna le même monastère, de 1210 à 1233. Une maison de la grande rue de Fontenay, dite la Pérate, ancienne dépendance du fief du Pâtis, a probablement reçu son nom de Gérard. Rebâtie en 1578 par la famille du Boulay, l'une des pièces du premier étage renferme une vaste cheminée, décorée des armes de cette dernière famille.

---

1. Seigneur de Fontenay.

Philippe-Auguste assiégeait dans Parthenay le seigneur du lieu, qui avait pris parti pour Jean Sans-Terre, lorsqu'il confirma la concession faite à Gérard de la Pérate.

IV.

Charte par laquelle saint Louis donne à Maurice Galleran le château de Mervent et la terre des Oulières, confisqués sur Geoffroy de Lusignan, et promet de lui livrer en échange, s'il les lui retire, Monzay et Escoué. *(Original sur parchemin, auquel manque le sceau, provenant des anciennes archives du château de Soubise. Coll. B. Fillon.)*

26 mai 1242.

LUDOVICUS, Dei gratia Francorum rex. Noverint universi presentes pariter ac futuri, quod, de liberalitate nostra, concessimus dilecto et fideli nostro Mauricio Galleran [1], ut ipse teneat, tandiu nobis placuerit, castrum Maireventi et terram Oliarum cum pertinenciis eorum, et omnia de quibus in eis Gaufridus de Lesignein erat tenens, die qua comes Marchie [2] eidem fecit istam concessionem. Si autem nos caperemus in manu nostra castrum Maireventi et terram Oliarum, nos reddemus eidem Mauricio Galleran Monciacum et feodum Choe, sicut Hugo de Ozaio [3], avunculus suus, eas terras tenere solebat. Actum in castris ante Fontanetum, anno Domini M° CC° XL° II°, die XX° VI° mensis maii.

Cette charte indique l'époque précise à laquelle Louis IX assiégea Geoffroy de Lusignan dans Fontenay. La promesse, faite par Geof-

---

1. Maurice Galleran, ou Valleran, fils de Gilbert Galleran et de Belle d'Auzay. Deux fiefs des environs de Fontenay ont conservé le nom de la famille à laquelle appartenaient ces personnages : le *Fief-Galleran* et la *Gallerande*.
2. Hugues X de Lusignan, cousin germain de Geoffroy.
3. Hugues d'Auzay était l'un des plus riches chevaliers de la contrée. Son nom figure plusieurs fois dans le chartrier de l'Absie.

froy de Chasteaubriand au Roi, de remettre à la première réquisition entre ses mains le château de Pouzauges, qui lui avait été donné en garde, se rapporte à la même époque et au même ordre de faits. (*Archives générales de France,* série J. 400, n° 41. — Publiée par M. P. Marchegay dans la *Revue des Provinces de l'Ouest,* cinquième année, p. 421.)

Parti de Chinon le 28 avril, saint Louis était, le 2 mai, devant Moncontour ; le 9, devant Montreuil-Bonnin ; quelques jours après, devant la tour de Béruges, et, le lundi 26, on le trouve devant Fontenay. Le 30, il assiégeait Vouvent, dont il était maître le vendredi 6 juin. De là, il se rendit mettre le siége devant Fontenay, dans lequel il était entré avant le 1er juillet.

Geoffroy de Lusignan ayant fait sa soumission, à la suite de la défaite du comte de la Marche et de ses alliés, il rentra en possession de Mervent et de la terre des Oulières, et Maurice Galleran dut être pourvu des fiefs de Monzay et d'Escoué ; mais aucun document contemporain, jusqu'ici découvert, ne l'atteste.

V.

Mandement de Charles V accordant à Bertrand du Guesclin la somme de trois mille francs d'or, à prendre sur les recettes des châtellenies de Montreuil-Bonnin, Niort et Fontenay, pour la solde des gens de guerre sous ses ordres. (*Extr. d'un fragment d'inventaire des titres de la seigneurie de la Roche, dressé en 1405, et communiqué par feu M. Bizeul, de Blain.*)

24 décembre 1372.

MANDEMENT de Charles, roy de France, à Guillaume Marquet, comis à la recepte des aydes ordonnez pour le faict de la guerre en Poictou, bailler à messire Bertran la somme de iij mil francz pour l'entretenement et gaiges de gens d'armes, à prendre sur les receptes des chastellenies de Monstruel, Niort et Fontenai le Conte. Donné le dict mandement le xxiv° jour de décembre l'an mil iij°LXXIJ, et seellé d'un seel en cire vert à laz de soye rouge et vert.

VI.

Lettres de Charles V donnant Fontenay-le-Comte à Bertrand du Guesclin, comme gage de la somme de onze mille francs d'or. (*Extr. du même inventaire.*)

12 mai 1373.

MANDEMENT de Charles, roy de France, disant que pour accomplissement du poiement de la somme de xxj mil francz, il se fust obligié à messire Bertran du Guerclin luy bailler en garde plusieurs chasteaux et forteresses en Poictou, tenuz en son obéissance; celle de x mil francs acquitée, il veult que le dict messire Bertran ait, par manière de gaige, la ville et chasteau de Fontenay le Conte, jusques à poiement de la somme de xj mil restant. Donné le xııj^e de may l'an mil ııj^c LXXııj, et seellé en cire vert à laz de saye rouge et vert.

Le texte entier de cette pièce et de la précédente n'ayant pas été retrouvé jusqu'ici, ces extraits fournissent, en attendant mieux, des renseignements précis, qu'il importe de recueillir.

VII.

Vidimus des lettres de Jean de Berry, donnant Fontenay à Olivier de Clisson, comme garantie d'un emprunt de dix mille francs d'or qu'il lui avait fait. (*Extrait de l'inventaire des archives de la maison de Clisson, dressé en 1434. Coll. de M. B. Fillon.*)

6 juillet 1383.

LA coppie et vidimus d'une lettre faisante mencion que Jehan, fils de roy de France, duc de Berry et d'Auvergne, et comte de Poytou, avoir confessé devoir à Messire Olivier, seigneur de Cliczon, de Belleville et de Porhouet, connestable de France, x mille francs d'or, à cause de prest, et, pour seurté du payement, avoir voullu que ycelui Messire de Cliczon eust, por manière de garde, le chastel et ville de Fontenay le Conte en Poytou. Celuy vidimus fait à la prevosté de Paris, le vj^e jour de juillet M III^c IIII^{xx} trois, signé J. le Mire, et scellé du seau de lad. prevosté.

VIII.

Quittance finale d'un prêt, dont Fontenay constituait la garantie, donnée par Jean Lemaingre, dit Boucicaut, à Jean de Berry. *(Orig. sur parchemin, faisant partie d'un recueil de documents du* xive *siècle, réunis en un volume in-folio, qui se compose de feuillets de papier sur lesquels sont collés ces documents. — Communiqué par M. Maior, marchand d'objets d'art et de curiosités de Londres.)*

23 décembre 1391.

Nous, Jehan le Maingre Boucicaut, savoir faisons à touz que nous congnossons que aujourdhui Gaillart de Bye, receveur on Poitou, nous a compté la somme de quatre mil cincq cenz escuz, restans d'une obligacion de houit mil cincq cenz escuz du ixe jour du moys de juing l'an M CCC IIII^{xx} et cincq, que nous avoit fait Monseigneur Jehan, filz de roi de France, duc de Berri et conte de Poitou, et prometons, soubz l'obligacion de touz noz biens, tenir quipte ledit Monseigneur le duc de Berri, ses hoirs et successeurs, par cest présent, et confessons avoir miz es mains audit Guillart de Bye les lettres de gariment du chastel et ville de Fontenai le Conte pour cette somme de houit mil cincq cenz escuz. Donné a Tours, tesmoin nostre signet, le xxiiie jour du moys de décembre l'an mil CCC IIII^{xx} et unze.

IX.

Inscription commémorative du don d'une croix d'or à la chapelle du couvent des Jacobins de Fontenay par Isabeau Acharie, femme de Jean Brugière, seigneur de Chaix. *(Mss. de Prézeau.)*

26 mars 1482.

Lan . Nostre . Seigneur . mil . CCCC.IIII^{xx} et II.
du . mois . de . mars . le . xxvie . jour.
en . lhonneur . Dieu . et . Monsieur . Sct . Dominicque.
dame . Isabeau . Acharie.
femme . Mons . Jehan . Brugière . de . Chais . Seigneur.
a . doné . a . ceste . maison.
une . croez . de . fin . or . du . poids . de . quatre . marcs.
et . a . ordoné . estre . faictes . prieres.
de . comemorations.
pour . le . repos . de . lame . a . son . dict . Seig^r.
et . des . ames . defuncts . Jehan . Brugière . et . Marie . Vassaud,
pere . et . mere . de . luy.
Jehan . Acharie . et . Jehane . de . Lugres.
pere . et . mere . delle.
et . reverend . pere . en . Dieu . Geffrois . Vassaud [1].
quand . vivoit . arcevesque . de . Vienne.
la . benoiste . Vierge . Marie . clame . merci.
pour . eux . a . lhoure . de . la . mort.

Cette inscription, gravée sur une plaque de cuivre, était placée à la droite de l'autel de la chapelle des Jacobins. — La croix d'or, donnée par Isabeau Acharie, avait probablement été fondue lors des premières guerres de religion, car il n'en est pas fait mention dans l'inventaire du couvent, dressé au mois de juillet 1606.

---

1. Geoffroy Vassaud, d'abord président au Parlement de Paris, ensuite archevêque de Vienne. Il fut appelé au siége de Lyon, mais ne prit point possession, et ordonna que son corps fût enterré dans son église cathé-

X.

Inventaire du trésor de Notre-Dame de Fontenay. (*Original sur papier. Coll. de M. B. Fillon.*)

28 juin 1537.

ON L'ORMOYRE DE L'AULTIER SAINCTE ANNE.

Et premyèrement, le vaysseau d'or fin que l'on porte le *Corpus Domini*, o la plactayne d'icelluy;

ij. Un calyce d'or fin, appelé *Coulpe de Monseigneur Artus*, o sa plactayne [1];

iij. Ung aultre d'argent doré, o sa plactayne;

iiij. Ung aultre d'argent doré, que l'on nome *des Bernards*, o sa plactayne [2];

v. Ung aultre d'argent, o une imayge Sainct Sebastien on pied, o sa plactayne;

vj. Ung aultre d'argent godronné, o sa plactayne;

vij. Ung aultre fort vieil d'argent doré et godronné, quy a le pied rompu;

viij. Une monstrance d'or fin que l'on nome de l'*Assompcion* [3];

viiij. Une aultre monstrance d'argent doré et godronné;

---

drale, à laquelle il fit divers legs. (*V.* son article dans le *Gallia Christiana*, T. IV, col. 176. D.)

G. Vassaud paraît avoir été désigné par le Conseil de Charles VII pour remplir les fonctions archiépiscopales, afin d'aplanir les difficultés qui s'étaient élevées, au sujet des prérogatives ecclésiastiques, entre son prédécesseur et l'administration laïque du Dauphiné.

1. Il s'agit ici du calice exécuté en 1437 par Gérard Rouvet, orfèvre de Paris, sur l'ordre d'Artus de Richemont. (V. *Lettres à M. O. de Rochebrune sur divers documents artistiques relatifs à Notre-Dame de Fontenay*, par B. Fillon, p. 6.)

2. Ce calice fut vendu en 1548, à la Rochelle, et son prix servit à acquitter la quote-part de l'église Notre-Dame dans la contribution de guerre, mise, cette année-là, sur les biens ecclésiastiques du royaume.

3. Ainsi nommée parce qu'elle ne servait que le jour de l'Assomption, fête patronale de l'Eglise.

x. Une coulombe de cuyvre doré [1];

xj. Le chief Monsieur Sainct Venant d'argent doré, o ses relicques [2];

xij. Un aultre chief Madame Saincte Anne d'argent;

xiij. Un aultre chief de cuyvre doré tout rompu, à la samblance d'une saincte [3].

ON L'ORMOYRE DU GRAND AULTIER.

Et premyèrement, ung vaysseau d'or fin, que l'on met les hosties d'atende;

ij. Ung aultre petit vaysseau d'or fin, on quel y a un morceau de la vray croex;

iij. Une grand'croex d'argent doré à deulx croezions, à pierres et camahyeux, que l'on nome de Monsieur Jehan le Massle, en son vyvant, évesque de Maillezoys [4];

iiij. Une croex auzéne de cuyvre doré fort vieille [5];

v. Une châsse de cuyvre doré, que l'on nome de Sainct Pierre, o relicques [6];

vj. Une aultre châsse de cuyvre doré, que l'on nome de *Sainct Blays*, o relicques;

vij. Une châsse d'argent doré, à cinq vitres, o reliques de Monsieur Sainct Jacques;

---

1. Ces colombes étaient employées, antérieurement au xve siècle, à renfermer les hosties, et étaient suspendues au-dessus de l'autel.

2. Les reliques de saint Venant ayant été détruites pendant les guerres de religion, les fabriciens de Notre-Dame en demandèrent d'autres à l'abbaye de Saint-Germain-des-Prés de Paris, en 1651. (*Pièces curieuses concernant Notre-Dame de Fontenay*, publiées par B. Fillon. Fontenay, 1849, in-8°, p. 18.)

3. Ce devait être celui de sainte Catherine, mentionné dans un document de 1482.

4. Appelé à tort Jean de Masle dans la liste des évêques de Maillezais. Il occupa ce siége de 1384 à 1421, selon les uns. Selon d'autres, il n'en prit possession qu'en 1397.

5. Croix processionnelle dont on se servait le jour des Rameaux.

6. Ce reliquaire était exposé sur l'autel de la chapelle Saint-Pierre, dépendant du doyenné, le jour de la fête patronale de saint Pierre ès Liens.

viij. Un bras de cuyvre doré, que l'on nome des *Lombards* [1] ;

viiij. Une imayge Nostre Dame d'argent doré, du poids cincq marcs, que l'on nome *Mater Christi* ;

x. Une imayge d'ung ange, o vitre à relicques ;

xj. Une boeste d'argent, ou y a relicques.

ON L'ORMOYRE DE L'AULTIER SAINCTE MARIE MAGDELEYNE.

Premyèrement, ung vieil bassyn d'argent doré, godronné, tout rompu ;

ij. Une chesne d'argent doré, que l'on nome des *Bounins* [2] ;

iij. Une boueste de cuyvre doré, ou y a une chape du dict Monsieur Jean Le Masle ;

iiij. Ung bassyn d'arain, o troys pieds de lyon [3] ;

v. Ung chandellyer d'argent que l'on nome flambeau.

Et pour le parsus, tant chezibles, estolles, fanons, courtibaulx, napes, parements, linges et telles, que burettes, aquières, plactz d'ofrandes, chandellyers, mebles, lyvres, tiltres, immunitez, lectres et aultres munimens appartenans à la dicte esglyze Nostre Dame de Fontenay le Conte, en a esté droissé estat par le menu, le vingt troysiesme du présent moys.

Faict au dict Fontenay le Comte, le xxviij[e] jour de juing l'an mil cincq cens trente sept, par moy Pierre Bran, con-

---

1. La famille Lombard, dont un membre avait donné ce reliquaire, était, au xiiie siècle et au commencement du xive, l'une des plus riches de la bourgeoisie fontenaisienne.

2. C'était vraisemblablement une chaîne ou ceinture ayant servi à quelque femme de la famille Bounin, qui l'avait donnée comme *ex-voto*. Les Bounin, riches bourgeois au xiiie siècle, étaient entrés, au xive, dans la noblesse d'arrière-fiefs.

3. Ces bassins, ou brasiers, servaient à chauffer les églises pendant l'hiver. On en retrouve peu de postérieurs à la première moitié du xive siècle.

seiller de la mayson de ville et comune dudict Fontenay, et fabricqueur de la dicte esglize Nostre Dame.

P. BRAN, FABRIC.

Un an après que cet inventaire eut été dressé, le 30 septembre 1538, le chœur de l'église menaçant ruine, il fut décidé, en assemblée générale des paroissiens, que partie du trésor serait vendue, afin d'en employer le prix à la reconstruction des portions de l'édifice dont la solidité était compromise. C'est alors que la plupart des pièces de métal précieux furent sacrifiées. Il n'en restait plus qu'un petit nombre en janvier 1554, huit ans avant la prise d'armes des protestants [1]. Un autre inventaire, du 18 juillet 1568, montre quels ravages les guerres de religion avaient de nouveau faits dans ce trésor [2]. Les derniers débris en furent dispersés avant 1574; car lorsque le duc de Montpensier s'empara de la ville, ce fut le curé de Saint-Nicolas qui prêta les vases et ornements nécessaires pour dire la messe aux catholiques de la paroisse de Notre-Dame [3].

XI.

Procuration donnée par Jacques Beatoun, archevêque de Glascou, ambassadeur de Marie Stuart en France, à Jean Chasteau et François Viéte, pour recevoir, au nom de ladite reine, la somme de cent soixante écus sols, qui lui revenaient pour sa part d'un trésor trouvé au moulin à eau du château de Fontenay.

21 juin 1564.

En la court du scel estably aux contracts à Fontenay le Compte, a esté présent et personnellement estably révérand père en Dieu, messire Jacques de Bethun [4], archevesque de

---

1. *Pièces curieuses concernant Notre-Dame de Fontenay*, p. 3.
2. *Id.*, p. 4.
3. Papiers de feu M. l'abbé E. Aillery.
4. Jacques Beatoun, archevêque de Glascou, ambassadeur de Marie Stuart en France, était neveu de David Beatoun, cardinal de Saint-André, chancelier d'Écosse. Il avait été pourvu en 1559 de l'abbaye de l'Absie, et, un peu plus tard, de la trésorerie de Saint-Hilaire de Poitiers. Il mourut à Paris le 25 avril 1603, à l'âge de 86 ans.

Glasgo, grand aulmosnier, conseiller et embassadeur de Sa Magesté Madame Marie, royne d'Escosse, douayrière de France, et abbé commandataire de l'Absye en Gastine, lequel, comme ayant pouvoir et charge de la dicte royne, a institué ses procureurs, maistres Jehan Chasteau[1], et François Viete, Sr de la Bigotière[2], ausqueulx et à chascun d'eulx a donné plein pouvoir, puissance et mandement de terminer, traicter et finer tous les procès et contestations pendantz entre luy, on dict nom, et le recepveur du domayne du dict Fontenay, membre dépendant de la compté de Poictou, qui faict partye du douayre de la dicte royne, et par especial recepvoir de honorable homme Nicolas Dupont la somme de huict vingt sept escuz-sol, à la quelle le dict Dupont et le recepveur du dict Fontenay ont esté tauxez, par jugement de Monsieur le lieutenant du seneschal du dict lieu, en date du dix huict juing dernier, pour les part et portion revenant à la dicte royne en la quantité de plus grands denyers, trouvez on terrains ou sont establiz les moulins à eaue du chasteau du dict Fontenay, exploictez par colons et sixtains du dict Dupont ; bailler acquict et quictance de la dicte somme de huict vingt sept escuz aux dictz Dupont et recepveur, et généralement faire toutes poursuytes et diligences à l'effect d'accomplir et finer le dict mandement ; promectant le dict messire Jacques de Bethun soy tenir pour jugé et condempné par le jugement et condempnation de la dicte court, et se soubzmectre à sa jurisdiction pour l'effect de la présente procuration et mandement. — Faict et passé on

---

1. Jean Chasteau fut pourvu, quelque temps après, de la charge de secrétaire de la reine d'Écosse en son domaine de Poitou. Il résidait à Fontenay-le-Comte.
2. François Viéte, alors avocat au siége de Fontenay, ne s'était pas encore prononcé d'une manière définitive entre les deux grands partis qui se partageaient la France. Quelques jours après s'être acquitté de la commission à lui donnée par l'archevêque de Glascou, il allait reprendre son poste de précepteur de la jeune Catherine de Parthenay, au Parc-Soubise, foyer du calvinisme.

convent de l'Absie, ou logys du dict révérend père en Dieu, le vingt uniesme jour de juing l'an mil V^c soixante et quatre.

J. GLASGO.

MISÈRE PYCHARD

XII.

Lettre de Marie Stuart au comte du Lude, pour lui demander de faire rentrer au plus vite les revenus de son domaine du Poitou. *(L'original de cette lettre, dont la signature seule est autographe, appartenait à M. Paulze-d'Ivoy, préfet de la Vendée, lorsque M. Savin, président du Tribunal civil de Bourbon-Vendée, prit la copie qui sert à la publier aujourd'hui.)*

14 septembre 1565.

Monsr du Lude [1], j'ay sceu par mons^r l'Ambasadeur [2] que les finances de mon douére en Poyctou n'estoient encores es mains des recepveurs et fermyers, non plus que celles du tablyer de Fontennay de l'an 64, par le faict des guerres, ce qui est à grand préjudise à mes affayres. Si vous plesoit prendre soin d'icelles, y mettre ordre et les conduire es fin que je désire, à iamays vous sauray gréé de la peinne qu'aurés prinse pour moy. Et metray fin à la présente, priant Dieu, mons^r du Lude, qu'il vous aye en sa saincte garde. Escript à Ross, ce XIVe septembre.

MARIE.

---

1. Gouverneur du Poitou.
2. Jacques Beatoun, archevêque de Glascou, abbé de l'Absie.

XIII.

Commission de garde des chasses royales du Bas-Poitou, donnée à Jacques Buor, seigneur de la Mothe-Freslon, par Jacques du Fouilloux, garde général des forêts de la province. *(Original sur papier. Archives du greffe de la Cour d'appel de Poitiers.)*

8 novembre 1565.

Nous, Jacques du Fouilloux, seigneur du dict lieu du Fouilloux et de Bouillé, escuyer d'escurie du Roy nostre sire, et son garde général des chasses ou pays de Poictou, en vertu de la commission à nous donnée à cest effect le vingt huictiesme jour d'aoust mil cinq cents soixante et ung, ayant pleine cognoissance des vertus, preudhommie et capacitez de Jacques Buor[1], escuyer, seigneur de la Mothe Freslon, et de son expérience au faict des chasses, l'avons, par ces présentes, commis en nostre lieu et place pour la garde des forets, boys et buyssons appartenant à sa dicte Magesté es pays de Bas Poictou, et luy remettons es mains les pouvoirs sur ce, que tenons de nostre dicte commission, dont coppie est ci-joincte aux présentes, explicative des charges et debvoirs qui, pour le dict faict, incombent au dict Buor es lieux de sa jurisdiction[2].

Faict à Fontenay le Conte le huictiesme jour de novembre l'an mil cincq cents soixante et cincq.

DU FOUILLOUX.

Par mon dict seigneur :
ROUSSEAU.

---

1. On possède peu de renseignement sur ce Jacques Buor, et il est facile de le confondre avec un de ses parents, qui portait le même prénom. Ce dernier était calviniste, tandis que celui-ci était resté catholique. Le fief de la Motte-Freslon était dans la paroisse du Champ-Saint-Père, en Talmondais.
2. Cette copie n'a pas été retrouvée avec la présente pièce.

XIV.

Lettre adressée par l'amiral de Coligny au capitaine du château de Fontenay, à l'occasion du meurtre du capitaine La Mothe-Bonnet. *(Original sur papier provenant des anciennes archives du château de Soubise. Coll. B. Fillon.)*

29 janvier (1569 ?)

Le trespas espouvantable du capitaine La Mote [1], tué en trahizon sur le chemin de Fontenay à Niort, proches Oumes [2], et coupé à cartiers, vous doibt fère veoir la cruaulté de ceulx qui tiennent la campagne assemblez par bande, et n'est i bien fet d'anvoier quatre homes par les chams, quant i a danger pour quarante armez iusques aus denz. Je n'auré cesse de comander que la vie des chefz et des moindres soldatz ne court dores en avant si grans risques, car Dieu a doné charge de veiler à la conservacion de ses créatures à (ceulx) qui les commandent et conduisent.

De Niort ce 29ᵉ janvier.

CHASTILLON.

On lit sur l'adresse : *Au capitayne de Fontenay-le-Conte.*
La signature seule de cette belle et noble lettre est autographe ; le texte est de la main du secrétaire auquel elle a été dictée.

XV.

Privilége accordé par Henri IV à Jean Mettayer pour imprimer et éditer les Œuvres mathématiques de François Viéte, translatées de latin en françois par les sieurs P. Aleaume et du Lys. *(Copie du temps. Coll. de M. B. Fillon.)*

26 juin 1600.

Henry, par la grace de Dieu, roy de France et de Navarre, à nos amez et féaux conseillers les gens tenant nos

---

1. Joseph Bonnet, dit le Capitaine La Mothe-Bonnet, habitait Auzais.
2. Oulmes, entre Niort et Fontenay. Le pont jeté sur l'Autize, au-des-

cours de parlements, prevosté de Paris, bailly de Rouen, séneschaux de Lyon, Thoulouze, Bordeaux et Poictou, et leurs lieutenants, et à tous nos autres justiciers et officiers qu'il appartiendra, salut.

Jehan Mettayer, nostre imprimeur et libraire, nous a faict remonstrer qu'il a recouvert à grands frais la copie d'un livre intitulé : *OEuvres Mathematiques de M. François Viète, translatées de latin en françois par les Srs P. Aleaume et Du Lys, avecq l'agrément de l'auteur ;* lequel il désireroit volontiers imprimer et mettre en lumière; mais d'autant qu'il lui couste jà de grands frais, et coustera encore, tant pour la coppie que pour l'impression d'icelluy livre, il doubte et craint qu'après l'avoir exposé et mis en vente, que autres imprimeurs de Paris ou autres villes de cestuy royaume le voulussent semblablement imprimer, ou suscitassent semblablement les imprimeurs de Genève ou autres étrangers à ce faire, et, par ce moyen, frustrer l'exposant de ses frais et mises, et rendre ses peines, diligences et travail inutils, et lui faire recevoir perte et dommage. Pour à quoi remédier et afin que le dit Jehan Mettayer, qui journellement travaille pour le bien public, ayant fourny à ce qui estoit nécessaire pour advancer le dit labeur et recouvrer les coppies du susdit livre, se ressente du fruict de ses labeurs, nous a très humblement requis luy permettre le faire imprimer, et interdire à tous libraires et imprimeurs les imprimer et faire imprimer, tant dehors que dedans cestuy nostre Royaume, ny susciter semblablement aucuns estrangers à ce faire. Nous, à ces causes, désirant la promotion et advencement des sciences en nostre Royaume, et favorablement traicter

---

sous de ce bourg, était, à cette époque, entouré de bois, et passait pour l'un des passages les plus redoutés des voyageurs. Près de là se trouvait la *Maison-Mauvaise* ou *Piolle du Roi (aujourd'hui Mauvais,* le Mauvais-Gué). C'était jadis le lieu de réunion des garnements du pays, et celui des assemblées générales des bohémiens et mendiants. (V. *Poitou et Vendée*, article Fontenay-le-Comte, p. 62.)

nostre amé et féal conseiller et maistre des requestes ordinaires de nostre hostel François Viéte, et témoigner de l'estime singulière en la quelle tenons son savoir et sa personne, vous mandons et enjoignons par ces présentes que vous ayez à permettre, comme nous permettons audit Jehan Mettayer, qu'il puisse imprimer ou faire imprimer, vendre, distribuer le dit livre, selon l'ordre et méthode du dit Viéte, tant de fois et en telle forme, marge et charactère que bon lui semblera ; faisant inhibition et deffence à tous imprimeurs libraires, tant de Paris que d'autres villes de ce Royaume, et autres personnes, de quelque estat et condition qu'ils soient, résidant en pays et terres de nostre puissance et seigneurie, de les imprimer ou faire imprimer, vendre ny débiter, contrefaire ny altérer, soit par extraits ou abrégé, ny mesme susciter les Genevois ou autres estrangers à ce faire, sans le congé exprès dudit Mettayer, durant le temps et terme de dix ans après que le dit livre sera parachevé d'imprimer, sur peine de cinq cens escus d'amende, de la quelle somme la moitié nous appartiendra, et l'autre moitié au dit suppliant, et sur peine aussi de confiscation des exemplaires qui seroient faictz ou imprimés par autres et sans le consentement du dit ; mesme, si aucun libraire, imprimeur, ou autre personne, de quelque qualité que ce soit, en cestuy nostre Royaume est trouvé saisi de d'aucuns exemplaires dudit livre, que de ceux qui seront imprimez par les dits exposants, voulons qu'il soit procédé envers luy particulièrement, et soit condamné à pareille amende que s'il l'avoit imprimé ou faict imprimer. De ce faire donnons pouvoir, authorité, commission et mandement spécial, et de procéder à l'encontre de ceux qui contreviendront par toutes voies deues et accoustumées, et par les peines susdites ; nonobstant oppositions et appellacions quelconques, pour lesquelles, et sans préjudice d'icelles, ne voulons être différé. Et pour ce que de ces présentes ledit exposant pourroit avoir affaire en plusieurs et divers endroicts; nous voulons que, au *Vidimus* d'icelles, fait sous scel royal ou par l'un de nos amez et féaux conseillers, notaires et secrétaires, foy soit adjoustée comme au présent original. Et si voulons et mandons que mettant par bref le contenu du présent privilège au commencement ou à la fin de chascun des dits livres, que cela ait forme de signification, tout ainsi que si l'original estoit particulièrement signifié à chascun, et que cela soit de tel effect et vertu, comme les dictes lettres leur avoient expressément et particulièrement esté monstrées et signifiées. Car tel est nostre plaisir.

Donné à Fontainebleau le vingt sixiesme jour de juin l'an de grace mil six cent, et de nostre règne le onziesme.

HENRY.

Par le Roy :

DE NEUFVILLE.

La traduction des Œuvres de Viéte par ses deux secrétaires, dont il est question dans ce privilége, n'a pas été imprimée. Le décès de l'illustre mathématicien, qui eut lieu en février 1603, fut probablement cause de la non-exécution de l'entreprise. Comme ses livres ne s'adressaient qu'à un nombre très-restreint de savants, leur débit ne pouvait être considérable ; aussi Viéte avait-il coutume d'entrer pour une large part dans les frais d'impression. Lui mort, Mettayer ne se soucia sans doute pas de courir les chances de perdre le fruit de son labeur.

XVI.

Testament fait par Benjamin de Rohan, seigneur de Soubize, avant la prise d'armes qui devait avoir lieu en 1619. *(Autographe. Coll. de M. B. Fillon.)*

25 mai 1619.

Moy, Benjamin de Rohan, sire de Soubize, estant prest et dispouzé à accomplir, avec l'aide de Dieu, les résolutions prises dans le conseil des Esglizes, partant sur le point de courir risque de ma vie, que je dépose es mains du Seigneur, pour en faire à sa saincte volonté, et voulant mettre auparavant ordre à mes affaires privées, ay, par le présent, escript et signé de ma main, donné et légué, desclarant que ma volonté est telle, tous et chascuns mes biens, tant meubles qu'immeubles, présents et à venir, à mon frère Henry de Rohan, duc de Rohan, chef de nostre mayson, à la charge par luy d'acquiter et payer les legs et dons particuliers, ainsi qu'ils sont portez à l'estat attaché au présent testament, et de soubsmettre le dict testament a l'aprobation de Madame nostre mère, que je supply de le tenir pour bon et valable, pourveu toutesfoys qu'elle restablisse, sur les biens à elle appartenant en propre, ce qu'elle jugera n'estre conforme à la justice et à la bonne harmonie qui doyt reigner entre les membres d'une mesme mayson. Et, pour l'accomplissement de ces miennes dernières volontez, ay choisy pour exécuteur testamentaire maistre Hylaire Vernède, sieur de la Pierre Blanche, advocat au siége de Fontenay le Comte, es mains duquel j'entends que le présent demoure, pour le garder et représenter quant de ce sera requis par mon dict frère ou son mandataire, ou par moy, au caz qu'avec la grace de Dieu, je revienne sain sauve des dangers que j'ay à courir; et, en récompense de la bonne affection que le dict sieur de la Pierre Blanche me porte, et des services qu'il m'a rendus et peut me rendre encor, j'ordonne qu'il luy sera payé sur mes dicts biens, par mon dict frère, la somme de cincq mille livres tournoys, et le prie d'accepter le don du ruby balay en bague qu'il a en dépost; pour le porter en souvenir de moy. — Faict à Fontenay le Comte, le vingt cincquiesme de mai l'an mil six cents dix neuf.

Benjamin de ROHAN.

On ne possède pas l'état des legs particuliers annexé au présent testament.

XVII.

Lettre de John Locke à M. de Juigné-Locé, pour lui demander des renseignements sur le trajet d'Angers à la Rochelle, en passant par Thouars, Fontenay et Marans. (*Autographe. Coll. de M. B. Fillon.*)

22 août 1678.

Angers, 22 aoust 1678.

Monsieur,

Un ami de M. l'abbé Froger[1] m'a engagé de passer par Thouars, Fontenay et Marans, me rendant à la Rochelle. Ceste route est, suyvant luy, à préférer à l'autre que j'avois résolue de suyvre, et ce qu'il m'a conté des richesses du chasteau de M. le Duc de la Trémouil a commencé à me faire faire réflection en sa faveur. Il ne tient qu'à vous, Monsieur, de me diriger par un chemin ou par l'autre, ayant résolu de me remettre entièrement à vous sur ce point, partant d'icy. Une route cahoteuse ne me desplaist point, pourveu que le pays soit plaisant, sans fascheuse rencontre. Je veux bien employer mon voyage à connoistre les provinces où je seray passé, et ne pas négliger ce qu'elles ont de curieux et de rare, comme il arrive aux estrangers mal-conseillers, ou du tout, par des tuteurs généreux. Si M. l'abbé Froger n'eust quitté Angers pour une journée ou deux, il vous auroit espargné la peine de cest itinéraire ; mais, à son deffaut, les recommandations de M. Thoinard[2] et de M. l'abbé

---

1. C'était sans doute un parent de l'ingénieur François Froger, correspondant de Thoynard, qui a publié la *Relation d'un voyage fait en 1695-1697 aux côtes d'Afrique.*

2. Nicolas Thoynard, érudit, numismatiste et théologien, auteur de l'*Harmonie des Évangiles*, né à Orléans le 5 mars 1629, mort à Paris le 5 janvier 1706.

de Gyvès[1] m'ont fait le devoir de m'adresser à vous, dont j'ay déjà receu bon accueil, et la response que j'attends augmentera ma recognoissance. En attendant, croyez, sans plus, que je suis,

Monsieur,

Votre très-humble et obéissant serviteur,

J. LOCKE.

On lit sur l'adresse : *A Monsieur de Juigné de Locé, chés Madame Ayrauld, à Angers.*

Locke était arrivé à Angers le 19 août, et s'était empressé de se mettre en rapport avec les personnes de cette ville pour lesquelles son ami Thoynard lui avait remis des lettres de recommandation. Comme les autographes de l'illustre Anglais sont extrêmement rares, il semble opportun de joindre au texte de la missive qu'on vient de lire l'extrait d'une autre, datée d'Angers, précédemment écrite à Thoynard. Il complétera les seuls renseignements qu'on ait sur le voyage que Locke fit dans l'ouest de la France, pendant l'été de 1678.

(Autographe. Coll. de M. B. Fillon.)

« Angers, ce 20 aoust 1678.

« J'arivay icy hier au soir, et, aujourd'hui, j'ai eu l'honneur de voir M. l'abbé Froger. En vérité, Monsieur, vos abbés sont extraordinaires, et, si tous les abbés de France

---

[1]. L'abbé de Gyvès, d'une ancienne famille de robe des environs d'Orléans, alliée à celles des Budé et des Daguesseau, était fort instruit et entretenait des relations littéraires avec plusieurs hommes célèbres. Locke avait eu occasion de le voir, lors de son passage à Orléans, au mois de juillet précédent.

sont comme ceux dont vous m'avez donné la connoissance à Orléans, et à Angers, et à Paris, il n'y a rien de si excellent que cette sorte de gens. Je n'ay pas eu le temps encore d'aller voir M. de Juigné Locé, et, d'ailleurs, on croit qu'il n'est pas présentement en ville. Je crois partir d'icy en moins de huict jours pour la Rochelle. On parle en ces quartiers de Rochefort comme d'une place qui mérit le mieux d'estre veu de toutes les places de France, et comme vous avez beaucoup de cognoissance avec les gens de marine (aussi bien qu'avec nostre bon capitaine Fromentin [1], dont je suis le très-humble serviteur), vous me ferez grand plaisir de m'adresser à quelque un à Rochefort, qui me pourroit faire voir quelque party de ces belles choses là. Vos lettres me trouveront à la Rochelle chez M. Jean Rollé. »

---

1. Ce devait être le frère ou le parent de Raymond Formentin, vicaire général du cardinal de Coislin, évêque d'Orléans, ami de Thoynard. Locke, qui écrivait mal le français, et tenait assez peu de compte de l'orthographe des noms, l'appelle à tort Fromentin.

LETTRES
DES
ROIS DE FRANCE
PRINCES ET GRANDS PERSONNAGES
A LA COMMUNE DE POITIERS.

Les Archives municipales de Poitiers possèdent une série de registres de délibérations de l'ancien corps de ville qui remontent jusqu'à l'année 1412. On y rencontre en les feuilletant beaucoup de copies de lettres adressées à la commune par les rois de France, les princes et grands personnages, tels que : gouverneurs, sénéchaux, généraux des finances, etc. Ces lettres seraient plus nombreuses, si les greffiers du conseil les avaient toutes transcrites intégralement, et s'il n'y avait pas quelques lacunes dans les registres. La plupart de celles du xve siècle et du commencement du xvie sont inédites. Six seulement ont été publiées assez inexactement par Thibaudeau, dans son *Abrégé de l'histoire du Poitou*.

Comme ce genre de documents fournit des renseignements précieux, non-seulement pour l'histoire locale, mais aussi pour l'histoire générale, nous avons cru utile d'en composer un recueil aussi complet que possible. Dans ce but, nous y avons fait rentrer, outre les lettres d'ailleurs si peu nombreuses déjà publiées, les lettres analysées ou mentionnées par les registres. Nous les indiquons, à leur date, au bas des pages occupées par le texte des lettres complètes.

Notre recueil comprend soixante lettres reproduites textuellement et vingt et une analysées ou mentionnées. Elles embrassent la période qui s'étend du commencement du règne de Charles VII à l'avénement de François Ier (1515). Parmi les soixante lettres complètes, une seule émane de Charles VII, trente-deux de Louis XI, dont trois publiées; onze de Louis XII, dont une publiée; une de Charles, comte du Maine; une des gens du grand Conseil du roi Louis XI ; quatre de Louis de Crussol, sénéchal de Poitou; une de Yvon du Fou, capitaine de Lusignan; deux de François, comte de Dunois; une de Jacques de Beaumont-Bressuire, déjà publiée; une de l'évêque de Lombès; une de François de Pons, seigneur de Montfort, à laquelle est jointe une autre lettre de Louis XII audit de Montfort; une d'André de Vivonne, sénéchal de Poitou, déjà publiée, et enfin trois de Jacques de Beaune, seigneur de Semblançay, général des finances. L'absence de lettres de Charles VIII s'explique probablement par la perte des registres municipaux de cette époque. Des vingt et une lettres dont il est fait seulement mention, six sont de Charles VII, dix de Louis XI, une du connétable de Richemont, une de Yvon du Fou, deux de Louis de Crussol, sénéchal de Poitou, une de son secrétaire, M. de Brandisner. Elles sont analysées ou simplement indiquées dans les procès-verbaux des séances consacrées à leur examen. Quant aux lettres complètes, les greffiers les ont transcrites dans le corps des délibérations, à l'exception d'une seule, celle de Charles VII, que nous avons trouvée copiée dans un manuscrit vélin très-bien écrit, de la fin du XVe siècle, appartenant aussi aux Archives municipales de Poitiers, et contenant des copies de pièces de diverses époques, relatives aux actes administratifs de l'ancienne commune. Cette particularité doit faire supposer que bien des lettres ont été sans doute omises dans les registres des délibérations. Quelque réduite qu'elle soit par la négligence des anciens greffiers ou par les destructions opérées à diverses époques, la collection que nous offrons aux historiens n'en fournira pas moins son contingent de faits curieux et nouveaux.

B. LEDAIN.

LETTRES

DES

ROIS DE FRANCE

PRINCES ET GRANDS PERSONNAGES

A LA COMMUNE DE POITIERS.

I.

Lettre de Charles VII. *(Rég. 11, f. 4, v°, liasse 42, manuscrit sur vélin de la fin du XVe siècle.)*

[1] De par le Roy. Chiers et bien amez, depuis que derrenièrement vous escrivismes la victoire qu'il avoit pleu à Dieu donner à noz gens sur noz ennemis devant Castillon, ainsi que dès paravant estions délibérez de faire, tirasmes en personne en nostre païs de Guienne, et quand fusmes arrivez à Libourne trouvasmes que encores se tenoient les fortes places des païs d'entre deux mars et de Médoc, et que non obstant la dicte victoire de Castillon, noz ennemis tant ceulx du païs que les Anglois qui estoient encores quatre mil et plus, avoient reprins ung tres grant courage de résister, tellement que les dictes places a falu conquérir par force, et entre les autres ceulx de Bordeaulx ont bien monstré que la place de Cadillac leur touchoit de bien près, car ilz l'ont secourue en toutes

---

1. Lettre de M. le Régent à la ville de Poitiers par laquelle il mande d'envoyer deux ou trois bourgeois notables à Mirebeau le 1er octobre 1422,

les manières qu'ilz ont peu. Mais ce néantmoins la dicte ville a esté prinse d'assault et le chasteau par composicion. Cest assavoir que les Angloys se sont renduz prisonniers leurs vies sauves et les Gascons et autres de notre royaume à nostre voulenté. Et apres nous sommes tirez au lieu de Montferrant emprès Lormont en entencion de mectre à exécucion les exploitz de guerre que avons délibéré de faire à l'encontre de ceulx de Bordeaulx tant par eaue que par terre. Mais incontinent après nostre venue furent ouvers certains traictez par le sire de Camus[1] et les Anglois estans en sa compaignie et ceulx du dit Bordeaulx, tellement que le vendredy xii de ce moys furent baillez une partie des hostaiges, et le dimanche ensuivant fut baillée la bastille et le surplus des hostaiges quilz devoient bailler, et nous devoit estre la dicte ville rendue le mardy ensuivant. Mais pour aucuns délitz qui sor-

---

pour oïr certaines choses touchant le bien et profit du pays, auquel lieu devait être M. le Chancelier.

(Rég. 2, f. 35. — Séance du mois et cent du 11 sept. 1422.)

Lettre du Roi à la ville donnée le 8 décembre 1422, mandant d'envoyer deux notables de la ville à Exouldun (Issoudun) le 16 janvier suivant.

(Rég. 2, f. 42. — Séance du mois et cent du 31 décembre 1422.)

Lettre du Roi à la ville, mandant d'envoyer deux ou trois membres du corps de ville à Celles en Berry le 10 mars suivant (1424).

(Rég. 2, f. 53. — Séance du mois et cent du 23 janvier 1423 (1424).

Lettre du Roi à la ville, mandant d'envoyer deux ou trois notables à Montluçon le 22 octobre 1424.

(Rég. 2, f. 65. — Séance du mois et cent du 13 octobre 1424.)

Lettre du Roi, datée de Chinon le 5 mars 1428, à la ville de Poitiers, mandant d'envoyer des délégués à Niort le 20 mars, *à l'assemblée des barons que M. de Gaucourt fait par l'ordre du Roi pour faire cesser les pilleries.*

(Rég. 2, f. 90. — Séance du mois et cent du 10 mars 1428 (n. s.).

Lettre du connétable de Richemont à la ville, *touchant le vuidange des gens d'armes étant en Poitou.*

(Rég. 3, f. 71. — Séance du mois et cent du 31 juillet 1440.)

Lettre du Roi à la ville touchant des lettres que la ville avait écrites au Roi *faisant mention des griefs maux que font les gens d'armes environ la ville de Poitiers.*

(Rég. 3. — Séance du mois et cent du 13 avril 1442.)

1. Roger, baron de Camois, sénéchal de Guienne.

dirent en la dicte ville le lundi au soir, la redicion d'icelle fut différée jusques au vendredy xix jour du dit moys [1]. Auquel jour noz commis ont esté receuz dedans et noz bannières mises sur les portes, ainsi qu'il est acoustumé de faire en tel cas. Et jasoit ce que la mortalité estoit très grande en notre ost par terre et encores plus ou navire, qui estoit chose de très grant esbaissement à toutes manières de gens. Touteffoiz la mercy de nostre Seigneur nous avons recouvré la dicte ville en la manière qui s'ensuit. C'est assavoir que les Angloys s'en sont alez leurs biens saufz, excepté qu'ilz ont rendu tous prisonniers et quictez tous les scelleez et promesses qu'ilz avoient de noz gens. Et ceulx de la dicte ville nous sont venuz requérir miséricorde et ont mis en noz mains tous leurs priviléges et franchises pour en faire à nostre plaisir. Et nous donnent pour supporter partie pour la despence cent mil escuz, et les avons receuz en nostre grace, excepté que en avons fait bannir vingt des principaulx [2] qui furent cause de bayller la dicte ville à noz ditz ennemis. Ainsi graces à nostre Seigneur nous avons mis et réduit en nostre obéissance tout nostre païs et duchié de Guienne. Si vous escrivons ces choses pour ce que savons que en serez bien joyeulx quant en serez adcertenez, et affin que en rendiez et faictes rendre graces et

---

1. M. Vallet de Viriville, dans son *Histoire de Charles VII*, t. III, p. 236, et M. Ribadieu, *Hist. de la conquête de la Guienne*, fixent la capitulation de Bordeaux au 9 octobre. Cette date du traité signé à Montferrant n'est pas contestée ; mais il n'en est point ainsi de celle de la reddition de Bordeaux. Jean Chartier, Berry et les grandes Chroniques de Saint-Denis la fixent au 17 octobre, Mathieu de Coucy au 19 octobre. La lettre royale confirme le témoignage de ce dernier chroniqueur, et fait disparaître toute espèce de doute. Mathieu de Coucy est le seul qui ait mentionné les troubles intérieurs, cause du retard de la reddition de la ville. La lettre du Roi à la ville de Poitiers est donc encore d'accord avec lui sur ce point.

2. Pierre et Bertrand de Montferrant, Gaillard de Duras, Bernard Angevin, les seigneurs de Lalande, de Lansac, de l'Isle, d'Uza, le doyen de Saint-Seurin, le captal de Buch, le sire de Pommiers, le sire de Candale, Jean Constantin, Pierre de Béarn, abbé de Sainte-Croix, etc. (*Histoire de la conquête de la Guienne par les Français*, par Henry Ribadieu.)

louanges à nostre Seigneur en faisant faire processions sollempnelles ainsi qu'il est acoustumé de faire en tel cas. Donné au prieuré de Lenville les Marcillac le xxviiie jour d'octobre (1453). Ainsi signé, Charles. Rolent.

A noz chiers et bien amez les maire, eschevins, bourgoys et habitans de la ville de Poictiers [1].

II.

Lettre de Louis XI. (*Rég.* 4, *p.* 190.)

A nos chiers et bien amez les maire et eschevins de nostre ville de Poictiers. De par le Roy. Chiers et bien amez, nous avons sceu par lectres que nous a escriptes nostre très cher et amé cousin et alié le Roy de Castille, que nostre très chière et amée cousine la Royne du dit Royaume sa femme et compaigne a eu son premier enfant qui est une fille. Et pour ce que en faveur de luy duquel de tout temps noz prédécesseurs ont esté aliez et nous voudrions faire chose qui luy fust plaisant et agréable, nous vous mandons que faciez faire sollempnité et joye en nostre ville de Poictiers du don, bienfait et grace qu'il a pleu à Dieu lui faire, et en ce ne faictes faulte. Escript à Bordeaux le xxiie jour de Mars (1462). Ainsi signé, Loys. Castel.

III.

Lettre de Louis XI. (*Rég.* 5, *p.* 5.)

A nos chers et bien amez les maire, bourgeois, eschevins et cent de nostre ville de Poictiers. De par le Roy. Chers et bien

---

1. Lettre du Dauphin à la ville renvoyée au Roi par délibération de la ville.

(Rég. 4. — Séance du 1er septembre 1459.)

amez, nous avons entendu que l'année passée à nostre requeste vous avez esleu en vostre nombre des xxv nobles de nostre ville de Poictiers nostre cher et bien amé varlet de chambre et receveur en Poitou Michau Dauron. Et pour ce que nous avons son fait très à cueur, nous voulons et vous mandons derechef que pour ceste prouchaine année à venir vous l'eslisiez et constituez en l'ordre et degré de maire de nostre dicte ville de Poictiers et à ce le preférez avant touz autres, en l'ayant en tout et par tout pour espécialment recommandé. Et se vous le faites, nous vous en saurons très bon gré, et aussi en aurons vous et voz affaires en temps et lieu en plus grande et espécialle recommandacion, et tant y faictes que en ce n'y ait faulte et que nostre dit receveur cognoisse que noz prières luy ont valu. Donné à Thoulouse le xiiiie jour de juing (1463). Ainsi signé, Loys. Leprevost.

IV.

Lettre de Louis XI. (*Rég.*, 5, *p.* 19.)

A noz chers et bien amez les maire, eschevins et bourgois de nostre ville de Poictiers. De par le Roy. Chers et bien amez, nous avons sceu que nostre cher et bien amé maistre Estienne Jamin, nostre greffier des assises de Poitou et l'un des cent de nostre ville de Poictiers, est content et veult en faveur du mariage que naguères avons fait de nostre amé et féal notaire et secrétaire maistre Jehan de Moulins et de Loyse Jamine nostre fillolle, résigner son lieu du dit nombre des cent de nostre dicte ville au dit Me Jehan de Moulins. Et pour ce que nostre entencion est que le dit de Moulins face doresnavant sa principalle résidence en nostre dicte ville et que voulons qu'il soit du dit nombre des cent, nous envoions présentement par devers vous nostre amé et féal notaire et secrétaire maistre Loys Jure pour sur ce vous dire plus à plain nostre vouloir et entencion. Si voulons et vous mandons tant expressément que plus povons, que le dit maistre Loys Jure vous croiez de ce qu'il vous dira sur ce de par nous, et que en la présence du dit Jure vous recevez le dit M° Jehan de Moulins ou lieu du dit M° Estienne Jamin on dit nombre des cent de nostre dicte ville, et que par lui nous escrivez ce que fait en aurez. Et gardez que en ce n'ait faulte, et nous en aurons les affaires de vous et de nostre dicte ville en plus grant recommandacion. Donné à Nogent le Roy le xiii° jour de may (1464). Ainsi signé, Loys. J. de Reolhac.

V.

Lettre de Louis XI. (*Rég. 5, p. 23.*)

A noz chers et bien amez les maire, bourgeois et eschevins de nostre ville de Poitiers. De par le Roy. Chiers et bien amez, nous avons sceu que en faveur et contemplacion de nous vous avez receu nostre amé et féal notaire et secrétaire M° Jehan de Moulins du nombre des cent conseillers de nostre ville de Poictiers, dont nous sommes bien contens et vous en sçavons bon gré. Et pour ce que sçavons que brief eslirez l'un du nombre des dits conseillers maire de nostre dicte ville, et que désirons le bien, honneur et avancement du dit M° Jehan de Moulins, tant pour la recommandacion et vertuz de sa personne, que en faveur du mariage que naguères avons faict de lui et de Loyse Jamine nostre fillolle, nous voulons et vous mandons que pour cestes foiz vous eslirez le dit M° Jehan de Moulins maire de nostre dicte ville. Et en ce faisant aurez bien pourveu au bien et utilité de la dicte ville, et nous ferez très agréable plaisir que recognoistrons en temps et en lieu. Et pour ce que le dit de Moulins, obstant l'occupacion qu'il a en tour nous, n'a peu aler par delà faire le serment qu'il est tenu de faire à cause de l'eschevinaige de la dicte ville, nous voulons que à faire le dit serment vous le recevez par procureur, et que pour ce ne vous excusez de le eslire et faire maire de nostre dicte ville pour ceste foiz. Car pour lui ne autre n'avons pas entencion de plus vous en requérir, ainsi que saurez plus à plain par nostre amé et féal conseiller le séneschal de Poictou, auquel nous avons sur ce chargé vous dire plus au long nostre vouloir et entencion. Donné à Amiens le xiie jour de jung (1464). Ainsi signé, Loys. Gautier.

VI.

Lettre de Louis XI. (*Rég. 4, p. 275.*)

A noz chiers et bien amez les eschevins et bourgois de nostre ville de Poictiers. De par le Roy. Chers et bien amez, nous avons présentement sceu par le sire de la Roustière et vostre maire la bonne ordre et diligence que avez mise touchant la garde et seureté de noz ville et chastel de Poictiers et de vous mectre en point pour nous servir, dont nous sommes bien contens et vous en savons bon gré. Aussi avons sceu que aucuns des gens de nostre très chier et amé cousin le conte de la Marche [1] sont arivez en la ville et chastel de Montmorillon, ce que ne povons bonnement croire. Si voulons et vous mandons bien expressément que incontinent ces lettres veues, envoiez au dit lieu de Montmorillon pour savoir quelz gens et garde il y a. Et si besoing est de y pourvoir donnez y la provision, en manière que aucun inconvénient n'en adveigne, et nous avertissiez de ce et autres choses qui surviendront en toute diligence. Donné à Touars le xvie jour de mars (1465). Ainsi signé, Loys. de la Loere.

---

1. Jacques d'Armagnac, duc de Nemours, comte de la Marche.

VII.

Lettre de Louis XI. (*Rég.* 4, *p.* 280.)

A noz chiers et bien amez les maire, bourgeois et eschevins de nostre ville de Poictiers. De par le Roy. Chiers et bien amez, nous avons veu voz lectres, et sur le contenu en ycelles oy bien au long nostre chier et bien amé Me Jehan de Janoilhac, dont et de la bonne loyauté et obéissance-que monstrez avoir envers nous, nous sommes très contens et vous en mercions, et en espérance que tousjours perseverez de bien en mieulx. Nous avons octroyé au dit Janoilhac les requestes qu'il nous a faictes de par vous et lui avons chargé vous dire aucunes choses ; si le vueillez croire et adjouster foy à ce qu'il vous dira de nostre part, et donner partout si bonne provision que aucun inconvénient n'en adveigne et ainsi que en vous en avons parfaicte fiance, et soyez seurs que en voz affaires vous aurons pour espécialment recommandez. Donné à Thouars le xxiie jour de Mars (1465). Ainsi signé, Loys. Toustain[1].

VIII.

Lettre de Louis XI. (*Rég.* 4, *p.* 285.)

De par le Roy. Chers et bien amez, nous avons esté présentement advertiz que nostre frère de Berry et les ducs de Bretaigne et de Bourbon et leurs adhérans, pour conduire les mauvaises et dampnables entreprinses et machinacions qu'ilz ont faictes et font à l'encontre de nous et de nostre

---

[1]. Cette lettre a été publiée par Thibaudeau, *Abrégé de l'histoire du Poitou*, t. III, p. 106.

Royaume, envoyent lectres et instructions les ungs aux autres par gens malades de lèpre et autres en leur compaignée. Si vous en avons bien voullu advertir à ce que comectez et ordonnez gens aux portes de nostre ville de Poictiers et es portes et passaiges d'environ, et s'il passe aucuns des ditz malades ou autres, que les faciez sercher et interroguer sur les choses dessus dictez. Et s'aucune chose en povez savoir, nous en advertissiez en toute diligence. Et en tout faictes si bonne garde et diligence que aucun inconvéniant n'en adveigne et ainsi que en vous en avons la confiance. Donné à Saumur le IIIIe jour d'avril (1465).

IX.

Lettre de Charles, comte du Maine. (*Rég.* 4, p. 308.)

A noz très chers et bons amys les maire, bourgois, mananz et habitans de Poictiers. Très chers et bons amez, pour aucunes choses survenues envoyons présentement le cappitaine de Lusignen vers vous, auquel nous avons donné en charge parler à vous amplement, et pour vous dire comment de présent monseigneur le Roy est à Corbeil ou dedenz Paris avecques la pluspart de son armée. Parquoy les choses ne sont si mal qu'on les pourroit bien avoir semées. Et de nostre part sommes cy venuz pour faire garder les passaiges de par deça et pour amasser gens, ainsi que plus à plain saurez par le dit cappitaine. Si vous prions le croire, et on sourplus nous faire savoir si voulez que alons à Poictiers pour parler ensemble, avecques ce autre chose voulez que pussons, et nous y emploirons de bon cueur, aidant Nostre Seigneur qui, très chers et bons amez, vous donne tout ce que désirez. Escript à Chasteleraut le XIXe de juillet (1465). Le conte du Maine, Charles. Chesneau.

X.

Lettre de Louis XI. (*Rég.* 4, *p.* 314.)

A noz chers et bien amez les maire et eschevins de nostre ville de Poictiers et les manans et habitans. De par le Roy. Chers et bien amez, nous pensons que avez bien sceu la journée qui a esté emprès Mont Lehéry entre nous et les Bourgongnons, là où graces à Dieu avons eu victoire de noz ennemis, et en y a eu de mors on champ de XIII à XV cens et trois ou quatre cens prinsonniers et deux mille et plus que mors que prins qui furyent vers le pont de St-Cloud, et avons recouvert le dit pont de St-Cloud et autres places qu'ilz avoient gaigné sur nous. Et depuis, le conte de Charrolays, le conte de St-Poul et le surplus de leurs gens ont tiré en la Beaulce devers nostre frère et les Bretons, et est tousjours demouré le chastel de Mont Lehéry en nostre obéissance. Et pour ce que avons entendu qu'ilz veulent tirer es marches de par delà, nous vous prions et mandons que sur la loyaulté que nous devez vous ne faictes aucune ouverture à nostre dit frère, aux Bourgoignons, Bretons ne autres leurs adhérens et complices, mais au contraire leur faictes la plus grant résistance et leur portez tout le domaige que pourrez. Et sachez que en ce faisant aucun inconvénient ne vous en adviendra. Car au plaisir de Dieu, mais que noz gens soient ung peu refraichiz, nous avons entencion de nous mectre sur les champs après eulx. Si y faictes ainsi que en vous avons parfaicte confiance, tellement que à tousjours vous en doyons savoir gré. Donné à Paris le XXVIe jour de juillet (1465). Ainsi signé, Loys. Leprevost.

XI.

Lettre de Louis XI. (*Rég.* 4, *p.* 321.)

A noz chiers et bien amez les maire, bourgeois, manans et habitans de nostre ville de Poictiers. De par le Roy. Chiers et bien amez, pour ce que désirez savoir de noz nouvelles et de l'estat et disposition de notre personne et des matières de par deça, nous avons disposé vous escrire la vérité du tout afin que soiez informez comment les choses ont esté conduites pour en regracier Dieu, et à ce que par faulte d'avertissement ne pensiez les choses estre autrement qu'elles ne sont. Il est vray que pour ce que avons esté advertiz que le conte de Charolays, le conte de St-Poul et leurs adhérens et complices avoient prins le pont de St-Cloud et estoient logiez tout en tour de nostre bonne ville et cité de Paris, eulx efforçans d'icelle invader et prandre, désirans donner secours à nostre dicte ville, nous en sommes venuz en toute diligence des marches de delà la rivière de Loire où pour lors estions, jusques en la ville d'Estampes, auquel lieu avons sceu que les dits de Charolays, de St-Poul et leurs adhérens estoient partiz du dit lieu de St-Clost et estoient tirez vers Montlehéry en entencion de prandre le chemin de la Beausse pour aller joindre avecques les Bretons, et à ceste cause tirasmes en toute diligence au dit lieu de Montlehéry, lequel lieu de Montlehéry les dits Bourgoignons abandonnèrent et se tirèrent au champ, et là après que les batailles furent ordonnées, ordonnasmes fraper dedans les dits Bourgoignons, desquelz il est mort de xiii à xv^c sur le champ et de iiii à v^c prisonniers, et à la chasse ont esté bien plus de ii^m que mors que pris, et de leurs chevaulx et charrettes gaignez en grant nombre. Et de nostre part n'y a pas que mors que pris cent cinquante hommes ; vray est que le grant sénéchal de Normandie, duquel Dieu vueille avoir l'ame, y a esté tué, dont c'est grant dommage, et demourasmes on champ jusques près de la nuyt. Et après que eusmes pourveu au chastel du dit Montlehéry, nous en venismes à Corbueil et de là en ceste nostre ville de Paris pour assembler noz gens qui estoient dispersez en diverses parties, et grâces à Dieu avons encores avecques nous de xv à xvie lances de la grant ordonnance, sans noz cousins le conte de Nevers, le conte d'Eu, les baillifz de Vermandoys et de Sanliz, le s^r de Roye, le s^r de Hamcourt et autres qui se sont venuz joindre avecques nous jusques au nombre de iii^c lances et plus, et avons pourveu aux villes et passaiges dessus la rivière de Seine, et au plaisir de Dieu pourverrons si bien à tout le demourant que noz ennemis et adversaires ne nous porteront aucun inconvénient ne dommage. Lesquelles choses vous avons bien voulu signiffier et faire savoir comme noz bons et loiaulx subgetz, afin que en rendez grâces et louenges à Dieu, vous priant au surplus que vous vueillez tousjours maintenir et garder en voz bonnes loiaultés envers nous, ainsi que en vous en avons nostre confiance. Donné à Paris le xxvii jour de juillet (1465). Ainsi signé, Loys. Reynaut[1].

XII.

Lettre de Louis XI. (*Rég.* 4, *p.* 316.)

A noz bons et loyaulx subgetz les maire, bourgeois et eschevins de nostre ville de Poictiers. De par le Roy. Chiers et bien amez, naguères avons donné ung mandement pour laisser passer le duc de Nemours par toutes noz villes et places, et mesmement par la ville de Poictiers. Et depuis avons

---

1. Cette lettre a été publiée par Thibaudeau, *Abrégé de l'histoire du Poitou*, t. III, p. 108.

sceu qu'il s'est joinct avecques le duc de Bourbon et le conte d'Armignac et autres à l'encontre de nous, dont fort nous esmerveillons. Et pour ce, quelque mandement qu'il ait de nous, ne souffrez passer ne luy donner ouverture, faveur, aide ou confort en la dicte ville de Poictiers en quelque manière que ce soit, en tant que désirez nous obéyr et complaire et que doubtez encourir nostre indignation. Donné à Paris le xxix jour de juillet (1465). Il est nécessaire ainsi le faire, car nous avons sceu qu'il a envoyé sommer ceulx de Mehun pour eulx mectre hors nostre obéissance. Donné comme dessus. Ainsi signé, Loys. J. de Moulins.

XIII.

Lettre de Louis XI. (*Rég.* 4, *p.* 317.)

A noz chers et bons amys les maire, bourgeois et eschevins de nostre bonne ville de Poictiers. De par le Roy. Chers et bien amez, nous avons receu voz lectres par lesquelles nous faictes savoir que avez recouvert le chastel de nostre ville de Poictiers, duquel les prinsonniers du païs de Bourbonnays que y avions envoyez avoient prins les clefz et s'estoient enfermez dedans, dont et de la bonne diligence que en avez faicte et de la grant conduite et garde que faictes chacun jour de nostre dicte ville et du procès que faictes faire à l'encontre des dits prisonniers et de leurs complices nous sommes très contens et vous en sçavons bon gré. Et si par le dit procès vous voiez qu'il y ait aucune chose qui touche nostre personne ou la dicte ville, faictes le nous savoir, ensemble ce qui surviendra de par delà. Nous croions que savez assez la rencontre que avons faicte à Montlehéry avecques les Bourgongnons, où graces à Dieu avons eu du meilleur, et pour ung de noz gens qui y est demouré, y a esté que mors que prins dix Bourgoignons, et espérons en brief à l'aide de Nostre

Seigneur et de noz bons et loiaulx subgetz, donner si bonne provision au surplus que l'onneur et la force nous en demourera et que recognoistrons envers vous et autres qui nous seront bons et loiaulx les plaisirs et services que nous aurez faiz, en manière que devrez estre contens. Donné à Paris le dernier jour de juillet (1465). Ainsi signé, Loys. De Moulins.

XIV.

Lettre de Louis XI. (*Rég.* 5, *p.* 62.)

A noz chiers et bien amez les maire, eschevins et cent de nostre ville de Poictiers. De par le Roy. Chers et bien amez, pour ce que puis aucun temps en ça nostre cher et bien amé varlet de chambre Pierre Laigneau, nostre grenetier de Chartres, s'est alyé par mariage en nostre ville de Poictiers, et à ceste cause est délibéré d'y faire sa demourance : par quoy vouldrions bien qu'il y fust eslevé et pourveu en honneur et prérogative ; nous vous prions que en faveur de nous et à nostre requeste, vous vueillez mectre notre dict varlet de chambre on premier lieu de votre eschevinage qui sera vacquant, et quant à ce le prefférer devant tous autres. Et vous nous ferez très singulier et agréable plaisir. Et en aurons vous et les faiz et affaires de vostre dict eschevinage en plus grande recommandacion. Donné à Orléans le xvie jour d'avril (1466). Ainsi signé, Loys. Toustain [1].

---

1. Lettre du sénéchal de Poitou (Crussol) à la ville touchant l'arrière-ban.
(Rég. 6. — Séance du conseil du 9 juin 1466.)

XV.

Lettre de Louis XI. (*Rég.* 6, *p.* 29.)

A noz très chiers et bien amez les maire et eschevins, bourgeois et habitans de nostre ville de Poictiers. De par le Roy. Très chiers et bons amys, nous avons sceu que les aucuns de vous sont puis naguères alez devers nostre bel oncle le conte du Maine pour traicter d'aucunes matières dont ne nous avez aucunement adverti, pour laquelle cause voulons et vous mandons que incontinent ces présentes veues, vous envoiez par devers nous ceulx qui sont ainsi alez devers nostre dit oncle, afin qu'ilz nous informent des causes de leur allée et de ce qu'ilz ont besongné en la matière. Et au surplus faictes nous savoir le nom de celui que vous entendez eslire vostre maire pour ceste présente année, et ne procédez aucunement à faire le dit maire sans nous en advertir, et jusques à ce que vous ayons sur ce fait savoir nostre vouloir, et gardez que en ce n'ait faulte. Donné à Montargis le xxixe jour de juing (1466). Ainsi signé, Loys. A. Brinon.

XVI.

Lettre de Louis XI. (*Rég.* 6, *p.* 32.)

A nostre amé et féal et à noz chiers et bien amez l'évesque de Poictiers ou son vicaire et les bourgeois et habitans de la ville de Poictiers. De par le Roy. Nostre amé et féal et chiers et bien amez, pour ce que avons esté advertiz de plusieurs désordres, faultes et abuz que on dit estre on fait et pollice de nostre royaume, tant en la justice que on fait des finances de la guerre que autrement, nous désirans y donner bon ordre et provision au bien de nous et de noz subgiez et de toute la chose publique de nostre royaume, ayons commis et depputez aucunes personnes notables, tant prélaz, nobles que gens de justice et de conseil bien expers es grans faiz et affaires de nostre dit royaume, qui de présent sont en nostre ville de Paris, ausquelx avons donné povoir de veoir, regarder et recueillir les faultes et abuz que on dit estre en nostre dit royaume en tous estaz, et adviser et pourveoir aux choses dessus dictes, ainsi qu'ilz verront estre affaire : par quoy soit besoing de advertir nos dits commissaires des dictes faultes et abuz qui sont et pevent estre es païs, contrées, bailliages et séneschaussées de nostre dit Royaume. Pour ces causes, voulons et vous mandons bien expressément que appelez avecques vous aucuns des notables hommes tant d'église, nobles que autres du païs, vous advisez ensemble des faultes, abuz et entreprinses qui sont et pevent estre faiz tant par noz officiers de justice que par ceulx qui imposent, assient, cueillent et lièvent noz finances, tant de domaine, de tailles que d'autres, et pareillement au gouvernement de noz gens de guerre et autrement, et tout ce que en trouverez loyaument en vos consciences faictes rédiger et mectre par escript et l'envoiez féablement clos et scellé le plus diligemment que faire se pourra en nostre ville de Paris, par devers nos dits commis et depputez, pour y adviser et pourvéoir ainsi que au cas appartiendra. Et à ce ne faictes faulte. Donné à Montargis le xxve jour de juillet (1466). Ainsi signé, Loys. A. Brinon.

XVII.

Lettre des gens du grand Conseil du Roi. (*Rég.* 5, *p.* 72.)

A noz très chers et bons amis les maire, eschevins, bourgeois, manans et habitans de la ville de Poictiers. Très chers et bons amis, le Roy a receu les lettres que lui avez escriptes et fait oïr en son conseil maistre Nicolas Boilesve touchant la charge que lui aviez donné. Et entre autres choses de sa dicte charge, a dit que l'aviez envoyé devers Monseigneur du Maine pour aucunes choses touchant le fait de la ville, qui est grant charge à vous, car la ville est neuement au Roy, et par ce ne devez avoir recours ne envoier à autre que à luy. Et à ceste cause, nous a chargé vous escripre que son plaisir n'est pas que le dit maistre Nicolle ait la charge de la procuracion de votre ville pour ceste année. Mais veult que en lieu de luy y mectez ung des enfens de Chaille, s'il le veult accepter, et on cas qu'il ne le vouldroit accepter, veult que y mectez ung autre à lui seur et agréable. Et que des ores mais en faisans les provisions et ellections de telz offices pareillement y mectez de ses serviteurs ou autres gens à luy seurs et agréables, et qu'ilz n'aient entendement ailleurs que au bien de lui et de son royaume. Aussi nous a chargé vous escripre que son plaisir est que Me André de Conzay ne soit plus maire pour ceste année, mais veult que vous continuez celui qui le fust l'année dernière passée. Et pour ce gardez que en ces choses faciez le plaisir et vouloir du Roy et qu'il n'y ait faulte. Tres chers et bons amis, le saint Esprit vous ait en sa garde. Escript à Montargis le pénultième jour de juillet (1466). Ainsi signé par dessoubz : Les gens du grant conseil du Roy nostre sire. Reynaut [1].

---

1. Cette lettre est également transcrite au rég. 6. — Séance du conseil du 6 août 1466.

Lettre du Roi à la ville recommandant de nommer Pierre Laigneau, son valet de chambre, parmi les 25 échevins. Donnée à Etampes le 25 septembre 1466.

(Rég. 5.— Séance du mois et cent du 3 octobre 1466.)

Lettre de M. de Brandisner, secrétaire de M. le sénéchal de Poitou, à la ville, prescrivant au maire de faire faire des buttes aux archers de l'ordonnance de M. le sénéchal, logés en ville.

(Rég. 6. —.Séance du pénultième jour de septembre 1466.)

XVIII.

Lettre de Louis XI. (*Rég.* 5, *p.* 76.)

A noz chérs et bien amez les maire, bourgeois et eschevins de nostre ville de Poictiers. De par le Roy. Chers et bien amez, nagaires vous avons escript que nostre plaisir estoit que nostre bien amé Jamet Gervain, qui l'année passée avoit esté maire de nostre ville et cité de Poictiers, continuast icelle mairie pour ceste présente année. Toutes voyes depuis avons esté advertiz des bons et agréables services que nostre bien amé Me Hugues de Conzay a faiz à feu nostre très cher seigneur et père, que Dieu absoille, et avons et espérons que encores face le temps avenir. Et aussi avons esté et sommes informez des sens, loyaulté, prudomie et bonne diligence de nostre bien amé Me André de Conzay, filz du dit Me Hugues, lequel ave esleu en maire de nostre dicte ville et cité de Poictiers pour ceste dicte année. Pour ces causes et autres a ce nous mouvans, voulons et nous plaist que d'icelle mairie le fetes, seuffrez et laissez joïr et user, ensemble des droiz et prouffiz à icelle appartenans. Et gardez que en ce n'ait faulte, car tel est nostre plaisir. Donné à Orléans le vııı^e jour d'octobre (1466). Ainsi signé, Loys. Meurin.

XIX.

Lettre de Louis XI. (*Rég.* 5. *p.* 83.)

A noz chers et bien amez les conseillers, eschevins, bourgois, manans et habitans de nostre ville de Poictiers. De par le Roy. Chers et bien amez, nous avons présentement sceu que ja soit ce que des le mois de juillet dernier passé nous vous eussions fait escripre par les gens de nostre grant conseil que nostre plaisir n'estoit pas que maistre André de Conzay fust maire de nostre ville de Poictiers pour ceste présente année, et que nous voullions que y commissiez celui qui l'avoit esté l'année dernière passée. Et néantmoins le dit maistre André, soubz umbre de certaines noz lettres closes qu'il dit avoir de nous touchant la dicte mairie, s'est efforcé et efforce de joïr d'icelle, et de fait a prins les clefz de la dicte ville, dont sommes très mal contens; et s'aucunes lettres le dit de Conzay a obtenues de nous, ce a esté par inadvertance, par la subtillité, cautèle et malice d'un nommé Michelet Croizet et par son importunité et faulx donné à entendre. Et pour ce que quelque chose que les dictes lettres contiennent, nostre intencion n'est pas que le dit de Conzay ait la dicte mairie, nous voulons et vous mandons bien expressément que, incontinent ces présentes veues, voz ostez les dictes clefz de nostre dicte ville au dit de Conzay et icelles baillez à celui qui l'estoit l'année dernière passée, et lui obéissez et faictes obéir comme à vostre maire, ainsi que avez tousjours acoustumé faire aux autres maires qui par cy devant ont esté en la dicte ville, nonobstant les dictes lettres dont se veult aider le dit de Conzay, ausquelles ne voulons aucune foy estre adjoustée, et gardez comment qu'il soit que en ce n'ait faulte, car tel est nostre plaisir, et se autrement le faictes ne serons pas contens de vous. Donné à Meun sur Loyre le xve jour d'octobre (1466). Ainsi signé, Loys. Meurin.

XX.

Lettre de Crussol, sénéchal de Poitou. (*Rég.* 6, *p.* 46.)

A Messieurs les maire, bourgeois et eschevins de la ville de Poictiers. Messieurs de Poictiers, je me recommande à vous; j'ay receu les lettres que m'avez escriptes et envoiées par maistres Jehan Rety et Loys Garnier et ay oy la créance qu'ilz m'ont dit de par vous. Et pour y remédier envoye Raoulet de Valpergne[1]. Les dits Retif et Garnier vous diront plus à plain le bon vouloir que j'ay en la matière. Si les vueillez croire, et à Dieu priez que vous ait en sa saincte garde. Escript à Nyort le premier jour de décembre (1466). Le séneschal de Poictou tout vostre, Crussol.

XXI.

Lettre de Louis XI. (*Rég. 5, p.* 101.)

A noz chers et bien amez les maire, bourgeois et eschevins de nostre ville de Poictiers. De par le Roy. Chiers et bien amez, vous sçavez que avez de coustume par chacun an eslire en nostre ville de Poictiers le vendredi prochain d'après la saint Jehan Baptiste, ung vostre maire pour l'année lors prochainement ensuivante. Et pour ce que désirons fort que nostre dicte ville soit bien pourveue de bonne et notable personne qui à nous soit seure et féable, tant pour le bien de nous, que de vous et de nostre dicte ville, et que nous confions à plain des sens, loyaulté, preudomie et bonne diligence de nostre cher et bien amé Colas Mouraut, lequel est ung des xxv eschevins et des plus anciens et notables bourgeois de nostre dicte ville, nous vous prions bien acertes que, tant en faveur et contemplacion de nous, et aussi que à la vérité cognoissons qu'il vous sera très propice et convenable, vueillez eslire le dit Mourraut pour vostre maire et icelui recevoir pour tel ceste dicte prochaine année. Et vous nous ferez très agréable service et plaisir, et en aurons tousjours les affaires de la dicte ville en plus grant et singulière recommandacion,

---

1. Il s'agissait des pillages et violences des gens d'armes logés à Poitiers et dans le pays environnant, contre lesquels la ville avait porté plainte.

ainsi que avons chargé à notre cher et bien amé procureur, en Poictou, maistre Jehan Chevredens, vous dire et remonstrer plus au long. Si le vueillez croire et adjouster foy à tout ce qu'il vous dira sur ce de par nous, et y faire par manière que ayons tousjours cause d'estre contens. Donné à Annet sur Heure le xviii° jour de jung (1467). Ainsi signé, Loys. Demoulins.

XXII.

Lettre de Louis XI. (*Rég.* 6, *p.* 63.)

A noz chiers et bien amez les maire, bourgeois et habitans de nostre ville de Poictiers. De par le Roy. Chers et bien amez, nous vous avons naguères escript touchant ce que nostre cousin le conte de Varvic, par le congié et commandement du Roy d'Angleterre, devoit venir devers nous en nostre ville de Rouen, principalement pour l'ouverture faiete de la prolongacion des trevez naguères prinses entre nous et le dit Roy d'Angleterre, qui encores durent, afin que pendant icelles se puissent traicter les moiens pour parvenir au bien de paix final ou, quoy que soit, à telle forme et conduite entre les royaumes de France et d'Angleterre d'une part et d'autre, que le fait de la marchandise par mer et par terre se puisse mieulx entretenir, noz subgiez demourer en plus grant repoux et transquilité, et chacun en son exercice prouffiter selon son estat et vocacion soubz nous et en nostre obéissance. Lequel conte de Varvic, en ensuivant ce qu'il nous avoit fait savoir, est depuis venu par devers nous, au dit lieu de Rouen, onquel l'avons oy, communiqué et fait communiquer avecques lui sur les dictes matières. Pour lesquelles, actendu mesmement que le dit Roy d'Angleterre avoit envoyé devers nous le dit conte de Varvic, qui après luy est le plus grant et puissant seigneur du dit royaume d'Angleterre, a semblé à plusieurs seigneurs de nostre sang et gens de nostre grant conseil que devions pareillement de nostre part envoier par de là grande et notable ambaxade devers lui, tant pour besongner sur les dictes matières que aussi pour obvier aux dangers et inconvéniens qui pourroient avenir à cause du mariage que notre beau frére et cousin le conte de Charrolays tend à faire entre luy et la seur du dit Roy d'Angleterre, et en ce faisant veult traicter aliances avecques les Anglois noz anciens ennemis : ce que touttefoiz il ne peut ne doit faire sans grandement mespreindre, veu qu'il est nostre subget et prouchain parent, et aussi tenu envers nous et la coronne que chacun scet. Et mesmement que en faisant les dictes aliances il romproit le traicté de la paix fait à Aras, laquelle nostre dit frère et cousin jura publicquement quant estions à sainct Thierry les Rains, après nostre sacre, à l'eure que receusmes à homaige nostre bel oncle de Bourgoigne son père, et lequel traicté est fait et passé soubz les censures ecclésiastiques et apostoliques, et si exprès et astraint que plus grandes et estroictes obligacions et submissions ne se pevent jamais trouver en quelque traicté sélon nostre foy. Et en rompant lequel traicté de paix seroit mectre nostre dit royaume en guerre, dont serions desplaisant de tout nostre cuer, tant pour les maulx qui en povent avenir que aussi pour ce que tousjours désirons entretenir l'amour de noz païs et subgez, ainsi qu'on l'a peu cognoistre parce que n'avons point voulu commencer de rigueur, quelques entreprinses que nostre dit frère et cousin de Charrolays ait faictes sur noz prevostz de Bommoisiz et de Vimeu et sur les places et terres de Neelle et de Beaulieu, ne autrement. Et pour icelles causes et en ensuivant l'advis et oppinion des dits seigneurs de nostre sang et gens de nostre grant conseil, nous avons envoyé on dit roiaume d'Angleterre noz chiers et féaulx cousins l'arcevesque de Nerbonne, le conte de Roussillon, admiral de France, en leur compagnie noz amez et féaulx conseillers le s^r de Concressault, chevalier, nostre chambellan, maistre Jehan de Poupincourt, président, et Olivier le Roux, maistre de noz comptes, et Alixandre

Sexte, nostre argentier, ausquelz nous avons donné charge de besongner sur la pratique et conduite des dictes matières et nous raporter tout ce qu'ilz auront trouvé par delà touchant les charges que leur avons baillées, afin de sur ce prandre la conclusion qui semblera estre meilleur et plus prouffitable au bien de nous et de noz dits royaume et subgiez. Si vous avons bien voulu escrire des choses dessus dictes et vous advertir de nostre vouloir et entencion comme ceulx que tenons et repputons pour noz bons et loyaulx subgiez. Donné à Chartres le xxiiie jour de juing (1467). Ainsi signé, Loys. J. de la Loere.

XXIII.

Lettre de Louis XI. (*Rég.* 6, *p.* 70.)

A noz chiers et bien amez les maire, eschevins et bourgois de nostre ville de Poictiers. De par le Roy. Chiers et bien amez, nous escrivons présentement à nostre féal conseiller Josselin Duboys qu'il vous advertisse d'aucunes choses dont avons esté advertiz. Si le vueillez croire et adjouster foy à ce qu'il vous dira de par nous, et sur ce donner si bonne provision que aucun inconvénient ne nous en puisse avenir ne à vous, ainsi que en vous en avons nostre parfaicte fiance. Donné à Paris le xxix d'aoust (1467). Ainsi signé, Loys. Toustain.

XXIV.

Lettre de Yvon du Fou, capitaine de Lusignan. (*Rég.* 6, *p.* 69.)

A Messieurs les maire, bourgeois et eschevins de la ville de Poictiers. Messieurs, je me recommande à vous tant comme je puis. Le Roy a sceu que Monsieur Charles a eu aucuns entendemens et a cuidé faire aucunes entreprinses secrètes sur la ville de Poictiers. Et à ceste cause m'en a parlé et demandé mon advis, mais je luy ay répondu et avecques ce me suis fait fort pour tous vous Messieurs, que sur ma vie il ne s'en doit soulcier; touttefoiz il vous en a escript par Monsieur le bailly des Montaignes[1]. Parquoy je vous pry que sur ce lui vueillez escrire en façon qu'il n'ait cause d'avoir suspection sur vous, et que vueillez avoir aussi bonne voulenté à bien et léaument le servir, comme vous et vos prédécesseurs avez tousjours fait en temps passé. Messieurs, se aucune chose par deçà en quoy je vous puisse servir, mandez le moi et je l'acompliray de très bon cueur, aidant nostre créateur qui vous doint ce que vostre cueur désire. Escript à Paris le derrenier jour d'aoust (1467). Le tout vostre et serviteur, Yvon du Fou.

XXV.

Lettre de Louis XI. (*Rég.* 6, *p.* 82.)

A noz chiers et bien amez les gens d'église, bourgois, manans et habitans de nostre ville de Poictiers. De par le Roy. Chiers et bien amez, vous savez les troubles et divisions qui puis aucun temps en ça ont eu et encores ont cours en nostre royaume à la grant foule, charge et opression de nostre pouvre peuple et de noz bons et loiaulx subgez, et à nostre très grant desplaisance, et dont ja en sont advenuz plusieurs grans maulx et inconvéniens, et est à doubter que plus largement en adveigne, si briefvement n'y est pourveu. Et pour ce que les matières sont grandes et de grant importance, et qu'il est besoing que par bon advis et conseil il y soit pourveu, ce que de tout nostre cueur desirons pour nous aquicter

---

1. Josselin Dubois, bailli des Montaignes, seigneur de Montmorillon.

envers Dieu, envers la coronne, l'onneur et le droit de laquelle, comme savez, sommes tenuz de garder, ainsi que l'avons juré et promis, et pour le bien et soulaigement de noz bons et loiaulx subgez : par grande et meure délibéracion de conseil, nous avons conclud et délibéré d'assembler les seigneurs de nostre sang et les pers de France et les trois estaz du royaume pour avoir leur bon advis et conseil sur ce. Pourquoy voulons et vous mandons bien expressément que des plus notables gens de la ville de Poictiers et que cognoistrez amer le bien de nous, de la coronne et du Royaume, vous envoiez devers nous jusques au nombre de quatre personnes, ung d'église et trois laiz, garniz de povoirs souffisans, pour oyr ce qui leur sera dit et remonstré de nostre part touchant les choses dessus dictes, y besongner, vacquer, entendre et conclure, comme les autres des dits étaz, en la ville de Tours, au premier jour d'avril prochainement venant, lesquelz jour et lieu avons ordonné pour la dicte assemblée. Et eussions bien voulu le terme de la dicte assemblée avoir esté plus long, afin que mieulx et plus à l'aise ceulx que envoirez à la dicte journée peussent estre venuz ; mais pour ce que les trèves ou abstinence de guerre qui sont entre nous et aucuns des seigneurs et leurs aliez qui se sont esmeuz et eslevez à l'encontre de nous, ne durent que jusques au premier jour de may prochainement venant, et qu'il est besoing que la conclusion qui devra estre prinse es dits trois estaz soit faicte avant la fin de la dicte abstinence de guerre, il n'a esté possible de mectre le dit terme à plus long jour. Aussi nous entendons que non obstant la dicte assemblée, ceulx que avons ordonnez pour nous venir servir, se ainsi estoit que les seigneurs qui se sont esmeuz et eslevez à l'encontre de nous et leurs aliez ne voulsissent entendre et eulx mectre à raison, se tiennent tousjours prestz et y viennent comme l'avons ordonné, se besoing en avons, et que leur facions savoir ; car nous avons tousjours esté contens d'entendre à raison et nous mectre en tout devoir quant les dits seigneurs vouldront faire le semblable de leur part. Et aussi quand ilz ne le vouldront faire, nous sommes délibérez et concluz de garder l'auctorité de la majesté Roial, l'onneur et les droiz de la coronne, ainsi que l'avons juré et promis, et pourvoi au bien et utilité de nostre royaume par bon advis et conseil, en façon et manière que, à l'aide de Dieu, noz bons et loiaulx subgiez pourront vivre et demourer soubz nous en bonne justice, paix et transquilité. Donné aux Motiz les Tours le xxvi jour de février (1468). Ainsi signé, Loys. Dorchère.

XXVI.

Lettre de Crussol, sénéchal de Poitou. (*Rég.* 6, *p.* 87.)

A Messieurs bourgeois et eschevins de la ville de Poictiers. Messieurs, je me recommande à vous tant que faire puis. J'ay sceu comme avez élu vostre maire pour ceste année maistre Jehan Chambon mon lieutenant, dont je vous mercie, et ay esté averty que aucuns veulent brouiller le fait de la dicte mairie. Gardez vos priviléges que le Roy vous a donnez et confermez, si vous me croiez, car je suis seur que le Roy le veult. Et pour iceulx garder en cela et autres choses suis délibéré de vous porter envers le Roy contre ceulx qui vouldroient venir contre vos dits priviléges, et mesmement touchant le fait de ceste dicte mairie, et en prandre le fex et charge sur moy, et avecques ce de vous garder de toutes injustices que l'on vous vouldroit faire. Et pour ce, s'il survient riens, faictes le moy savoir. Et adieu, Messieurs, qui vous donne ce que désirez. Escript à Partenay le ix de juillet (1468). Ainsi signé : Le tout vostre, le séneschal de Poictou, Crussol [1].

---

1. Lettres du sénéchal de Poitou à la ville, annonçant la prise d'Ancenis en Bretagne, par l'armée du Roi.
(Rég. 6. — Séance du conseil du 12 septembre 1468.)

XXVII.

Lettre de Louis XI. (*Rég. 6, p. 99.*)

A noz chiers et bien amez les gens de l'église, bourgeois, manans et habitans de Poictiers. De par le Roy. Chiers et bien amez, vous povez avoir sceu que puis aucun temps en ça certaines parolles ont esté tenues entre noz gens et ceulx du conseil de nostre frère de Bourgoigne pour parvenir à appoinctement des différans qui est entre nous et lui, et tellement a esté procédé que, pour y prandre aucune bonne conclusion, sommes venuz en ceste ville de Peyronne; auquel lieu, après plusieurs ouvertures et parlemens qui ont esté entre nous et lui, avons tellement besongné que aujourd'hui, graces à nostre Seigneur, nous et nostre dit frère avons, es mains du cardinal d'Angers, présens touz les seigneurs du sang, prélaz et autres grans et notables personnages en grant nombre, tant de notre compaignie que de la sienne, jurée paix finalle bien sollempnellement sur la vraye croix, et promis aider, deffendre et secourir l'un l'autre à jamais, et avecques ce avons juré es mains et sur la croix dessus dictes le traicté d'Aras, sur les censures et contrainctes en ycelui contenues et autres, qui cordialement ont esté adviseez, pour perdurablement demourer confédérez en paix et amytié. Et incontinent ce fait, nostre dit frère de Bourgoigne a ordonné en rendre graces et louenges à Dieu par les églises de ses païs, et desja il l'a fait faire en ceste dicte ville en grant sollempnité. Et pource que nostre dit frère et cousin de Bourgoigne a eu nouvelles que les Légeais ont prins nostre cousin l'évesque du Lége, lequel il est délibéré de recouvrer par toutes manières à lui possibles, il nous a supplié et requis que, en faveur aussi que le dit évesque est nostre prouchain parent, lequel sommes en son bon droit tenuz de secourir, que nostre plaisir fust aler jusques es marches du Lége, qui sont prouche d'icy : ce que lui avons octroyé, et menons en nostre compaignie partie des gens de nostre ordonnance dont nostre cousin le connestable a la charge, en espérance de brief retourner, moiennant l'aide de Dieu. Et pour ce que ces choses sont au bien de nous et de tous noz subgiez, nous vous en escrivons présentement pour ce que sommes certains que de ce serez bien joyeulx, et afin que en faictes faire pareillement sollempnitez. Donné à Péronne le xiiii d'octobre (1468). Ainsi signé, Loys. Meurin.

XXVIII.

Lettre de Crussol, sénéchal de Poitou. (*Rég.* 6, *p.* 100.)

Messieurs, je me recommande à vous tant comme je puis. Le Roy est allé à Péronne parler à Monsieur de Bourgoigne là où il est encores, et s'en vont le Roy et mon dit seigneur de Bourgoigne en Romeage ensemble. Et pour ce que ne sçay comme la chose pourra avenir, et que je sçay que avez esté tousjours bons et loyaulx, je vous pry, tant comme je puis, que tousjours y vueillez persévérer et faire faire bon guet et bonnes gardes en vostre ville, afin que l'on vous trouve tousjours tieulx que avez accoustumez d'estre. Messieurs, au regart de moy, tenez vous seurs que si riens sourvient, je me rengeray tousjours avecques vous ; priant à Dieu, Messieurs, qu'il vous donne la chose en ce monde que plus désirez. Escript à Meaulx le xvie jour d'octobre (1468). Ainsi signé : Le tout vostre, le séneschal de Poictou, Crussol[1].

---

1. Lettre du Roi à la ville, recommandant de pourvoir d'une des quatre sergenteries de la ville Pierre Patrault, qui avait rendu des services au Roi dans la compagnie de Yvon du Fou, son chambellan, capitaine de Lusignan, Donnée à Amboise, le 28 juillet 1469.
(Rég. 5. — Séance du 31 juillet 1469.)

XXIX.

Lettre de Louis XI. (*Rég. 7, p. 62.*)

De par le Roy. Très chers et bien amez, vous savez assez les grans charges que avons à supporter. Et encores de nouvel a convenu et convient pour la seurté, tuicion et deffense de nostre Royaulme faire faire de grans réparacions tant es villes d'Amiens, Beauvoiz, Compiegne, Noyon que aultres estans es frontières de Picardie, pour résister aux entreprinses et dampnables voulentés du duc de Bourgoigne à nous rebelle et désobéissant. Pour fournir ausquelles choses avons besoing de nous aider de noz bons et loyaulx subgietz. Et avons advisé, par l'advis et délibéracion des gens de nostre grant conseil, de prandre de chacune de noz villes fermées que par cy devant avons exemptées de paier tailles, aucunes sommes de deniers pour ceste foiz. A ceste cause envoyons devers vous nostre amé et féal conseiller maistre Jacques Beziau pour vous remonstrer nos dictes affaires et vous requérir la somme de trois

---

Lettre de Yvon du Fou, capitaine de Lusignan, à la ville, pour le même objet. Donnée à Amboise, le 28 juillet 1469.

(Rég. 5, *idem.*)

Lettre du Roi à la ville, recommandant d'élire Hélie Faure, bourgeois de la ville, à la première place vacante des 25 échevins. Donnée à Thouars, le 3 avril 1470.

(Rég. 5. — Séance du mois de 11 avril 1470.)

Lettre du Roi à la ville, faisant savoir qu'il veut mettre ordre au vivre et logis des gens d'armes, et qu'il envoie pour cela des commissaires.

(Rég. 6. — Séance du conseil du 6 juin 1470.)

Lettre du Roi à la ville, par laquelle il mande d'élire pour maire M⁰ Philippe Prégent.

(Rég. 6. — Séance du conseil du 27 juin 1470.)

Lettre du Roi à la ville, mandant d'envoyer près de lui à Tours deux notables marchands, pour faire ordonnance avec les autres marchands du royaume sur le fait de la marchandise.

(Rég. 5.—Séance du mois et cent du 9 octobre 1470.)

mil escuz d'or. Nous vous avons tousjours supportez et soulagez et mesmement des dictes tailles dont jusques cy n'avez payé aucune porcion, pourquoy ne nous devez reffuser à ce besoing. Si veillez, en acomplissant le contenu en ces présentes sur tout le service que nous désirés, faire promptement et diligemment paier la dicte somme à Jehan Briçonnet, nostre receveur général, ou à son commis, qui vous en baillera descharge, et n'y faictes faulte, car par ce moyen les dictes reparacions pourroient cesser, qui nous seroit grant préjudice et dommage, et s'en pourroit ensuyr grant inconvénient à nous et à nostre dit Royaulme, dont vous auriez vostre part. Et si vous avez besoin d'aulcunes lettres patentes ou aultre provision de nous pour recouvrer plus aiséement les dits deniers, ainsi que adviserés, nous les vous ferons expédier incontinant en nous advertissant. Donné au Plessis du Parc le douzième jour de mars (1473). Ainsi signé, Loys et Flameng. Et à la subscripcion des dictes lettres: A noz chers et bien amez les maire, eschevins, bourgois et habitans de nostre ville de Poictiers.

XXX.

Lettre de Louis XI. (*Rég. 7, p. 58, 59.*)

De par le Roy. Chers et bien amez, nous avons esté acertainés des grans cas et crimes commis et perpétrés par le cabdet d'Albret[1]. Et à ceste cause l'avons fait prandre au corps et commis certains notables gens de nostre conseil pour faire son procès. Et pour ce qu'il est besoing de bien et seurement le garder durant le temps que on besoignera en son dit pro-

---

[1]. Charles d'Albret, sire de Sainte-Bazeille, quatrième fils de Charles II d'Albret et d'Anne d'Armagnac, avait livré la ville de Lectoure et Pierre de Beaujeu, lieutenant du Roi, à Jean, comte d'Armagnac, au mois d'octobre 1472. Il fut arrêté à Lectoure et conduit à Poitiers, où il fut condamné à mort et exécuté le 7 avril 1473.

cés, nous avons advisé de le vous envoier et mectre en voz mains, pour la bonne confiance que avons en voz bonnes loiaultés. Si vous mandons que vous le mectez au chasteau de vostre ville, en lieu bien seur, et commectez deux notables hommes de la ville pour sa garde, par chacun jour, ausquels pour le jour nous en baillons la garde sur leurs vies. Aussi baillez à ceulx qui en auront la dicte charge pour le jour jusques au nombre de xxv hommes bons et seurs pour le garder, et que on garde bien que personne ne parle à luy, si non les commissaires que avons ordonnez pour ce faire. Nous avons aussi ordonné faire mectre aultres prisonniers touchant ceste matiére au dit chasteau. Si vous prions que les faciez bien garder. Au seurplus, croiez noz amez et féaulx conseillers maistres François Hebert et Pierre Laidet de ce qu'ilz vous diront sur ce de par nous. Donné à Laugerie pres Rouillé le xxe jour de mars (1473). Ainsi signé, Loys et Tilhart. Et au dos : A noz chers et bien amez les maire, eschevins, manans et habitans de nostre ville de Poictiers.

XXXI.

Lettre de Crussol, sénéchal de Poitou. (*Rég. 7, p. 59.*)

Monsieur le maire, je me recommande à vous tant comme je puis. Le Roy envoye ung prisonnier au chasteau de Poictiers et y envoye de ses gens pour le garder. Il m'a chargé que je vous rescripve que leur faictes bailler des utencilles et logeiz près du chasteau. Et pour ce faictes le, et qu'il n'y ait point de faulte. Et adieu monsieur le maire. Escript à Notre Dame de Selles le xxie jour de Mars (1473). Le sénéchal de Poictou tout vostre, Crussol. Et au dos : A Monsieur le maire de la ville de Poictiers.

XXXII.

Lettre de Louis XI. (*Rég.* 7, *p.* 164.)

A noz chers et bien amez les gens d'église, maire et eschevins, manans et habitans de nostre ville de Poictiers. De par le Roy. Chers et bien amez, nous envoions par delà beau frère de Dunoys, lequel nous avons fait nostre lieutenant général pour pourveoir à toutes entreprinses qui se pourroient faire en noz pays de Poictou, Anjou, Touraine et le Mayne, et pour donner provision à toutes choses qui seront nécessaires estre faictes esdits pays. Et pour ce voulons et vous mandons que se pour la deffence des dits pays il a besoing d'artillerie, pouldres, traict et aultres choses estans en vostre dicte ville, que les luy baillez et délivrés ou par son commandement, et que en ceste matière et en toutes aultres choses vous luy obéissez comme à nostre propre personne. Donné à Paris le xxiiiᵉ jour d'avril (1475). Ainsi signé, Loys. Isome.

XXXIII.

Lettre du comte de Dunois. (*Rég.* 7, *p.* 162.)

A mes chers et espéciaulx amis les maire, eschevins, manans et habitans de la ville de Poictiers. Très chers et espéciaulx amys, je me recommande à vous. Je vous envoye unes lettres que le Roy vous escript par lesquelles pourrés congnoistre la charge qu'il luy a pleu me donner es marches de par deçà, pour laquelle accomplir suys venu en ceste ville de Tours. Et pour ce, si ce pendant que y seray il sourvient aucunes choses par delà, avertissez m'en pour incontinant y donner la provision et vous y aider et secourir en tout ce que je pourray. Aussi vous pry que, si pour le bien, garde et deffense du pays j'ay à besoigner d'aucuns de vous ou des choses estans en vostre dicte ville, tant d'artillerie que d'aultres choses, m'en veillez aider de tout vostre pouvoir et y faire en tout et par tout ainsi que le Roy vous escript et qu'il a en vous fiance, en manière que par faulte de ce aucun inconvénient n'en puisse advenir. Tres chers et espéciaulx amis, Notre Seigneur soit garde de vous. Escript à Tours ce premier jour de may (1475). Le conte de Dunoys, seigneur de Parthenay, François.

XXXIV.

Lettre de Jacques de Beaumont, seigneur de Bressuire.
(*Rég.* 7, *p.* 182.)

A Messieurs les maire, bourgoys et eschevins de la ville de Poictiers. Messieurs, je me recommande à vous tant que faire puis. J'ay receu voz lectres et oy ce que m'a dit maistre Nicolle Royrand [1] de par vous. Et touchant voz priviléges, soiez certains que les vouldroye aider à entretenir et garder, et m'avez tousjours trouvé amy en voz affaires, et ferés. Vous savez la cause pourquoy l'arrièreban a esté fait, et est bien besoing de obvier à la descente des Angloys qui ont entreprins venir descendre es parties de par deçà. Et croy bien qu'il fauldra que, quelque privilége que vous ne aultres aiez, que chacun secoure et aide à ce besoing, et que vous fournissés de quelque nombre de gens pour venir à la couste et de deux ou trois pièces d'artillerie le plus que pourra vous suporteray. Et au seurplus vous feray savoir ce que devrez fournir. Et au regard de certaines excusacions de parolles que maistre Ni-

---

1. Un des échevins de Poitiers.

colle m'a dictes, ne vouldroie laisser pour trois ou quatre mal-
parlans de amer le fait de vous et de vostre dicte ville, vous
disant à Dieu, Messieurs, qui vous doint ce que désirés. Escript
aux Sables d'Aulonne le xiiie jour de juillet (1475). Le tout
vostre, Jaques de Beaumont [1].

XXXV.

Lettre de Louis XI. (*Rég. 7, p. 200.*)

A noz chers et bien amez les maire, eschevins, conseillers, pers et habitans de nostre ville de Poictiers. De par le
Roy. Chers et bien amez, nous avons, graces à nostre créateur et moiennant l'intercession de sa tres glorieuse et benoiste
mère la vierge Marie, mis hors de nostre Royaume et renvoyé en Angleterre le Roy d'Angleterre avec son armée,
lequel, à l'instigacion et pourchaz de Charles de Bourgoigne
et aultres ses aliez et complices, noz rebelles et désobéissans,
vassaulx et subgectz, pour nous cuider grever et détruire
nostre dit Royaume, vous et aultres noz bons et loiaulx subgectz,
estoit venu et descendu et tiré bien avant en iceluy avec tres
grant et puissante armée. Et avec lequel avons prins trèves
et entrecours de marchandise pour sept ans, dont tres grant
bien et proffit, à l'aide de Dieu, pourra advenir à nostre dit
Royaulme et à tous noz dits subgiez. Et pour parvenir à ce,
nous a convenu promectre et donner grans sommes de deniers
au Roy d'Angleterre et aultres seigneurs estans en sa compagnie, qu'il leur convient paier et bailler dedans brief temps;
ausquelles sommes ne pourrions fournir des deniers de noz
finances pour les aultres grans despences qu'il nous a convenu et convient encores faire et porter pour l'entretènement

---

1. Cette lettre a été publiée par Thibaudeau (*Abrégé de l'histoire du Poitou*, t. III, p. 130, 131), mais avec plusieurs inexactitudes.

de la grant armée qu'il nous fault avoir et tenir en plusieurs et diverses contrées de nostre dit Royaume, pour résister aux dampnables entreprises que s'efforcent faire de jour en jour, à l'encontre de nous et de noz bons et loiaulx vassaulx et subgetz, le dit Charles de Bourgoigne et ses dits adhérans, aliez et complices pour nous grever et porter dommage, sans avoir sur ce l'aide de vous et aultres noz bons et loiaulx subgiez, dont nous deporterions voulentiers se possible nous estoit de ce faire à présent. Et combien que vous aiôns octroyé plusieurs priviléges, franchises et exempcions desquelx nostre vouloir et entencion ait esté et soit que joissez entièrement, touteffoiz, pour soulager nostre povre peuple du plat pays des grans charges et affaires qu'il a à suporter, nous avons, par l'advis et délibéracion des gens de nostre sang et lignage et de nostre conseil estans par devers nous, conclud et délibéré que, pour ceste foiz seulement et sans préjudice de vos dits previléges et exempcions pour le temps à venir, vous paierés de la somme imposée en vostre éleccion la somme de deux mil livres tournois, laquelle vous pourrés asseoir ainsi et par la meilleur forme et manière que adviserés, ou icelle prandre en tout ou en partie sur les deniers communs de la dicte ville ou aultrement, ainsi que verrés estre à faire pour le mieulx et le soulagement de vous et aultres noz subgiez d'icelle ville et forsbourgs. Si vous prions et néantmoins mandons que ainsi le veillez faire, et sur tout ce croire nostre conseiller Me Jehan Chambon et maistre Nicolle Gilles nostre secretaire, lequel pour ceste cause nous envoions présentement devers vous pour vous dire et remonstrer plus à plain les choses dessus dictes et les causes qui nous ont meu à ce faire: auquel voulons que adjoustez foy sur ce qu'il vous en dira de par nous, comme à nous mesmes. Et en ce ne nous veillez faire faulte, comme bien en avons de vous singulière confience. Donné à l'abaye de Nostre Dame de la Victoire les Senliz le IIIIe jour de septembre (1475). Ainsi signé, Loys, et pour secretaire, Legouz.

XXXVI.

Lettre de Louis XI. (*Rég.* 7, *p.* 195.)

A noz tres chers et bien amez les maire, eschevins, bourgois, manans et habitans de nostre bonne ville et cité de Poictiers. De par le Roy. Tres chers et bien amez, nous vous envoions présentement le double de la trève, paix et union par nous puis naguères prinses avecques nostre tres cher et tres amé cousin le Roy d'Angleterre [1]. Et pour ce, incontinant ces lettres veues, faictes publier et crier tout le contenu on dit double, et la publicacion faicte, faictes en faire les feux de joye et processions générales par toute vostre ville, ainsi qu'il est acoustumé de faire en semblables matières. Et gardez qu'il n'y ait point de faulte sur tant que vous craignez nous désobéyr et desplaire. Donné à la Victoire les Senliz le ve jour de septembre (1475). Ainsi signé, Loys, et pour secretaire, Petit.

XXXVII.

Lettre de Louis XI. (*Rég.* 7, *p.* 218.)

De par le Roy. Chers et bien amez, pour aucunes choses que avons à vous dire, incontinant ces lettres veues, partez et vous en venez devers nous quelque part que soions, et admenez avec vous deux ou trois des plus notables gens de la ville, soient de noz officiers ou aultres, et qu'il n'y ait point de faulte. Donné à Saint Martin de Cande le dixiesme jour de fevrier (1476). Et si nous ne sommes à Tours, vous y trouverés de noz gens qui besoigneront avec vous. Ainsi signé, Loys, et pour secretaire, J. Mesme.

---

1. raité de Picquigny du 29 août 1475

XXXVIII.

Lettre du comte de Dunois. (*Rég.* 7, *p.* 224.)

A mes tres chers et espéciaulx amys les maire, eschevins et conseillers de la ville de Poictiers. Tres chers et espéciaulx amys, je me recommande à vous. J'ay à ce soir receu lettres du Roy escriptes du vi⁰ jour de ce présent moys de mars, par lesquelles il me escript que le dit jour au matin il eut nouvelles certaines que le duc de Bourgoigne a eu journée avec les Souyces, lesquelx l'ont deffait et ont gagné toute son artillerie, son charroy et tué ses gens de pyé [1]. Et au regard de luy, il s'en est fouy avec le demourant de ses gens en ses pays en ung lieu qui s'appelle Joigny. Le chevaucheur qui m'a aporté mes lettres m'a dit qu'il a laissé le Roy près du Puy où il aloit faire son voiage à Nostre Dame. Dieu par sa grace le luy doint faire au profit de luy et de son Royaulme. Si rien seurvient par delà de nouveau, faictes le moy incontinant savoir; aussi si riens seurvient par deçà, vous en advertiray. Tres chers et espéciaulx amys, Nostre Seigneur vous ait en sa garde. Escript à Chasteau Regnault le xi⁰ jour de mars (1476). Le conte de Dunoys, sʳ de Parthenay, Francoys [2].

XXXIX.

Lettre de Louis XI. (*Rég.* 7. *p.* 290.)

A noz chers et bien amez les maire, eschevins, bourgeois et habitans de la ville de Poictiers. De par le Roy. Chers et

---

1. Bataille de Granson (2 mars 1476).
2. Il venait tout récemment d'être nommé gouverneur de M. le dauphin et du pays de Poitou.

bien amez, nous avons sceu puis aucuns jours la détestable et cruelle mort de la personne de feu nostre beau frère le duc de Milan [1], à qui Dieu pardoint, et commant elle a esté faicte et commise par ung de ses subgectz habitant en la ville de Millan, d'un cousteau en la gorge et en l'église de la dicte ville. Et iceluy advenu, le murtrier et ung aultre qui l'acompagnoit ont esté tuhez sur le lieu par les gens et serviteurs de nostre dit feu frère qui estoient en tour de luy. Et incontinant après la mort de nostre dit feu frère venue à la cognoissance du peuple de sa dicte ville, desplaisans de la mort de leur seigneur, ont en grant diligence, comme bons, vraiz et loiaulx subgetz, fait prandre les gens et tous ceulx de la lignée de celuy qui a fait le dit cruel et osécrable cas, et publiquement les ont fait pugnir et exécuter, affin que tous aultres y pregnent exemple. Et de ces choses, comme bons, vrais et loiaulx subgectz, vous avons bien voulu advertir, affin que sachez et cognoissez la vérité de la matière et commant le dit cas et crime si inhumain a esté fait et commis. Donné au Plessis du Parc le ixe jour de janvier (1477). Ainsi signé. Loys, et pour secretaire, A. Rolant.

XL.

Lettre de Louis XI. (*Rég. 7, p. 287.*)

A noz chers et bien amez les manans et habitans de nostre ville de Poictiers. De par le Roy. Chers et bien amez, nous vous mandons et commandons et expressément enjoignons que incontinant et sans délay vous faictes faire procession générale tout ainsi que vous avez acoustumé de faire es festes solempnelles, pour les bonnes et agréables nouvelles que pre-

---

1. Galéas-Marie Sforza, duc de Milan, assassiné le 25 décembre 1476.

mièrement nous ont aportez noz chevaucheurs de nostre escuyrie du trespas du duc de Milan et du duc de Bourgoigne noz anciens ennemis [1]. Et pour ce, nous voulons que, pour les bonnes et agréables nouvelles, vous baillez à ce porteur vingt livres tournois que luy avons ordonné. Et gardez bien d'y faire faulte, car tel est nostre plaisir. Donné à Candes le xii^u jour de janvier (1477). Ainsi signé, Loys, et pour secretaire, J. Alart [2].

XLI.

Lettre de Louis XI. (*Rég.* 7, *p.* 399.)

De par le Roy. Chiers et bien amez, nous envoions présentement nostre amé et féal conseiller l'évesque de Lombès, abbé de saint Denys en France, avecques aultres de noz gens et serviteurs, au devant des ambaxadeurs du Roy et Royne de Castelle et de Léon noz aliez [3], qui viennent par deçà devers nous pour le fait des aliances et aultres grans matières qui fort touchent le bien de nous et de noz Royaume et subgectz. Et pour ce que nous désirons les dits ambaxadeurs estre favorablement receuz et traitez par tout nostre dit Royaume, nous vous prions et néantmoins mandons que les dits ambaxadeurs vous recevez en vostre ville le plus honestement et à la meilleure chère que faire se pourra, ainsi que plus à

---

1. Mort du duc de Bourgogne à la bataille de Nancy (5 janvier 1477).
2. Lettres du Roi à la ville, du mois de juillet 1477, annonçant la prise de la ville de Gry (Gray), au comté de Bourgogne, par M. de Craon et son armée, qui a tué devant cette ville 4,000 Bourguignons et Allemands, la fuite du prince d'Orange et la prise du seigneur de Chateauguyon. (Rég. 7, p. 326.)
Lettres du Roi à la ville, du mois d'août 1478, demandant de tous ceux qui auraient de l'argent blanc, de lui en donner jusqu'à 500 marcs, moyennant 10^l 5^s par marc, pour faire une grille d'argent autour de la châsse de saint Martin de Tours. (Rég. 7, p. 366.)
3. Ferdinand et Isabelle.

plain vous dira de par nous le dit évesque de Lombès, lequel croiez comme nous mesmes. Donné au Plessis du Parc lez Tours le xxvii⁰ jour de mars (1479). Ainsi signé, Loys, et pour secretaire, Courtin, Et en la suscripcion : A noz chers et bien amez les maire et eschevyns de la ville de Poictiers.

XLII.

Lettre de Louis XI. (*Rég.* 7, *p.* 392.)

A noz chiers et bien amez les maire, eschevins, bourgoys, manans et habitans de nostre ville de Poictiers.

De par le Roy. Chiers et bien amez, nous avons esté advertiz que, en nostre ville de Poictiers et es marchez et lieux de environ, a esté et est chacun jour donné cours et pris à plusieurs monnoyes estranges et aultres prohibées et deffendues par noz ordonnances derrenièrement faictes sur le fait de noz monnoyes, tout ainsi et en la manière qu'il se faisoit par avant les dictes ordonnances ; et aussi que on donne plus grant pris tant à nos dictes monnoyes que aux monnoyes estranges que ce qui est déclaré par icelles noz ordonnances, en contempnant et enfraignant icelles, on tres grant préjudice et dommage de nous et de la chose publique de nostre royaume, jasoit ce que nos dictes ordonnances ayent esté publiées et sont assez notoires : dont ne sommes pas contens, actendu mesmement que les dictes ordonnances ont esté faictes par grande et meure délibéracion de conseil et pour le bien universel et particulier de nostre dit royaume. Si vous en avons bien voulu advertir pour le signiffier, affin que ne vous esmerveillez si nous faisons informer des transgresseurs des dictes ordonnances, et aussi que chacun de vous en droit soy ne contreviègne au contenu en icelles, lesquelles fuymes déliberez faire entretenir et garder ; vous signiffie que, si aucuns sont rouvez faisans le contraire, nous en ferons faire telle punicion que ce sera exemple à aultruy. Donné à Tours le pénultime jour de mars (1479). Ainsi signé, Loys, et pour secretaire, L. Tyndo.

XLIII.

Lettre de l'évêque de Lombès. (*Rég.* 7, *p.* 399.)

Messieurs, nous nous recommandons à vous. Le Roy nous a envoiez par deçà pour conduire les ambaxadeurs de Castille, et veult qu'ilz soient receuz le plus honorablement que faire se pourra par tous les lieux où ilz passeront, ainsi que pourrés veoir par le contenu en ses lettres et que ce porteur vous dira, auquel veillez adjouster foy et credence. Par quoy nous l'envoions par devers vous vous signiffier la venue des dits ambaxadeurs, qui sera demain pour tout le jour, affin que vous mectez en devoir de les recevoir à la plus grant compagnie que vous sera possible, et les traitez le plus favorablement que pourrés, acordant au plaisir du dit seigneur. Et à Dieu, Messieurs, qui vous ait en sa garde. Escript à Coué le xve jour de juing (1479). Les tous vostres, l'évesque de Lombès [1] et G. de Durafort. Et dessus : A Messieurs les maire et eschevins de la ville de Poictiers.

XLIV.

Lettre de Louis XI. (*Rég.* 7, *p.* 407.)

A noz chers et bien amez les maire, eschevins, manans et habitans de la ville de Poictiers. De par le Roy. Chiers et bien amez, nous avons vouhé au saint veu de Charroux six

---

1. Jean de Villiers de la Groslaye, ambassadeur de Louis XI auprès de Ferdinand et d'Isabelle, rois d'Espagne, en 1477.

lampes d'argent, lesquelles nous y envoions par ce porteur. Et pour ce que désirons que les dictes lampes demeureront perpétuellement au dit saint veu sans en estre bougées, nous vous prions, néantmoins mandons que incontinant et sans délay vous envoiez avec ce dit porteur ung ou deux des plus notables eschevins de nostre ville de Poictiers pour illec prandre bonne et souffisant obligation, tant de l'abbé que du couvent de la dicte abaye de Charroux, de non jamais aliéner ne transporter les dictes lampes du lieu où elles seront pendues en la dicte église. Et les dictes obligations ainsi faictes et passées souffisamment nous envoiez par le dit porteur, lequel nous envoions expressément par delà. Et gardez que en ce n'ait faulte. Donné au Plessis du Parc les Tours le viie jour de janvier (1480). Ainsi signé, Loys, et pour secretaire, du Doyat [1].

XLV.

Lettre de Louis XII. (*Rég.* 8, *p.* 13.)

De par le Roy. Tres chiers et bien amez, nous sommes records que des l'année passée, pour fournir aux grans charges que avons supportez pour la conduicte des affaires de nostre Royaume, vous nous feistes libéralement prest de la somme de quinze cens livres, de laquelle feismes lever descharge et vous assigner sur noz finances de ceste présente année, cuydant certainement que en peussiez estre payez et remboursez et que noz affaires le peussent bien porter. Toutes voies vous avez depuys peu esté advertiz des grans charges qui nous sont survenues et qu'il nous a convenu supporter en l'année passée en maintes manières, pour

---

1. Cette lettre a été publiée par Thibaudeau (*Abrégé de l'histoire du Poitou*, t. III, p. 137,) mais avec plusieurs inexactitudes.

lesquelles despenses, qui estoient inoppinées et qui ont monté à une grant somme de deniers, n'avons voulu faire aucun emprunt sur vous ne autres noz bonnes villes, ne mectre aucune creue sur noz subgectz, comme nos dictes affaires l'eussent bien requis, espérans davantaige que votre dit rembourcement peust estre fait selon et en ensuyvant les descharges et assignacions sur ce faictes. Mais en effect, en besoignant au fait et estat de noz finances, nous avons trouvé que, à cause des dictes charges et despenses passées et celles que présentement avons à supporter, il seroit impossible que la dicte somme vous peust estre rembourcée sans la mectre sus de creue sur nostre peuple et subgectz, qui pour le présent, veu les autres grans charges qu'ilz portent, ne viendront pas bien à propos. Parquoy nous vous prions bien affectueusement que, en aiant à ce regard, vous nous veillez libérallement faire don de la dicte somme ainsi par vous à nous prestée, comme dit est, et nous rendre ou envoyer la descharge qui a esté levée pour vostre remboursement de la dicte somme, vous advisans que sommes tres desplaisans que la dicte somme ne vous peut estre payée selon votre dicte assignacion, comme plus à plain porrez savoir et entendre par nostre amé et féal notaire et secretaire, maistre Jehan de la Rue, que expressément envoyons devers vous. Si le croyez de ce qu'il vous dira de par nous, et au demourant nous complairez en ceste nostre requeste. Et en ce faisant soyez asseurez que nous ferez tres grant et agréable plaisir et dont vous saurons bon gré et en aurons bonne souvenance pour le recognoistre en voz affaires quant d'aucune chose nous requerrez. Donné à Bloys le dixiesme jour de décembre (1501). Ainsi signé, Loys et Gedoyn. Et au doux d'icelles : A noz chiers et bien amez les maire, eschevyns, bourgeoys, manans et habitans de nostre bonne ville et cité de Poictiers.

XLVI.

Lettre de Louis XII. (*Rég.* 8, *p.* 9.)

De par le Roy. Tres chiers et bien amez, noz tres chers et tres amez cousin et cousine l'archiduc et archiduchesse[1] doivent bien tost passer par nostre ville de Poictiers en faisant leur voyage d'Espaigne. Et pour ce que désirons qu'ilz soient bien traictez et recuilliz, nous vous prions et mandons bien expressément que, à leur arrivée en nostre dicte ville, vous allez audevant d'eulx, faictes tendre les ruhes, ordonnez leurs logeis et leur faictes tout le service, bon recueul, honneur et traictement que possible vous sera, et comme feriez à nous, et n'y faictes aucune faulte. En quoy faisant vous nous ferez tres grant plaisir et service. Donné à Bloys le xii jour de décembre (1501). Ainsi signé, Loys. Et au dessoubs : Nous envoyons expressément devers vous nostre amé et féal conseiller et chambellan le séneschal de Poictou, auquel avons donné charge dire plus au long nostre intencion sur ceste matière, et pour ce croyez le de ce qui vous dira de nostre part. Et au dessous est signé, Cotereul.

XLVII.

Lettre de M. de Montfort (François de Pons). (*Rég.* 8, *p.* 28.)

Messieurs, je me recommande à vous de tres bon cueur. Par ce porteur vous envoye les lettres que le Roy m'a escriptes, par lesquelles et par le rapport de luy pourrez estre advertiz

---

1. Philippe le Beau et Jeanne la Folle, son épouse, fille de Ferdinand le Catholique et d'Isabelle de Castille.

de l'arivée de madame de Taillebourg[1] à Poictiers. Là et ailleurs le dit seigneur entend qu'elle soit receue à tel honneur qu'il appartient à ceulx de sa maison. Je vous prie et de par le dit seigneur vous advise de vous y acquiter ainsi que le saurez bien faire. Et s'il est chose que pour vous puisse, en m'en advertissant je le feray de tres bon cueur. Et à tant je prye à Dieu, Messieurs, qu'il vous donne ce que désirez. Escript à Lésignan le vii jour de janvier (1502). Le tout vostre, Françoys de Pons[2].

XLVIII.

Lettre du Roi à M. de Montfort. (*Rég.* 8, *p.* 28.)

Mon cousin, j'ay veu les lettres que m'avez escriptes, par lesquelles m'escripvez que l'on ne peut besoigner en cest affaire sans que je parle à ma cousine de Taillebourg, et qu'elle a grant envye de me veoir. Je la vouldroys bien veoir, et à ceste cause dictes luy qu'elle viègne devers moy, et je luy feray bonne chère, et parlerons de l'affaire de quoy je vous ay escript plus au long. Il me semble que si elle passoit par l'Isle Bouchard qui est son chemyn, qu'elle feroit bien, car elle verroit la maison et ma cousine de la Tremoille, et pourroit mieulx cognoistre si la chose luy seroit sortable que si elle n'y avoit point esté. Et adieu mon cousin. Escript à Amboyse le xxie jour de décembre (1501). Je me suis advisé depuys ces lettres escriptes qu'il sera bon que vous mesmes amenez ma dicte cousine, ce que vous pry que faictes et luy faictes

---

[1]. Jeanne d'Orléans, fille de Jean d'Orléans, comte d'Angoulême et de Périgord, épousa Charles de Coëtivy, comte de Taillebourg. (*Hist. généal.*, par le P. Anselme, t. I, p. 209, et t. VII, p. 846.)

[2]. François de Pons, comte de Montfort, épousa Marguerite de Coëtivy, fille d'Olivier de Coëtivy et sœur de Charles de Coëtivy, comte de Taillebourg. (*Hist. généal.*, par le P. Anselme, t. VII, p. 846.)

faire par les lieux par où elle passera le plus d'onneur que vous pourrez. Ainsi signé, Loys, et Cotereau. Et en la suscription : A mon cousin le sʳ de Montfort.

XLIX.

Lettre de Louis XII. (*Rég. 9, p. 31.*)

De par le Roy. Chiers et bien amez, nous avons esté advertiz que ung jeune escollier Myllannoys nommé maistre Fabri, résidant et lisant en l'université de Poictiers, s'est venu logier devant le logis de l'abbé de Mermoustier, et, comme on nous l'a certiffié, a porté et porte quelxconques parolles au dit abbé pour le demouvoir du bon voulloir et affection qu'il a à l'église, et qui pis est de nuyt avec quarante ou cincquante brigueurs faict journellement plusieurs insolences et folies au grant détriment des escolliers estudians en la dicte université. A ceste cause et que nous desirons y remédier et promptement pourveoirer, nous escripvons à noz officiers prandre et saisir au corps le dit Fabry et soubz bonne et seure garde le nous amener, pour sçavoir et entendre de luy les causes qui l'ont meu et meuvent de vouloir porter au dit abbé les parolles qu'on dit qu'il a dictes, ensemble aucunes autres dont il est chargé, pour après le tout entendu à la vérité en ordonner ainsi que verrons estre affaire par raison et justice, dont nous avons bien voulu semblablement vous escripre et advertir. Et vous prions et néantmoins mandons expressément que vous tenez main et donnez toute l'ayde, faveur et assistance à nos dits officiers que besoing sera pour exécuter ceste chose. Et n'y faictes faulte sur tout le service que désirez nous faire. Donné à Bloys le vii jour de septembre (1506). Ainsi signez, Loys, et au dessoubz, Robertet.

L.

Lettre de Louis XII. (*Rég. 9, p. 38.*)

Tres chiers et bien amez, pour ce que nous avons commandé pour aucunes bonnes justes causes ad ce nous mouvans, que Fabry, que nous avez puys naguerez envoyé, sera hors nostre royaulme et n'y [fera] doresnavant aucune résidance, et que nous n'entendons point qu'il perde aucune chouse de ses biens qu'il a [à] Poictiers, nous voulons et vous mandons que ses livres et autres biens qui sont par delà vous baillez et délivrez ou faictes bailler et délivrer entre les mains d'iceluy que nostre aymé et féal conseiller général de noz finances Jacques de Beaune envoyra devers vous portant ces présentes, et n'y faictes faulte, car tel est nostre plaisir. Donné à Coutras le xxve jour de septembre (1506). Ainsi signé Loys, et au dessoubz, Robertet.

LI.

Lettre de M. le général de Languedoc (Jacques de Beaune de Samblançay). (*Rég. 9, p. 39.*)

Messieurs, je me recommande à vous de bon cueur. Messieurs, je vous envoye par ce porteur des lettres que le Roy vous rescript pour faire rendre et délivrer à messire Fabry ses livres et autres besoignes qu'il pourroit avoir à Poictiers, parce qu'il luy ordonne s'en aller hors du Royaulme, comme pourrez veoir par les dictes lettres du dit sire. En ensuyvant lesquelles vous pry envoyer par voiturier en ceste ville les dictes besoignes du dit Fabry, et j'en feray payer la voiture. Messieurs, s'il est service que pour vous je puisse, en le me faisant sçavoir, le feray de bon cueur. Et à tant je pry Dieu vous donner ce que désirez. Escript à Tours le xxviie jour de septembre (1506). Et au dessoubz, votre bon serviteur et frère, Jacques de Beaune.

LII.

Lettre de Louis XII. (*Rég.* 10, *p.* 177.)

De par le Roy. Tres chiers et bien amez, nous envoyons ce présent porteur chevaucheur de notre escuyrie jusques à Bayonne pour faire lever les postes de nostre cousin le prinse de Castille [1], lesquelz de noz congiez et licence avoient esté assises par nostre Reaume, comme avez peu veoir par noz lettres patentes que pour ce avyons cy devant octroyées. A ceste cause, si vous trouvez que les dictes postes soient encores assises mesmement en nostre ville de Poictiers, faictes leur faire exprès commandement de par nous qu'ilz aient à eulx lever et ne servir plus de poste. Et aussi faictes deffandre, sur peyne de confiscacion de corps et de biens, qu'il n'y ait aucun de noz subgectz en la dicte ville ne aux environs qui s'entremete de servir la dicte poste pour notre dit cousin. Et davantaige, ne laissez passer nulz courriers allans en Espaigne, mais iceulx faictez prandre et arrester et nous envoyez dilligemment les lectres dont les trouverez chargés et saisiz, en donnant ordre que nulz ne passent tant de jour que de nuyt en dilligence sans avoir une lectre de pas du contrerolleur des chevaucheurs de nostre escuyrie. Car autrement ce nous pourroit porter dommaige et à nostre dit royaume. Et gardez bien, comme que ce soit, que en ce ne faictez faulte. Donné à Bloys le septiesme jour de janvyer (1506). Ainsi signé, Loys, Robertet.

Sur le doz desquelles dictes lectres est escript : A nos tres chiers et bien amez les maire et eschevins de nostre ville de Poictiers.

---

1. Philippe le Beau, époux de Jeanne la Folle, princesse de Castille.

LIII.

Lettre de Louis XII. (*Rég.* 11, p. 167.)

De par le Roy. Tres chers et bien amez, nous avons esté présentement advertiz du trespas de l'abesse de saincte Croix de Poictiers [1]. Parce que nous désirons singullièrement [que] nostre chère et amée cousine l'abbesse de saincte Ozany [2], seur bastarde de nostre tres cher et tres amé filz le duc de Valloys, conte d'Angoulesme [3], soit proveue de la dicte abbaye, tant pour l'utillité de la dicte abbaye, que en faveur des biens et vertuz qui sont en nostre dicte cousine, nous escripvons présentement aux religieuses d'icelle abbaye à ce qu'elles veuillent toutes unicquement postuller icelle nostre dicte cousine en leur abbesse. A ceste cause et que nous sçavons que vous pourrez grandement servir en ceste affaire, nous avons bien voulu vous en escripre, vous priant que vous veuillez transporter devers les dictes religieuses, et de par nous leur faire toutes les meilleures remonstrances que pourrez à ce qu'elles veuillent obtemperer à nostre requeste, et vous nous ferez tres singullier et agréable plaisir en ce faisant. Tres chers et bien amez, Nostre Seigneur vous ayt en sa garde. Donné à Bloys le xiii jour d'avril (1512). Loys. Robertet.

A nos tres chers et bien amez les maire, eschevins, manans et habitans de nostre bonne ville de Poictiers.

---

1. Jeanne de Couhé (*Gallia Christiana*). Marie Bertrand lui succéda, d'après le *Gallia Christiana*.

2. Madeleine d'Orléans, fille de Charles, comte d'Angoulême, abbesse de Saint-Ausone d'Angoulême. (*Gallia Christiana*.)

3. François, duc de Valois, né le 12 septembre 1494, fils de Charles, comte d'Angoulême, et de Louise de Savoie, succéda bientôt à Louis XII, sous le nom de François Ier.

LIV.

Lettre de André de Vivonne. (*Rég.* 11, *p.* 209.)

Monsieur le maire, je me recommande à vous tant comme je puis. J'ay receu unes lectres qu'il a pleu au Roy m'escripre et aussi les voustres. Par la lectre que le Roy m'escript, il m'escript que ferés monstre comme vous sçavez j'ay mandement de la faire. On m'a escript que l'avez faict assigner et crier à jeudy prochain par devant vous. Et à Dieu, Monsieur le maire, que je prie vous donner ce que désirés. A la Mothe le xie jour de may (1512). Le tout vostre, André de Vivonne.

A Monsieur le maire de Poictiers[1].

LV.

Lettre de Louis XII. (*Rég.* 11, *p.* 198.)

De par le Roy. Tres chers et bien amez, nous avons oy aucuns de vos eschevins que avés envoyé devers nous, touchant les remonstrances qu'ilz nos ont faictes de par vous pour le bien de sureté de nostre dicte ville, et en tant que touschent les priviléges que avés du faict de noz ban et arrière ban de nostre senneschaucie de Poictou. Nous leur avons donné les provisions requises, affin que ne soyés tirez hors de nostre dicte ville, mais que demourés à la garde d'icelle ainsi que avés accoustumé. Et pareillement avons donné provision pour faire clourre les ouvertures qui ont esté faictes en la muraille et cloustures de nostre dicte ville, et aussi pour faire retirer les édiffices qui ont esté faictz sur icelles,

---

1. Cette lettre a été publiée par Thibaudeau, t. III, p. 135, 136.

nuysibles à la force et deffence de la dicte ville, ensemble pour faire curer et nettoyer la rivière, douves et foussés de la dicte ville, ainsi que pourrés veoir par nos dictes lectres et provisions que sur ce avons données. Au surplus, pour ce que, comme sçavés, il est bruyt de guerres et de la descente des Anglois en nostre royaulme, à quoy espérons bien pourveoir, toutes voyes il est besoing que de vostre part vous tieignés sur voz gardes, et que faictes dilligence de vous fortifier et garnir vostre dicte ville de toutes choses qu'il fault pour l'asseureté et deffence d'icelle, et entre aultres, que fassiez faire de l'artillerie de fonte qui est le princippal, ainsi qu'il a esté faict par plusieurs bonnes villes de nostre royaulme qui, oultre cella, ont faict navires et vaysseaulx de mer, ce que n'avez faict. Et croyons que les gens d'église estans en nostre dicte ville, qui sont plusieurs beaulx et grans colliéges, actendu que la chouse cedde à leur utilité et seureté comme des aultres, vous ayderont et subviendront voluntiers à faire faire la dicte artillerie, mais que le leur remonstrés. Si vous prions vaquer et entendre à toutes les dictes choses que plus applain avons dictes et faict dire à vous dits depputés, en manière que inconvénient n'en puisse advenir, et vous y employez comme noz bons et loiaulx subgects, et que avons en vous fiance. Donné à Bloys le xiiiie jour de may (1512). Loys. Gedoyn. A noz tres chers et bien amez les maire, eschevins et bourgeois de nostre bonne ville et cité de Poictiers[1].

LVI.

Lettre de Louis XII. (*Rég.* 11, *p.* 343.)

Tres chers et bien amez, vous pouvez assez considérer les grans affaires que avons de présent à supporter pour résis-

---

[1]. Cette lettre a été publiée par Thibaudeau, *Abrégé de l'histoire du Poitou*, t. III, p. 134.

ter aux praticques et damnées machinacions, conspiracions et entreprinsez de nous ennemis, qui sans cause ne querelle serchent par tous moyens possible destruire et ruiner nostre Roiaulme et subgectz ; pour fournir ausquelles despences et entretennement de noz armées de mer et de terre, que pour ce avons mis sus et nous fault entretenir, et pour soullager nostre pauvre peuple des grans charges que, à nostre grand desplaisance, il a portées et leur convient porter pour le faict de nos dictes guerres, il est besoing nous ayder des bonnes villes franches de nostre Roiaulme, dont celle de Poictiers est l'une. A ceste cause, nous envoyons présentement devers vous nous amez et féaulx conseillers Messieurs Jehan Salat, maistre des requestes ordinaire de nostre hostel, le sire de Bellenave, chevalliers, et maistre Richart Lemoyne, noustre notaire et secretaire et esleu du Mans, pour vous remonstrer bien à plain nos dictes affaires et requérir de par nous que, pour à iceulx nous ayder et subvenir, nous veuillés accorder par manière de don pour ceste foys la somme de cinq mil livres tournois, et icelle mettez sus par assiette le plus justement et esgallement que faire se pourra le fort portant le foible ou aultre, ainsi que adviserez pour le mieulx et manière ; toutes voys que pour ce les repparacions nécessaires et aultres choses nécessaires d'icelle nostre ville n'en demeurent, ainsi que plus applain nos dictz conseillers et commissaires vous diront de par nous, lesqueulx vous veuillez croire et adjouster foy à ce qu'ilz vous en diront de nostre part ; et au demeurant faire en ceste matière par façon que congnoissons que désirez nous ayder à cestuy nostre grand affaire. Et aussi vous pouvez estre seurs que en tous voz affaires nous vous traicterons tousjours favorablement, ainsi que nous bons, vrays, loiaulx et obéissans subgectz. Donné à Bloys le quatriesme jour de septembre (1512). Loys. Gedoyn. A noz tres chers et bien amez les maire, eschevins, bourgeoys et habitans de nostre ville et cité de Poictiers.

LVII.

Lettre de Jacques de Beaune de Samblançay. (*Rég.* 11, *p.* 369.)

Messieurs, je me recommande à vous bonnes graces tant de bon cueur que faire puis. J'ay receu voz lectres que vous m'avez escriptes par deux de voz confraires. Et en ensuivant le contenu d'icelles ce jourd'huy matin a esté faict remonstrance au Roy et à Messieurs de Paris et autres du conseil, de la pouvretté de voustre ville, tendant à faire modérer la requeste de l'octroy qui vous a esté faict. Mes le dict seigneur considérant que ja avoit esté baillé au trésorier des guerres, pour le payement d'aucune compaignie des gendarmes, voustre dict octroy pour la somme de III mille livres, et que les estatz de ses dictes guerres ont esté à ce arrestées, a dict que la somme de quatre mil livres ne sera point modérée. Messieurs, par advanture que d'icy à quinze jours ou troys sepmaines que l'on pourra dereschief faire pareille remonstrance au dict seigneur, il pourra mieulx considérer voustre dicte pauvretté et vous faire quelque modéracion. Parquoy y me semble que pouvés et doyvés mettre sus en vostre ville la somme de trois mil livres et icelle payer, car de maindre somme je croy que le dit seigneur ne se vouldroit contanter, et si tant est qu'il s'en contantet : en quoy de ma part par bonne remonstrance je me employré et mes amys; y ne sera point besoing de mettre sus l'oultre plus des dictes III mil livres. Messieurs, il est requis que vous faciés toute dilligence de mettre sus la dicte somme de trois mil livres et d'icelle payer au dict trésorier. Au demourant, je vous advise que en tout ce que je pourray ayder à la ville et en voz affaires je le feray de bon cueur, duquel je pry le créateur vous donner bonne vie et longue. De Bloys le VI° d'octobre (1512). Votre serviteur et frère, Jaques de Beaulne. A Messieurs les maire et eschevins de la ville et cité de Poictiers.

LVIII.

Lettre de Louis XII. (*Rég.* 11, *p.* 378.)

De par le Roy. Tres chers et bien amez, vous sçavez la somme que vous avons naguesres faict requérir pour nous subvenir et ayder aux grans charges et affaires que avons à supporter pour résister à noz ennemis, et ce que en avons faict dire à ceulx que avez derrièrement envoyés de par deçà ; en quoy croyons que ayés donné ordre. Toutesvoys pour ce que nous est besoing nécessairement recouvrer argent pour payer nous gens de guerre qui sont de présent au camp en noustre pays de Guyenne[1], et que les deniers qui viennent de vous et autres villes franches de noustre Royaulme sont ordonnés pour fournir au dict payement de ce présent moys d'octobre, nous vous en avons bien voulu advertir et envoyons expressément devers vous nostre amé et féal secretaire et notaire maistre Léon Saugeon, pour vous dire l'inconvénient qui nous pourroit advenir s'il y avoit faulte, à ce que, si vous n'avez donné provision de fournir vostre somme, vous le faictes incontinant ; car il ne fault pas qu'il y ayt faulte, ainsi que plus à plain nostre dit secretaire vous remonstrera, lequel vous croyez de ce qu'il vous en dira de par nous. Donné à Bloys le xiiiᵉ jour d'octobre (1512). Loys Gedoyn. A noz tres chers et bien amez les maire, eschevins, bourgeois, manans et habitans de noustre bonne ville et cité de Poictiers.

---

[1]. Louis XII avait envoyé à Saint-Jean-Pied-de-Port une armée commandée par François, duc de Longueville, et Charles, duc de Bourbon, comte de Montpensier, pour soutenir Jean d'Albret, roi de Navarre, attaqué par Ferdinand le Catholique, roi d'Espagne.

LIX.

Lettre de Louis XII. (*Rég.* 11, p. 387.).

De par le Roy. Tres chers et bien amez, nous vous avons puis naguesres faict requérir par certains noz commissaires que, pour nous ayder et subvenir aux grans charges et affaires que avons à supporter comme il est notoire pour la tuicion et deffence de nostre Roiaulme et résister à noz ennemis, vous nous voulcissiés octroyer par manière de don la somme de cinq mil livres tournois : ce que nous avez libérallement accordé, au moins la somme de quatre mil livres tournois à quoy depuis la dicte somme a esté modérée ; et pour ce que nous avons [ordonné] la dicte somme estre baillée à noustre amé et féal conseillier maistre Morlet Demuseau, trésorier de l'extraordinaire de nous guerres, pour convertir au faict de sa dicte charge, nous vous prions et mandons que la dicte somme vous veuillés incontinent bailler et délivrer es mains du dict trésorier Morellet, et en rapportant ces présentes avec sa quictance et récépissé d'icelle somme, nous vous en tiendrons quictez ; si n'y faictes difficulté. Donné à Bloys le xviii° jour d'octobre, l'an mil cinq cens douze. Gedoyn. — A noz tres chers et bien amez les maire, eschevins, bourgeois, manans et habitans de noustre bonne ville et cité de Poictiers.

LX.

Lettre de Louis XII. (*Rég.* 11, p. 488.

De par le Roy. Tres chers et bien amez, nous avons depputez noz amez et féaulx conseillers messire Jehan Sallat, chevallier, maistre des requestes ordinaires de noustre hostel, le sire de Bellenave et M⁰ Richard Lemoynne, noustre notaire et secretaire, esleu du Mayne, pour vous remonstrer les grans affaires que avons de présent à conduire, et pour résister aux entreprinses de noz ennemis, mesmement à la descente que présentement le Roy d'Angleterre est délibéré et résolu de faire en noustre Roiaulme, à grosse puissance, comme il est tout certain et notoire; à quoy, attendu qu'il est question de la tuicion et deffènce de noustre dict Roiaulme et de nous bons et loyaulx subgectz d'icellui, avons proveu et pourvoions à nostre pouvoir, et délibérons y aller noz mesmes en personne et riens n'y espergner. Toutesvoies vous pouvez assez congnoistre et considérer le long temps qu'il y a que sommes en ces grosses affaires et les despences que avons faictes et faisons continuellement pour l'entretennement de noz armées de mer et de terre, affin de rompre les dampnées entreprinses de nos dictz ennemis, où avons emploié et consommé grosses sommes de deniers de la substance de noz pauvrez subgectz, à noustre grand desplaisance; tellement que sommes contrainctz avoir encores recours à vous et aultres bonnes villes franchez de noustre dict Roiaulme pour ceste foys. Et à ceste cause avons donné charge aux dessus dictz noz commissaires vous requérir de par nous que, pour nous ayder à iceulx affaires, qui sont telz et de telle importance que chacun peult veoir et qui touchent à vous et aultres villes de noustre dict Roiaulme, vous nous veuillés accorder semblable somme que nous accordastes derrièrement pour pareille cause, pour ceste foys seullement, et sans conséquence et préjudice de vous franchises et libertés. Si vous prions ne nous faillir à ce besoing qui est plus que neccessaire, et sur ce croyez nos dits commissaires de ce qu'ils vous en diront de par nous, et y procédez libérallement et promptement comme la chose le requiert; et aussi vous pouvez estre seurs qu'il ne sera jamès que ne vous en saichons gré pour le recongnoistre en voz affaires quant d'aucune chose nous requerrez. Donné à Bloys le quinziesme jour de may

(1513). Loys. Gedoyn.— A noz tres chers et bien amez les maire, pers, habitans et conseillers de nostre bonne ville et cité de Poictiers.

LXI.

Lettre de Jacques de Beaune de Samblançay. (*Rég.* 12, *p.* 12.)

Messieurs, je me recommande à vous bonnes graces tant de bon cueur que faire puys. J'ay receu vos lectres que par vostre confrère m'avez escriptes, du contenu desquelles j'ay faict remonstrence à Messieurs du conseil qui par exprès l'ont déclaré au Roy, lequel s'est esbahy à vostre petit offre, veu les affaires si urgens qu'ilz sont, et seroit merveilleusement mal content de vous, s'il pensoit que ne lui feissiez don et octroy de la somme qui vous a esté de par luy requise, et se actend que vous n'y ferez faulte, en ensuivant ce qu'il a ordonné estre par moy dict à vostre dict confrère. Ceulx de Tours, de Bourges et d'autres villes ont, pour pareille cause que vous, envoyé devers le dit seigneur, mais après les dictes remonstrances et l'indignacion que le Roy pourroyt avoyr contre eulx de ne le secourir es dictes urgens affaires, ilz s'en sont retornés et despuis ont octroyé et accordé ce que premièrement leur avoyt esté demandé. De ma part et d'autant que je désire le bien de vostre ville, il me samble que vous vous devez évertuer de fornir la dicte somme en regard aus dictes affaires, et affin que le dit seigneur n'ayt cause d'estre mal content de vous. Messieurs, s'il est chose en quoy je puisse faire service es affaires communes de vostre ville et es vostres particullières, il ne tiendra que à faulte d'en estre adverty que je ne m'y employe de tres bon cueur, duquel je prie le créateur vous donner ce que désirez. De Paris, ce xxviie jour de juing (1513). Votre serviteur et bon frère Jaques de Beaune. — A Messieurs les maire et eschevins de la ville de Poictiers, mes tres chers seigneurs et frères.

LETTRES

DE

FLANDRINE DE NASSAU

ABBESSE DE SAINTE-CROIX DE POITIERS

A

CHARLOTTE-BRABANTINE DE NASSAU

DUCHESSE DE LA TRÉMOILLE

SA SŒUR.

C'est à la bienveillance de M. le duc de la Trémoille que la Société des Archives historiques du Poitou doit la communication des LXV lettres suivantes, olographes, sauf cinq ou six adresses, et inédites, à l'exception des Ve, XVIIe et XLI^{e [1]}. Leur conservation, dans son volumineux et encore plus important chartrier, s'explique d'elle-même par le nom de la personne à laquelle elles furent écrites : Charlotte-Brabantine de Nassau, sœur germaine et puînée de l'abbesse de Sainte-Croix, femme, puis veuve de Claude, second duc de la Trémoille et de Thouars.

Outre l'oraison funèbre [2] de la princesse qui, ayant abjuré le protestantisme, gouverna pendant près de trente-cinq ans le monastère fondé par sainte Radegonde, deux imprimés furent consacrés à sa mémoire. L'*Épitre funèbre où est contenu un abrégé de la vie de feue*

---

1. Lettres de Louise de Coligny, princesse d'Orange (Paris, 1872), p. 108, pour le n° V ; et pour les deux autres, Annuaire de la Société d'émulation de la Vendée, XIVe année (1868), p. 197 et 198.

2. Par son confesseur, le P. Solier, jésuite. La Bibliothèque de Poitiers en possède un exemplaire.

Madame Charlotte-Flandrine de Nassau..., datée du 1er mai 1640 et signée L'ABBESSE ET COUVENT DE SAINTE-CROIX DE POITIERS, a pour auteur Catherine de la Trémoille-Royan, qui venait de succéder à la défunte, dont elle avait été l'élève la plus chérie et la coadjutrice. *Le Miroir des âmes religieuses, ou la Vie de T. H. et T. R. princesse Mme Charlotte-Flandrine de Nassau...., abbesse du royal monastère de Sainte-Croix de Poitiers*, par Claude Allard, prêtre, chantre et chanoine de Laval, a été publié en 1653, aussi à Poitiers[1], où il en existe plusieurs exemplaires. C'est un volumineux in-4°, dans lequel les faits sont pour ainsi dire noyés au milieu des nombreux chapitres dont se composent les six livres de l'ouvrage. Ils ont été résumés dans le *Gallia Christiana Nova*, vol. 2, col. 1303.

De l'Épitre funèbre, in-8° de 22 pages, nous n'avons malheureusement que l'analyse donnée par Dreux du Radier, *Bibliothèque historique et critique du Poitou*, vol. 3, p. 460-464. « On trouve, dit-il, dans cette lettre, qui est un éloge funèbre, le style particulier à ces sortes d'ouvrages, ce coloris supérieur aux grâces du style, cette éloquence naturelle qui exclut l'art en faveur du sentiment, et d'autant plus persuasive qu'il paroît qu'on pense moins à persuader ». Si nous eussions pu nous procurer le texte de cette épitre, elle eût été la meilleure introduction aux Lettres de Flandrine de Nassau.

En indiquant les principales circonstances de sa vie, nous ajoutons aux renseignements de Dreux du Radier et du *Gallia Christiana* ceux qui résultent de pièces du chartrier de Thouars et de plusieurs publications faites aux Pays-Bas.

Le *Mémoire des jours des Nativitez de Mesdamoyselles de Nassau-Bourbon*, filles de Guillaume le Taciturne, prince d'Orange, et de sa troisième femme, Charlotte de Bourbon-Montpensier, prouve que l'abbesse de Sainte-Croix est née un an plus tard qu'on ne l'a imprimé en Poitou.

« Mardy le xvIII^e d'aoust, l'an 1579, à dix heures devant midy,

---

[1]. Dans l'exemplaire que M. Bonsergent a bien voulu nous communiquer, il y a, au verso de la dédicace, un portrait de l'abbesse, alors âgée, offrant de la ressemblance avec celui de sa mère, dont M. le duc de la Trémoille possède une belle gravure.

Madame [1] accoucha, en Anvers, de sa quatriesme fille, qui fust baptisée au Temple du chasteau [d'Anvers], le xviiie d'octobre ensuivant, et nommée Flandrine par Messieurs les députés des quatre membre de Flandre et par Madamoyselle Anna de Nassau, seconde fille de Son Excellence [2], comme tesmoings dudit baptesme. Les quelz membre de Flandre lui ont accordé une rente héritière de deux mille florins par an, comme se vérifie par les lettres-appert [3], sur ce dépeschées. »

Plusieurs lettres [4] constatent l'affection du père et de la mère pour celle qui devait être bientôt orpheline ; Charlotte ayant succombé le 5 mai 1582, par suite du saisissement que lui fit éprouver l'attentat de l'Espagnol Juan Jaureguy sur la vie de Guillaume, et

---

1. Contrainte par ses parents de prendre le voile et, malgré ses protestations réitérées, de devenir abbesse de Jouarre, diocèse de Meaux, elle était parvenue à se réfugier chez l'Électeur-Palatin, son parent (février 1572) et y avait aussitôt fait profession publique de la religion protestante. Charlotte de Bourbon avait alors 26 ans. Elle épousa le Libérateur des Provinces-Unies le 12 juin 1575. Son père, Louis II, duc de Montpensier, approuva le mariage par une déclaration particulière, en 1581.

2. Mais l'aînée de celles que le prince d'Orange eut de sa seconde femme, Anne de Saxe. Mariée le 21 novembre 1587 à son cousin germain le comte Guillaume-Louis de Nassau, elle mourut le 30 juin suivant.

3. C'est-à-dire lettres-patentes.
A la suite, et d'une main plus récente, on lit : « La rente de ma dite dame (Flandrine) à cause du dot de Madame sa mère, se monte à CC livres tournois par an, à elle accordée par M. de Montpensier, le xviie jour de juillet 1600, avec mille escus d'arrérages. »
Les droits de MM^{lles} de Nassau-Bourbon à la succession de leur père furent liquidés seulement le 27 juin 1609, à la suite de la trève de douze ans que Henri IV parvint à faire signer entre les Provinces-Unies et l'Espagne. Elles n'eurent que les biens possédés avant la guerre par Guillaume le Taciturne dans la comté de Bourgogne, dont elles paraissent avoir retiré un très-modique dividende; plus chacune une rente de 1,000 florins, payable par les États-Généraux des Pays-Bas et rachetable au denier vingt. Ces conditions, qui résultaient surtout du mauvais vouloir de leurs deux frères aînés, Philippe-Guillaume et Maurice, ayant été reconnues insuffisantes par leur puîné et héritier, Henri de Nassau, il finit par accorder, le 18 mai 1638, un supplément de 8,000 rixdalers à chacune de ses sœurs, filles de Charlotte de Bourbon ; mais Flandrine, probablement *quia abbatissa*, fut exclue de cette répartition, « n'entendant lesdites parties attribuer aucun droit à ladite dame abbesse ».

4. Documents concernant les troubles des Pays-Bas, publiés par MM. Kerwyn de Wolkoersbeke et Diegerick, vol. 1, p. 454 ; vol. 2, p. 269, 284.

celui-ci étant mort le 10 juillet 1584, frappé par la balle d'un nouvel assassin.

Ainsi ils préviennent du baptême de l'enfant les quatre membres du pays et comté de Flandre qui, par lettre du 9 o tobre 1579, avaient demandé à être ses parrains ; les 21 et 22 du même mois, ils remercient les bourgmestre, échevins et conseil de la ville d'Ypres de s'être fait représenter au baptême ; les 11 et 17 juillet, ils entrent dans de minutieux détails sur leur désir de voir remplacer la rente de 2,000 florins, donnée à Flandrine, par un domaine de revenu à peu près égal, nommé Loochristy, ancienne dépendance du monastère de Saint-Bavon de Gand [1]. Il ne paraît pas avoir été donné suite à ce projet.

La princesse d'Orange n'avait eu que des filles, au nombre de six, dont la dernière naquit le 9 décembre 1584[2], et qui se sont illustrées par leur vertu[3]. Ayant promis, dit Dreux du Radier, d'en envoyer une en France, pour y être élevée, celle qui était destinée au voyage tomba malade, et Flandrine prit sa place. Elle fut confiée à Madelaine de Longwy, tante maternelle ou cousine de la princesse et abbesse du Paraclet d'Amiens, probablement à cause de son penchant pour la réforme religieuse. La belle lettre qu'Élisabeth, reine d'Angleterre, adressa le 17 octobre 1584 au duc de Montpensier, en faveur de ses nièces orphelines, prouve que, depuis plusieurs années déjà, Flandrine était près de *la dame du Paracly* [4]. Quand cette dernière se fut ouvertement retirée de l'Église romaine[5], l'enfant passa sous la direction d'une sœur de sa mère, Jeanne de Bourbon, qui l'emmena à Jouarre, puis à Sainte-Croix de Poitiers, dont elle était aussi abbesse. Ce fut dans ce dernier monastère que la jeune princesse, après avoir été instruite par l'abbé de Saint-Hilaire de la Celle, abjura, à l'âge de neuf ans, le

---

1. Je dois ces renseignements à l'extrême obligeance de M. Campbell, directeur de la Bibliothèque royale de la Haye.
2. Chartrier de Thouars ; Mémoire des Nativitez, etc., etc.
3. *Sex insigni virtute filias*. De Thou, *Histoire universelle*, livre 79.
4. « Et quant à l'autre, nommée Flandrine, que la dame du Paracly avoit desjà auprès de soy du vivant du père, nous la luy avons de longtemps bien expressément recommandée. » Groën Van Prinsterer, Archives ou Correspondance de la maison d'Orange-Nassau, 1re série, vol. 8, p. 472.
5. Ad hæresim Calvinianam defecit. *Gallia Christ. Nova*, vol. X, col. 1346.

15 août 1588, la religion professée par tous les membres de sa famille paternelle, excepté par son frère aîné, prisonnier depuis vingt ans de Philippe II, roi d'Espagne, qui l'avait fait élever dans le catholicisme. En la rebaptisant, on lui donna le nom de Charlotte, dont l'initiale figure au bas de quelques-unes de ses lettres à la duchesse de la Trémoille, avec celle du nom qu'elle avait reçu à Anvers. Ce dernier est le seul que, dans ses autres missives, elle signe en toutes lettres.

« Sa piété, dit Dreux du Radier, parut, dès ce temps-là, par la facilité avec laquelle elle reçut les impressions de la religion catholique et de la vie retirée du cloître. A quatorze ans, elle demanda le voile, qu'elle reçut en présence du duc et de la duchesse d'Elbeuf[1]. La princesse d'Orange (Louise de Coligny, dernière femme de Guillaume le Taciturne), qui n'avoit pu l'empêcher, eut assez de crédit auprès du roi Henri IV, pour retarder sa profession jusqu'au bout de l'an. La jeune novice en tomba malade de chagrin.... La princesse Éléonor de Bourbon, abbesse de Fontevrault, tante unique du roi et parente de la jeune princesse de Nassau, lui obtint de passer outre. »

D'après le *Gallia Christiana*, sa prise de voile eut lieu le dimanche 19 septembre 1590, et sa profession le 21 novembre 1593[2]. Ce dernier acte ne pouvait être valable, puisque Flandrine, même vieillie, comme on le faisait en la disant née en 1578, n'avait pas les seize ans prescrits par le concile de Trente, à peine de nullité. Le nouveau duc de Montpensier, Henri de Bourbon, l'entendait bien ainsi dans sa lettre du 23 avril 1594 à Maurice de Nassau, que la captivité de son aîné rendait chef de cette illustre maison.

« Je vous avois[3], il y a quelque temps, despesché un gentilhomme

---

1. Charles de Lorraine et Marguerite Chabot de Brion, tante, à la mode de Bretagne, de Flandrine.

2. Le 18 septembre 1593 fut passé le contrat en vertu duquel Henri de Bourbon, duc de Montpensier, cousin germain de Flandrine de Nassau, lui assigna une pension annuelle de 166 écus 2/3, dont 100 écus pour subvenir aux affaires et nécessités de ladite demoiselle, et le reste applicable à la communauté de l'abbaye ; « plus une somme de cinq cent escuz sol à une foys et à ung seul payement, pour satisfaire aux frais tant de son entrée et habit que réception et vœu de profession». *Archives de la Vienne, Sainte-Croix, liasse* 5. (Note communiquée par M. L. de la Boutetière.)

3. Groën Van Prinsterer, 2e série, vol. I, p. 266.

exprès pour vous faire entendre comme Mademoiselle Flandrine, vostre sœur et ma cousine, m'avoit instamment pryé de la vouloir faire religieuse, et avec tant de recherche et continuelle poursuytte que Madame de Saincte Croix, ma tante, luy a donné le voile blanc. Mais voulant à ceste heure se rendre du tout professe, qui seroit s'obliger du tout à estre religieuse, je ne luy ay pas voulu permettre que je n'aye premier sçeu vostre sentiment et intention, et celle de Madame vostre belle-mère (Louise de Colligny); vous supplyant bien humblement encores, par ceste cy, vouloir anvoyer vers madicte cousine quelqu'un qui vous puisse entièrement et fidellement rapporter sa volonté et lui faire entendre la vostre, à laquelle et toutes autres choses je me conformeray. » Les démarches faites pour arrêter la vocation de la jeune princesse furent inutiles. Madame Catherine, sœur de Henri IV, dont le comte Jean de Nassau avait sollicité l'intervention, ne put que lui répondre, vers le 1er août 1594 : « Je suis bien marye que je n'ay peu plus « faire pour la première chose en quoy vous m'avez employé [1] ».

On doit relever ici une erreur commise par les historiens protestants des princes d'Orange, notamment par Joseph de la Pise, l'auteur des *Lauriers de Nassau* et le généalogiste Jacoby [2]. D'après eux, Flandrine ne serait entrée au couvent, et même ne serait venue en France, qu'au mois de janvier 1598, lorsque sa belle-mère amena Charlotte-Brabantine à Paris, puis à Chatelleraud, où elle épousa M. de la Trémoille.

Son arrivée antérieurement à 1582, son séjour continu et son abjuration avant ce mariage viennent d'être constatés de la manière la plus certaine. Établies et entretenues par la correspondance très-active dont la dernière femme de Guillaume le Taciturne avait donné l'habitude à ses belles-filles, les relations de celles-ci ne subirent pas les atteintes ordinaires de l'absence. Lors du premier

---

1. Groën Van Prinsterer, *ibid.*, p. 276.
2. Le travail de ce dernier, composé en 1729, est inédit. Le manuscrit, conservé à la Bibliothèque royale de la Haye, contient la note suivante, que M. Campbell a bien voulu nous envoyer :

« Elle (Flandrine) avec sa belle-mère, Louise de Colligny; son demi-frère, le prince Frédéric-Henri d'Orange, ainsi qu'avec ses sœurs, est partie en 1595 *(sic)* pour la France, pour célébrer les noces de sa sœur Charlotte avec le duc Claude de la Trémoille, et elle est restée là et est entrée au couvent. »

voyage que Louise de Colligny avait fait, en 1594, des Provinces-Unies, dans son pays natal, avec Charlotte-Brabantine et Élisabeth de Nassau ; puis, lorsqu'elle y revint l'année suivante, pour conduire dans son ménage celle-ci, fiancée au duc de Bouillon [1], les deux sœurs, que leurs mariages rendirent tout à fait françaises, s'arrêtèrent à diverses reprises, et assez longuement, à Jouarre [2], chez l'abbesse Jeanne de Bourbon et près de leur chère Flandrine. Ainsi s'explique l'intimité constatée par la correspondance de cette dernière, et non par un séjour en Hollande rendu absolument impossible, de 1595 à 1598, par sa prise de voile. Des lettres reçues à la Haye par Charlotte-Brabantine de Nassau, entre le mariage de sa sœur Élisabeth et le sien, prouvent d'ailleurs que Flandrine était toujours en France, et au couvent [3].

Irrévocablement religieuse désormais, la jeune princesse accompagne sa tante dans les voyages qu'elle fait de l'une de ses abbayes à l'autre. Son peu d'espérance d'obtenir la coadjutorerie de Jouarre [4] et l'établissement de sa sœur la plus aimée en Poitou la fixent à Sainte-Croix. Quelques années après en avoir été instituée grande-prieure, MM. de Montpensier et de la Trémoille obtiennent en sa faveur la résignation de ce dernier monastère. Elle en est bénie abbesse le 25 juillet 1605. De cette époque à sa mort, 10 avril 1640, le *Gallia Christiana Nova* se borne à relater la fondation qu'elle fit, à grands frais, d'un prieuré de Bénédictines aux Sables-d'Olonne. La procuration très-détaillée qu'elle donna pour cet établissement, le 19 novembre 1631, à sa coadjutrice Catherine de la Trémoille-Royan, vient d'être imprimée dans l'Annuaire de la Société d'émulation de la Vendée, XIVe année, p. 198.

Si l'oraison funèbre, prononcée par le P. Solier, ne donne aucun détail biographique sur Flandrine de Nassau, elle rend, ainsi que

---

1. Lettres de Louise de Colligny, p. XII et suiv.
2. Soit lors de leur résidence à Paris, d'où Jouarre n'est distant que de quinze lieues, soit lorsqu'elles allaient de Paris à Sédan.
3. Ainsi, Mme de Bouillon écrivait, en 1597 : 1º de Sédan, le 5 février : « Nostre seur la religieuse se porte fort bien ; j'en ay eu nouvelles depuis peu » ; 2º de Turenne, à la fin de mars : « Mme de St-Croys et ma seur ont envoyé une laquais pour savoir de mes nouvelles et souhaitent tant me voir. Je leur promet que sera cest esté, s'il m'ét possible ».
4. Voir lettre XX.

le *Miroir des âmes religieuses*, un juste hommage à sa piété, à sa bonté pour les religieuses et tout le personnel du couvent, à son humilité et à son zèle pour les intérêts de la maison [1]. « C'était, dit Aubery du Maurier, une très-bonne princesse, que j'ai connue. Elle étoit petite et si sourde qu'elle n'entendoit point qu'avec un cornet d'argent [2]. » On peut ajouter que, jolie et douée d'une physionomie vive et spirituelle, comme toutes ses sœurs, elle fut, comme plusieurs d'elles, atteinte d'un embonpoint précoce.

Nos lettres confirment la plupart des assertions qui précèdent, et y ajoutent divers détails. Les renseignements généraux y sont peu nombreux. Du fond d'un cloître entouré de hautes et épaisses murailles, elles n'en avaient guère à apprendre à la plus grande dame de la province. Pour l'histoire du Poitou, au point de vue littéraire, et surtout pour celle de sa plus antique et importante abbaye de femmes, c'est une circonstance aussi rare qu'heureuse de posséder encore, et de pouvoir publier, soixante-cinq missives autographes de l'une des plus notables personnes qui ont gouverné, il y a deux siècles et demi, le monastère fondé par sainte Radegonde. Cependant le principal mérite de cette correspondance intime, écrite au courant de la plume et entretenue pendant plus de trente années [3], consiste dans son style aimable et naturel, ainsi que dans les sentiments d'affection gracieuse et profonde, parfois flatteuse et un peu intéressée, de la très-catholique abbesse de Sainte-Croix de Poitiers pour la protestante zélée, mais fort tolérante duchesse de Thouars.

L'écriture de Flandrine de Nassau est bonne et facile à lire, malgré la rapidité qui lui fait souvent répéter le même mot et en

---

1. « Les stalles du chœur des religieuses n'étaient pas sans mérite, et offraient « cette particularité, qu'en outre des boiseries qui les décoraient, chacune d'elles « était ornée d'un petit tableau représentant un des traits de la vie de la sainte « fondatrice. Cette collection, qui appartient, par son faire et son origine, à l'école « flamande, avait été donnée par le prince d'Orange à Flandrine de Nassau, sa « parente, abbesse de Sainte-Croix, de 1605 à 1640.

« Ces tableaux, ou du moins la plus grande partie, ont été sauvés par des mains « pieuses, et ils décorent aujourd'hui le monastère des religieuses de Sainte-« Croix. » (*Guide du voyageur à Poitiers*, par M. Ch. de Chergé, 3e édit., p. 143.)

2. Mémoires pour servir à l'histoire de Hollande, p. 74.

3. Mme de la Trémoille est morte le 19 août 1631, à Château-Renard, près Montargis.

omettre plusieurs. Nous avons supprimé les mots écrits en double, et ajouté entre crochets ceux qui manquent évidemment. Plusieurs lettres offrent des mutilations qui sont remplacées en italiques, tant d'après l'espace qu'en raison du sens. Du reste, le texte et sa mauvaise orthographe sont fidèlement reproduits, avec addition d'accents sur les *e* de la fin des mots ou des monosyllabes, ainsi que d'une ponctuation à peu près régulière. La plupart des signatures consiste dans les initiales du nom de baptême et de famille, soit isolées, soit entrelacées ou réunies en monogramme, usage très-fréquent chez les femmes, à la fin du XVIe et au commencement du XVIIe siècle, pour leur correspondance intime. Faute de pouvoir reproduire ces monogrammes, on a imprimé en capitales les lettres dont ils se composent, sans mettre entre chacune d'elles des points, qui sont réservés aux initiales isolées. Généralement des S barrés accompagnent toutes ces diverses signatures, un de chaque côté, et moins souvent un au-dessus et au-dessous. En tête de presque toutes les missives est tracée une petite croix, accompagnée, aux n°s LII et suivants, du nom de *Jhesus*, figuré par IHS. Au n° LI est ajouté M *a*, abréviation de *Maria*.

Les cachets en cire rouge, sur soie plate de toutes couleurs, sont petits et pour la plupart sans empreinte ou effacés. Celui du n° VIII porte deux O engagés, dont chacun est traversé par un trait perpendiculaire. Peut-être a-t-on voulu représenter les initiales des noms Nassau Orange. Aux n°s XXII et XXV, il y a une tête de mort au-dessus de deux os croisés; enfin, au n° XXX, le cachet porte IHS avec une croix dans la lettre du milieu, et au-dessous MRA avec un trait arrondi en dessus. Les adresses sont toutes reproduites en tête de chaque lettre, autant par suite de leur variété qu'à cause de l'indication, assez fréquente, du lieu où se trouvait alors Mme de la Trémoille.

On remarquera qu'à l'exception d'une vingtaine, les missives de l'abbesse de Sainte-Croix sont plus ou moins dépourvues de date. Leur classement par ordre chronologique a donc offert de grandes difficultés, même pour un résultat douteux et indiqué par des crochets. Quel qu'il soit, nous n'aurions pu l'obtenir sans des rapprochements nombreux avec la volumineuse correspondance inédite de Mme de Bouillon, presque toute parfaitement datée.

Autant qu'il a été possible de le faire, on donne en note quelques détails sur les faits principaux, puis sur les personnes nommées par Flandrine. Pour quatre d'entre elles, reviennent souvent des désignations qu'il n'est pas inutile de préciser : ainsi, *Madame*, *Madame ma tante* et *Notre bonne princesse* est Jeanne de Bourbon, abbesse de Jouarre ; *Madame ma Belle*, Louise de Colligny, princesse d'Orange ; *Notre bonne sœur* et *La bonne sœur à nous deux*, Élisabeth de Nassau, duchesse de Bouillon ; *Votre cher Monsieur*, Claude, duc de la Trémoille. On trouvera à la table générale du volume les renseignements sur les noms de lieux.

Outre ces LXV lettres, le chartrier de Thouars en possède neuf autres de l'abbesse de Sainte-Croix, toutes olographes aussi, et signées S C. FLANDRINE DE NASSAU. Sept sont adressées à son neveu Henri, duc de la Trémoille ; une à Marie de la Tour, sa femme, et la dernière à M. de Chandor, son secrétaire. Elles sont analysées à la fin de ce recueil, auquel leur texte ajouterait peu d'intérêt.

Quelques semaines avant sa mort, Madame de Sainte-Croix adressa encore à Marie de la Tour une *Lettre de Consolation*, au sujet de la perte de sa fille aînée Élisabeth. Elle a été imprimée dans le *Bulletin de la Société de l'histoire du Protestantisme français*[1], ainsi que celles de la coadjutrice de Flandrine de Nassau, Catherine de la Trémoille-Royan, et de la sœur de cette dernière, Marie-Marguerite, abbesse de Jouarre[2].

P. MARCHEGAY.

---

1. 1re série, vol. X, pages 366 et 367.
2. Voir ci-après Lettre XX, note 3.

LETTRES

DE

L'ABBESSE DE S^{TE} CROIX DE POITIERS

A

LA DUCHESSE DE LA TRÉMOILLE

1598-1630.

1.

5 octobre [1598].

A MADAME, MADAME DE LA TRIMOUILLE, DUCHESSE DE TOUARS, MA SŒUR.

Madame ma chere, encore qu'il y ayt fort peu que je vous aye escript, sy esse que je vous inporturay d'unne supplication bien humble, quy est que j'ay esté requise par unne de mes amye de Ste Croix de vous supplier de donner place a un de ces nepveux qui s'apelle de la Roche[1], qui desire extremement cest honneur. Cest bien un honneste jeun'homme que je croy se rendra capable de vous faire très humble service, ou a mons^r de la Trimouille Faicte moy ceste faveur que de le gratifier, luy donnent place au service de monsieur de la Trimouille ou au vostre, ainsy qu'avoit promis fu madame de la Trimouille[2] a son pere,

---

1. Probablement *Hélie de la Roche aux Enfants*. V. n°s LII et LIV.
2. Jeanne de Montmorency, veuve de Louis III de la Trémoille et mère de Claude; morte le 3 octobre 1596.

qui estoit procureur de sa maison et s'apelloit mestre Helie, quy estoit abitent de Poitiers. Je tiendray a beaucoup de faveur l'honneur que vous lui ferés, et obligerés fort, Madame ma chere sœur, vostre bien humble et obeissente seur,

S C. FLANDRINE DE NASSAU.

Cest honneste homme dont je vous parle say fort bien escrire, conter et jetter[1], et entent la pratique tellement que vous en servirés en ce qui vous plaira.

A Juerre, ce 5ᵉ octobre.

II.

15 décembre [1598].

A MADAME, MADAME LA DUCHESSE DE LA TRIMOUILLE, MA SŒUR.

Madame ma sœur, ce m'est ung sy extreme comtemtement de savoir de vos nouvelle, que quand je suis privée de [ce] bonheur je ne puis que je ne m'en plaigne. Mais il fault que j'avoue que j'ay tor pour ce coub, d'autant que depuis peu j'ay receu deux de vos lettre, ou j'ay apris que vous estiés en bonne santé, don je loue Dieu, et preste de me donner un petit nepveu ou niepce, que je vous assure aymeré de tout mon cœur, comme je le dois; et vous encore plus, chere sœur, car vous devés croyre que vous este aymée de moy de toute la puissance de mon ame. J'ay prié monsʳ du Plaissis[2] de vous aller voir, affin d'estre assurée de vostre bonne santé. Je vous prie de luy faire bonne chere, il est fort de mes amys. Il vous dira combien je

---

1. Calculer avec des jetons.
2. Peut-être Charles Boynet du Plessis, conseiller au Grand Conseil, puis président au Présidial de Poitiers.

regrette d'estre sy lontemps sans avoir le comtentement de vous voir, que je desire plus que toute chose du monde; mais mon cœur, je crain bien que ce ne sois sy tot, d'autent que Madame a tant d'afaire ysy qu'il ne lui est possible de s'en retourner sy tot. Toutefois, je ne lairay de l'an bien soliciter, afin d'avoir ceste joye que de vous embracer ung milions de fois, comme j'ay faict nostre cher petit frere[1], qui m'est encore venu voir, en aiste, deux jour ycy. Je vous laisse à pencer quel contentement ce m'a esté, car il m'assure que je suis bien en ses bonnes [graces], et Madame ma Belle aussi, qui me faict tant d'honneur qu'il m'est impossible de le pouvoir exprimer ny combien je l'honore; et vous chere sœur autent que peult vostre bien humble et obeissente sœur,

S C. FLANDRINE DE NASSAU.

A Jurre, ce 15° decembre.

III.

[1599].

A MADAME MA SOEUR MADAME DE LA TREIMOUILLE, DUCHESSE DE TOUARS.

Chere sœur, mon emaution ne me peut passer, puisque je ne vois nul moyen de voir madame de Buillon et vous aussy. C'estoit ce que je desirois le plus au monde, més puis qu'il ne vous a plu a toute deux me donner ce contentement, je me veux contenter du vostre. C'est donc vous aymer de la bonne amour que d'estre plus ayse du vostre que du mien. C'est la resolution que j'ai prise, que je croy

---

1. Henri de Nassau, fils de Guillaume le Taciturne et de sa dernière femme Louise de Colligny, appelée plus bas *Madame ma Belle* [mère].

estre la meilleure pour moy, car je ne recepvré tent de desplaisir comme j'ay faict. Adieu chere seur, j'enbrace ce cher nepveu et vous supplye que vostre cher monsieur aye agreable que je lui baise très humblement les mains, comme estant sa servente. Je m'assure que dedans son ame il est pour moy, quy suis toute vostre, F D N.

IV.

[1601].

A MADAME MA SOEUR MADAME DE LA TRIMOUILLE
DUCHESSE DE TOUARS.

Chere seur, encore que jaye un doupble grant mersy a vous dire d'avoir faict passer vos laquais ysy, je ne puis pourtant estre bien contente de n'avoir point hu de vos lettres par eux. Je n'usse pas menqué de vous escrire par celuy quy repassa, sans un facheux rume que j'ay encore. Je te supplye de le croyre et de ne m'en vouloir mal, car ce fut avecq bien du regret d'estre sy lontens sans vous assurer de l'affection pasionnée que j'ay a vostre service. Aymés moy donc, chere seur, autent que je vous honore, et je seray au comble de mes plus grant desirs. J'ay encore unne requeste a vous faire pour un nommé François Jamet, qui est notaire en vostre seigneurie de Berrie, ou l'on dit que vous retranchés les notaire. Je vous supplye qu'il soit de ceux qui demeureront en leurs ofice. Vous dirés avecq'raison, chere seur, que [c'est] vous importuner toujours. Je te supplye de me le pardonner et de me coumender aussy absolument comme a unne personne quy est du tout a vous, ma belle dame. Adieu donc; permettés moi de baiser cent mille fois ce cher nepveu et niépce. F D N.

V.

[Novembre 1602.]

A MADAME MA SEUR MADAME DE LA TRIMOUILLE, DUCHESSE DE TOUARS.

Chere seur, vous m'obligés trop de desirer ma demeure en ce lieu[1]. C'est la verité que je le souhette bien aussy, més c'est principalement pour l'amour de toy, car ce m'est un plaisir extreme d'estre sy près de vous et de savoir souvent de tes nouvelles.[2] J'ay opinion que ce que vous en escriprés a monsieur vostre mary y servira beaucoup, d'autant que sela depent de M. de Montpentier[3]. Mendés moy sy vous avés trouvé bien belle ceste dame que vous avés véue. Je m'assure qu'elle vous ora parlé de moy. Je vous advertis que vous verrés bientôt M. de Poitiers[4], qui m'a prié qu'il vous portàt de mes lettres. Je croy que sa beauté ne vous fera point avoir peur que soye amoureuse de luy, et encore moing sa bonne grace. Je voudrois que vous vissiés vos cinq bonnes ouvriere qui travaille bien a l'envie qui ora plus tot faict, et croyés qu'il vous rende se service de bon cœur. Et moy, ma belle dame, je suis entierement ta servente., F D N.

Chere seur, anvoye moy des lettres pour madame de Buillon par le premier messager, car je l'envoiré voir.

---

1. L'abbaye de Sainte-Croix de Poitiers.
2. Amélie de Nassau, la plus jeune de leurs sœurs germaines, écrivait le 20 septembre 1601, de Heidelberg, à Mme de la Trémoille : « Plut à Dieu que j'eusse le contentement de voir mess^rs vos enfants et vous comme a eu mad^ell^e notre sœur la religieuse, ce qui lui a été, je ne doute pas, beaucoup de félicité, et à vous aussi.... Je pense qu'elle n'est point fort éloignée à cette heure de vous, de façon que vous pourrez souvent être l'une auprès de l'autre. Je vous prie de me mander l'occasion qu'elle est à cette heure à Sainte-Croix, et si elle y demeurera longtemps. »
3. Henri de Bourbon, cousin germain de Mlles de Nassau.
4. L'évêque Geoffroi de Saint-Belin.

VI.

[Décembre 1602.]

A MADAME MA SEUR MADAME DE LA TRIMOUILLE, DUCHESSE DE TOUARS.

Chere seur, Monsr de Poitiers m'ayant assurée qu'il vous yroit voir, je n'ay pas voulu que ce fut sans de mes lettre, qui vous porteront tesmoignage, au lieu de meilleurs effects, de la passion que j'ay a vous honorer. J'atens de vos lettre pour envoyer voir madame de Buillon et vous supplyee croyre, belle seur, que vous avés toute puissence sur moy, qui embrace ce cher nepveu et mes chere niepce et vous de tout mon cœur. Adieu, chére et belle dame, c'est F D N.

Mon cœur, depuis ma lettre escripte j'en ay receu une des Minime de Surgere, quy me prie de vous faire unne requeste. C'est qu'ils ont accoustumé de prandre leur chaufage dans unne forés qui est a vous, apelée Benon, et aussy l'ospital du mesme lieu. Vos oficiers les en empeche. Je vous supplye, mon cœur, d'escripre a vostre procureur dudit lieu quy ne les empesche point puis que de tout tens ils l'ont hu. Sy m'obligés que de lui escrire, je vous supplyee de m'envoyer la lettre. Se sera unne grande charité que vous ferés, et moy je vous en oray de l'obligation extreme. Je croy que c'est en la conté de Benon. Le messager me dit dernierement que mon nepveu avoit envye d'avoir un cheval. Je n'en ay sceu trouver que celuy que je luy envoye, et a mes niepce que j'ayme de tout mon cœur. Rendés moy responce, je vous en supplye. Je baize vostre beau visage cent mille et mille fois. F D N.

La contesse de Ryé[1] et fort malade de la petite verole; l'on espere plus sa mort que sa sancté.

---

1. En Bourgogne? L'héritière de cette maison, Jeanne-Philippe, fille de Christophe de Ryé et d'Éléonor Chabot de Charny, en apporta le titre et les biens dans celle de Poitiers Saint-Vallier, en 1647.

VII.

[Janvier 1603].

A MADAME MA SŒUR, MADAME DE LA TREIMOUILLE,
DUCHESSE DE TOUARS.

Chere seur, vous m'obligés trop d'avoir tant de soing de moy, quy me porte bien, Dieu mersy. J'ay pourtant un petit mal a l'estomac, més je ne fais estat de si peu de mal. Sy vous pensés que vostre sirop m'y soit bon, vous me ferés l'honneur de m'en envoyer. Madame l'Electrice[1] est bien mauvaise de dire ce que vous m'avés mendé. J'ay hu de ces lettre. Mendés moy, mon cœur, sy vous luy escripvés; je vous envoirés des lettre. J'en ay hu de Madame ma Belle, qui a envoyé un laquais a nostre bonne seur : il a passé ysy. Quant a celuy que vous me parlés, je le vois quelquefois a la grille, més je n'y demeure que le moing que je puis. Je me fais toujours demander. Vous rireriés bien sy vous me voyés parler a luy. Je més ma main sur la grille et la regarde toujours, car je le trouve si lait qu'il n'y a nul moyen que je puisse guere regarder ; més il se faut un peu antrenir puisque l'on a na toujours afaire. Adieu cœur a moy. J'ayme le cher nepveu plus que moy mesme et les petite aussy, et suis servente a monsieur vostre cher mary et toy, ma belle dame. C'est F D N.

VIII.

[Janvier 1603].

A MADAME MA SŒUR, MADAME DE LA TRIMOULLE,
DUCHESSE DE TOUARS.

Chere seur, je vous envoye la lettre que je receus yer de nostre bonne seur, qui me mest extremement en paine pour

---

1. Louise-Julienne de Nassau, leur sœur germaine, femme de Frédéric IV, Electeur-Palatin. Ses plaisanteries se rapportaient probablement à la *bonne grâce* de l'évêque Geoffroi de Saint-Belin.

l'affliction qu'elle me dit avoir [1]; més je ne sçay pas bien que c'est, encore que je m'en doute un peu : sy vous vouliés vous m'en diriés bien un mot. Je plains infiniment cest chere seur, ce que je m'assure que vous faicte. J'ey receu un memoyre des Minimes de Surgere. Je te supplye, mon cœur, pour l'amour de moy, de faire unne bonne responce ; je vous en oray unne grande obligation. Mendés moi, je te prie, quant vous escriprés à Me de Buillon, parce qu'elle me prie de prandre unne religieuse et me prie de luy en rendre responce. Adieu chere et belle dame. Je viens de voir nostre gouverneur [2], qui est fort galant. Il dit qu'il m'a recongnue pour vous avoir veue ; il m'en faut aymer daventage. F D N.

IX.

[Février 1603.]

A MADAME MA SŒUR MADAME DE LA TRÆMOUILLE,
DUCHESSE DE TOUARS.

Chere seur, je vous ay l'obligation d'avoir hu des nouvelles de nostre chere seur a nous deux ; je vous en rans grace très humble. Il m'est avis qu'elle est asés bien remise de ces inquietude, ce quy me contente extremement. Més, chere seur, vous ne me disiés pas que vous voulés aler a ces chouche ; c'est pour quoy je vous supplye de passer ysy [3]. Sy m'y atenderay je pourtant, car vous este trop bonne seur pour y menquer. Adieu donc belle dame ; je vivray en espérance de vous voir. F D N.

---

1. De la disgrâce de son mari, le duc de Bouillon.
2. Jean de Chourses, seigneur de Malicorne, gouverneur de Poitou.
3. Mme de Bouillon était à Turenne, en Limousin.

X.

[Février 1603.]

A MADAME MA SEUR, MADAME DE LA TRIMOUILLE,
DUCHESSE DE TOUARS.

Chere seur, vous m'avés bien obligée de m'avoir renvoyé aussy tot mon laquais, car j'estois en unne extreme paine et inpassience de savoir des nouvelle de nostre chere seur. Je loue Dieu de ce qu'il l'a preservée d'un sy grant denger. J'en ay hu un sensible desplaisir, car lors que je receu vostre lettre j'estois au lit et me trouvois bien mal, més je resentis plus le sien que le mien; et me [fit] oublier le mien pour le temps que je vous escripvi, car je fus bien malade après, mais je suis toute remise a cest heure, Dieu mersy. Vous este trop bonne seur de vous en estre misse en paine. J'ay envoyé mon laquais a mons^r vostre mary aussy tôt qu'il fut arrivé; il m'a faict encore l'honneur de faire passer ce laquais par ysy. J'apreande bien vostre depart, més je me rejouy bien de vous voir, mon cœur, et ce cher nepveu; je pence qu'il faict bon menage avecq les chere niepce. Je croy que vous savés bien la mort de madame de Rés[1]. Adieu, chere et belle dame. Toute ma troupe sont vos esclave, et moy toute a vous. F D N.

XI.

[Juin 1603.]

A MADAME MA SOEUR MADAME LA DUCHESSE DE LA TREIMOUILLE.

Chere seur, je suis demeurée en unne extreme paine de la maladye de ce cher nepveu. Je ne puis demeurer daventage

---

1. Claude-Catherine de Clermont-Dampierre, duchesse de Retz.

sens envoyer savoir de ces nouvelles. Je vous supplye de m'en mender, et croyés que je seray toujours en inpassience jusques au retour de ce laquais ; renvoyés le moy donc bientôt, mon cœur, et vous m'obligerés bien. J'espere que Dieu luy ora renvoyé sa sencté. Ne t'afilige point tent, chere seur, car je crains bien que la vostre en soit interressée ; et puis ta seur seroit au desespoir, qui te plains extremement de l'apsance de ce cher monsieur. Si je pouvois vous aler voir, croyés que je manquerois a ce devoir. Je te conjure d'avoir la volonté que j'en ay agreable, et celle de vous faire service en calité d'unne seur quy t'honore de tout son cœur. F D N.

XII.

[Aout 1604.]

A MADAME MA SOEUR MADAME DE LA TRIMOUILLE, DUCHESSE DE TOUARS.

Chere seur, je te pensois a l'Ile Bouchar ; ce soldat me l'avoit assuré. Je n'ay pas esté sy advisée que vous, car il est repassé par ysy et dit que vous escriviés a madame de Buillon, tellement que je luy ay donné des lettres. Je seray toujours en paine jusque a ce que je sache sy elle les ora resue. J'ay esté extrement ayze d'avoir apris a ce matin de vos nouvelles et de monsieur vostre cher mary, que j'honore de tout mon cœur, et ce joli nepveu quy m'oblige trop de se resouvenir de moy, qui l'enbrace cent mille fois. Vous ne me dicte pas, mon cœur, que madame de la Boulay[1] a mes niepce. L'on m'a dit qu'elle avoient passé ysy auprès ; sy cela

---

1. Partant pour les eaux de Pougues, en Nivernais, Mme de la Trémoille avait donné ses filles en garde à Marie du Fou, veuve de Charles Eschallart, seigneur de la Boulaye, qui habitait alors la Tour d'Oiré, près Chatelleraud.

est, je ne le vous pardonne pas. Il y a un an que j'estois auque vous; il m'en resouvient bien, et encore plus de la bonne chere que vous me fitte. Je desirerois encore ce bonheur que d'enbracer ce beau visage, qui est aymé de moy plus que de personne au monde.

Je te supplyee, mon cœur, d'escrire à Madame, car cera bien ayse de savoir de vos nouvelles. Adieu belle dame. C'est F D N.

XIII.

[1603.]

A MADAME MA SŒUR MADAME DE LA TRIMOUILLE, DUCHESSE DE TOUARS.

Ma chere sœur, les abittans de ma terre de Boucœur me sont venus trouver pour me faire entendre comme monsieur vostre mary les a faict assigner pour un certain droit de froumentage, lequel m'ont dit n'avoir jamais poyé ny entendu estre deu sur eux, d'autent qu'il sont subjects de l'abesse de ce lieu a cause de la ditte terre de Boucœur, que nous tenons du roy en franche aumonne. C'est pourquoy je supplye de faire sursoir les assignations quil leurs ont esté donnée jusques a ce que vous ayés obtenu jugement contre les autre; vous assurent que sy y l'est trouvé qu'il y doive estre subjects, quy s'acorderont come feront les autres au devoir, sans les contituer en plus grant frais. Obligés moy donc, je vous supplye, m'otrojant ceste requeste. Je m'assure tant de l'honneur que m'a toujours faict monsieur vostre mary qu'y ne me refusera point. Je loue Dieu de tout mon cœur de l'amendement de son mal, car je suis sa très humble servente plus que nul autre; et la vostre aussy, mon cœur, quy vous supplye me permettre d'enbracer sens mille fois mes cher nepveus et niepce, que j'ayme plus que moy mesme. Adieu ma chere dame. F D N.

XIV.

Au dos : Janvier 1605.

A MADAME MA SŒUR MADAME DE LA TRIMOILLE,
DUCHESSE DE TOUARS, A TOUARS.

Chere sœur, je viens de recepvoir des lettres de ma Madame, qui me coumende de vous faire tenir surement ceste lettre. Elle ne m'en dit autre chose, mon cœur. Il me fache bien de vous inportuner d'unne supplication bien humble, qui est faire dire au s^r de la Maudurie qui ne taxe point à la taille un de mes fermiers de Bou Cœur plus haut que de coustume. M. de la Parisière [1] m'avoit promis qu'en ma consideration il ne leur hauseroit pas daventage, més ledit Modurie venge ces passions sur mes fermiers. Un mot de vostre part y servira de beaucoup ; je vous supplye ne me le denier et croyre, chere sœur, que je soufre unne paine extreme de vous savoir en sy mauvais estat. Pour Dieu, mon cœur, essayié un peu a oster le plus que poures la melencoliye qui vous possede [2], puisqu'elle est sy prejudissiable a vostre santé, car sela me faict mourir de vous savoir ainsy. Je n'ose plus vous inportuner, ce qui me fera finir et vous embracer mille et mille fois par ymagination. C'est F D N.

---

1. Probablement René Rousseau, seigneur de la Parisière, conseiller du roi, etc., etc., qui avait été maire de Poitiers en 1595.

2. Claude de la Trémoille était mort le 25 octobre précédent, et la plus jeune de ses filles peu de temps après. Veuve à vingt-cinq ans, Mme de la Trémoille ne se remaria pas.

XV.

[1605.]

A MADAME MA SEUR MADAME LA DUCHESSE DE LA TRÉMOILLE, A TOUARS.

Ma chere Madame, je suis demeurée sy contente et satisfaicte de tant d'honneur et de tesmoygnage que m'avés randu de vostre amitié que je ne sçay comme je vous en pouray dire mes très humble remercyment et le recentiment que j'an ay. Je l'ay sy mal faict de bouche que j'ay recours a ce papier; encore qu'il me seroit du tout impossible de vous exprimer combien je me trouve obligée a vostre bonté et bon naturel d'avoir tant pris de paine pour moy, et avoir voulu que je fisse tant en mon ayze que j'an suis en paine a ceste heure, car j'ay abusé de vostre bonté n'ayant point esté vous atendre a la porte et vous y conduire. Je vous en demende pardon, chere Madame; je ne l'usse jamais faict sans vostre coumendement et vostre bonté. Je crains bien que vous trouviés mal d'avoir tant pris le serin. Je vous ay faict prandre mille paine en vostre voyage, et encore avés tant donné que c'est une honte; je n'oserés jamais vous supplier de me venir voir, car vous depandés trop. Je n'osay vous donner de la bougie et des flambeaus, més je vous les envoye et vous supplye très humblement de l'avoir agreable, et que j'embrace ma chere niepce cent mille fois. Je luy envoyray du massepin au premier voyage, sy plaist a Dieu, que je supplye de concerver en toute prosperité ma très chere Madame, que j'honore parfectement. S C. F N.

Je vous supplye me permettre que j'assure monsieur vostre fils que je suis sa très humble servante.

J'envois deux pettites bougies blanches a ma chere niepse.

XVI.

22 [juin 1606].

A MADAME MA SŒUR MADAME DE LA TRIMOUILLE,
DUCHESSE DE TOUARS, A PARIS.

Ma chere sœur, madame de Paillé[1] m'a faict ce bien de m'avertir qu'elle s'en aloit a Paris et qu'elle vous yroit voir; je l'ay priée de vous donner ceste sy. Elle vous assurera de la bonne sancté de messieurs vos enfans, et moy que je suis fort en paine de la vostre et de tant d'afaire que vous avés[2] que je crains qui y préjudicie. J'ay bien loué Dieu, mon cœur, de ce que vous n'estiés avecq' la Raine lors de ceste peur qu'elle eut de ce noyer[3]. Nous avons rendu grace a Dieu d'avoir preservé Leurs Majestés et monsieur de Monpentier. Je croy que vous euste bien l'alarme de les savoirs en ces dengers. Mendés moy, mon cœur, de vos nouvelles, et sy vous yrés voir madame de Buillon ou bien sy elle viendra a Paris vous voir. J'ay tant de joye oyant dire que monsieur son mary est sy bien auprès du Roy. Si vous me le permettés, je luy baise bien humblement les mains, et un milions de fois les vostre mignonne, vous supplyant de m'aymer autent que je vous honore, car c'est de tout mon cœur, qui est a vous, ma chere dame. F D N.

A Ste Croix, 22.

---

1. Jeanne Gillier, veuve de François de Lostanges, seigneur de Palhiez, quoique le *Dictionnaire des Familles du Poitou* la disc remariée en 1597 à Josias Bidault.
2. Pour soutenir les droits de ses enfants à la succession de Laval.
3. En traversant la Seine au bac de Neuilly, le 9 juin 1606.

(Adresse).

A la bonne ma seur
La bonne de Soutremer la
duchesse de Touars à paris

Ma chère seur cest pour vous dire que
vous este vne paresseuse que je vous
escris car voyés la quatrinme letre sans
chuiir [?] de vous que je ne laises deste
mon cœur et ma chère dame il faut
m'y obeignir [?] cest sy honneste que il quant
aduintée [?] pasant pour uste v'ille que
mon frère et m'a vendue grace ce
que je vous suis [?] sine [?] [?]
sy je ne suis plus sans
fort oblijée Puis que je nay ma donne
moyen desimer ma plus chère seur de mon
amour an son endroit a dieu donc
mon cœur cest aueeq' hatte que je
vous proteste que je suis vre sincère
et milhonne seur si vous plest

XVII.

[Juillet 1606.]

A MADAME MA SŒUR MADAME DE LA TREMOILLE, DUCHESSE DE TOUARS, A PARIS.

Ma chere seur, c'est pour vous dire que vous este unne paresseuse que je vous escris, car voysy la quatrieme lettre sens en avoir eu de vous, qui ne laissés d'estre mon cœur et ma chere dame. Ce petit M. Dobigni[1] est sy honneste qu'il m'a advertie, passent par ceste ville, qu'il vous voiroit, et n'a voulu que ce fut sans de mes lettre, dont il m'a fort obligée, puisqu'il m'a donné le moyen d'assurer ma plus chere seur de mon service et de mon amour en son endroit. Adieu donc mon cœur ; c'est avec haste que je vous proteste que je suis vostre servente et mignongne seur, sy vous plaist. F D N.

XVIII.

8 août [1606].

A MADAME MA SEUR MADAME DE LA TRIMOUILLE, DUCHESSE DE TOUARS.

Ma chere sœur, j'ay veu madame de Royan[2], que j'ay trouvée tellement a mon gré que je l'ayme et honore de tout mon cœur et m'estime bien heureuse d'avoir madamoyselle sa fille. Je te supplye de l'en assurer encore, et croyre

---

1. Constant d'Aubigné, fils du célèbre Théodore-Agrippa, et qui fut père de Mme de Maintenon.
2. Anne Hurault, veuve de Gilbert de la Trémoille, premier marquis de Royan, et leur fille aînée Catherine.

que pour l'amour de vous, ma chere dame, je luy feray le mieus qu'il me sera possible. Je luy ay montré ma mere la prieure, qui sera sa gouvernante, més elle est sy vielle qu'elle ne luy servira pas de grant chose : c'est pourquoy Riparfon [1] ara soin d'elle et la prandra. Vous savés bien que c'est celle que j'ayme le mieus ; voila pourquoy je luy ay donné ceste charge pour vous faire voir, mon cœur, combien j'estime ce qui m'est recommandé de vous. Elle a veu aussy celle qui la servira. Elle l'amainera donc quant il luy plaira. Tout nostre monde en est bien ayze et particulierement la Roche et Riparfon, car elle sont du tout vos très humble servente. Il ne faut point que madame de Royan ce meste en paine de faire de presant a Riparfon : quelque livre de devotion seulement, encore point sy ne luy plaist, car c'est tout ce qu'elle craint. Et moy je suis extremement marie d'avoir sceu si tard le partement de ma chere niepce [2]. J'ay un cofre de nuit de velours vert, en broderie d'or et d'argent. Je luy envoyray encore, sy vous plaict m'en doner commodité ; ces chifres y sont. J'ay bien du regret qu'elle ne l'a point et que je n'ay l'honneur de vous tesmoigner, mon cœur, que je vous honore parfectement et suis ta servente très humble et très affectionnée.

C'est a Ste Croix, ce 8e aoust.

Chere sœur, je vous supplye de m'aporter de la toile de Laval. Il ne la faut de plus belle, car ce n'est que pour faire des surpelis. Je vous demende cela pour l'entrée de ce beau revenu dont vous prenés possession.

---

1. Tante du jurisconsulte Étienne Gabriau de Riparfont.
2. Retenue à Paris, Mme de la Trémoille avait fait venir près d'elle sa fille Charlotte.

XIX.

16 novembre [1606].

A MADAME MA SŒUR MADAME DE LA TREMOILLE,
DUCHESSE DE TOUARS.

Ma chere dame, je n'usse tant esté sans envoyer savoir de vos nouvelles sy j'usse eu un laquais; més je n'en ay point, ny d'autre jans, les faisant estudier a cést heure que nous avons un colege. Croyés donc, mon cœur, qu'il m'est insuportable d'estre sy lontans sans en savoir, et ap.eende extrement que soyés courroucé contre moy de ce que je vous ay mendé, qui m'a bien cousté; més je sçay que ce vous eut esté, et [a] moy, trop de desplaisir de vous laisser venir en ceste ville et puis vous faire ceste belle harengue. Vous ne me l'ussiés jamais pardonné, ce que j'espere que ferés a ceste heure, vostre bonté me le faisant croyre ainssy. Chere sœur, que je ne soye donq' point frustrée de la fience que g'i ay misse, et croyés que je ne laisse de vous honorer autant que personne du monde, et que sy vous en doutés vous me faicte bien torp. Je baise bien humblement les mains de messieurs vos enfans, avecq vostre permission, et le supplye de croyre a jointe mains, mon cœur, que je suis tant ta servente que personne ne peut surpasser en ce devoir. Ma petite cousine de Royan est fort jolie; je l'ayme bien pour l'amour de ma chere dame, qui est tout mon cœur, que j'honore parfaitement. S C. F N.

A Ste Croix, ce 16 novembre.

XX.

[Décembre 1606.]

A MADAME MA SEUR MADAME DE LA TREMOILLE,
DUCHESSE DE TOUARS, A PARIS.

Ma chere Madame, j'ay esté un petit malade depuis le despart du sieur de la Maisonneuve, més Dieu mersy j'en suis bien remise, aussy que ce n'oistoit pas grand mal. Vous m'obligés trop, mon cœur, de prandre plaisir a mes chetive lettre. C'est un tesmoygnage de vostre affection, car sans cela elle vous inportuneraye, je le sçay bien, estant que des reditte de mon extreme desir a vous rendre très humble service, més sans nul esfés. Vous este sy bonne, chere Madame, que vous ne laissés pas de l'avoir agreable, dont je me recongnois grandement obligée d'onorer ma chere sœur, qui se souviendra, sy luy plaict, de mon afaire lorsque les occasions s'ofriront. Je vous en supplye très humblement, ne voulant toutefois vous inportuner; c'est en ceste condition que je vous en requiers et monsieur de Buillon aussy, a qui je suis bien servente très humble. Vous prandrés bien la paine de luy tesmoygner, sy vous plaict.

Je vis il y a quelque tant le sieur Gautier, qui faict les afaire de Madame de Frontevaut[1], Monsieur le Conte luy ayant donné[2]. C'est luy qui me dit qu'il vouloit donner une de mesdamoiselle ces filles a Madame ma tante, et me demenda sy je le trouverés bon, a cause, ce disoit-il, que Monsieur le Conte me vouloit faire cest honneur que sy je pretendois a l'abaye[3] de n'i vouloir point pretendre; et je sçay

---

1. L'abbesse Éléonor de Bourbon-Vendôme, tante de Henri IV.
2. Charles de Bourbon, comte de Soissons, n'eut que des filles.
3. De Jouarre, où venait d'entrer la sœur de Mlle de Royan.

encore que l'on en a parlé a ma ditte dame, et pence qu'elle seroit toujours plus ayze d'en avoir de son nom que d'autres que, je croy, avés bien congnu qu'elle n'afectionne pas trop. Vous souvient il que vous m'en fitte une fois tant rire que j'en fus malade; et ne m'en resouviens point, me representant la bonne grace et jolie mine dont vous me contiés ce qu'elle vous en avoit dit, sans avoir encore la mesme envie de rire et de vous embracer cent mille fois. A son refus ce me sera beaucoup d'honneur, et non autrement, a cause que je ne vœux pas mecontenter nostre bonne princesse, et vous savés que pour ma cousine de Royan elle l'a esté. Je croy que cela ne saroit estre de lontans, pour la jeunesse de ceste petite princesse. J'ay aujourdhuy escript a monsieur vostre fils; j'en soray des nouvelles y ayant envoyé mon récepveur, tant pour le voir que pour de nos afaire. Les dernieres que j'ay eue il ce portoit fort bien, Dieu mercy, et le petit monsieur son frere. Adieu, chere Madame; permettés moy d'embracer madamoyselle vostre fille, que j'honore de tout mon cœur qui est tout a vous, ma chere et bonne sœur. S C. F N.

XXI.

16 janvier [1607].

A MADAME MADAME LA DUCHESSE DE LA TREMOUILLE.

Ma chere seur, je vous supplye de croyre que j'apreende sy fort que vous vous incomodiés a m'escripre que je n'ose presque vous rende ce debvoir, crainte que sela vous donne la paine de me rendre responce, et je sçay que vous avés tant d'afaire que je desire que le tanps qui vous reste vous le preniés pour vostre repos. Certe, ma chere dame, je vous plains bien de demeurer a ce Paris avec tant de rompement de teste qu'aporte les afaire. Ce m'estoit une grande consolation, lorsque vous y alate, de savoir que vous y trouverriés celle de madame de Buillon, més Dieu en a disposé autrement. Elle me fait une grande pitié d'avoir perdu madamoiselle sa fille[1], et d'avoir porté ceste affliction avecq une sy grande prudence. Je croy, mon cœur, que vous luy avés merveilleusement servi, et qu'elle vous a laissé avecq bien du regret. Il est bien certain que je pence qu'il n'ut pas esté bon qu'elle fut retournée au logis où ce désastre est arivé; cela eut esté dengereux et pour elle et pour nos niepce. Mendés moy sy madamoiselle d'Hannau[2] est toujours aussy belle, mais a vostre coumodité: je t'an supplye, mon cœur, et lorsque ne l'orés, mons' de Bouron[3] me fera bien part de vos nouvelles. J'en ay receu de monsieur vostre fils, qui m'a faict l'honneur de m'escripre, ce qui faict extremement bien. Je luy avois envoyé un peu de confiture, parce que j'ay pencé quy les trouveroit meilleure de moy. Je me l'ay faict acroire, car autrement je n'usse pas osé luy envoyer sy peu de chose; il m'en dit plus de grans mercy qui ne vau.

Ma petite cousine de Royen est sy jolie et sy sage qu'elle m'oblige fort a l'aymer, més le coumendement que vous m'en faicte et plus fort que toutes choses. C'est la plus serviable enfant qui se puisse voir, car il la faut tancer pour l'empescher de me servir. Riparfon en est très soigneuse; et puis l'honneur que luy faicte de luy recoumender luy ocmentera si se peut. Vous m'en faicte trop, ma chere Madame, de me demender encore sy je vœux quelque chose de Paris. Vous m'avés desja faict tant de bien que j'en suis honteuse. Ce sera donc pour vous obeir que vous demanderay des gans semblable aus premiers que vous m'envoyate, et de la cire d'Espagne; celle d'icy n'est point bonne. Je vous destruis

---

1. Louise, qui était l'aînée.
2. Fille aînée de leur sœur germaine Catherine-Belgie de Nassau.
3. Gentilhomme chargé des affaires de la maison de la Trémoille en cour.

tant vous me donnés de chose. Je vous escrips par le frère de Verger. Je luy ay faict voir ma cousine de Royen, afin qui vous en dit des nouvelles, et des mienne aussy. Toutes nos filles sont vos très humbles servente, et moy surtout. Adieu ma chere Madame, permettés moy que j'enbrace le petit cher mignon, que je suis ayze que ayez avecq vous. Je m'assure qu'il vous donne bien du plaisir.

C'est a Ste Croix, ce 16 janvier.

XXII.

21 avril [1608].

A MADAME MA SEUR MADAME DE LA TRIMOUILLE,
DUCHESSE DE TOUARS.

Ma chere, j'ay receu votre lettre que le s^r Bouron m'a envoyé de Touars, et me mende qu'il me verra sur la fin de ce mois. Je seray extremement ayze, mon cœur, sy nous pouvons nous accorder. Vous m'obligés tant de me tesmoygner le desirer aussy, et de me promettre que vous ne ferés point de dificulté pour les frais, que je ne vous en sarés remersyer assés très humblement. Vous m'avés faict envoyer un paquet par quelqu'un de Paris dont je n'ay pu aprandre le non par sa lettre. Je vous supplye me le mender afin que je luy en dye grant mersy, car il m'a envoyé aussy l'oraison funaibre de fu monsieur de Monpentier[1], dont je luy suis touplin obligée et de m'avoir assurée de vostre bonne sancté et que vous portiés mieux de vostre genou que vous n'aviés point faict, don je loue Dieu. Je suis bien ayze de la volonté qu'avés d'aler voir Madame nostre tampte. Je vous supplye de la mectre en effect, car vous la rejouiriés extremement, et

---

1. Par Pierre Fenoillet, évêque de Montauban. Le duc était mort le 27 février.

la bonne princesse an a beaucoup de besoin, pour le grand ennuy qu'elle a eu. Elle s'y atant, a ce que l'on me mende. Je suis bien empeschée a faire bastir. M. de Roni [1] nous a faict avoir cinq cens escus. Vous avés lu la lettre de madame de Suilly : j'ay bien congnu que vos petis dois l'avoient ouverte [2], més il ne la faloit point refermer, chere sœur, car vous avés toute puissance de les voirs. Usés en donc, je vous en supplye, sans nulle sérimonie, car, mon cœur, vous avés un entiere et absolue puissance sur moy, qui vous donne trop de paine de vous adresser les lettre de la chere sœur a nous deus. Je diray bien a M. Bouron ce que me mendés que c'est luy qui a esté sy mal soigneux de mes lettre. J'ay bien eu ces dernieres bien promptement, dont je vous rens un milions de graces.

Adieu, chere dame, que j'honore tant qu'il m'est impossible de l'exprimer; et combien j'honore messieurs vos enfans. J'enbrace celuy qui est avecq'vous cent mille fois. J'ay l'honneur de savoir souvant des nouvelles de monsieur vostre ayné; il ce porte bien, Dieu mersy. Ma cousine de Royen est vostre très humble servente et toutes nos filles, et moy surtout qui vous supplye, sy alés à Juerre, [que] faicte mes excuse de ce que je n'ay point envoyé exprès voir Madame, més je n'ay que mon recesveur, qui est empesché après ce batiment; croyés qu'il m'a esté impossible. Vous ferés bien cela, car vous y avés parfectement bonne grace, et a flater. Adieu chère Madame, c'est S. C. F. N.

Ce 24 apvril.

---

1. C'est-à-dire le duc de Sully, gouverneur de Poitou, marié à Rachel de Cochefilet.

2. Par erreur et non avec intention. Mme de Bouillon s'excuse souvent d'avoir ainsi décacheté des lettres adressées à Mme de la Trémoille.

XXIII.

[Juillet 1608.]

A MADAME MA SŒUR, MADAME DE LA TREMOILLE,
DUCHESSE DE TOUARS, A PARIS.

Ma chere sœur, j'ay receu les gans qu'il vous a plu de m'envoyer; je vous en remersye bien humblement : ils sont bien bons, mais non pas tant que ceux de l'ennée passée. Je suis extremement en paine, mon cœur, sachant que vous estes toujours indisposée. Ce m'est un cruel desplaisir, més j'espere d'avoir bientot le contentement de vous voir, ce qui me console tant que je ne puis vous dire, chère dame, la joye que j'en ay ; més je crains sy fort que vous soyés partie de Paris lorsque j'i passeray pour aler voir Madame nostre tante. Vous savés bien que j'ay eu ma permissyon du Saint Père pour y aler. Mon cœur, je vous supplye donc, sy ce ne vous est incomodité, que je vous trouve à Paris, afin d'avoir l'honeur de vous voir, et encore lorsque vous passerés à Juerre. J'espere partir, sy plaict a Dieu, le huit^e du mois prochin, et vous protester que vous n'avés sœur au monde qui vous honore tant que moy qui suis ta servente, et très humble a madame ma belle mère et a monsieur de Buillon.
F D N.

XXIV.

8 février [1609].

A MADAME MA SŒUR MADAME DE LA TRIMOUILLE,
DUCHESSE DE THOUARS.

Ma chere Madame, je vous demende pardon de ne vous avoir point rendu responce par mons^r Bouron, més je ne

pus assemblé nostre conceil que le jour qu'il voulut partir.
Je vous envoye un memoire pour responce a celuy que
m'aviés envoyé. Croyés, mon cœur, que sy c'estoit chose
qui me fut en propre, je vous supplyrois de coumender
comme il vous plairoit que cest afaire ce terminat ; més je ne
suis que gardienne du bien de ceste maison, tellement que
je le dois concerver très fidellement. Je sçay aussy que de
vostre costé vous este tenue de faire le semblable, ce que je
trouve aussy fort bon. J'envoye mon recepveur plutot que
je n'usse faict a une de nos terre que nous avons auprès de
Thoars, afin qu'il me raporte de vos nouvelles. Je suis toute
triste du peu de cejour que vous faicte a Touars, car je seray
a cest heure encore privée de l'honneur de savoir de vos nouvelles. Celle que vous m'avés mendée de madame de Buillon
me rejouisse bien de la savoir heureusement accouchée ;
més je l'usse esté encore daventage si elle eut eu un fils,
parce que je croy qu'elle le desire. Je vous ay renvoyé, ma
chere madame, les deux eschevos de soye que j'avois oublié
à l'autre fois ; il m'aitoit bien avis qu'elle ceroit bonne. J'ay
veu un conseiller de Bretagne, qui est fort de mes amis. Je
l'ay fort prié que si vous aviés des afaires à Raine de vous y
servir, ce qui m'a promis. Il s'appelle le sieur Irlant de
Beaumont[1]. Je voudrés estre sy heureuse, ma chere et très
honorée dame, de vous rendre autant de très humble service
comme j'an ay d'afection ; vous connoistriés que c'est sans
fintise que je vous suis très affectionné servente et très
humble seur. J'honore messieurs vos enfants de tout mon
cœur ; je loue Dieu de leur bonne sancté et de la vostre.
Adieu très chere sœur ; c'est S C. F. N.

A Ste Croix, ce 8e febvrier [2].

Je vous suplye, chere Madame, de faire tenir ma lettre a
nostre chere madame de Buillon.

---

1. Jean. Il résigna sa charge à son fils Charles, qui fut ensuite lieutenant criminel à Poitiers et maire.
2. Au dos de la lettre on a écrit : *Janvier* 1609.

XXV.

[Fin de juillet 1609.]

A MADAME MADAME DE LA TRIMOUILLE, DUCHESSE DE TOUARS,
A PARIS.

Ma chere Madame, mons^r Bouron m'a mendé vostre arivée à Paris, dont je loue Dieu, et de tant de contentement que vous avés eu en vostre voiage par la presence de mesdames nos sœurs[1], de qui vous avez tant receu de bonnes cheres que j'en reçois aussy extremement de l'avoir entendu, et que vous ayez esté à Juerre, voir la bonne princesse. L'on me mende que vous l'avés toute guerie; je suis extremement ayze que luy ayés donné ce contentement. Donnés moy toujours celuy d'estre bien aymée de vous, ma très chere dame, car je le desire sur toute chose; car croyés que sy vous pouviés lire en mon cœur vous voiriés bien qu'il vous honore extremement. Je ne vous inportuneray point davantage, chere Madame, mais je vous conjureray de m'onorer toujours de l'afection et de tant d'amitié que vous m'avés promise, que je cheris comme l'un de mes plus grans biens. Monsieur vostre fils ayné ce porte bien, Dieu mersy. L'on admire celuy que vous avés auprès de vous, que me permettrés d'embracer et de vous protester que je suis vostre servente de toute mon afection, et ta mignonne seur, sy vous plait. S C. F. N.

---

1. Dans son voyage en Allemagne, Mme de la Trémoille avait été jusqu'à Hanau, et avait surtout séjourné à Heidelberg, chez l'Électrice-Palatine. Deux lettres de Bourron au jeune duc, en juin et juillet 1609, donnent d'amusants détails sur les chasses, festins et libations dont il prit sa part en vrai gentilhomme poitevin.

XXVI.

13 décembre 1611.

A MADAME MA SŒUR MADAME DE LA TREMOUILLE, DUCHESSE DE TOUARS.

Ma chere Madame, c'est bien a moy a ce coup a vous demender pardon d'avoir esté sy lontans a vous escripre, més je ne savois pas vostre retour a Paris et vous croyés toujours auprès de la bonne sœur a nous deux, et je vous savés tant de bonne comp[agnie] que je ne voulés vous divertir; més a ceste heure que je vous en sçay [éloignée] je me figure que vous en este toute triste. Je voudrés estre auprès de vous pour vous rejouir. En lieu de sela je vous entretiendray le plus que je pouray, m'assurant que l'orés bien agreable; aussy le debvés vous, chere Madame, car certe je vous honore de tout mon cœur, et me semble que mon affection ocmente tous les jours. Vous avés veu ma bonne princesse, dont je suis très ayze, car elle en a receu un grant contentement, comme l'on ne peut autrement, voyant une sy agreable et belle dame comme est ma chere sœur, qui ne me dit rien des courtaisie de la dame qui est auprès d'elle [1], que l'on me mende vous avoir faict tant caresse. La bonne princesse ne vous a pas dit qu'elle l'a faict sa coadjutrice; cela est faict, més ne luy en faicte semblant, car elle ne vœut pas qui soit sceu, et puis elle y a esté presque forcée par les importunités de celle que devinés bien. Elle me prie fort de l'aler voir, més je ne vœux point leur aporter d'empeschement a leur pretantions. Grace a

---

1. Jeanne de Lorraine, sœur de l'archevêque de Reims, nommée coadjutrice de l'abbesse de Jouarre depuis le 11 juin.

Dieu, je me contente fort où je suis et n'ay point d'embition de plus, synon que d'estre bien aymée de ma très chere Madame, que je remercie très humblement de l'honeur qu'avés faict a la Tronche. Vous este trop bonne, car vous excedés. C'estoit assés de luy faire l'honeur de parler a elle sens y adjouter vos beaus presens ; je sçay que c'est tout a faict pour l'amour de moy, qui en prans aussy toute l'obligation.

Je vis il y a deux jours M^r, je ne me souviens point de son non ; il est de vos oficiers. Il m'assura que messieurs vos enfans estoient, en très bonne sancté, les plus jolis du monde. Pour monsieur vostre ainé, il estonne tous ceux qui le voient de sa resolution et bonne grace. Je me meurs de les voirs, et vous chere Madame. L'on m'ecript de Rome qu'il y a un [peu] d'esperence d'avoir dispence pour vous faire entrer [1] ; je ne m'en ose encore rejouir pour l'incertitude, més j'espere que bientot j'en auray des nouvelles. Je suis extremement marye de la mort de Monsieur, frere du Roy, et plus pour l'amour de nostre petite princesse [2]. Je supplye Dieu de la vouloir bien concerver, et ma très honorée sœur sur tout.

Monsr du Plaissis m'a dit que manderiés à M. Adam [3] de venir pour nostre accort, je vous en supplye très humblement, lorsque je luy manderay, qui sera incontinant après Noel. Je prie mons^r de Chemeraut [4] de vous donner ma

---

1. Mme de Bouillon avait écrit à Mme de la Trémoille, le 11 août précédent : « Si M. le cardinal de Joyeuse est à la cour, souvenez-vous de le prier de nous faire ôter la grille, pour voir la bonne Sœur à nous deux ».
Dans une lettre non datée, mais qui paraît être de septembre ou octobre 1614, elle dit encore : « J'ai grand peur que l'on ne m'ait point eu une lettre du cardinal de Joyeuse qui eut fort contenté la bonne sœur à nous deux.... L'on m'a dit.... que vous en aviez déjà fait la règle et que vous l'aviez vue sans la grille, mais il me semble que cela n'est point ».
2. Mort le 17 novembre. On lui destinait la fille unique du défunt duc de Montpensier, laquelle épousa, en 1626, le plus jeune frère du roi, Gaston, duc d'Orléans.
3. Conseiller et secrétaire de la maison de la Trémoille.
4. François de Barbezières, cinquième du nom.

lettre. Je regrette bien sa pauvre sœur; c'estoit une fille qui m'aymoit beaucoup et qui entierement m'estoit obéissente. Elle vous honoroit bien fort, comme font toutes les autres. Je vous en assure, chere Madame, que je supplye me permettre d'abrasser madamoyselle vostre fille, que je cheris extremement. Je suis bien fachée doublement pour l'amour de vous, de la mort du M. Bouron; il me semble qu'il estoit très affectionné a vostre service. Adieu donc, ma très honorée sœur; croyés que je suis [vostre] servente et seur très humble et très affectionnée. S C. F. N.

A Ste Croix, ce 13e decembre 1611.

Chere Madame, je te supplye de donner ma lettre a madame nostre belle mere.

XXVII.

21 août 1612.

A MADAME MADAME DE LA TREMOILLE MA SŒUR, DUCHESSE DE TOUARS.

Ma chere Madame, monsieur du Plaissis m'a mandé qu'il avoit eu l'honneur de vous voir et que luy aviés dit que vous partiés le 14 de ce mois d'aoust, pour aler a Ceden voir la bone sœur a nous deux, dont j'ay esté extremement ayze de vous savoir ce comtentement que de vous savoir emsemble. Je voudrés bien me pouvoir trouver au milieu de ces cheres sœurs; je m'assure qu'elle le voudroit aussy, més je ne vous feroie que bien de l'ennuy estant une pauvre sourde. J'atans, chere Madame, le mendement que m'avés promis de monsieur Fedeau [1]. Je vous donne trop de paine, més vous este sy bonne que le voullés ainssy; c'est ce qui

---

1. Probablement Denis Feydeau, chevalier, seigneur de Brou, conseiller du roi.

m'en donne la hardiesse, et de finir ma lettre, vous sachant trop ayse pour vous entretenir d'une plus longue. Je vous diray seulement, chere Madame, grant mercy très humblement, avecq la bonne sœur a nous deux, de ce que vous l'avés esté voir. Il est vray que s'il m'est possible je vous en honore encore plus, et vostre cher tropeau a qui je suis serventé de tout mon cœur. Je croy qu'il les faict bons voir tous emsemble. Je me desire bien ce contentement, car je suis du plus profont de mon cœur très humble servente a ma chere Madame. C'est S C. F N.

A Ste Croix ce 21e aoust 1612.

XXVIII.

22 septembre 1602.

A MADAME MA SŒUR MADAME DE LA TRIMOILLE, DUCHESSE DE THOUARS.

Ma chere Madame, je suis extremement ayze de vous savoir en bonne sancté auprès de la bonne sœur a nous deux, qui en est bien glorieuse et contente, et moy qui y participe extrememement je le vous proteste, chere Madame, vous honorant toutes deux parfectement. Vous m'y obligés aussy sy fort que je serois du tout ingrate sy je menquois a ce debvoir; croyés aussy que je m'oubliray plutot moy mesme que de faillir en cest endroit. J'ay receu le mendement que m'avés envoyé, dont je vous remercye très humblement, car ce m'a esté une très grande comodité d'avoir l'argent a ceste ville, qui m'a esté delivré aussy tot. Je croy, chere sœur, que vous avés bien sceu la grande maladye de ma bonne Madame, qui [a] esté a l'extremité, et moy par consequent en des plus estrenge aprention qui ce peuve dire, car les jours que je debvois avoir de ces nouvelles j'avois un tel tramblement, et sur tout aus jambes, que je ne pouvois me soutenir ni marcher ; més graces a nostre bon [Dieu] j'ay bien eu de la joye, la sachant si bien guerie. Més mintenant mes tristesse recoumence de la nouvelle que me mandés du decès de feu monsieur le conte d'Hanau, que je regrette extremement. C'estoit un vray frere et mesme en mon endroit, car il me faisoit l'honneur de me bien aymer. Nostre pauvre sœur me faict une extreme pitié et compassion. Elle a pris la paine de m'escripre son affliction ; je vous requiers ma chere dame, de vouloir accompagner ma lettre du tesmoygnage du desir que j'ay de pouvoir moy mesme luy rendre le debvoir de l'aler visiter ou y emvoyer, més je n'an ay pas le pouvoir.

Obligés moy encore en cela, chere et bonne sœur, et de croyre que je desire nostre accort extremement, et toutes mes religieuses aussy. Je le vous proteste de leur part, et qu'elle sont vos très humble servente de très grande affection ; més, chere Madame, je vous supplye de considerer que je n'ay le bien de ceste maison que pour l'administrer, que je n'y puis faire tort sens derober et que cela est contre le comendement de Dieu, et que vous mesme ne debvés rien desirer qui soit d'autrui, suivant le mesme coumendement. Permettés donc que je face encore voir nos drois par les meilleurs advocas de ceste ville et que je praine leur avis, car encore que je vous aye mendé le cart, je vous assure que j'ay recongnu la perte trop grande, et que nous y avons plus beauconp de la moitié, nostre maison estant de fondation roiale. Pardon, chere Madame, sy je vous inportune de ce discours, que je finiray assurant messieurs vos enfans que je suis leur servente, et a vous chere et bonne Madame très humble et très fidelle sœur, S C. F. N.

A Ste Croix, ce 22 septembre 1612.

XXIX.

26 février [1613].

A MADAME MA SEUR MADAME DE LA TREMOILLE,
DUCHESSE DE TOUARS, A PARIS.

Ma chere Madame, je me prans a vos afaire de ce que je ne reçois point l'honneur de vos lettres. Je n'ose pas aussy vous inportuner des miennes, més je vous assureray par cette cy de la bonne sancté de monsieur vostre fils, car madamoyselle de la Bourdeliere, qui est yssy, m'an aporte des nouvelles, et m'a assurée qu'il me faict bien l'honneur de m'aymer, dont je suis bien glorieuse. Més il faut que je vous die, chere Madame, que j'ay une extreme compassion d'avoir veu ceste pauvre madamoyselle de la Bourdeliere sy affligée de ce que son mary[1] la vœut contraindre de changer sa religion, et sa fille. Ay mon Dieu, chere sœur, vous este, je m'assure, sy bonne que ne voudriés une sy grant cruauté, car j'ai veu et la mere et la fille tellement resolue a vivre et mourir en nostre religion, que je croy que l'on aura aussy tôt leur vye que de leur faire changer; car comme dit la petite qu'elle a esté batisée, que son pere l'a voulu ainssy, et que resolument elle continura, la mere aussy dit le semblable, et de plus qu'elle y a esté mariée. Certe, mon cœur, vous savés qu'il faut laisser vivre en passience en sa religion. Je vous l'ay ouy dire beaucoup de fois.

Je vous supplye donc très humblement, au nom de Dieu, ma bonne Madame, d'en vouloir escripre a monsieur

---

1. Laurent Chappeau, écuyer, seigneur de la Bourdilière, s'était marié vers 1600, et il avait reçu, à cette occasion, une somme assez forte du duc de la Trémoille. La note qui fournit ce renseignement ne donne pas le nom de sa femme.

de la Bourdeliere, et que sont les esdits du roy de ne contraindre personne. Je crains que ceste petite ne puisse suporter cest ennuy, ni sa grant mere dont depant le principal de sa bonne fortune. Chere Madame, ne me refusés donc pas. Je vous requiers de tout mon cœur, et de me tesmoygner en cela que vous vouslés faire quelque chose pour moy, qui ne vous inportunerés pas sy cela n'estoit très equitable et trop plain de conpassion pour n'en avoir pitié; et je sçay que vous este aussy sy bonne que ne voulés que ce qui est juste. Je vous supplye très humblement, encore un coup, et de croyre que vous m'obligerés jusques au fons du cœur qui vous honore aussy parfectement. Adieu donc, ma très chere honoré Madame, a qui je suis servante très humble.

A Ste Croix, ce 26e febvrier. S C. F N.

Chere Madame, je crains que me respondiés que n'avés point de pouvoir en cest afaire, et que c'est son mary, més escripvés luy en seulement celon le pouvoir que vous y avés. Je n'en demende pas daventage.

Je vous supplye, sy voyés madame de Rostin[1], de luy dire que cest a ce coup que je suis tout a faict couroucée a elle, car elle ne ce soucie point de ma cousine sa fille, qui est bien vostre très humble servante.

XXX.

29 mars 1613.

A MADAME MA SEUR MADAME DE LA TREMOILLE, DUCHESSE DE TOUARS, A PARIS.

Ma chere Madame, vous m'obligés extremement de m'assurer par vostre lettre que vous escriprés a M. de la Bourdeliere afin qu'il ne forçat point sa fame et sa fille a changer leur bonne religion. Je vous en requiers encore

---

2. Mme de Royan (Anne Hurault) s'était remariée, le 7 janvier 1612, avec Charles de Rostaing, comte de Bury.

très humblement, ma bonne Madame, car aussy cela n'y servira de rien que de les confirmer daventage. J'ay envoyé querir madamoiselle de la Bourdeliere pour savoir comme elle vous avoit dit que sa fille estoit assez instruicte a vostre religion. Elle m'a confessé que c'estoit la verité, pour eviter une autre instruction, suivant les exprès coumendement de la bonne fame sa mere, qui les menaçoit, et sa fille, de sa malediction et de les deesriter sy cela se faisoit ; aussy qu'en conscience elle n'ut peu enseigner autre doctrine a sa tant chere fille que celle qu'elle croit bonne et salutaire. Et sur ce ce elle a temporisé jusques a ce que M. de la Bourdeliere, son mary, c'est plus fort bandé a contraindre ceste fille par toute rigueur, mesme que sur ce subjet il a depuis peu defendu par lettres a la mere et a la fille de le voir jamais, qui seroit chose fort cruelle et scandaleuse a ceux qui sauroient le pourquoy.

Pour moy, je trouve que cela est du tout contre les esdits, car ayant parlé a la fille, qui est certe bien jolie, elle m'a fort bien dit que quant sa mere mesme voudroit efforcer de la faire changer de sa bonne religion, il ne seroit point en sa puissance; aussy qu'elle a desja de l'aage et ne doit plus estre forcée de pere ni de mere contre sa conscience. C'est pourquoy, ma chere Madame, je vous supplie bien humblement, sy vous m'aymés, empescher par vostre autorité le dit sieur de la Bourdeliere de mettre au desespoir sa bonne fame et sa fille, qui doit aymer et lesquelles sont desja issy tant bienvenue et y ont tant de bons parens et amis que si les traite sy mal il en encourera un grant blame, et de ces parens qui sont gens d'honeur. Et puis ce seroit defaire un bon menage qui a esté toujours entre eus, et vous pouvés, mon cœur, mestre la pais et l'acort en ceste famille qui sera un très grant bien, et a moy une extreme consolation. Vous este trop bonne pour me refuser, je le sçay bien ; c'est pourquoy je me promés que bientot ce diferant cera apaisé. Je vous en requiers très humblement, chere Madame, et de m'aymer toujours autant que je vous honore, ce qui me faict bien rejouir de l'esperance que me donnés que l'on vous veut accorder [1]. J'en supplye Dieu de tout mon cœur; faicte le moy mender, je vous supplye, par monsieur de la Motte [2]. Je seray bien ayzé sy vous alés voir Madame nostre tante; vostre bon naturel luy aporte bien de la consolation. J'ay bien de la joye du mariage de Monsieur l'Electeur [3], et suis de tout mon cœur servente très humble a ma plus chere Madame. C'est S C. F. N.

A Ste Croix, ce 29 mars 1613.

XXXI.

17 juin 1614.

A MADAME MA SEUR MADAME DE LA TRIMOUILLE, DUCHESSE DE THOUARS, A PARIS.

Chere Madame, je vous escriprés bien plus souvant, més vous sachant sy plaine d'afaire, je crains de les interrompre et vous donner la paine de me rendre responce. C'est donc ce qui me faict menquer a mon debvoir; croyé le, je vous supplye, ma bonne Madame, et que je vous honore de tout mon cœur comme vostre bonté m'y oblige très etroitement. J'ay esté toute malade d'une enflure de visage. Je l'ay eu d'une telle sorte que vous ne m'ussiés pas congnue, et hussiez hu grant peur de me voir, car j'estois espouventable et pitoiable tout ensemble; més graces a Dieu, je m'en porte fort bien et me reste seulement le visage un peu plus gros d'un costé. J'ay reçeu du s^r de la Masure les huit cent

---

1. Il s'agit encore du procès pour la succession de Laval.
2. Gilles Chesneau, Angevin, seigneur de la Motte, gentilhomme de la maison de la Trémoille.
3. Leur neveu, le jeune Électeur-Palatin, avait épousé, le 14 février, Élisabeth, fille de Jacques Ier, roi d'Angleterre.

quatre vins quinze livre [1] que luy aviés coumendé de me delivrer, dont je vous remercye très humblement, car ce m'a esté un très grant plaisir, d'autant que sy je l'eusse fait venir par Paris, il m'ut cousté bien cher. Je le menderai a la bonne sœur a nous deux la premiere fois que je lui escripray, més pour ce coup je n'ose encore guere me baisser. Je ne vous en diray donc point daventage, chere Madame, que pour vous supplyer très humblement d'aymer toujours vostre petite sœur, car elle vous honore parféctement et est tout a faict vostre servente très humble. C'est S C. F. N.

A Ste Croix, ce 17e juin 1614.

XXXII.

1er Juillet 1614.

A MADAME MA SŒUR MADAME DE LA TREMOILLE,
DUCHESSE DE TOUARS, A PARIS.

Chere Madame, je n'ay point veu M. de St Cretofle [2], dont je suis bien marye puisque j'usse apris plus particulierement de vos nouvelles. Je croy que vous aurés sceu les nostres bien desolée. Je vous assure que je la suis tout a faict, car alors que nous pensions jouir d'une douce pais tant desiré, nous nous voyons preste d'une cruelle guerre si Dieu, par sa bonté, n'y met la main. Pour moy je ne fus jamais sy estonnée que lors de ceste alarme que le toccin sonna, et tant de personné ce jetter ceans avecques cris, pleurs, transsicement sy grans que c'estoit la plus grande pitié du monde. Toutefois

---

1. Des Pays-Bas. C'est probablement de cette somme que Mme de Bouillon écrivait, le 7 mai précédent, à Mme de la Trémoille : « Je dois recevoir 244 écus, en espèces, pour Mme de Sainte-Croix.... M. du Plessis m'a dit que vous les lui feriez donner. » La Masure était un des secrétaires de la maison de la Trémoille.

2. M. de Saint-Christophe, gentilhomme de la maison de la Trémoille.

il ne peure jamais m'emouvoir de faire ouvrir la porte du dedans et demeurerent dans la premiere porte. Je n'avés point sceu que Monsieur le Prince [1] fut en ce païs ; et en un instant ouir dire que toute ceste grande rumeur estoit parce qu'il venoit prendre la ville et que l'on lui avoit refusé la porte, jamais je ne fus plus estonée. Mes^{rs} de ceste ville dise que sy luy fut venu comme il avoit accoustumé, envoyant devant les siens pour retenir son logis, et qu'il eut vu la Royne, qui ne l'usse jamais refusé ; més le peuple s'eleva d'une telle fasson qu'il y avoit du denger pour sa personne. C'est ce que l'on luy remontra, més il est demeuré extremement offensé, dont je suis fort affligée pour l'honneur que je luy dois et pour les malleurs que j'apreende que nous tombions, sy Dieu par sa bonté ne les detourne. J'ay envoyé voir Monsieur le Prince, qui me faict tous les honneurs du monde, m'ayant assuré que je n'orois point de mal, ny [2] tout ce qui me concerne seroit concervé. Je vous supplye, ma chere Madame, l'en vouloir remercyer très humblement et le supplyer de me le continuer ; aussy ne puis je mais de ce que l'on luy a faict. Assuré l'en encore, chere Madame, a qui je donne toujours mille paine, més c'est vostre bonté que vous me tesmoygnés tant qu'il ne se peut davantage, mesme ayant souvenence de parler a mons^r de Lomenie [3] pour moy. Vous me faicte trop d'honneur, mon cœur, de vouloir prandre la paine de donner une lettre de moy a Monsieur le Cardinal. Je n'oserés prandre ceste ardiesse que de vous l'envoier, més, si vous trouvés bon, M. Dreux [4] en a une qui luy portera. Més je pence qu'il n'est point necessaire, puisque vous m'avés obtenu d'estre sur l'estat, quoy que ce ne soit

---

1. Henri de Bourbon, prince de Condé, neveu de Mme de la Trémoille. (*V*. Thibaudeau, *Hist. de Poitou*, vol. III, chap. xi, et *Revue de l'Aunis*, vol. VII, p. 280-286.)
2. Sic, pour *et que*.
3. Comte de Brienne, secrétaire d'État.
4. Secrétaire du roi, aïeul des marquis de Brezé.

en la fasson que je desirés, més puisque je seray bien payé c'est le principal. Si vous trouvés pourtant, chere Madame, que ma lettre serve envers monsʳ le cardinal de Joieuse, vous coumenderés, s'il vous plaict, au sʳ Dreux de vous aler trouver lorsqu'il vous plaira aler voir Monsʳ le Cardinal, et vous luy presenterés de ma part.

Voila, chere Madame, mes inportunités ordinaire. Encore faut il que je vous en fasse une aultre : c'est que nous avons eu, il y a près de vint ans, un procès que vous avés gangné, et m'en aviés donné les frais par vostre bonté ; et a cesté heure vostre procureur de Paris le renouvelles et, je croy, vœut faire taxer les frais que je pence me les aviés donnez, du vivant de monsieur vostre mary. Je m'assure bien, mon cœur, que ne voudrés vous en dedire, je vous en supplye très humblement, et que cela passe à l'amiable. J'en priray encore avecques plus d'afection nostre bon Dieu pour l'heureuse prosperité de monsʳ vostre fils, que j'honoré de tout mon cœur ; et suis du plus profont vostre très humble servante et très obeissante sœur, S C. F. N.

A Sᵗᵉ Croix, ce 1ᵉʳ juillet 1614.

Chere Madame, je vous supplye de faire tenir ma lettre a Madame nostre bonne sœur, et coumender de celle du sʳ Suveerts[1] [qu'elle] soit envoyé.

Ma chere Madame, le bruit court yssy que la Royne envoye des troupe pour faire la guerre. Je vous supplye très humblement de prier celuy qui y coumendera de concerver nos terres et de me faire avoir une sauvegarde du Roy pour nos maisons. Se sera assez d'en avoir une en general, pourveu qu'il soit permis de la faire collassionner pour toutes.

---

1. Robert Sweertz, chargé des affaires de MMᵐᵉˢ de Nassau-Bourbon en Hollande.

XXXIII.

22 Juillet [1614].

A MADAME MADAME DE LA TREMOILLE, DUCHESSE DE TOUARS,
A PARIS.

Ma chere Madame, j'ay eu l'honneur de recepvoir deux de vos lettre, dont je vous rans responce de celle que j'ay receue par M. de Vilotrés[1], par luy mesme; je croy que sera sa fame qui vous la portera. Je vous diray donc, mon cœur, que, graces à Dieu, nous sommes mintenant plus a repos, et esperons la paix, Monsieur le Prince ayant fort tesmoygné estre serviteur de Leur Majestés et la desirer. Je croy que tout cera acordé ainsy que la Royne le desire; et est a Tours pour cela, a ce que l'on dit, et qu'elle viendra yssy, ce que je ne pence pas. Monsr Massurier, mestre des Requestes[2], que Sa Majesté avoit envoyé en ceste ville, m'a faict ce bien de [me] venir voir. Il me dit dimenche qu'il ne pence pas qu'elle y vienne. J'arés bien du regret sy elle y venoit et que vous n'y fussiés point, ma chere Madame, car, oultre l'extreme contentement dont je serois privée ne vous voyant point, je ne sçay qui feroit tous mes honneurs. Madame notre belle mere et la bonne sœur a nous deux et vous les fitte a la derniere fois : je m'adresserai a madame de Guise[3], car je croy que je n'ay pas perdu ces bonnes gràces.

J'ay faict vostre coumendement, chere Madame, ayant [en]voyé querir mad[lle] du Plaissis Bellay[4], et luy ay dit l'hon-

---

1. Probablement Nicolas de Villoutreys et Anne de Moulins, dont la fille épousa Benjamin de la Rochefoucaud, baron d'Estissac.
2. *V.* Levassor, *Histoire de Louis XIII*, édition in-4°, vol. I, p. 258 et 261.
3. Henriette-Catherine de Joyeuse, qui avait eu pour premier mari le duc de Montpensier.
4. Probablement belle-sœur ou nièce de Zacharie du Bellay, seigneur du Plessis-Bellay, gouverneur de Henri de la Trémoille, duc de Thouars.

neur que vous luy faicte de luy offrir vos maisons, dont elle vous remercye très humblement. Je l'ay assurée que je vous en dirés ces grant mercis, après luy avoir offert de vous escripre ; més elle m'a dit n'oser prandre ceste hardiesse. C'est une jolie petite fame et craintifve, et fort sage par concequent. Je vous envoye une lettre d'un pere chapucin [1] qui vous remercye encore très humblement, et moy aussy, de la permission que vous avés donnée de leur establissement a la ville de Laval. Je vous en ay, chere Madame, une obligation eternelle. J'ay veu aussy un pere jesuiste qui vous a veue chés madame de Ventadour [2], qui dit bien des louanges de vous ; et m'a dit vous avoir assuré qu'il prioit bien Dieu pour vous, a la priere que je luy en avois faicte, més que mintenant ce seroit a cause de vos merite, que monsr de Guron [3] estime aussi extremement avecq tous ceux qui ont l'honneur de vous voir, ce qui nous faict doublement regreter de vous voir trompée en vostre religion. Je n'ay pas faict voir la lettre de monsr de Buillon, car je n'ay veu personne de la ville, més j'ay esté bien ayze de voir qu'il desire bien la pais.

Adieu, chere Madame. Je vous importune d'estre sy grant caqueteuse, més je prans plaisir d'entretenir ma plus chere Madame, que je supplye me mender des nouvelles de monsieur son fils lorsqu'elle en sçaura, car je suis bien sa servente et a ma chere niepce et encore plus a ma parfectement bonne sœur, que j'honore de tout mon cœur

C'est a Ste Croix, ce 22e juillet.

---

1. Sa lettre, datée de Rennes, le 14 juillet 1614, est signée : *F. Joseph de Paris, provincial des Capucins de Touraine*.

2. Marguerite de Montmorency, duchesse de Ventadour.

3. Gouverneur de Marans, que le cardinal de Richelieu avait surnommé *le révérend père Guron*, sa piété égalant sa bravoure.

XXXIV.

8 novembre [1614].

A MADAME MA SŒUR MADAME DE LA TREMOILLE,
DUCHESSE DE TOUARS, ASSAUMUR.

Ma chere Madame, je suis bien triste de savoir monsieur de Buillon sy indisposé, car ne se trouvant mieux que du jour que m'escripvés, je n'ose me bien assurer de sa bonne sancté. Je vous supplye, chere Madame, de prande la paine de m'en dire des nouvelles. Je plains bien nostre chere sœur sy elle sçait qu'il a esté sy mal ; il ne luy faudroit pas mender, car cela l'affligera extremement, et mesme en l'estat en quoy elle est.

J'ay parlé a mons^r Constant[1] de vostre afaire, de vostre part et de la mienne ; je luy ay recommandée comme pour moy mesme. Il est fort [vostre] très humble serviteur, a ce qu'il m'a dit et qu'il parleroit aus mes^{rs} de St Hilaire[2] ; més qu'il croit, a leur avoir ouir dire le bon droict qu'ils ont, que sy vous en pouviés sortir a dis mille frans que vous en auriés toujours grant marché. Je luy ay dit qu'il leur fit l'ofre que me ditte de ix mil frans ; et mesme que c'estoit moy qui avensoye de tant offrir, que neanmoins je croyois que ne me desavouriés pas. Il m'a dit aussy qui desiroient avoir argen contant, a cause qu'il en ont a faire, et que plus vous atendriés plus les interest couroient ; et que, comme vostre très humble serviteur, qu'il vous conceilloit d'en sortir le plus tôt que pouriés. Il m'a promis de rendre responce dans le premier voyage du messager. Croyés, chere sœur, [que] sy je puis en cela et en tout autre chose vous rendre très

---

1. Avocat du roi à Poitiers.
2. De Poitiers.

hnmble service, je m'en estimeray bien heureuse, car je vous honore de tout mon cœur [1]. Madame de Prouillé [2] et avecq' Madame nostre tante, a qui j'avois mandé que vous escripriés ainssy que m'aviés dit. Envoyés moy une lettre, je vous en supplye, car elle ne seroit pas contente. Je la suis extremement de tant d'honneur que me faict ma très chere Madame, a qui je suis servente très humble, et a monsieur de Buillon. S C. F. N.

A Ste Croix, ce 8 novembre.

XXXV.

12 novembre 1614.

A MADAME MA SEUR MADAME LA DUCHESSE DE LA TREMOILLE, A PARIS.

Ma chere Madame, je vous usse escript par mons^r de Vilotray, més je vous croiés en ce païs ainssy comme on me l'avoit dit. Je suis bien marye de ce que vos afaire vous retiene tant par delà et que je n'ay point l'honneur de vous voirs. La bonne seur a nous deux m'en faict trop de ce contenter de mauvais traictement qu'elle a receu de moy ; c'est a moy a me louer de son bon naturel, qu'elle m'a excessivement tesmoygné. Je n'en ay point eu de nouvelles depuis qu'elle passa par yssy. Je luy ay faict tenir vos paqués par voye bien sure [3], a ce que l'on m'a assuré. J'espere en avoir

---

1. Voir aux Actes capitulaires de Saint-Hilaire, à la date, pour l'objet du procès, qui concernait peut-être le domaine des chanoines à Luzay, près Thouars.
2. Principal prieuré de Jouarre, dont Flandrine de Nassau était titulaire avant sa nomination à l'abbaye de Sainte-Croix.
3. Mme de Bouillon écrivait, de Turenne, à Mme de la Trémoille, le 3 novembre 1614 : « Tant que vous serez à Thouars, la meilleure adresse

bientôt responce, et vous la faire tenir sy elle m'adresse ces lettres, més je croy que de Limoges elle les adressera à Paris, et que vous en sarés plus tot des nouvelles que moy, qui ayme mieus vous voir l'esté que l'ivert, pour l'incomodité que ce vous seroit d'aler a soir au serin. La bonne sœur a trouvé le petit logis que j'ay faict faire assés joli. Je craignés bien qu'il fut trop petit, més elle a tout excusé, comme je sçay que vous ferés, ma chere dame, a qui j'aray toujours ceste grande obligation plus qu'à toute aultre de ce que vous avés pris la paine de me venir voir au parlouer; c'es un honneur que je n'oubliray jamais que vous m'avés faict.

Mon cœur, vous m'en faicte encore un bien grant de m'assurer que l'on n'a rien faict pour la tacce des despens dont je vous ay escript plusieurs fois. Croyés, chere Madame, que je ne voudrés pas rien retenir d'autruy; coument le feray je a ceux qui me sont sy proche comme vous et messieurs vos enfants? Més, ma chere sœur, il n'y a rien plus a soy que ce qui est ligitimement donné comme vous avez faict ces frais, et fu mons^r vostre mary, ainssy que je vous ay bien mendé, et que c'est une chose sans nulle concequence. Il y a en ceste ville un mestre des requestes fort homme de bien, apelé M^r le Masurier. S'il vous plaisoit, pendent qu'il y est, qu'il terminat nostre afaire, devant vostre conceil et le nostre, je croy qu'il seroit très bon; je dis la dispute en quoy nous sommes de nos fiés. Vous m'en menderés vostre volunté, mon cœur, où la mienne sera toujours conforme, je vous en assure, tant que mon pouvoir s'etendra; et croyés que vous pouvés toujours me coumender aussy absolument qu'a personne du monde.

---

de vos lettres sera à la Bonne Sœur à nous deux, qui les enverra à Limoges, au collége des Jésuites, qui seront soigneux de me les envoyer. Cette adresse est un petit extraordinaire pour nous, aussi en ai-je eu du scrupule, mais je crois que ce ne sera pas mal fait que de s'en servir. Mandez m'en votre opinion ».

Je vous supplie de le croyre, chere sœur, et que j'ay faict mon possible pour vostre acort envers les M^{rs} de St Hilaire, ce que je feray encore sy m'aviés mendé ce qu'il vous plaist que l'on leur offre; més ne le sachant je ne puis que leur representer ce que me mendés que ils ont torp de faire tant de frais. M. le doien de St Hilaire [1] est a Paris, deputé du clergé pour les Estas. Si vous pouviés luy en parler, il est fort honneste homme; il m'y a bien promis toute assistence. Tout aussy tôt que m'arés mendé vostre offre, je leur en feray parler, més ils ce fachê de ce que je leur parlé d'acort et puis que je laisse tout là. Ils sont opiniastre et disse qu'ils vous ont laissé plus de cinq ou sis mille frans et que par arrest ils vous font voir qu'ils leur sont adjugés. Je suis bien marye que je ne puis daventage vous y rendre service très humble. Croyés que ce seroit de toute mon affection, ainssy que g'y suis infiniment obligés, et de rechef encore par l'honneur que vous me faicte de prier ces Mes^{rs} que je touche les cinq cens escus que Leurs Majestés m'a faict l'honneur de me donner. J'ay opinion que c'est en papier et que je n'en auray autre chose, si vous ne me faictes l'honneur de vous y bien emploier. Sy vous plaisoit en supplyer mons^r le cardinal de Joieuse, je l'en ay bien supplyé par mes lettre, et vous, chere Madame, de faire tenir celle que j'escripvés à mons^r de Bouillon. J'ay bien receu vos bons gans, dont je vous rans très humble grace, et vous embrace de toute mon affection et suis vostre servente très humble, et a ma chere niepce. C'est S C. F. N.

A Ste Croix, ce 12e novembre 1614.

---

1. Philippe Cacaud.

XXXVI.

8 décembre 1614.

A MADAME MA SŒUR MADAME DE LA TREMOILLE,
DUCHESSE DE TOUARS, A PARIS.

Ma chere Madame, vous m'obligés beaucoup, par toutes les lettres que me faicte l'honneur de m'escripre, d'avoir tant de soin de la pension que le Roy et la Roine m'ont faict l'honneur de me donner. Je vous en remercye très humblement, et de l'assurance que m'avés donnée aussy que l'on ne feroit rien contre moy, quy ay veu bien le contraire, car vous m'avés faict donner un adjournement a moy mesme. Car l'on me demenda a mon parlouer, disant que c'estoit de vostre part; et moy bien ayze, croyant savoir de vos nouvelles, je receux l'exploit que je vous envoye[1]. Ce n'est, chere Madame, ce que me mendiés que mons' de la Motte vous avoit assuré quy ne c'estoit rien faict a mon prejudisse. Sy esse que ces choses là ne se font sans coumendement, car ces frais sont du tout a vous et en pouvés disposer. Sy j'avois intenté le procès, il seroit raisonnahle que j'en paiasse les frais, més c'est Madame ma tante; et vous les ayant tant demendé de fois, cela n'est pas tant pour vous més beaucoup pour moy, qui m'en sentiray bien incomodée, mesme n'ayant rien eu du Roy ces deux ennée. Si vous m'ussiés faict la gratification que je reçois des estrangers, d'acorder des frais sans les faire taccer, vous m'ussiés toujours espergné de l'argent. Je ne puis toutefois croyre qu'en vouliés prandre de moy, puisque je n'ay poinct faict le procès; pour celuy où nous alons entrer, je m'y condenne sy

---

1. *Voir* la note 1 de la lettre XXXVIII.

je pers. Cela seré raisonable pour celuy yssy. Permettés moy de vous dire que je croy pas que pas une de Mesdames mes sœurs me voulussent user de ceste rigueur; et vous, chere sœur, estant de sy bon naturel, voudriés vous que j'usse toujours cela sur mon cœur contre vous? Je vous supplye m'en mender vostre derniere resolution. Je n'usse pas pencé que monsr de la Motte m'ut rendu de sy mauvais ofice auprés de vous, sachant ce qui c'estoit passé en ceste tacce, et de vous dire le contraire; més il faut, pour l'amour de nostre bon Dieu, ne vouloir mal a personne. Je le supplye qu'il m'en face la grace et vous donne, et a messieurs vos enfans, toute prosperité; car je seray toujours vostre servente très humble et seur très affectionnée.

C'est a Ste Croix, ce 8e decembre 1614. S C. F. N.

XXXVII.

28 janvier [1615].

A MADAME MA SEUR MADAME DE LA TREMOILLE, DUCHESSE DE TOUARS, A PARIS.

Ma chere Madame, vous aurés veu par ma derniere comme j'avois bien preveu que celle que je vous avois escripte par M. de Vilotré seroit perdue, ce qui me fit vous dire encore des remerciment très humble de l'honneur que m'avés faict d'avoir permis que les peres Capucins fusse a Laval. Je ne vous en sarés tant dire de remerciment comme je m'y recognois obligée, car c'est sy extremement que je n'ay point de parole pour vous en dire le recentiment que j'en ay jusques au profont de mon cœur. Je suis très bien fachée de ce que vous n'avés point eu ma lettre, ma chere Madame, craignant que vous pensiés que je n'aye point estimé ceste grande gratification que je sçay estre en ma seule consideration, dont j'en demeure sy contente et glorieuse que je ne puis assés dire les bontés de ma chere Madame, dont je reçois, de jour à autre, de sy dignes tesmoygnage que je me trouve trop heureuse d'avoir une sy bonne sœur. Mr de Dreux ma encore mendé l'honneur que vous me faicte pour l'afaire dont je vous romps la teste, et que luy aviés dit que tout ce qu'il jugeroit necessaire vous le feriés. Je vous en rans très humble graces, chere Madame, et vous supplye donc encore de vous y emploier, car je n'ay peu toucher ceste somme de cinq cens escus que vous avez pris la paine de me faire avoir. Je vous requiers encore pour ceste ennée où nous somme, dont je ne vous feray de reditte, vous en ayant escrit au dernier voyage.

J'antans au premier de vos nouvelles touchant Mrs de Saint-Hilaire qui sont bien facheux, car il disent qu'il l'ont faict de grans frais et font extremement les dificile. Il y a sis ou sept ans que vous n'ussiés pas donné la moitié de ce qu'il demende a ceste heure. La somme est grosse et ocmente toujours plus vous atendrés. Croyés, chere Madame, qui ne tiens pas a faute de soin, et més que je sache vostre derniere resolution, je leur feray savoir. Ils demende au moins dis huit mille frans, encore ne veule tis pas tous. On croit pourtant qu'ils acorderoient a quinze, més je trouve que c'est beaucoup, et vous importuner aussy d'une sy longue lettre que je finiray don en supplyant ma chere Madame de me croyre entierement a elle et desireuse de luy rendre très humble service en cest afaire et partout où il luy plaira me coumender, où je luy obeiray comme sa servente très humble et très obeissante sœur, qui avecq' vostre permission, embrace cent mille fois madamoyselle vostre fille. S C. F. N.

A Ste Croix, ce 28e jenvier.

XXXVIII.

23 juin [1615].

A MADAME MA SOEUR MADAME DE LA TREMOILLE,
DUCHESSE DE TOUARS, A PARIS.

Ma chere sœur, je serois trop marie sy je pensois vous avoir fachée, car je vous honore sy parfectement que je ne voudrés vous desplaire pour rien du monde. Croyé le, chere dame, et me pardonés sy je vous ay mecontentée par ma derniere[1]. A la verité je fus fort marye lorsque je su que le

---

1. Au sujet des dissentiments consignés dans cette lettre et dans la XXXVIe, voici deux extraits de lettres écrites, de Turenne, par Mme de Bouillon à Mme de la Trémoille :
1er *avril* 1615 : « Il faut vous dire par celle ci que j'ai vu celle que la bonne sœur à nous deux vous a écrite, que je trouve un petit rude ; mais ne doutez pas aussi que l'on lui a bien exagéré cette procédure, qui a été bien indiscrete, mais puisque vous l'assuriez qu'elle s'etoit faite sans votre sû, cela la devoit rapaiser. Elle me répliquera qu'y voyant une si grande suite, et qu'elle vous avoit fait sa plainte au commencement, qu'il y devoit intervenir un commandement de vous de cesser la poursuite jusqu'a ce que vous en eussiez ordonné. Et certes si vous n'aviez non plus d'affaire qu'elle ou bien que vous eussiez été à Thouars, pardonnez-moi si je dis que vous auriez eu tort et si je vous condamne ; mais la quantité que vous avez à Paris vous excuse fort, et c'est sur quoi je rabats fort ces plaintes qu'elle me fait douloureusement : et je sais bien que je l'assure fort véritablement que vous l'aimez bien ; mais à cette heure que vous m'avez donné plus de connoissance de cette affaire, je ne manquerai pas de lui justifier que vous n'êtes pas coupable de son accusation puisque ce n'est pas vous qui l'avez poursuivie mais de vos fermiers, en vertu d'une de vos procurations.
« Mais, mon cœur, il faut que, d'un côté et d'autre, tout s'oublie, et que vous soyez toujours les bonnes sœurs à nous deux ; et je ne serai pas bien contente que je ne voic qu'elle se loue autant de vous comme elle s'en est plainte, et certes c'est trop. Mais dans sa solitude elle ne sait pas le tracas des affaires et vous compare à elle, qui a loisir de penser à toute chose ; mais il ne faut plus qu'elle pense, ni vous aussi, à ce qui s'est passé. Je vous en supplie, mon cœur, très humblement, avec conjuration. »
26 *mai* : « Chère Madame, j'ai reçu des lettres de la bonne sœur à nous deux, qui a toujours le cœur fort navré de ce qui s'est passé et se plaint qu'ensuite le sergent a voulu avoir 10 écus pour l'avoir ajournée, mais

pere Coton [1] avoit receu du desplaisir pour m'avoir faict ce bon ofice que de prescher ysy ; més puisque vous n'avés point dit ce que je vous ay mendé, je suis assés contente et satisfaicte. Pour moy je le pencés bien, car n'ayant point parlé de cela en tout, j'estois estonnée tout ce qui ce peut que luy eussiés faict desplaisir a mon occasion, parceque je serés très marye de vous en faire ny an cela ny a tout autre chose. Croyé le, mon très cher cœur, et que se ne sont ceux que vous pencés qui m'aye fait dire ce que je vous ay mendé. Ils ne m'ont jamais parlé de ce que vous jugés, mais bien que je vous devois toujours honorer. Vous savés que nous somme d'humeur prompte a dire ce qui nous semble lorsque l'on nous faict desplaisir, et ce m'en estoit, puisqu'il y aloit de notre religion.

Je layray ce discours pour vous supplyer, chere dame, de m'aymer seulement autent que je vous honore et cheris de tout mon cœur, qui est fort en paine de vostre sancté pour avoir ouy dire qu'elle n'est sy bonne comme je la desire de toutes mes affections. Je me suis misse entre les mains de deux medecins pour mon incomodité [2], dont le s^r Milon en est l'un. Je luy ay demendé s'yl avoit des memoyre de l'ordonnance que vous luy aviés envoyée, il m'a dit qu'ouy ; mendés moi s'il vous plaict qu'il vous en escripve. Adieu donc, ma bonne et chere dame, croyés moy vostre servente très affectionnée, et du fond du cœur. Si je puis, j'escriprai a la bonne seur à nous. Je vous supplye de

---

qu'il n'en a eu que 5 ; et que vos fermiers prennent les lods et ventes qui lui appartiennent. Faites cesser ces plaintes, mon cœur ; je fais tout ce que je puis de mon côté pour la rapaiser, n'oubliez y rien du vôtre, je vous en conjure, et témoignez que vous êtes toute bonne et que vous l'aimez. » Voir la lettre XLIIe.

1. Il avait accompagné la cour à Poitiers à la fin de 1614.

2. Elle parle de sa surdité dans plusieurs autres lettres, notamment dans la XXVIIIe. Pierre Milon, qui avait été premier médecin de Henri IV et de Louis XIII, est mort à Poitiers, le 9 février 1616.

luy faire tenir et me mendés sy vous l'irés voir. Il ne faut vous mettre en paine pour les gans; je ne les vans pas. Ce sera ce qu'il vous plaira, mais non pas de croyre que je vous honore plus que tout le reste du monde.

A Ste Croix, ce 23e juin.

XXXIX.

21 mars [1616].

A MADAME, MADAME DE LA TREMOUILLE,
A LODUN [1].

Ma chere Madame, je vous remercye très humblement de tant d'honneur que vous m'avez faict de vous estre employé pour faires descharger des taille ma paroisse de Sainct Romin. Il me semble qu'ayant desja payé comme elle a faict, que je pouvois bien avoir ceste gratification. Voilla le malheur que nous aporte la guerre de nous ruiner, et tout le pauvre peuple. Tout chacun vous est extremement obligé, car [vous] vous employés tant pour nous faire avoir la paix que je vous en estime et honore encore plus, s'il m'est possible d'ajouter a la parfecte amitié que je porte a ma chere Madame, que je supplye très humblement de se souvenir qu'elle m'avoit promis un tafetas où il y auroit une vitre dedans; més il faut de l'étamine; nous ne servons point de tafetas. Sy j'osés, je vous supplyrois de m'en faire faire deux. Pardon, chere Madame, de vous tant inportuner, més

---

1. Louise de Colligny, princesse douairière d'Orange, écrivait de la Haye, le 18 mars, à Mme de la Trémoille : « J'hapren que vous estes fame d'estat et que vous estes employée à la conference de la payx, en la quelle la Royne mère du Roi a trouvé bon que vous fussiés. Je m'assure bien que sy les choses s'y passent par vostre souhait, que nous l'arons. »

vostre bonté m'en donne la hardiesse, estant vostre très humble servente et très obeissante seur. S C. F. N.

A Sainte Croix, ce 21ᵉ mars.

Je suis servente très humble de messieurs vos enfants, et embrace particulierement ma chere niepce un milions de fois, estant bien contente de ce qu'elle se souvient de moy, comme Seilly me l'a mendé.

XL.

[Avril 1616.]

A MADAME MA SOEUR, MADAME LA DUCHESSE DE LA TREMOILE, A LOUDUM.

Ma chere Madame, je vous remercye très humblement de tant d'honneur et de soin que vous avés de moy, qui me porte fort bien, Dieu mercy, més j'ay esté très mal. Ma cousine de Royan a pris aussy le mal de moy, car elle a esté malade tout ainssy. Elle ce porte un peu mieus ; j'an ay esté bien en paine. J'ay receu les deux verrines, dont je vous rans très humbles graces ; cest la meilleure invention qu'il est possible. Les troupes de monsʳ du Maine ont tout ruiné en nostre bourg d'Airon, et mis leur chevos dedans nos blés. Sy nous n'avons la paix, je croy qu'il faudra aler a l'omone tant ils ont partout mis tout au pillage. Je vous requiers, ma chere Madame, de vouloir continuer a vous emploier envers ces messieurs afin que leur troupes ne logent plus en nos terres, et d'en supplier monsieur de Buillon et monsieur vostre fils, a qui je suis servente très humble, et a vous, ma chere Madame, encore plus. Permettés moy d'embracer madmoyselle vostre fille, que j'honore de tout mon cœur. Adieu ma chere Madame, a qui je suis toute dedié du meilleur de mon cœur, S C. F. D. N.

XLI.

[Mai 1616.]

La feuille d'adresse manque.

Ma chere Madame, je vous renvoye vostre carosse avecq' mille et mille très humble remercyment de me l'avoir presté de sy bon cœur comme vous avés faict. C'est une obligation dont la memoire m'en demeurera eternelle, et de tant de bonne chere que m'avés fait l'honneur de me faire, dont je suis sy parfectement contante que sy lut esté possible je fusse bien demeurée plus lontans avecqu' ma très chère Madame. Nous ariva[mes] a huit heure chés mons^r de Londigny[1], qui nous fit festin ; més je luy en fis un autre spirituel de lecture, car je ne pus jamais menger. Je suis a cest heure avecq' madame de la Trinité, qui me faict aussy tant de bonne chere qu'il ne ce peut davantage ; més toutes mes religieuse me demende incessamment, surtout nostre bonne cousine de Royan, qui est bien vostre très humble servante.

Je viens d'aprandre une nouvelle qui me fache fort : que deux peres Jesuiste ont esté pris et mené a la Rochelle. Mon cœur je vous supplye très humblement, si vous y pouvés quelque chose, de vous y vouloir employer pour leur delivrance, pour l'amour de vostre petite sœur quy vous honore de tout son cœur. Adieu, ma très chere Madame ; avecq vostre permission j'enbraceray mad^{lle} vostre fille. Je suis sy endormie que je ne [sais ce que je] faict. Adieu ma très chere Madame et très honorée sœur.

---

1. Paroisse de l'archiprêtré de Ruffec. Ainsi Mme de Sainte-Croix venait de quitter sa sœur à Taillebourg, et non à Thouars.

Madame [1],

J'ai receu permission de ma très honorée princesse, Madame vostre seur, d'offrir icy a vostre grandeur mon très humble service et la très respectueuse affection dont nous suplions Dieu perfectionner vostre sancté et vous conserver en toute prosperité, comme vostre très humble et obeissante servante, indigne abbesse de la Trinité.

XLII.

12 décembre 1617.

A MADAME MA SOEUR MADAME LA DUSCHESSE DE LA TRIMOUILLE, A THOUARS.

Ma cheré Madame, je participe bien a vostre tristesse de la separation d'une sy bonne sœur qui vous ayme très cherement; aussy le merités vous bien, car vous este bien aussy extremement bonne. Vostre lettre me le tesmoygne bien, car elle est plus honneste que je ne merite. Elle m'a entierement contentée; la bonne sœur me le disoit bien que c'estoit vos afaires. Croyés aussy, mon cœur, que je vous croy toutes deux les meilleures sœur du monde et que je vous honore de tout mon cœur, et que je ne vous suppliray jamais de chose que je croyray vous etre desagreable. J'ay veü monsieur le cher nepveu [2] qui est extremement joli pour son age. S'il avoit vint'ans, il ne parleroit pas mieux et avecques plus de raison; il m'a tant tesmoygné qu'il n'estoit point contraint de m'estre venu voir que je ne l'usse jamais cru de sy bon naturel. Vous l'este trop, chere Madame, de vouloir me faire l'honneur de faire ysy un

---

1. Ce post-scriptum est de la main de Guischarde de Bourbon, abbesse de la Trinité de Poitiers.
2. Frédéric de la Trémoille, comte de Laval, né en 1603.

voyage, mais il faict trop froit a cest heure. Je craindrois que vous en fussiez malade de prendre le serin, et sy vous ne pouriés vous promener ny madamoyselle vostre fille. Sy vous pouviez demeurer ou revenir a Touars au beau tamps, vous m'obligeriés extremement de prendre ceste paine de venir un petit tour voir vostre pauvre et cheftive sœur, qui ne le merite toutefois pas, car elle ne vous donnera que de la paine a parler (si) haut que vous en serés bien incomodée. C'est tout ce que je crains, més toutefois vostre bon naturel vous fera passer par dessus; et n'y regardés pas je vous en supplye, et de ne vous incomoder point en ce froit. Mendés moy donc sy vous attendrés au beau tamps, car sy vous ne le pouviés il faudroit plus tot prandre ces hivert que n'avoir point l'honneur de vous voir du tout. Je seray extremement ayze sy vous faicte l'acort que me mendés, et qu'il vous plaise tesmoygner que ma requeste leur a servi en vostre endroit; et après, chere Madame, il n'en faut jamais parler, car nous sommes prompte toutes deux; et je crains bien aussy de vous avoir escript autrement que le respec et l'honneur que je vous dois me permettoit. Je vous en demende donc aussy pardon, et vous embrace cent mille et mille fois de toute mon affection, et suis vostre servente très humble et très obeissante sœur. C'est S C. F. N.

A Ste Croix, ce 12 decembre 1617.

Avecques vostre permission, chere Madame, j'assuray mons^r vostre fils et mad^{elle} vostre fille que je suis leur servente très humble et très affectionnée.

XLIII.

19 décembre 1617.

A MADAME MA SOEUR MADAME LA DUSCHESSE DE LA TRIMOUILLE, A THOUARS.

Ma chere Madame, vous estes trop honneste et trop bonne de me tesmoigner tant d'afection par vos deux lettres; vous me faicte plus d'honneur que je ne merite, et mesme de me vouloir venir voir. Je crains extremement que vous en trouviés mal, a cause du serin du soir que vous aurez en alant; et puis le mauvais tant que j'apreende vous incomode : cela traverse bien mon contentement. Je vous requiers donc, mon cœur, d'en faire librement, car vous m'obligerés extremement d'en faire en sorte que vous n'en soyés pas malade. Sy vous plaict remettre le voyage a votre retour de Paris, croyés que je n'en seray point fachée ny n'auray nulle opinion que ce soit menque d'afection. Faicte en donc a vostre comodité, chere Madame; je vous en requiers de tout mon cœur, et de croyre que je seray extremement ayze d'avoir l'honneur de vous voir et vous embracer cent mille fois, et mad^{lle} vostre fille, que j'honore de toute mon affection, vous remerciant très humblement des nouvelles qu'il vous a plu me mender de la bonne sœur a nous deux. Més que vous sachiés l'acomplissement de son voyage, je vous supplye me faire l'honneur de me le mender. Je continuray a m'enployer pour le religieux dont vous m'avés escript avecques plus d'afection que je n'ay faict encore, car je suis toute a ma chere Madame et l'enbrace de toute mon affection un milions de fois. C'est S C. F. de N.

A Ste Croix le 19e decembre 1617.

Encore faut-il que je vous dye, mon cœur, que vous me randés honteuse de tant me demander pardon ; je vous le demende cent mille fois de vous estre trop inportune. Je desirerés extremement que vous hussiés mis d'acort le s^r de Lespines, car il s'en vœut bien raporter a vostre conceil. Toute nos filles sont vos très humble servante, et surtout nostre chere cousine de Royan, quy vous honore, et mons^r [vostre fils] et mad^{lle} vostre fille de grande affection.

XLIV.

[Milieu de 1619.]

A MADAME MA SOEUR MADAME LA DUSCHESSE DE LA TRIMOUILLE,
A THOUARS.

Chere Madame, j'ay veu nostre nouveau fermier le s^r Mariau, qui m'a tant dit l'honneur que vous m'avés faict d'avoir concervé nostre prieuré de Ste Radegonde de tant de jans de guerre qui ont passé que vous en avés esté autant et plus soigneuse que des vostres. Je ne sarés vous dire, ma très chere Madame, le recentiment que j'ay de ce bienfaict, dont je ne puis assés louer vostre bonté et vous en randre un milions de très humble remercyment, vous supplyant me continuer toujours cest honneur ; et sy nostre fermier a besoin de vostre puissance et octorité, je vous requiers, mon cher cœur, de luy en ayder : c'est un fort bon homme. J'ay eu des nouvelles de Madame nostre tante, qui se porte fort bien. Elle m'a envoyé des cornés, pour ma surdité, que l'on faict a Paris ; ils sont bien meilleurs que le mien. Permettés moy que j'assure Madame vostre belle fille [1] et madamoyselle vostre fille que je suis leur servante et...[2].

---

1. Marie de la Tour, fille aînée de la duchesse de Bouillon, que Henri de la Trémoille, duc de Thouars, avait épousée le 19 janvier 1619.
2. Le bas de la lettre est déchiré.

XLV.

3 novembre 1620.

A MADAME MA SEUR MADAME LA DUCCHESSE DE LA TREMOILLE,
A TOUARS.

Ma chere Madame, cest honeste homme qui m'a aporté vostre lettre m'a dit tout plain de bonnes nouvelles de messieurs nos frere et de monsieur vostre fils [1], dont je suis bien ayze, et qu'ils soient hors de denger. Sy vous plaict, chere Madame de mender a mons^r Suveerts qu'il delivre l'argent qu'il a pour moy a monsieur vostre fils, je luy mende que vous m'aviés dit le desirer et que je croy que vous luy en escriprés vostre volonté; je vous supplie donc, mon cœur, de luy faire tenir ma lettre. Je trouve que le Roy faict bien ce que Dieu coumende de faire bien a ceux qui luy ont bien faict du mal : c'est un grant exemple qu'il donne a ses subjects. Je suis très ayze que vostre bonne fame de chambre ce porte mieus, afin que ma chere Madame soit encore mieus servie, et suis bien triste de ce que ceste petite ce meurt. Voilla comme nous n'avons point d'heure : il faut estre toujours prest pour lors qu'il plaira a nostre bon Dieu nous apeller. Je le supplye qu'il m'en face la grace, et de randre quelque bon service très humble a ma chere Madame et a mada^{lle} vostre fille, a qui je suis servante très humble. Ma chère cousine vous honore aussi de tout son cœur, et moy encore plus. C'est S C. F. N.

Ce IIIe novembre 1620.

---

1. Frédéric de la Trémoille était aux Pays-Bas, près de ses oncles, Maurice et Henri de Nassau.

XLVI.

12 mai 1621.

A MADAME MA SOEUR MADAME LA DUCCHESSE DE LA TREMOILLE, A TOUARS [1].

Ma chere Madame, je ne puis attendre le retour du s^r Royer a vous dire comme j'ay esté fort malade, et ce fut ce qui m'enpescha de vous escripre au dernier voyage. La maladye me prit la nuit venant au mercredy d'une grant fievre et vomissement; toutefois je pensois que ce n'estoit que la migraine, més j'ay esté cinq ou sis jours malade. Je me porte un peu mieux a cest heure, et ne vous en diray daventage, remettant au retour dudit s^r Royer a vous escripre. Croyés moy donques, ma très chere Madame, vostre très humble servente et très obeissante sœur.

De Ste Croix, ce 12 mai 1621.

XLVII.

15 mai 1621.

A MADAME MA SOEUR MADAME LA DUCCHESSE DE LA TREMOILLE, A TOUARS.

Ma chere Madame, le s^r Royer vous dira comme il m'a trouvée toute malade. Il m'a peu veue, car j'ay une sy grande alteration que je ne puis presque parler. J'ay esté saignée aujourd'huy, mon sanc est fort mauvais; je m'en trouve un peu mieux, Dieu mercy. Le Roy a promis [qu'il] m'acorde-

---

1. L'adresse et la date sont d'une main étrangère.

roit ce que je luy ay demendé pour nostre chère cousine de Royan¹ ; l'on dit qu'il va a Thouars ². Vous serés bien empeschée, chere Madame, a toute ceste court, més vous este accoustumée a tous ces honneurs là. Nous disons souvant, la bonne cousine et moy, que vous paroissiés sur toute autre, et mesdames vos filles aussy. Je ne sçay si ceste court viendra en ceste ville, més j'espere bien de ne voir guere personne, sy plaict a Dieu, lequel je supplye vous concerver aussy heureusement que je le desire et d'estre toujours bien aymée de ma très chere Madame; que je remercye très humblement d'avoir tesmoygné au sʳ Royer qu'en ma considération vous emploiriés pour luy encore de meilleure volonté. Je vous en supplye donc, mon cher cœur, et de m'aymer *autant que je* vous honore et suis vostre très *obéissante sœur,* S C. F. N.

Ce 15 may 1621.

XLVIII.

3 octobre 1621.

A MADAME MA SOEUR MADAME LA DUCHESSE DE LA TREMOILLE, A TOUARS.

Ma chere Madame, je suis contrainte, celon que je vous mendis dernierement, d'envoyer signifier a monsieur vostre fils la commission de la cour que j'ay obtenue de la court pour nostre procès, car vos gens et les siens nous prenent toutes les ventes qu'ils savent en conscience qui ne vous sont pas dheuc més bien a nous ; c'est bien contre les coumendemens de Dieu. Pour vous, mon cœur, je croy bien que vous ne voudriés pas que cela se fit sy vous le saviés

---

1. La coadjutorerie de Sainte-Croix.
2. *V*. Thibaudeau, *Hist. de Poitou*, vol. III, chap. xiv.

comme eux; més il faut que la court de Parlement en soit juge, je le vois bien, puisque vos fermiers nous prenent an ceste sorte. J'en escris a monsieur vostre fils; je vous supplye qu'il ne le trouve point mauvais puisque ces gens m'y contraigne, ne pouvant pas tant perdre ayant quatre vins persone a nourir tous les jours. Et vous, ma très chere Madame, croyés, je vous supplye, que vous este parfectement honorée de moy, qui n'ay point receu de paquet pour vous depuis celuy que je vous ay envoyé. Je suis bien soigneuse d'y faire regarder; sy vous plaict de m'en envoyer, je le feray tenir fidellement, comme vostre très humble servante et très obeissante sœur. S C. F. N.

Ce 3 d'octobre 1621.

XLIX.

[Fin de novembre 1621.]

A MADAME MA SOEUR MADAME LA DUCHESSE DE LA TRÉMOILLE,
A TOUARS.

Ma chere Madame, j'ay receu le manteau qu'il vous a plu de m'envoyer. Il est extremement beau, et trop pour moy qui ne le merite pas; més c'est vostre bonté qui me vœut faire ce beau present, dont je vous rans très humble grace. Il est trop excellant pour moy, més je n'ose vous le renvoyer encore qu'il me semble tout propre pour enveloper le cher petit enfan [1] par ce froit; més puisque me coumendés de le prandre et de m'en servir, je le feray, car je diray toujours que c'est ma chere Madame et bonne sœur qui me l'a envoyé. Je vous envoye un peu de nos confitures que je vous gardois, més puis [que] je me vois privée de l'honneur de vostre

---

1. Henri-Charles de la Trémoille, prince de Tarente, né le 17 décembre 1620.

presance et du contantement de vous les offrir moy mesme, j'ay recours a vous les envoyer. Madamoyselle vostre fille aura, si vous plaict, les pos de fraboise, car il me semble qu'elle les ayme. Il y a aussy deux bouqués que ma cousine de Royan luy envoye, et moy une petite bougie blanche et rouge, et a vous, chere Madame, les autre. Toute nostre court s'en est alée [1]. Adieu ma très chere Madame; je suis vostre très humble servante de tout mon cœur, et très obeissante sœur, S C. F. N.

Chere Madame, ma lettre faicte, madame de Vitri [2] m'est venu voir, de la part de madame de la duchesse d'Alouin [3], qui m'a mendé qu'elle avoit assuré la Roine [4], celon que je l'en avois supplyée, de croyre que vous estiés très humble et très fidelle servante de Leur Majestés, et que vous n'aviés rien sy en grande affection que leur très humble service. Que la Roine luy avoit dit qu'elle le croioit bien, et que vous luy aviés envoyé un gentilhomme pour l'en assurer, més sa croyance en estoit encore ocmentée par l'assurance que je luy en donnois, et qu'elle luy avoit dit ces même parole : « C'est donq' Mme de Saincte Croix qui m'en assure ; je le croix bien encore plus. » Més je m'assure bien que me ferés trouver veritable, car je serois bien fachée autrement, més je n'en ai point de peur. Encore faut il que je vous dye encore grant mercis du beau menteau, a qui toutes nos filles ont faict une grant chere, et surtout nostre bonne cousine de Royan. Il est trouvé excellament beau, dont je crains fort vous avoir incommodée de m'avoir faict un sy grant presant.

---

1. *V.* Thibaudeau, vol. III, ch. xv.
2. Lucrèce-Marie Bouhier, veuve de Louis de la Trémoille, marquis de Noirmoutier, remariée à Nicolas de l'Hopital, duc de Vitry et maréchal de France.
3. Anne, femme de Charles Schomberg, duc d'Halwin et maréchal de France.
4. Marie de Médicis.

Vous m'aviés bien assés donné, chere Madame, sans vous estre mise en ceste paine [1].

Ma chere Madame, je vous supplye de me mender sy avés receu un petit paquet que monsr de La Mote m'avoit adressé de Raine, où il estoit, pour vous faire tenir il y a bien huit jours. Je vous l'avois envoyé par la voye de Loudun. Mendés le moy, car je congnois ceux a qui je l'ay donné.

L.

(*Au dos*) janvier 1622.

A MADAME MA SOEUR MADAME LA DUCCHESSE DE LA TREMOILLE
A THOUARS.

Ma très chere Madame, j'ay veu ces jours passés Monsr de Flavigny, grand vicaire de monsr l'evesque de Luçon, qui m'a priée de vous escriprée ce qui suit, car estant de mes bons amis, je n'ay pu le refuser. C'est donc qu'il m'a dit estre contraint avecq' beaucoup de desplaisir, d'entrer en procès avecq' monsieur vostre fis pour le trouble et empeschement que les oficiers de la baronnye donne au dit sieur de Flavigni en l'exercices de sa justice pour son prieuré des Brousils, proche du dit Montegu, laquelle justice, s'il y estoit troublé par autre, monsieur de la Trimouille seroit tenu de luy garantir comme luy ayant esté donné par Messieurs ces predecesseurs telle et semblable qu'ils avoient en leur dite baronnie de Montaigu. Et partant qu'il vous plaise faire cesser tels

---

1. Du Monceau, secrétaire de Mme de la Trémoille, lui avait écrit en mai 1618 :

« Je crois, Madame, que M. de la Masure vous aura dit et assuré que j'ai envoyé à Madame de Sainte Croix, votre sœur, une des meilleures vaches du pays. Elle m'a fait l'honneur de me remercier de ma peine et de m'écrire qu'elle vous en fera un bien humble remerciement. »

empeschemens; offrant ledit sieur de Flavigny de faire apparoir, en tel lieu et par devant telles personne qu'il vous plaira d'ordoner, des drois qu'il a en laditte justice par ces tiltres, et du tout en passer de vostre conceil et le sien dans Fontenay et où il vous plaira. Je vous supplye donc, ma très chere Madame, sy pouvés le gratifier en sa supplication, de le vouloir faire pour l'amour de vostre très humble servante et très obeissante sœur. S C. F. N.

LI.

8 mars 1622.

A MADAME MA SEUR MADAME LA DUCHESSE DE LA TREMOILLE A TOUARS.

Ma chere Madame, je crains *que vous* soyés malade, puis *que l'on vous a* faict purger et sei*gner par ce temps,* quy est encore *froid.* Il est vray que l'autre *semaine il* faisait fort beau. J'ay bien mandé a la bonne seur a nous deux le soin que *vous avez pris de me* faire tenir *ses lettres, dont* je vous remercie *très humble*ment. Vous este toujours un petit mauvaise de me *dire* cela de mons^r de Fiebrun [1] et mons^r et madame de Saint Jermain. Je les vous ay ouy louer jusques au troieme ciel. Qu'en dirés vous? més c'est tout un. C'est Dieu qui cera nostre juge; tout le reste, soit louange, soit mespris des creature, ce n'est pas grant chose. Nostre bon Dieu seul est celuy qui jugera équitablement; voila le seul jugement que devons craindre. Je supplye sa divine bonté m'en faire la grace, et de vous pouvoir temoygner que veritablement je vous honore et suis vostre très humble servante et très obéissante seur. S C. F. N.

Ce 8e mars 1622.

---

1. René de Cumont, seigneur de Fiefbrun, abjura cette année même le protestantisme. Gabriel Foucaut, seigneur de Saint-Germain-Beaupré (mari d'Anne Poussart du Vigean), avait abjuré l'année précédente.

LII.

[Mars 1622.]

A MADAME MA SEUR, MADAME LA DUCCHESSE DE LA TREMOILLE
A TOUARS.

Ma chere Madame, j'ay receu deux bonnes grant lettre de vous et vous demende pardon d'avoir [esté] l'autre voyge sans vous en randre très humble graces, et [de] la promesse que vous me faicte de ne poursuivre point M^r [de] la Roche aux Enfans qu'il ne [vous] ayt esté trouver. Je vous supplye donc, mon cœur, de me le mender lorsqu'il vous plaira qu'il y aille, il n'y menquera, ny sa bonne seur et moy a prier nostre bon Dieu pour vostre bonne sancté spirituelle et corporelle. Je suis grandement ayze de ce que vous trouver que mons^r vostre petit fils me resemble, car vous m'en aymerés mieux. Il le faut bien mender a la bonne sœur a nous deux. Adieu ma très chere et honorée Madame, je suis entierement vostre très humble servante et très obeissante sœur *qui vous aime passionement*, et moy mad^{lle} vostre fille.
C'est S C. F. N.

LIII.

[Avril 1622.]

A MADAME MA SEUR MADAME LA DUCCHESSE DE LA TREMOILLE,
A TOUARS.

Ma chere Madame, je suis extremement couroucée a cest homme qui m'aporta vostre lettre, car je luy dis que j'avois un paquet a vous envoyer; il me promit, par deus ou trois fois de ne partir sans venir les querir, et il n'y vint point. S'il m'ut dit où il estoit logé, j'y eusse bien envoyé, ce que je ne laissé de faire, mais l'on ne le sceu trouver. Croyés que j'en fus bien fachée, car j'estois toujours en paine de ce que n'aviés vostre paquet. Je suis bien estonnée, chere Madame, de ce que l'on vous vœut oster monsieur vostre petit fils [1]. Il est certain que feu madamoyselle de Buillon fut menée a Touars aussy june sans aucun mal, més la saison n'estoit tant en hivret qu'élle est; més vous le ferés [si] bien envelopper qu'il n'ara poin de mal, sy plaict a Dieu; dont je le supplye du tout, mon cœur, et de vous faire la grace de ne faire rien sans bien considerer les dangers où vous [vous] mettés [2], et monsieur vostre fils. C'est l'extreme apreension que j'ay qu'ayés du desplaisir qui me le faict vous le mender; croyés le, chere et Madame, et que je vous honore de tout mon cœur. Mon Dieu ne suis je point [heureuse] de n'avoir qu'à prier Dieu, que de le louer et benir de ces misericordes, que d'admirer sa bonté ! C'est un paradis entisipé que je ne chagerois pas pour mille royaume de la terre ; l'on ne sarois l'estimer si l'on n'en a gousté. Je vous avois un peu de gelée de coins. Je [suis] marye qu'il n'i en a davantage, mais il ny a pas moyen de trouver de coins. Il y [a] un livre de cire blanche et un petit [3] pour mad[lle] vostre fille, que ma cousine de Royan luy envoye. Elle est bien de tout son cœur vostre très humble servant, et moy encore plus, qui vous embrasse de tout mon cœur. C'est S C. F. N.

---

1. Le prince de Tarente partit de Thouars le 28 avril 1628, pour rejoindre son père et sa mère, qui étaient à Sédan.
2. De mécontenter le roi.
3. Le mot sauté est peut-être *bouquet*.

LIV.

9 janvier 1623.

A MADAME MA SEUR MADAME LA DUCHESSE DE LA TREMOILLE, A TOUARS.

Ma chere Madame, il y a quelque tamps que je vous escripvi pour monsr de la Roche aux Enfans. Vous me promite de le gratifier pour l'amour de moy et de sa bonne sœur. Je croy que vos oficiers le poursuivent tousjours ; c'est pourquoy il vous supplye très humblement de lui donner quel jour il vous plaira, afin qu'il vous aille trouver [et] que vous mesme vous en faciés le jugement, car il dit qu'il ne vœut que vous randre toute sorte de très humble service et obeissance. Ma bonne fille de la Roche, que vous savés que j'ayme extremement et qui est passionement vostre très humble servante, vous supplye très humblement, et moy aussy de toute mon affection, de le traicter le plus courtoisement qu'il vous sera possible, sans rien prejudicier à vos droits ; car je ne voudrés vous supplier de chose qui vous inportat : je suis trop servante de ma chere Madame, laquelle je supplye de me faire response, afin que j'en avertisse le dit sieur de la Roche aux Enfans. Et atandant je vous supplye de faire cesser les poursuite, et vous obligerés extremement vostre très obeissante sœur et très humble servante. S C. F. N.

A Ste Croix ce 9e janvier 1623.

LV.

(*Au dos*) juin 1624.

A MADAME MA SEUR MADAME LA DUCHESSE DE LA TREMOILLE,
DE L'ILEBOUCHART.

Ma chere Madame, j'ay tousjours esté oultrée de douléur de vous savoir sy malade. Croyés que sy j'usse peu j'usse envoyé continuellement vous voir; més sachant que sela vous estoit inutile, je m'en suis retenue, ayant mieux aymé m'enploier a prier Dieu pour le recouvrement de vostre sancté, ce que je vous proteste que mes religieuses et moy avons faict soigneusement. Monsieur de Cruilly [1] a esté le premier à m'aporter la bonne nouvelles de vostre meilleure sancté, dont j'ay esté grandement ayze et en loue nostre bon Dieu de tout mon cœur. Il vous dira de mes nouvelles, et que nous avons bien parlé de ma chere Madame et des petites mauvaitié qu'elle m'a faicte au procès que vous avez gangné contre nous. C'est a ceste heure a nous a gangner. Nous n'en somes point encore là; en attendant je vous supplye, mon cœur, de tesmoygner à monsieur de Cruilly que vous prenés part aux bons ofices qui me rant journellement. Vous m'obligerés grandement, car je n'ay point un meilleur amy, et sa femme aussy. Adieu ma chere Madame, je suis toute a vostre service très humble, et vous honore de tout mon cœur; S C. F. N.

---

1. Est-ce Antoine de Sillans, baron de Creuilly, mari d'Antoinette Sanglier, ou son père? *V.* Anselme, IV, 62.

LVI.

28 août 1624.

A MADAME MA SEUR MADAME LA DUCHESSE DE LA TREMOILLE,
A TOUARS.

Ma chere Madame, j'escrips a monsieur vostre fils et luy faix une très humble requeste en faveur de mons^r Desforges, beau frere de ma fille de Riparfon, que vous savés que j'ayme extremement et qui est passionement vostre très humble servante. Je vous faix donc, chere Madame, la semblable requeste très humble d'avoir agreable que le dit sieur des Forges ce deface de son ofice de senechal de Moleon [1] a un fort honeste homme et capable de ceste charge là qui vous y servira très fidellement, a ce qu'il m'a promis. Je vous supplye donc qu'il ne soit point refusé, et lui permettre de resigner donc la ditte ofice. Vous m'obligerés extremement, et tous ces parens, lesquels la plus grande partie sont conceillers au presidial de ceste ville, qui vous ont randu souvant très humble service lors que vous avés afaire d'eux. Je vous assure que c'est d'afection qu'ils ce portent à vos afaire lorsque je leur ay recoumendée. Je vous supplye donc, emsemble madame vostre belle fille, de me faire otroier ma très humble supplication. Ceste lettre servira pour vous deux, je vous supplye très humblement, et de croyre que je seray encore plus vostre très humble servante a toutes deux, s'il ce peut, car je desire fort que ceste afaire ce face. Je vous en requiers encore, mes cheres dames, vous honorant parfectement. C'est S C. F. N.

A Ste Croix, ce 28e aoust 1624.

---

1. Aujourd'hui Châtillon-sur-Sèvre.

LVII.

21 janvier 1626.

A MADAME MA SEUR MADAME LA DUCHESSE DE LA TREMOILLE, EN OLANDE [1].

Ma chere Madame, mons^r Kainchot[2] m'a mendé que vous desiriés avoir nostre argent qu'il a a moy, dont je suis très ayze. Je luy mende donc qu'il ne menque pas a le vous donner. Mr de la Masure, vostre secretaire, m'a mendé que tout aussy tôt que vous luy aurés mendé qu'il ne manquera pas de me le randre. Ce nous cera a toutes deux de la comodité, més quant je n'en recepverés pas, je ne laisserés d'estre très heureuse de vous randre quelque très humble service. Je crois que vous avés bien eu de l'apreension de la maladie de monsieur de Buillon[3]. La bonne seur a nous deux en a bien receu de l'affliction, més elle a esté bien consolée de vous savoir auprès de luy, aussy qu'elle en a bien subject; j'espere qu'il est maintenant bien gueri. J'ay seu sa guerison aussy tot que le mal, dont j'ay bien esté très ayze, car j'an eusse bien receu de l'afliction. Mendés moy donc de vos nouvelles, ma chere Madame, et faicte tousjours pour moy envers monsieur nostre frere et madame nostre belle sœur[4]. Je les honore de tout mon cœur. Je ne leur escris point car je croy que ce seroit les trop importuner et puis, mon cher cœur, je m'assure que vous faicte pour moy auprès d'eux, car vous este

---

1. Ce fut pendant ce voyage que Charlotte de la Trémoille épousa à la Haye, le 5 juillet 1626, James Stanley, comte de Strange, puis de Derby.
2. G. de Kinschot, chargé des affaires de Mme de Nassau-Bourbon en Hollande.
3. Frédéric-Maurice de la Tour, fils aîné de la duchesse de Bouillon, était aussi en Hollande.
4. Henri de Nassau avait épousé Amélie de Solms le 31 mars 1625.

ma très honorée Madame et très chere seur a qui je suis servante très humble, S C. F. N.

A Ste Croix, ce 21° jenvier 1626[1].

LVIII.

10 janvier 1627.

A MADAME MA SEUR MADAME DE LA TRIMOUILLE, DUCHESSE DOUERIERE.

Ma chere Madame, avecq bien peu de loisir je vous fais ce petit mot par mad^{lle} du Plaissis, qui par deux fois a pris la paine de me venir voir pour l'amour de vous. Je luy en suis bien obligée, car ce m'est un très grant contantement d'avoir l'honneur de savoir de vos nouvelles, et de madame vostre belle fille. Je vous envoye unne bougie blanche a chascune, que je vous supplye avoir agreable, et deux petites a mesdamoyselle de Buillon et Hannau, mes niepce. J'ay la pauvre

---

[1]. Pendant que sa sœur était en Angleterre, l'abbesse de Sainte-Croix fut gravement malade, comme on le voit dans la jolie lettre olographe, adressée par Mlle de Royan à Marie de la Tour, qui a été aussi découverte dans le chartrier de Thouars.

A MADAME MADAME LA DUCHESSE DE LA TREMOILLE, A THOUARS.

Madame, la continuation du mal de Madame me contrainct de prendre la hardiesse de vous presenter très humble requeste de permettre à M. Rabault de faire un tour jusques icy, un jour seulement, pour juger de ce qui est necessaire a la maladie de Madame, laquelle n'est assistée que d'un jeune medecin, le sien ordinaire estant aresté au lict malade depuis huict jours. Nous sommes en de si grandes aprehensions qu'en cette necessité j'oze entreprendre de la vous representer. C'est neanmoins, Madame, sans aucun prejudice de la santé de monsieur vostre mary, laquelle je souhaicte de toute l'afection de mon cœur du quel je suis, avec sincerité de devoir et inclination très forte, Madame, vostre très humble et très obéissante cousine et servante.

S. CATHERINE DE LA TREMOILLE.

Ce 19° d'octobre 1626.

Vexains fort malade d'une puresie; j'ay bien peur qu'elle meure. Cela m'enpesche, chere Madame, de vous escripre daventage. Croyés moy entierement vostre très humble servante et très obeissante sœur. C'est S C. F. N.

Ce 10ᵉ jenvier 1627.

Nostre chere cousine de Royan est vostre très humble servante.

LIX.

13 ou 14 décembre 1627.

A MADAME MA SEUR MADAME LA DUCHESSE DE LA TRIMOUILLE DOUERIERE.

Ma chere Madame, vostre depart m'a laissée toute triste, et de l'autre costé très contente et satisfaite de tant d'honneur qu'il vous a plu me faire, et de m'assurer que vous seriés très aize de vous employer pour moy; en voicy donc une occasion. C'est Mʳ de la Mellerie[1] qui m'escripvit par le gentilhomme que vous vitte de sa part pour me despartir d'une poursuite que j'ay coumencée, par informations seulement, des insolances que firent ces soldas a Ayron et a Maillay, deux de nos maisons, où il fut tué le fis de nostre metaier comme il entroit dans nostre maison de laditte metairie. Il mourut un jour ou deux après. Il em blesserent encore un vieux bonhomme de près de quatre vins ans, qui ce meurt; encore batirent, ransonnerent, firent mille maus. Après tout cela il me pria par sa lettre de remettre tout cela, més surtout que le sieur Dobigni[2] fut osté de ceste afaire. Je luy

---

1. Charles de la Porte, cousin germain du cardinal de Richelieu, depuis maréchal de France, n'avait probablement pas encore abjuré le protestantisme.
2. Ce doit être plutôt le seigneur d'Aubigny, près Thénezay, que Constant d'Aubigné, dont il est parlé lettre xvii.

mendé qu'il s'estoit faict de grandes insolance, avecques meurtre, que je le suppliés de ne trouver pas mauvais sy je continués les poursuite qui estoient coumencée, et que je m'asurois que s'y savoit comme le tout estoit passé qu'il ne m'ut faict la priere qu'il me faisoit. Il me recripvit donc assoir par un laquais, qui donna ma lettre a une de nos tourière de dehors, a qui il dit qu'il n'estoit pas a M. de Melleraie, encore que la lettre estoit de luy, més que l'on lui avoit donnée pour me la porter et qu'il n'y avoit point de reponce, qu'il n'y retournoit point.

Je vous envoye donc ceste lettre[1], dont je m'assure vous trouveray ofancée. J'an escris a Monsieur vostre fils aussy, auquel je vous supplye faire voir ceste cy, et cy vous trouveriés bon d'y envoyer un de vos laquais luy mender que lorsque vous estiés avecques moy je ressus ceste lettre, et ce que vous savés mieus que moy ce qui luy faut mender. Més ce que je desire le plus [c'est] qu'il s'empesche bien d'envoyer son regiment a nos terres, que ce seroit une pure vangeance dont le Roy ni Monsieur le cardinal ne mintindroit jamais; car c'est tout ce que je crains qu'il ruine nos

---

1.   A MADAME DE SAINTE CROIX.

Madame, j'ay bien congneu, sur celle que vous m'avez escrite, que vous aviés esté prevenue par des gens qui vous avoient fait entendre l'affaire qui c'est passée a Airon tout autrement qu'elle n'estoit. Je voi qu'il est très necessaire de punir ces gens là qui vous ont donné ce faus entendre, sachant bien, comme je sçay, que les gens de vostre profession ne se portent jamais a la vengeance que par une grande extremité. Cela estant, je vous promets que j'i donneray ordre, et que j'anvoiray partie de mon regiment, qui doit bien tost passer en ces quartiers, pour chastier leur insolence. Pour ce qui regarde le fait du sieur d'Aubigni, je verrai si je le pourray mieux maintenir que vous ne pourés l'offencer, car je vous avise dès cette heure que de sa cause j'en fais la mienne, afin de voir si par le cours de la justice je pouray obtenir ce dont je me repens fort de vous avoir prié, puisque je serois très mari de [vous] avoir obligation et que je ne veux point estre du tout, Madame, vostre bien humble à vous faire service.

                                                  LA MELLERAIE.

A la Melleraie, ce 12 decembre 1627.

dis subjects. Je vous supplye donc de luy escripre, et monsieur vostre fis, come vous jugerés qu'il est necessaire, car pourveu qu'il ne face point de mal a nos subjects, l'on poura sursoier. En cela j'an recepvrai vostre advis. Empeschés donc, je vous supplye, que ce Mr de Melleraye n'aille point en nos terre, car je m'en vois envoier a Monsieur le cardinal, qui j'espere le remettra en son debvoir, més je vous supplye qu'il ne le sache point. Adieu mon cher cœur et ma très honorée Madame; pardonnés mes importunités puisque je suis vostre très humble seur et servante

SC. F. Nassau.

Permettés moy d'assurer madame vostre belle fille que je suis sa servante très humble. Je la supplye aussy de prandre interest en ceste afaire.

LX.

21 décembre 1627.

A MADAME MA SOEUR MADAME LA DUSCHESSE DE LA TRIMOUILLE DOUERIERE.

Ma chere Madame, j'ay receu vos deux cheres lettres; et puisque vous n'avés pas esté conceillée d'anvoyer vers celuy que je vous avés supplyé, je croy que c'est pour le mieus. Tout ce quy me le faisoit desirer estoit pour l'enpescher de ne ruiner pas nos pauvres subjects, car pour le reste me soucie fort peu de sa lettre. Je l'ay envoyé a Monsieur le cardinal; je n'ay point encore eu de responce, je ne menqueray pas, chere Madame, de vous la mender. Vous m'obligés trop de *regretter* fort ce que l'on *vous a conseillé. Je* n'usse pas neanmoins *demandé* que vous luy *eussiez escript* d'un si grant *outrage*, més seulement *que j'avois* l'honneur d'estre avecq'vous, lors de ceste belle lettre, et que vous ne pouviés pas, estant sy proche, que vous n'y princiés une grande part ; et que vous assurés qui ne voudroit faire encore loger ces jans de guerre en nos maisons, ce que vous le priés. Voilla, mon cœur, ce que je desirés, més toute fois je n'entans guere rien en ces choses la ; vous savés mieux que moy comme il s'y faut comporter. Il m'a semblé que je serois bien contente qu'il sceut que vous le savés, et monsieur vostre fis et tous ceux a qui j'ai l'honneur d'appartenir.

J'ay eu des nouvelles de la bonne sœur a nous deux, qui *etoit avec* Madame de Lancheberc [1], *bien portantes* Dieu mercy *toutes deux*. Je croy que le mariage de mad^{lle} sa fille est arresté [2], dont je suis bien ayze, et surtout de ce que ma chere Madame est bien contante de moy et de toute nos filles, et particulierement de nostre chère cousine de Royan, qui est parfectement vostre très humble servante. Les medecins ont faict mettre deux cotere au deux bras a sa petite niepce [3], dont elle me faict une extreme pitié. Ce n'est que misere de ce monde. Bienheureux sont ceux qui sont auprès de nostre bon Dieu, lequel je prie le plus continuellement qu'il m'est possible pour *ma chere sœur*, encore que *ce soit pour ce qu'elle ne vœut, et pour madame* vostre belle *fille et nos* cheres niepce *de Bouillon et* de Hannau que j'ambrace un million [de] fois, et ma très honorée Madame a laquelle j'envoye un petit *de confiture* d'orange et de *coings*, bien marye que je n'ay quelque *chose de plus* digne. Adieu ma très chere et très honorée Madame ; je suis toute vostre très humble servante et très obeissante sœur, S C. F. N.

Ce 21 de decembre 1627.

---

1. Amélie de Nassau, duchesse de Landsberg.
2. Le contrat du mariage de Julienne-Catherine de la Tour avec François de la Rochefoucaud, comte de Roye, avait été signé le 13 décembre.
3. Probablement Catherine-Marie de la Trémoille, qui fut religieuse de Sainte-Croix et y mourut.

LXI.

28 décembre 1627.

A MADAME MA SEUR MADAME LA DUCHESSE DE LA TREMOILLE DOUAIRIÈRE, A TOUARS.

Ma chere Madame, mons^r de la Maison Neufve m'est venu assurer de la continuation de vostre bonne sancté et le segretaire de mad^e vostre belle fille aussy, dont je ressois une joye extreme, car j'honore ma chere Madame et bonne sœur de tout mon cœur. Je n'ay point encore receu de nouvelles de mon afaire et en suis un peu en peine, surtout que l'homme ne reçoive quelque desplaisir par les chemins, car l'on dit qu'il y a force voleurs. Voilla tout ce qui m'en paine, car pour le reste je l'ay mis entre les mains de la providence divine et prie Dieu pour eux tousjours depuis, comme il me coumende, et pour vous, ma chere Madame. Nous avons enployé ces jours pour vostre conversion, ayant faict les prieres des quarante heures, ayant toujours eu cinq ou sis [religieuses] en prieres les unes apres les autres; car veritablement je suis touchée jusques au plus profond de mon cœur de vous voirs en un estat où vous ne pouvés faire vostre salut [1].

Je ne vous en avois osé parler, més puisque vous com-

---

1. Anne Le Veneur de Tillières, comtesse de Fiesque, avait écrit le 14 octobre précédent à Mme de la Trémoille : « Je say que vous m'aymés, et de plus vous savés que je vous honore et estime, hors la religion, autant que personne du monde, et jusques a vous tenir pour saincte sans ce manquement. Je prie Dieu qu'il le vous otte de tout mon cueur, ma très chere Dame; et si ma vye luy peut estre un sacrifisse agreable pour emouvoir sa bonté a vous donner les lumieres nececeres pour connestre la verité, je la luy offre de toutes les affections de mon ame, comme je fais a vous mon servisse très humble. »

mencés, je ne craindré donc point de vous repondre que ce sont vos ministre, que vous croyés plus que Jesus Christ, quy vous dise qu'il n'est pas tout puissant de faire ce qui dit et ce qu'il nous a promis en parole sy expresse : « Voici mon corps qui cera livré pour vous » et tout le 6e chapitre de Saint Jean. Les paroles y sont si formelles, avecq tant d'assurance qu'il ne ce peut daventage ; et après cela vos ministre vous enseigne a ne croyre pas Nostre Seigneur. De mesme Nostre Seigneur dit : « Les pechés que vous remettrés seront remis au ciel, ceux que vous retiendrés le ceront au ciel ; » pour pouvoir le faire il les faut savoir, et eus vous dise que tout cela n'est point. Nostre Seigneur dit et coumende de garder ces saints coumendements ; eus vous enseigne qu'il est inpossibre. Nostre Seigneur dit qu'il y en aura qui ne ce mariront point pour le roiaume des cieus. Saint Pol dit que la virginité est preferable au mariage, que la vierge n'est point divisée, qu'elle n'a afaire que pour les choses de Dieu. Vos ministre vous dise tout le contraire, et le font de mille autre chose. Aussi disent ils qu'ils ne font que rebellion et mechanceté, en leur Profession de foy ; et disent mieus qu'il ne pancent, car ils ce sont rebellés contre la sainte eglise leur mere, aussy ne peuvent ils avoir Dieu pour pere. Il ce sont ceparés de la vraye eglise et ne saroient montrer leur puissance et d'où elle est venue pour prescher et enseigner ; ils ce perdent et vous perdent tous.

Je ne vous les usse pas alegués sy vous n'ussiés coumencé, et vous en dirois bien daventage sy j'avois plus de tans, car j'endurerois mille mors pour la verité de ma creance, qui est cy clere que sy vous n'estiés point opiniastre, vous la verriés plus clere que le jour ; més l'opiniastreté empesche la grace de nostre bon Dieu, lequel peut tout et est nostre tout, toute nostre esperance. Je le supplye de vous illuminer et de croyre que c'est le grant amour que je vous porte qui me faict parler. J'embracé nostre chere niepce de Hannau et l'ayme de tout mon cœur. Nostre chere cousine de Royan vous honore de tout le sien. Nous somme vos servante très humble, chere Madame.

Ce 28 decembre 1627.

LXII.

25 février 1628.

A MADAME MA SOEUR MADAME LA DUSCHESSE DE LA TRIMOUILLE DOUERIERE, A THOUARS.

Ma chere Madame, je n'ay point receu vos lettres a ce voyage ; pourveu que vostre sancté soit bonne, ce m'est assés. Je n'ay pas voulu laisser retourner nostre fermier Prou sans vous remercyer très humblement de l'honneur que vous me faictes, et aussy monsieur vostre fis, de le faire exampter du logement de gendarme. L'on m'a dit qu'il en doit encore passer ; c'est pourquoy, ma très chere Madame, je vous requiers encore l'honneur de vostre assistance pour nos deux pauvres petis vilage de Ste Radegonde de Pommiers et pour Boucœur. Faicte moy donc ceste grace, chere Madame, et vous m'obligerés extremement. J'ay veu yssy madame de Beauclers [1], qui est grandement vostre très humble servante. Elle me pria tant de vous mander comme elle m'estoit venue voir, n'ayant que sejourné un seul jour en ceste ville. Vous sarés toute nouvelles de la Rochelle, puisque l'on dit que le Roy passe par Thouars [2]. Je ne vous en diray donc point daventage et vous assureray que je suis, de cœur et d'afection, vostre très humble servante et très obeissante sœur.

C'est ce 25 febvrier 1628.

---

1. Peut-être Marie Robin, mère de Michel de Beauclerc, maître des cérémonies des ordres du roi.
2. Louis XIII venait d'en quitter le siége pour se rendre à Paris.

LXIII.

18 décembre 1628.

A MADAME MA SOEUR MADAME LA DUSCHESSE DE LA TRIMOUILLE
DOUERIERE, A THOUARS.

Ma chere Madame, ce qui est de bon en mes lettres [1], c'est qu'elles sont très vraye et qu'il n'a rien si certain, et que tout ce que vous m'alegués par la responce que vous me faicte, mon cœur, par une autre main, ne faict rien contre ce que je vous ay mendé a mes deux dernieres. Je vous en assure parce que les saints au ciel sont, sans nulle comparaison, des milions de fois plus heureux, plus puissans d'obtenir de Dieu ce qui luy demanderont que lorsqu'ils estoient en terre, Nostre Seigneur leur ayant promis qu'ils seront en son royaume, assis a sa table, pour montrer le grand estat qu'il faict de ces saints jusques a dire qu'ils jugeront avecques luy. Je voudrés, ma chere Madame, que vous voulussiez un peu comprendre nostre creance, car elle defaire tout a Dieu, je le vous proteste et vous desire continuellement a nos sermons, où l'on nous parle des grandheurs de nostre bon Dieu, qui sont du tout admirable et incomprehensible, et que tout ce qui [est] au ciel et en terre auprès de Dieu tout cela n'est rien que des atomes et du neant; més que Dieu est celuy seul qui est, d'autant que tout le reste n'a subcistance que par luy, estant nostre unique bien et nostre tout.

Aussy pouvons nous dire que nous n'aimons que luy, soit au ciel et ycy bas en terre, car veritablement nous y aimons tout en luy et pour l'amour de luy, parce qu'il le veut ainssy.

---

1. Dans l'intervalle compris entre celle-ci et celle du n° LXI, le duc de Thouars, fils aîné de Mme de la Trémoille, avait abjuré le protestantisme entre les mains du cardinal de Richelieu, au camp devant la Rochelle, le 18 juillet 1628.

Nous aymons aussy sa sainte parole de tout nostre cœur, dans lequel nous l'avons bien engravée, mais cela n'enpesche pas nos tableaus, qui sont encore de très puissants motifs pour ayder a nous souvenir des misteres de nostre redemption; nous n'en pouvons assés avoir. Vous avés beau dire, la pratique et l'experience nous faict voir clerement que ce sont de grandes aydes pour pencer souvant en nostre bon Dieu. Je vous diray encore, Madame, que le plus grant mistere de foy et que vous croyés comme nous, qui est la très saincte Trinité, un seul Dieu en trois personne, il n'en est point parlay en la saincte Escripture, et vous autre vous mesme vous faicte beaucoup de chose qui n'i sont point. Sy j'ay l'honneur de vous voirs, nous en parlerons daventage, sy plaict a Dieu.

Je crins bien que les grandes incomodités des mauvais chemins ne m'empechent l'honneur de vous voirs, car je ne vœux vous incomoder, ni monsieur vostre fils. Je vous honore sy fort que je ne vœux que ce qui vous sera le plus commode et agreable. Je loue Dieu de ce que Madame vostre belle fille ce porte mieus de son doit; j'en estés bien en paine. Je suis sa servante très humble et de mesdamoyselle de Buillon et de Hannau; et vous assure, ma chere Madame, que je suis très contante et ne croy pas au monde creature plus heureuse et contante que moy, par la grace de Dieu, dont je ne sarés jamais assés l'en remercyer et louer et glorifier. Adieu donc, ma chere Madame, que j'embrasse cent mille fois d'afection et suis vostre très humble servante et très obeissante sœur qui vous honore de tout son cœur,
S C. F. N.

A Ste Croix, ce 18e de decembre 1628.

Ma chere Madame, je vous envoye la responce [1] d'une autre main que de la miene.

---

1. Au Mémoire de controverse que Mme de la Trémoille lui avait adressé.

LXIV.

[Commencement d'avril 1630.]

A MADAME MA SOEUR MADAME LA DUSCHESSE DE LA TRIMOUILLE DOUERIERE, A THOUARS.

Ma chere Madame, j'ay bien double desplaisir de la contagion qui est en ceste ville, puis qu'elle m'enpeschera l'honneur de vous voirs. Elle n'est pas guere grande, Dieu mercy, més le pis c'est qu'elle est proche de nous. Dieu par sa grace nous a bien preservé jusques a mintenant, mais je ne voudrés pas que vous missiés en danger pour rien du monde; j'ayme beaucoup mieux me priveu du contantement de vous voir. Monsr de Jorigni[1] vous dira le subject de son voyage, et comme j'espere d'aler a Thouars; mais mon deplaisir sera que vous n'i serés pas en ce temps que j'yray[2], mais sy ce n'est a ceste fois ce sera en un autre. Ma joye en seroit bien plus grande, més il faut tout remettre a la saincte volonté de Dieu.

Le dit sieur de Jorigni vous dira encore un autre afaire, touchant un don que ma faict monsieur vostre fils de quatre cens escus qui luy estoient deus dont il n'avoit jamais oui parler; je luy demande ce qui m'a octroyé. Or parce qu'il y a par le testament de feu Mr Adam qu'il veut que ceste partie luy soit payé ou a vous, et que les dist heritiers sont bien ayze de trouver quelque excuse pour ne payer pas, je vous supplye très humblement, s'il faut que vous ratifiés ce

---

1. Seigneurie près de Vivonne.
2. Mme de la Trémoille partit, en effet, peu de temps après pour l'Angleterre, où elle passa le second semestre de cette année près de sa fille, la comtesse de Derby, et l'assista dans sa seconde couche.

don, de le faire. Je m'assure, mon cœur, que vous ne me refuserés pas. Je laisse donc audit sieur de Jorigni a vous entretenir bien emplement de mes nouvelles. Je lui ay faict avencer son voyage afin qu'il eut l'honneur de vous voir, car il est fort vostre très humble serviteur. Je finiray donc, ma chere Madame, peur de vous estre trop inportune, remettant toute nouvelles a la sufisance du porteur. Je vous suppliray donc de m'aymer tousjours autant que je vous honore, qui est du plus profont de mon cœur, qui est tout triste de vous voir aler sy loin. Neanmoins le contantement que vous aurés de voir madame vostre chere fille me console fort, car je ressans vos joye comme sy elles m'étoient propre. Mendés moy combien elle a d'anfans. Je l'honore tousjours grandement et suis sa servante très humble, et a vous, ma chere Madame, encore davantage, vous embrassant cent mille fois par affection. C'est vostre très obeissante seur et très humble servante, F. N.

LXV.

28 avril 1630.

A MADAME MA SEUR MADAME LA DUCHESSE DE LA TRIMOUILLE DOUERIERE, A THOUARS.

Ma chere Madame, personne ne savoit rien du testament de fu Mr Adam, ni mons^r vostre fis; et voyant que c'estoit une patie casuelle dont vous n'ariés jamais rien, je la demandai a mondit s^r vostre fis, m'assurant entierement, de vostre bonne affection en mon endroit, que puisque huit ou dis ans estoient passés, que ne me refuseriés pas. C'est pourquoy, en ceste grande confience que j'ay eu de l'honneur de vostre amitié, je vous l'ay mandé sincerement, car sy j'usse voulu vous le celler je l'eusse bien fait; mais, ma très chere

Madame, je vous supplye très humblement de ne me refuser la ratification de don que m'a faict monseigneur vostre fils. Je la vous envoye toute preste a siner. Ce me ceroit une très semsible affliction sy je me voiois sy peu aymée de ma chere Madame qu'elle voulut dedire monsieur son fils pour un bien qu'il m'a faict, car fu Mʳ Adam ayant manié les deniers de feu monsʳ vostre mary, la debte peut estre de ces deniers. Enfin cela est fort dificile a juger : il n'y a que celuy qui est mort qui le peut véritablement dire, tellement que me donnant tous deux le droit que vous y avés, vous serés hors de doute de prandre chose qui ne soit point a vous. Chere Madame, je vous requiers très humblement que je n'ay point ce mal de cœur et ceste grande amertume, qui ne me passeret jamais, que vous m'ariés refusée et que tout le monde cognut que vous ne me faicte point l'honneur de m'aymer.

M. de Jorigni vous aura bien dit comme je fus assistée, a nostre voyage de la Rochelle [1], de tous les parens de mes religieuse; et sy vous eussiés esté au païs, je me fesés bien forte que vous hussiés esté des premieres a m'ayder. Prenés donc que c'est une homone que vous me faicte pour cela. Nous faision pitié a tout le monde, cest pourquoy toute la ville ce mit a m'aider; et vous assure que sy nostre bon Dieu nous affligea d'une main, qu'il me consola merveilleusement de l'autre. Sa divine providance parut tout clairement, car je n'avés pas un seul cheval pour faire le voyage, et dans vint quatre [heures] j'an trouvé plus de cent; et [de] deux cent personne que j'avais il n'y eut personne de malade que nostre medecin, et un cheval qui mourut, par la grace de Dieu sans doute. Ma très chere Madame, vous este trop bonne sœur pour n'avoir point pitié de vostre chere et petite

---

1. A cause de l'épidémie régnant à Poitiers.

sœur, qui vous aura une obligation eternelle a vous honorer encore plus, s'il ce peut, le reste de sa vye. Je vous envoye ce porteur exprès, m'assurant ce tesmoygnage de vostre affection que je vous supplye très humblement de ne me denier pas, puisque je suis veritablement vostre très humble servante et très obeissante, sœur, S C. F. N.

A nostre abaye de Ste Croix, ce 28e apvril 1630.

A peine le livre de Claude Allard venait-il de m'être remis, qu'il a fallu envoyer mon manuscrit à l'imprimeur, pour ne pas retarder la publication de ce volume. Depuis, j'ai eu le courage de lire entièrement le Miroir des Ames religieuses, *et j'en tire deux rectifications à ce que j'ai dit page* 206.

Madelaine de Longwy était cousine germaine de Charlotte de Bourbon, princesse d'Orange, qu'elle avait, dès sa jeunesse, convertie au Protestantisme.

Flandrine de Nassau lui fut enlevée, par ordre du roi Henri III, lors d'une visite que l'abbesse du Paraclet d'Amiens fit, avec sa nièce, à l'abbesse de Jouarre, sur les pressantes invitations de celle-ci.

Je dois ajouter qu'une lettre inédite de Louise de Colligny, dont M. Campbell vient de m'envoyer copie, constate que le mariage d'Élisabeth de Nassau avec le duc de Bouillon eut lieu à Sédan, et non pas en Hollande, comme on peut le croire, d'après ce qui est imprimé en tête de la page 209.

ANALYSE

DES

AUTRES LETTRES DE L'ABBESSE DE SAINTE-CROIX

DÉCOUVERTES DANS LE CHARTRIER DE THOUARS.

I. *Vers 1615*; au duc de la Trémoille.

Avis de la prochaine profession de Mlle de Royan. Remerciments de la protection accordée au receveur de la terre de Sainte-Radegonde ; demande de la même faveur pour ses autres terres, notamment celle de Tollet.

II. *30 janvier 1616*; au même.

Mise à sa disposition de l'intendant des terres de Sainte-Croix dans le Loudunois. Prière de les protéger, ainsi que de faire cesser et réparer les ruines commises à Saix et à Rossay par les sieurs Perraudière et la Touche-Beaurepaire.

III. *26 août 1620*; au même.

Invitation pressante de venir à Poitiers quand Monsieur, frère du Roi, y sera ; offre du petit logis de l'abbaye.

IV. *14 juillet 1621*; au même.

Recommandations pressantes en faveur de l'abbesse de la Trinité de Poitiers, tant pour le don à elle fait par un habitant de Laval, d'une maison sise au faubourg de ladite ville, que pour l'établissement, dans cette maison, d'un monastère de religieuses de son Ordre.

V. *19 avril 1622*; au même.

Demande pour Pierre Bouin de la première place vacante dans l'abbaye de Saint-Laon de Thouars.

VI. 8 *mai* 1622 ; au même.

Nouvelle recommandation en faveur de Pierre Bouin, la mort d'un religieux ayant rendu une place vacante.

VII. 15 *novembre* 1623 ; au même.

Recommandation en faveur de l'abbesse de la Trinité, pour l'établissement d'un couvent de son Ordre à Vitré.

VIII. *Vers février* 1629 ; à la duchesse de la Trémoille.

Prière de recommander à son mari, alors en Piémont avec Louis XIII, de confirmer le s^r Decourge dans l'état d'avocat fiscal, dont il est pourvu.

IX. 23 *août* 1633 ; à M. de Chandor, secrétaire du duc de la Trémoille.

Affliction que lui cause la maladie de la duchesse ; demande qu'il la voie de sa part et l'assure des prières faites à Sainte-Croix pour sa guérison. Désir d'apprendre de ses nouvelles, et de voir suivie d'effet une requête à elle accordée par le duc.

MISCELLANÉES.

I.

INSCRIPTION TUMULAIRE CHRÉTIENNE

de la première moitié du ve siècle, trouvée à Anson, commune de Saint-Cyr-en-Talmondais (Vendée).

Cette inscription a été extraite de terre, il y a bientôt quatre ans, par le soc de la charrue, dans un champ voisin de la villa gallo-romaine d'Anson [1], commune de Saint-Cyr-en-Talmondais (Vendée). Des enfants qui se trouvaient sur les lieux au moment de la découverte en firent un jouet, et l'eurent bientôt mise en morceaux. Deux de ces morceaux furent retrouvés le soir même sur place ; un troisième, celui sur lequel se voient les extrémités des bras de la croix, a été recueilli, le lendemain, à deux cents mètres de là, sur le chemin de Curzon; le reste avait disparu. Tout incomplets qu'ils sont, ces fragments ont permis de reconstituer l'inscription, et de constater quelles étaient ses dimensions, lorsqu'elle était entière.

Elle a été gravée sur une plaque de 0^m,14 de hauteur, 0^m,16 de largeur, et 0^m,009 d'épaisseur, prise dans une de ces couches de sédiment cristallin, d'un blanc jaunâtre, qui existent entre les bancs calcaires du pays, et qui ont quelque peu l'aspect extérieur du marbre.

On aurait pu croire, à première vue, que le chrétien dont la dépouille mortelle reposait à Anson s'appelait *Nestorius*, nom commun au ve siècle ; mais, en rétablissant les débris de l'inscription dans leur place primitive, il a été facile de constater que les deux lignes d'écriture sont symétriques : ce qui réduit la première à six lettres, et ne laisse d'espace que pour le nom de *Nestor*.

Quel était ce Nestor? La forme de son nom le ferait supposer étranger à la contrée. Peut-être était-il prêtre, ancien disciple de saint Hilaire, et était-il venu là pour convertir des populations encore attachées aux traditions païennes, mélangées de druidisme. Dans ce cas, il serait possible qu'il fût le fondateur de la chapelle d'Aron, dédiée à saint Cyr, patron emprunté à l'église d'Orient [2]. Un siècle et demi plus tard, le Talmondais était en partie converti

---

1. La vallée voisine se nomme Valanson. Sur le versant nord-ouest du coteau, qui porte les restes de la villa, est une fontaine, à laquelle on attribue des vertus médicinales : ce qui implique une tradition religieuse ancienne.

2. La fondation de l'église d'Aron, aujourd'hui Saint-Cyr-en-Talmondais, est fort ancienne, car on a découvert, il y a quelques années, parmi les débris de l'édifice reconstruit au XIe siècle, un chapiteau mérovingien et des briques de la même époque, provenant d'un bâtiment antérieur, et qui y avaient été employés comme simples matériaux de maçonne.

au christianisme, comme le démontre le récit de l'arrivée à *Becciacum* des reliques du martyr espagnol saint Vincent [1].

Benjamin Fillon.

II.

SCEAU D'ALBOIN, ÉVÊQUE DE POITIERS [2].

(Xᵉ siècle.)

La matrice originale de ce sceau, en cuivre rouge, d'Alboin, qui occupa le siége épiscopal de Poitiers de 937 à 962, a été trouvée par un maçon dans les fondations de l'ancienne église de Saint-Hilaire de Loulay, près de Montaigu (Vendée), lors de la reconstruction de l'édifice, opérée il y a quelques années. Elle passa ensuite entre les mains d'un vicaire de la paroisse, qui n'a malheureusement pas su conserver un monument d'un si haut intérêt et d'une insigne rareté.

---

1. *De gloria martyrum*, ch. XC.
2. Main portant un *Tau*, ou bâton pastoral, entouré de la légende : ALBOINI EPISCOPI (sous-entendu : *sigillum*).

— 300 —

La gravure que nous en donnons a été exécutée d'après une empreinte en mie de pain, à nous communiquée quelques semaines après la découverte. Au-dessous se trouve figurée la matrice vue de côté.

La forme des lettres de la légende, analogue à celle des caractères employés sur les monnaies des comtes de Poitou contemporaines de l'épiscopat d'Alboin, semblerait indiquer que ce sceau est l'œuvre d'un graveur de coins.

B. Fillon.

III.

INSCRIPTION FUNÉRAIRE DE GUNTERIUS.

(Fin du Xe siècle.)

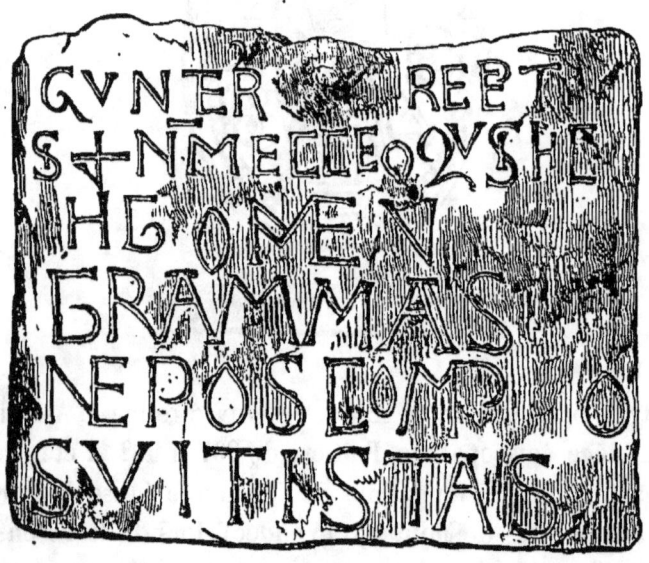

Cette inscription, qui se trouve placée dans le mur extérieur de l'une des chapelles absidales de l'église Saint-Hilaire-le-Grand de Poitiers, à près de deux mètres de hauteur au-dessus du niveau du pavé de la rue, a déjà plus d'une fois exercé la sagacité des antiquaires et des archéologues. Diverses interprétations en ont été données ; mais quelle que soit la brièveté de son texte, ou peut-être par rapport à cela même, personne jusques à présent ne me paraît avoir déchiffré la seconde ligne, qui est une espèce de rébus, de manière à rendre le véritable sens que son auteur a voulu lui donner. Serai-je plus heureux que mes devanciers dans la lecture que j'en donne? C'est aux personnes érudites qui liront mon interprétation à juger si le succès a couronné mes efforts.

Intrigué depuis longtemps par l'agencement singulier de certains sigles qui figurent sur ce petit monument épigraphique, j'avais résolu d'en essayer le déchiffrement, et, à cet effet, j'en avais fait prendre un estampage sur une feuille de plomb : c'est à l'aide de ce *fac-simile* si fidèle, qu'après avoir étudié d'une manière persévérante les deux premières lignes, qui seules présentent une difficulté sérieuse de lecture, je crois avoir enfin réussi à leur donner un sens acceptable. Comme on le voit, cette inscription se compose de deux vers hexamètres; et le mot *grammas*, qui d'ordinaire signifie signe, lettres, caractères, a dans cette circonstance été employé par l'auteur comme équivalent du mot *versus*.

Je la lis donc ainsi :

GVNTERIVS REPETIT SIGNVM CRVCIS : ECCE QVIS EST HIC
HVGO MEVS GRAMMAS NEPOS COMPOSVIT ISTAS.

Il va sans dire que le *g* du mot *signvm* est formé par le sigle qui de la partie inférieure de la branche verticale de la croix est tourné du côté gauche, de manière à figurer aussi le *v* du mot *Hvgo*, dont la première lettre se trouve immédiatement au-dessous. Quant à la croix elle-même, outre le sens qu'elle a dans l'inscription, elle doit indiquer de plus, selon moi, le caractère ecclésiastique dont était revêtu de son vivant le personnage à la mémoire duquel cette inscription est consacrée : ceci établi, je dois ajouter que ces mots *repetit signvm crvcis* équivalent à ceux-ci : *repetit precem*, et que c'est bien une prière que l'auteur de l'inscription a eu l'intention de réclamer pour le repos de l'âme de Gunter de la part de ceux qui la liraient.

On ne manquera pas sans doute de m'objecter que dans la lecture que je donne du premier vers, le mot *est* n'existe pas. Cela est vrai; mais j'ai l'intime conviction qu'il était bien dans la pensée de celui qui a composé ces vers de l'y faire figurer. La pierre sur laquelle est gravée l'inscription est d'un grain très-dur et présente en outre çà et là des parties siliceuses qui n'ont pas toujours permis à l'ouvrier de manœuvrer son ciseau comme il l'aurait voulu : c'est ce que prouvent certains espacements plus ou moins considérables laissés par lui entre plusieurs mots. Mais ce qui corrobore encore davantage ce que j'avance, c'est un sigle isolé, placé entre les mots *ecce* et *qvis* et auquel on ne peut attribuer aucun emploi dans la lecture du premier vers. A mon avis, ce doit être un duplicata de la première lettre du mot *qvis* qui vient après : n'ayant pu, à cause de certaines parties trop rebelles au ciseau, figurer d'une manière satisfaisante la boucle qui devait compléter cette lettre, l'ouvrier a pris le parti de la recommencer; et comme l'espace lui manquait pour ajouter le mot *est*, il a tout uniment omis de le mettre. Quant à l'expression *qviescit*, par laquelle jusques à présent tous les interprétateurs qui me sont connus ont voulu terminer la deuxième ligne de l'inscription, elle n'est pas admissible; le plus simple examen suffit, en effet, pour faire reconnaître que c'est bien la locution indicative *hic*, si fréquemment employée au moyen âge, qui termine ce premier vers: or, elle implique nécessairement, selon moi, l'adjonction du mot *est*, comme étant sous-entendu.

Ainsi que je l'ai déjà dit, le nom de Hugues, neveu de Gunter, et auteur de l'inscription, a besoin pour se compléter de reprendre à la croix, placée immédiatement au-dessus de l'*h* par lequel il commence, ce sigle qui a été ajouté à double fin, aussi bien pour figurer un *g* que pour former un *v*.

Quant au mot *mev*, qui suit ce nom, des parties siliceuses de la même nature que celles dont j'ai déjà parlé, et qui, dans cet endroit, sont encore plus accentuées que partout ailleurs, ont dû empêcher l'ouvrier de le compléter en y ajoutant l'*s* qui lui manque : car c'est précisément là qu'existe le plus grand espacement laissé dans l'inscription.

L'inclinaison insolite du jambage gauche du *v* de ce même mot n'a sans doute pas eu d'autre cause, puisque toutes les mêmes lettres qui figurent ailleurs ont une forme beaucoup plus régulière.

Gunterius n'est pas un nom unique: ce qui le prouve, c'est que la table alphabétique des noms de personnes citées dans les cartulaires dépendant de la collection de Dom Fonteneau mentionne onze actes dans lesquels ce même nom figuré. Le plus ancien de ces titres est du mois d'avril 937, et le plus récent de l'année 1172.

Il serait, je crois, tout à fait superflu de citer ici, même au moyen de très-courts extraits, les plus anciennes de ces chartes, qui seules pourraient avoir trait au sujet dont je m'occupe. Comme, selon mon opinion, Gunter et son neveu ont évidemment été tous deux attachés à l'église de Saint-Hilaire, je me contenterai de me reporter aux documents pour l'histoire de cette église publiés par notre savant président, M. Rédet, dans la collection des *Mémoires de la Société des Antiquaires de l'Ouest* (années 1847 et 1852).

La 51e pièce, imprimée dans le premier volume de ce recueil, est une charte, en date de janvier 990, par laquelle Guillaume Fier-à-Bras, duc d'Aquitaine et abbé de Saint-Hilaire, à la prière de Gonthier, chanoine de cette église, accorde à Guillaume et à sa femme, ainsi qu'à deux personnes qui leur succéderont, deux quartes de terres avec une maison et des vignes situées à Frouzille, moyennant une redevance annuelle de quatre sous. Cette charte contient un passage dans lequel, après le préambule ordinaire, Guillaume Fier-à-Bras s'exprime ainsi : « *qualiter, accedens ante nostram presentiam quidam clericus noster nomine Gunterius, deprecatus est nos ut aliquid ex suo beneficio, quod est ex ratione beati Hylarii, pertinente ex abbatia sancti Pauli, que est sita in pago Pictavo, in villa que dicitur Forzillus, videlicet quartas duas de terra cum maisnili et vineis, etc.* »

A la fin de cette pièce figure cette mention : « *Signum Willelmi comitis et abbatis, Gunterii qui hanc manufirmam fieri jussit vel affirmare rogavit, etc.* »

A partir de cette époque, le clerc Gunterius n'est plus mentionné dans aucun acte : il est donc assez présumable qu'il a dû terminer sa carrière peu de temps après que la charte que je viens de citer a été octroyée.

Par ce qui précède, on voit que Gunter appartenait bien à l'église de Saint-Hilaire ; car en disant *clericus noster* Guillaume Fier-à-Bras parle comme abbé de cette église et non comme seigneur temporel : ce clerc a donc été un personnage assez important pour son temps, et peut-être aussi jouissait-il d'une certaine fortune.

Un peu plus tard, dans une charte de Guillaume le Grand, duc d'Aquitaine et abbé de Saint-Hilaire, datée du mois d'octobre 997, figure comme signataire un nommé Hugo, qualifié du titre de *præpositus*. Ce même personnage est encore mentionné avec le même titre, et comme l'ayant signée, dans une autre charte du même duc d'Aquitaine du mois d'août 1001. Ayant toujours pensé que l'inscription funéraire que je cherche à élucider ne pouvait pas être postérieure à la fin du xe siècle, je me suis demandé ceci : le clerc Gunter ne serait-il pas le personnage dont je m'occupe, tandis que le prévôt Hugues, qui fut sans doute pourvu de ces fonctions après le décès de celui-ci, pourrait bien être son neveu et l'auteur de son épitaphe ? Selon d'assez grandes probabilités, je dois être dans le vrai en supposant cela : par conséquent, l'inscription de Gunter est de peu de temps postérieure à l'année 990.

Il est bien vrai de dire que deux personnages nommés Gunterius ont vécu simultanément : car, dans le même recueil que celui que j'ai déjà cité, se trouve une charte du mois de janvier 989, où figure comme signataire un nommé Gunterius, au nom duquel n'est jointe aucune qualification. Ce même individu en signe une autre, datée vers mai 997, toujours de la même manière ; puis enfin une troisième vers 1028, également sans être qualifié d'aucun titre. Malgré cette similitude de noms et cette contemporanéité qui, je l'avoue, rend la décision bien embarrassante, m'appuyant sur la forme des caractères de l'inscription qui, suivant moi, ne peuvent pas être postérieurs au xe siècle, je n'hésite pas à maintenir mon opinion et à croire que cet autre Gunter n'est pas celui dont je m'occupe.

On croyait généralement, dans ces derniers temps, que l'inscription relative à Gunter provenait de la démolition de la majeure partie des nefs de l'église de Saint-Hilaire, laquelle eut lieu après 1793, et qu'elle avait été placée là où elle est actuellement lorsqu'après le Concordat l'église fut rendue au culte. Mais c'est une erreur : car, dans un mémoire manuscrit resté inédit, et composé par lui sur l'histoire de l'église de Saint-Hilaire, Mgr de Beauregard, ancien évêque d'Orléans, nous apprend que l'inscription de Gunter, qui avait été enlevée pendant la Révolution par un curieux, fut réclamée par lui aux héritiers de celui-ci lorsqu'il mourut, et que, l'ayant obtenue d'eux, il la remit à M. Avrard, alors curé de cette paroisse, qui la fit replacer, mais avec assez peu de soin, au lieu où elle avait été précédemment. De son côté, l'acteur Beauménil, qui a donné dans son curieux recueil de dessins, intitulé : *Antiquités de Poitiers et Annales d'icelle*, que l'on conserve à la Bibliothèque de Poitiers, une reproduction bien peu fidèle de cette inscription, a mis en note, au bas de son dessin, non-seulement l'indication de l'endroit où elle était placée, mais encore celle de l'année 1782, dans le courant de laquelle il avait exécuté cette copie : ces deux renseignements si précis tranchent donc d'une manière définitive cette question.

J'ajouterai, pour terminer, que la gravure sur bois placée en tête de cet essai d'interprétation reproduit, d'une manière très-fidèle, l'inscription consacrée à la mémoire de Gunter, sauf quelques endroits ombrés qui ne donnent pas toujours une idée rigoureusement exacte des parties les plus réfractaires de la pierre : cette réserve de bien peu d'importance une fois posée, je dirai de plus que cette réduction a été faite au huitième à peu près de la grandeur de l'inscription elle-même, qui a 29 centimètres de largeur sur 24 de hauteur.

L.-F. BONSERGENT.

IV.

Acte passé devant l'archidiacre de Thouars, par lequel Guillaume Pailler, bourgeois de la Forêt-sur-Sèvre, reconnaît qu'étant redevable à l'abbaye de l'Absie en Gâtine d'un cens annuel de dix-huit sous à raison de sa maison de la Forêt-sur-Sèvre, il avait cessé pendant cinq ans de le payer, et qu'il avait cédé à l'abbaye les terres dépendantes de cette bourgeoisie, pour en jouir jusqu'à ce que lui ou ses héritiers fussent en état d'acquitter les cinq années d'arrérages. (*Orig. parch. jadis muni d'un sceau pendant ; appartenant à la Bibliothèque de Poitiers.*)

6 avril 1245.

Universis presentes literas inspecturis Petrus, humilis archidiaconus Thoarcensis, salutem in Domino. Noveritis quod Willelmus Paillers, burgensis de Foresta super Separim, in jure coram nobis constitutus recognovit quod ipse erat homo mansionarius virorum religiosorum abbatis et conventus de Absya in Gastina, et quod ipse tenebat ab eisdem in burgensiam domum suam de Foresta ad decem et octo solidos annui census eisdem abbati et conventui annuatim persolvendos. Recognovit etiam coram nobis in jure quod propter paupertatem suam cessaverat a solutione predicti annui census per quinque annos continue preteritos : qua de causa predicti abbas et conventus predictam burgensiam et domum cum pertinenciis sazierant et posuerant in manibus eorumdem, prout idem Willelmus confessus est coram nobis. Verumptamen postmodum zelo ducti misericordie predicti abbas et conventus, interveniente hincinde amicorum consilio et precibus, restituerunt eidem Willelmo predictam burgensiam et domum; ita tamen quod dictus burgensis dimisit et quittavit coram nobis predictis abbati et conventui totam terram ad dictam burgensiam pertinentem, cum quodam prato sito juxta molendinum Petri Billette militis; ita tamen quod dicti abbas et conventus predictam terram habebunt, tenebunt et explectabunt cum dicto prato, excepta una sextariata terre cum predicta domo, quam ipsi abbas et conventus dimiserunt eidem Willelmo pietatis intuitu ad sustentacionem victus ejus quousque ipse vel heredes ipsius venirent ad tam pinguem fortunam quod ipsi possent satisfacere de retroacto tempore usque ad quatuor libras et dimidia abbati et conventui supradictis, et quod extunc sine pejoracione aliqua burgensiam predictam tenentes et explectentes cum pertinenciis possent solvere annuatim predictos decem et octo solidos nomine annui census abbati et conventui prenotatis. Idem vero Willelmus promisit se omnia et singula pro se et heredibus suis prestito juramento coram nobis fideliter observare. Datum die jovis ante Ramos palmarum anno Domini M° CC° quadragesimo quinto apud Berchorium.

V.

Mandement d'Olivier de Clisson au trésorier des guerres pour le paiement des gens d'armes et archers qu'il avait retenus par ordre du roi pour aller secourir la forteresse de Moncontour, assiégée par les Anglais et leurs partisans. (*Orig. parch. muni d'un sceau en cire rouge aux armes du sire de Clisson* [1]; *appartenant à la Bibliothèque de Poitiers.*)

5 septembre 1371.

Olivier, sire de Clicon et de Belle ville, lieutenant du Roy mon seigneur es parties des basses Marches, à nostre amé Jehan Le Mercier, tresorier des guerres du Roy mon dit seigneur, ou à son lieutenant, salut. Nous vous mandons et commandons que aux genz d'armes et archiers cy dessoubz nommez et escripz, lesquiex nous avons retenuz par mandement du Roy mon dit seigneur pour aler en nostre compaignie essaier à reconforter la forteresse de Moncontour, là où les ennemis du Roy mon dit seigneur sont à siége à present, vous bailliez et delivrez les sommes de deniers cy dessoubz desclarciez. C'est assavoir au connestable de France sur les gaiges des genz d'armes qu'il a amenez en sa compagnie par le dit voyage, oultre la charge qu'il avoit par avant du Roy mon dit seigneur, douze cenz frans d'or; à messire Jehan de Malestroit, chevalier, sur les gaiges de lui, IX autres chevaliers et LI escuiers, cinq cenz vint cinq frans d'or; à messire Pierre de La Gresille, sur les gaiges de lui, XIII autres chevaliers et LXIIII escuiers, six cenz quatre vins dix sept frans d'or et demi; à Jehan de Cuilly, sur les gaiges de lui et XV autres escuiers, six vins frans d'or; à messire

---

1. Lion couronné dans un écu supporté par deux griffons et surmonté d'un cimier avec deux vols très-élevés. Les sires de Clisson portaient : de gueules au lion d'argent armé, lampassé et couronné d'or.

Jehan Cerpillon, chevalier, sur les gaiges de lui, II autres chevaliers et XXI escuiers, deux cens deux frans d'or et demi ; au gouverneur de Bloys sur les gaiges de lui, VII chevaliers et XLVII escuiers, quatre vins frans d'or ; à Gieffroy Berthelemi, escuier, sur les gaiges de lui, I chevalier et XXV escuiers, deux cens dix frans ; à Guillaume de Ceospolle, escuier, sur les gaiges de lui et XI autres escuiers, quatre vins dix frans ; à messire Gieffroy de Karrimel, chevalier, sur les gaiges de lui et XL escuiers, soixante frans d'or ; à Jehan de Karalouet, escuier, sur les gaiges de lui et XLV escuiers, six vins frans ; à Jacob Lalain, escuier, sur les gaiges de lui et de LXVI escuiers, six vins frans ; en prenant lectre de recongnoissance de ce que baillé leur aurez, par lesquelles rapportant avec cest present mandement tant seulement, tout ce que ainsi baillé leur aurez sera alloué en voz comptes, non obstant qu'il ne vous appere de leurs monstres ; car nous certifions en nostre loyauté avoir veu les dictes gendarmes montez et armés soufisamment. En tesmoing de laquelle chose nous avons scellé ces lectres de nostre propre scel, faites et données à Saumur le v⁰ jour de septembre l'an mil CCCLX et onze.

VI.

Lettres de Jean Galéas Visconti, comte de Vertus et de Milan, promettant à Gui de la Trémoille, chevalier, premier chambellan du duc de Bourgogne, une pension de mille florins d'or, à la condition de lui prêter hommage et serment de féauté suivant la formule incluse en ces mêmes lettres. (*Orig. parch. jadis scellé, appartenant à M. Bonsergent.*)

13 avril 1382.

In Christi nomine amen. Noverint universi et singuli has patentes nostras litteras inspecturi quod nos Johannes Galeaz Vicecomes, comes Virtutum, Mediolani, etc., imperialis vicarius generalis, attendentes multa et magna servicia nobis impensa per egregium militem dominum Guidonem de La Tremolia, primum camerarium illustris principis et magnifici domini et honorandissimi fratris nostri majoris, ducis Burgundie, et tenentes ad certum quod ipse ex singulari devotionis affectu quem ad nos gerit dispositus semper erit et paratus ad nostra servicia et honores, volentesque proinde et infrascriptorum occasione nos erga ipsum dominum Guidonem liberales et munificos exhibere, harum tenore promisimus et convenimus, ac promittimus et convenimus nobili viro Johanni Blondello, scutifero prenominati illustris domini et fratris nostri majoris ducis Burgundie atque nostro, presenti, stipulanti et recipienti nomine et vice et ad utilitatem ipsius domini Guidonis, quod ipso domino Guidone faciente nobis seu viris nobilibus Johanni Blondello predicto et Bertramo Guascho, gubernatori comitatus nostri Virtutum, procuratoribus nostris ad hoc specialiter constitutis, fidelitatem et homagium per verba et in forma infrascripta, per ejus patentes litteras munitas appensione soliti sigilli sui, que nobis presententur infra tres menses proxime futuros, dabimus et solvemus seu dari et solvi faciemus ipsi domino Guidoni sive ejus legitimo nuncio de camera nostra, pro primo anno incipiendo die quo fidelitatem et homagium fecerit ut supra, florenos mille auri in festo sancti Remi ipsius primi anni et sic successive de anno in annum in festo predicto, ipso domino Guidone faciente et adimplente erga nos omnia et singula que in forma fidelitatis et homagii infra scripta seriosius continentur. Et pro predictis attendendis et observandis eidem domino Guidoni omnia nostra bona tenore presentium obligamus. Forma autem fidelitatis et homagii sequitur per hec verba, videlicet : In Christi nomine amen. Noverint universi et singuli has patentes litteras inspecturi quod ego Guido de La Tremolia, miles, primus camerarius illustris principis et magnifici domini ducis Burgundie, filius quondam (*blanc dans l'original*).., visis et diligenter attentis litteris illustris principis et magnifici domini Johannis Galeaz Vicecomitis, comitis Virtutum, Mediolani, etc., imperialis vicarii generalis, per quas ipse illustris dominus comes ordinavit et disposuit dare seu dari facere michi Guidoni de homagio omni anno de camera sua florenos mille auri, et de tanto beneficio ingratus esse non volens, sed semper dispositus esse ad servicia et mandata ipsius illustris domini comitis Virtutum, per has presentes litteras meas conveni et promisi, convenio et promitto in presentia notabilium testium infrascriptorum nobilibus viris Johanni Blondello, scutifero illustris principis domini ducis Burgundie, et Bertramo Guascho, gubernatori comitatus Virtutum, procuratoribus ipsius illustris domini mei comitis, stipulantibus et recipientibus nomine et vice ipsius domini mei comitis, omni modo, jure, forma et causa quibus melius potui et possum, quod semper et in perpetuum ero fidelis et legalis prefato illustri domino meo domino comiti, quodque non ero unquam dicto, facto, opere vel consilio in auxilium vel consensum quod prefatus illustris dominus meus comes perdat aliquem honorem vel statum suum, vel per quod ipsius honor vel status in aliquo diminuatur; et si scivero vel cognovero aliquid fieri vel tractari seu moveri contra statum prefati domini mei comitis, illud pro posse meo prohibebo, et si prohibere non potero, notificabo illud sine mora prefato domino meo comiti; et quod ego nunquam ero per viam stipendii vel alio quocunque modo cum aliquo principe vel barone, domino, comunitate vel universitate seu in aliqua societate contra prefatum illustrem dominum meum comitem Virtutum, exceptatis serenissimo principe rege Franchorum et illustre principe et domino meo duce Burgondie et aliis illustribus regie domus Franchorum eorumque filiis et heredibus; et quod quandocunque fuero requisitus per dictum dominum meum comitem seu per ejus nuncios vel litteras personaliter vel ad domum habitationis mee, ad eum veniam statim et sine mora et ad servicia sua, dumodo non sit contra voluntatem et beneplacitum serenissimi regis Franchorum et aliorum illustrium regie domus Franchorum, et in eius domini mei comitis serviciis permanebo contra quascunque personas de mundo, nemine exceptato, salvo contra serenissimum regem Franchorum et illustres dominos regie domus Franchorum, eorumque filios et heredes, et etiam sine requisitione aliqua, si per personas fide dignas ad noticiam meam pervenerit quod habeat guerram aliquam, habendo stipendium sive provisionem convenientem, et ab eo non discedam sine ejus voluntate. Et si requisitus fuero quod gentes aliquas ducam in servicium ejus, procurabo ipsas gentes habere et ducere, et ducam eas in quantum michi possibile fuerit, dum tamen non sit contra voluntatem et beneplacitum dominorum regie domus Franchorum quos exceptavi, ita tamen quod dicte gentes per me ducende ad servicia sua veniant expensis prefati illustris domini mei comitis et habeant stipendium conveniens. Et predicta omnia et singula juro et juravi ad sancta Dei evangelia, corporaliter tactis scripturis, attendere, observare et effectualiter adimplere, et renuncio et renunciavi in predictis et quolibet predictorum exceptioni sine causa et doli mali et in factum, et cuilibet alii exceptioni per quam contra predicta vel aliquod predictorum tueri me possem aliqualiter vel venire. Pro quibus omnibus et singulis attendendis et observandis ego Guido obligo et obligavi prefato illustri domino meo comiti Virtutum et Johanni Blondello ac Bertramo, predictis procuratoribus suis, stipulantibus et recipientibus vice et nomine et ad utilitatem ejus, omnia bona presentia et futura. Ulterius in fidem et testimonium omnium premissorum has patentes litteras scribi mandavi et sigilli mei appensione muniri. — In quorum omnium testimonium nos Johannes Galeaz suprascriptus presentes litteras fieri jussimus nostrique sigilli appensione muniri. Datum Papie die terciodecimo aprilis millesimo trecentesimo octuagesimo secundo, quinta indictione.

PASQUINUS.

VII.

Concession du château, terre et seigneurie du Peux de Cissé, faite par Louis, duc d'Anjou, à Jean de Faye, écuyer, en récompense des services que celui-ci lui avait rendus. (*Orig. scellé, parch.; arch. du département de la Vienne, série E, suppl.*)

17 janvier 1396-1397.

A ce que rien ne soit caché de mesmorable et que toutes prouesses et vaillances soient à la posterité congneues, Loys, par la grace et misericorde de Dieu, duc d'Anjou, roy de Hyerusalem, Sicille et Haragon, duc de la Pouille et prince de Capoue, duc de Touraine, comte de Provence, de Forcalquier, de Piedmont, du Maine et de Roucy, et seigneur d'aulcuns chastels en Poictou, à touz presens et advenir soit notoire que pour la bonne relacion que faicte m'a esté de la personne de Jehan de Faye, escuyer, et pour remunerer yceluy des obligences qu'il m'a rendeues et des faicts d'armes valleureulx qu'il a faict en frequans cas on pays de Poictou, et contemplant yceluy escuyer come loyal militant, à yceluy, siens heritiers et successeurs et ceulx qui de li ou d'eulx ont ou auront cause, ay ce jourd'huy, de bon heur, donné et octroyé, donne et octroye perpetuellement de grace specialle par ces presentes lectres les chouses qui s'enssuivent : c'est assavoir mien chastel du Peux de Cissec avec toutes et chascunes ses appartenances et deppendances quelxconques, tel que dict sera assavoir, et estant on bourg de monsieur sainct Pierre dud. lieu, avec tous les droicts de fondation de l'eglise parochialle de Cissec, ycelled. eglise dottée plenerement par miens predecesseurs, fondée et establye es mien territoire dessubs les ruynes de ma premiere forteresse broyée, cisée et contritée par les forces ennemies on temps labés ; item octroye aud. escuyer comme y dessubs dict est, les possesssions et terres adjacentes à mon subsd. chastel ; item la fuye, garenne et les douhes y deffendans ; item les censives, lods et honneurs subs le territoire du Lacq, assis entre les voyes de Cissec à Vilhers à dextre et du villaige de l'Allexendrye à Nantes à senextre, jouxte les dixmeryes dehues à la ville de madame saincte Radegonde de Vouilhé; item les censives subs les maisons, vergers, terres et dhoumaynes circonvoysins et adjacens à l'eglise parochialle, terminans à la terre d'Estables, Masseuil, Sainct Maur et Vouilhé. Soit sceu que je decclaire que pour la mesme cause baille miens dixmeries de bleds du Planty davant monsieur Sainct Maur, miens dixmes de vin de Grande Roche, miens terageries de Jambe d'asnes et miens possessions de terres assises es aulcuns lieulx de lad. paroche et es environ. Item confesse et advouhe conceder, droict de feauté et de jurisdicion moyene et basse subs ycellesd. chouses octroyées, sont touteffoys la bannere et superiorité reservées. Tout le contenu en ces presentes lectres est aud. escuyer concedé, touteffoys que lis, les siens masles et femelles et qui cause auront de li ou d'eulx en temps advenir, le tiendra et tiendront perpetuellement du chastel de Sainct Vincent de Seneché, à foy et hommaige lige et au debvoir de servir soubs le seigneur de Seneché, siens successeurs qui de li ont ou auront cause, le tres hault, tres puissent et tres excellent prince et seigneur le duc de Berry et d'Auvergne, comte de Poictou, de Bouloigne et d'Auvergne, durant quarante jours et quarante nuicts quand il ostoye entre les riveres de Loire et Dordongne, ou, quoique ce soit, de fournir un cavaler en armes pour cest effect. Que si miens successeurs ou aultres veullent entreprendre quelque chouse contre la teneur de ces presentes, ycelles prealablement vehues, leues et receues par moy et par led. Jehan de Faye, escuyer, ils seront maudis et subsmis à l'yre de Dieu omnipotent et de ses anges. En tesmoing et corroboracion de quoy, le seel du comte de Poictou, auquel nous

nous sommes subzmis, a esté mis à ces presentes de nos consentements. Furent presens à ceste mienne donnation et la virent faire Jehan de Vienne, Guy de la Tremouelle, le seigneur de Coucy, Pierre de Craon, et en presence du notaire cy dessoubs escript et de Jehan des Motes, garde du seel establi aux contraiz à Sainct Maixent. Donné et fait en la ville de Sainct Maixent, on moustier dud. lieu, le dix et septesme jour du moys de janvier l'an mil CCC^c IIII^{xx} et sese.

André Martin.

VIII.

Mandement du gouverneur de Guyenne pour la garde des châteaux de Royan, Mornac et Rochefort. (*Copie du* XVIe *siècle, pap.; chartrier de Thouars, Taillebourg. Communication de M. P. Marchegay.*)

Sans date (1489-1494 [1]).

Charles comte d'Angoulesme, seigneur d'Espernay et de Remourantin, per de France, lieutenant general et gouverneur pour monseigneur le Roy en ses pays et duchié de Guyenne, à nostre très chier et très amé frere le comte de Taillebourg, salut.

Comme nous ayons deuement esté advertiz et informez que pour tenir en seurté ledit pays de Guyenne et obvyer aux descentes et entreprinses que les ennemys et adversaires de mon dit seigneur le Roy et du royaume se sont vantez et pourroient faire en icelluy par les rivieres de Gironde, de Seuldre et de Charante, esquelles ilz peuvent entrer et venir par mer, soit besoing et chose très neccessaire et conve-

---

[1]. 1489, date de la nomination comme gouverneur de Guyenne; 1494, date de la mort du comte d'Angoulême.

nable de pourveoir à ce que les villes, chasteaulx et places fortes estans sur lesdictes rivieres soient bien et seurement gardées, et mesmement les villes, chasteaulx et places de Royan sur Gironde, Mornac sur la Seuldre et Rocheffort sur Charante, qui sont les premieres et principalles places fortes et les plus près des entrées des dictes rivieres et par lesquelles, si elles tumboient es mains desdits ennemys par faulte de garde, ilz pourroient faire de grans et inreparables maulx et mectre le surplus du pays en leur subgection, comme autresfoiz ont fait en celle façon, parce que par lesdictes places pourroient à toute heure avoir secours de tous coustez par mer, qui seroit à la très grant foulle et charge de mon dit seigneur le Roy et de nous, et la destruction du pauvre peuple : par quoy de tout nostre cuer desirons y donner ordre et provision ainsi qu'il a pleu à mon dit seigneur le Roy nous en donner la charge et en avoir fiance en nous.

A ceste cause et pour ce que souventes fois ledit seigneur mande et fait marcher hors du pays de Xainctonge les nobles de l'arriere ban d'icelluy, allocasion de quoy, et qu'il n'y a aucunes garnisons de gens de guerre, ledit pays demeure desnué et desgarny de gens; tellement que si lors lesdits ennemys et adversaires vouloient faire quelques descentes par lesdictes rivieres, à peine y pourroit l'on remedier, et par ce moyen se pourroient fortifier et retirer esdictes villes et places fortes si elles n'estoient gardées de gens seurs et feables comme il est requis, qui se puissent lever et faire résidence durant le temps que les nobles du dit arriereban seroient hors ledit pays ; afin que domage et inconvenient n'en adviengne et pour plusieurs autres causes et consideracions à ce nous mouvans, et que mieulx pourront servir ledit seigneur ceulx qui demeureront es dictes places qu'ilz ne feroient en la compagnie des autres dudit arriere ban, ayons aujourduy ordonné et ordonnons en nostre conseil que es dictes places de Royan, Mornac et Rocheffort seront et demeureront d'ores en avant, pour la garde et seurté d'icelles, neuf gentilzhommes dudit pays de Xainctonge, qui est pour chascune place troys gentilzhommes, les quelx seront par vous choisiz, nommez et esleus en voz terres et seigneuries dudit pays, et lesquelx seront tenuz y faire residence durant le temps que les autres nobles dudit pays seront ailleurs hors d'icelluy au service dudit seigneur, en telz et semblables habillements qu'ilz ont acoustumé servir audit arriereban, sur semblables peines que s'ilz deffailloient d'aller audit arriereban.

Si vous prions et neantmoins, pour ce que lesdictes places de Royan, Mornac et Rocheffort vous appartiennent et qu'il est question des affaires de mondit seigneur le Roy et dudit pays de Guyenne, mandons et commandons de par mondit seigneur le Roy et nous, que ledit numbre de neuf gentilzhommes qui par vous seront choisiz et esleuz des plus seurs et feables pour ledit seigneur et vous, vous faictes des maintenant et d'ores en avant, quant le dit arriereban sera crié et mandé, retirer esdictes villes, chasteaulx et places de Royan, Mornac et Rocheffort, assavoir est en chascune d'icelles trois gentilzhommes, en leur faisant exprès commandement et enjonction, de par ledit seigneur et nous, de illecques se tenir et servir en telz habillemens qu'ilz auront acoustumé servir audit arriereban, tant et si longtemps et par toutes les foiz et quantes que les autres nobles dudit pays marcheront et seront hors d'icelle pour le service dudit seigneur.

Et ce faisant nous les avons exemptez et exemptons de non aller d'ores en avant ne comparoir audit arriere ban, et iceulx en ferons tenir quictes et exemps partout où il appartiendra.

De ce faire, etc. etc.

IX.

Certificat de *quinquennium* en droit canon délivré par la Faculté de Droit de Poitiers à Prégent de Coëtivy. (*Orig. parch. jadis scellé en cire rouge sur double queue ; chartrier de Thouars, Taillebourg ; copie communiquée par M. P. Marchegay.*)

15 décembre 1531.

Universis presentes litteras inspecturis et audituris, nos collegium doctorum in facultatibus jurium canonici et civilis hujus alme ac fructifere Universitatis Pictavensis, salutem in Domino.

Notum facimus per presentes declaramusque et actestamur quod nobilis vir Pregentius de Coectivy [1], Xanctonensis diocesis, juri canonico in hac jam dicta alma Universitate Pictavensi operam dedit residendo in ipsa, ibidemque studivit in dicto jure canonico per quinquennium continuum et completum cum septem mensibus et quindecim diebus ultimo elapsis, incipiendo suum studium prout incepit a prima die mensis maii anni Domini millesimi quingentesimi vicesimi sexti, continuando usque ad quindecimam diem presentis mensis decembris anni currentis Domini millesimi quingentesimi tricesimi primi, date presentium, lecturas suas ordinarias et extraordinarias continue audiendo, studendo et alios actus scolasticos exercendo et frequentando, in et sub auditoriis reverendorum patrum et dominorum Francisci Juye, Hugonis de Casalibus et Jacobi Layné, utriusque juris eximiorum professorum doctorumque

---

1. Peut-être petit-fils d'un bâtard légitimé de Prégent de Coëtivy, amiral de France, mort en 1450. C'est probablement le Prégent de Coëtivy qui a été, en 1539 et années suivantes, chantre (principale dignité) du chapitre de Montaigu, en Bas-Poitou.

suorum, actu Pictavis regentium in dicta facultate decretorum.

Quapropter hec omnibus et singulis quos interest aut interesse potest seu poterit quomodolibet in futurum, tenore presentium, fideliter certificamus, approbamus et innotescimus fore et esse vera, et de premissis fidem facimus indubiam.

In quorum omnium et singulorum fidem robur et testimonium premissorum, nos collegium antedictum has presentes litteras per scribam nostrum subscriptum fieri, signari et expediri fecimus, sigillique nostri jussimus appensione muniri.

Datum et actum Pictavis, in prefato collegio nostro super hoc specialiter celebrato, die predicta quindecima mensis decembris, anno Domini millesimo quingentesimo tricesimo primo.

GROLEAU, scriba.

X.

Lettre du roi Henri III à M. de la Couture, par laquelle il l'informe de la révocation du vicomte de la Guierche, gouverneur de la Marche, et de la nomination du sieur de la Coste Maizières au commandement de la Basse-Marche. (*Orig. pap. appartenant à M. Bonsergent.*)

6 mai 1589.

Monsr de la Cousture [1], les deportemens du s^r vicomte de la Guierche en ce qui est de mon service sont si contraires

---

1. François de la Couture, mort avant 1599, époque à laquelle son fils mineur fut maintenu dans sa noblesse. Cette famille est originaire de la Basse-Marche. La descendance de François s'est divisée en deux branches, dont la première s'est éteinte, en 1765, dans la personne d'Anne-Renée de la Couture-Renon, femme de Jean-Pierre d'Orfeuille, chevalier, seigneur de Foucaut, et dont la seconde est aujourd'hui représentée par M. de la Couture-Renon de Beyreix.

au devoir et obligation qu'il y a et aux commandemens qu'il a receuz de moy, que ne les pouvant plus tollerer sans trop prejudicier le bien de mes affaires, j'ay prins resolution de revocquer le pouvoir qu'il avoit de moy pour le gouvernement de mon pays de la Marche dont je l'avois par cy devant pourveu. Et encores que vous le pourrez entendre par mes lettres patentes qui en seront publiées, touteffois je vous en ay bien voullu particulierement advertyr par la presente, m'asseurant que si vous luy avez porté quelque affection, que c'estoit principallement pour le lieu qu'il tenoit de ma part en la dite province et qu'elle ne suyvra sa personne pour faire chose contraire à la fidellité que vous me devez. Je vous diray aussy que en attendant que j'envoye es provinces de dela comme j'ay deliberé faire un personnage de grande qualité avec des forces pour mieulx y asseurer toutes choses en mon obeissance, j'ay donné commission au s^r de la Coste Maizieres pour commander en la basse Marche, esperant qu'il y rendra tout le devoir que je puis attendre d'un mien bon serviteur. Et parce que je vous tiens aussy pour tel, je vous ay voulu escrire la presente à ce que estant informé de ma volonté pour ce regard, vous veullez l'assister des affaires qui se presenteront pour mondit service de ce que vous pourrez selon la fiance que j'ay de vostre devotion au bien d'icelluy, vous asseurant que ce faisant vous trouverez en moy une tres bonne volonté de vous gratifier quand il s'en presentera occasion; priant-Dieu, Monsr de la Cousture, qu'il vous ayt en sa saincte garde. Escrit à Tours ce vi^e jour de May 1589.

HENRY.

REVOL.

XI.

Lettre adressée par le Chapitre de Luçon et les habitants de cette ville à M. de Parabère, gouverneur de Poitou, pour l'assurer de leur résolution de vivre en paix les uns avec les autres, sans acception de religion, ainsi qu'il les y avait exhortés, et de leur obéissance au roi ; suivie de la teneur de leur serment de fidélité au roi et à la reine régente, et de celui de l'évêque de Luçon, Armand-Jean du Plessis-Richelieu. (*Copie du temps, pap.; archives du département de la Vendée; communication de M. B. Fillon.*)

1610.

Monseigneur,

Monsieur le visseneschal de Fontenay nous a grandement resjouis nous ayant apportés ung commendement par lequel nous avons receu, en nostre tristesse, consolation et joye, nous daignant commander de demeurer et vivre en paix les uns avec les autres, sans acception des deux religions ; à quoy nous avons esté de tout temps, soubz les precedens rois et leurs gouverneurs au païs, portés et disposés, et à quoy encores auparavant vos commandements nous avions été exhortés, priés et sollicités par Monsieur le reverend evesque de Luçon ; ce qui nous avoit conduict à la mesme union, laquelle nous avons praticquée par ci devant. Mais ce qu'il vous a pleu nous mander par le dict sieur visseneschal de demourer en paix, et que nous ne debvions craindre d'estre troublés et empeschés en nostre repos, cela, disons-nous, nous a tellement resjouis qu'il s'est trouvé une très grande promptitude et allegresse à la conjouissance du Roy qu'il a pleu à Dieu nous donner, laquelle a esté tesmoignée par messieurs les ecclesiastiques qui en ont rendu graces à Dieu ; comme aussi par tous nous autres habitants, qui n'avons rien laissé en arrière pour tesmoigner nostre joye, si qu'il ne peult estre aucune chose si nous ne declarons pas, par acte public, ceste très devote et très humble obéissance que nous voulons rendre à Sa Majesté, et à vous qui avez esté commis pour nous gouverner. Or, comme dès le comancement, nostre dict sieur le reverend evesque nous y a acheminés et disposés par ses exhortations, prières et sollicitations, et nous a encores de rechef sollicité d'en rendre tesmoignage par escript, et non seullement de l'obéissance que nous debvons à nostre souverain Roy et prince, mais aussi d'une protestation que nous tous habitants de ce dict lieu, ecclesiastiques et aultres de l'une et l'aultre religion, voulons vivre sous l'obéissance du dit seigneur Roy, et de vous, gouverneur de ce pays ; de la quelle nous vous envoyons une coppie par M^r Du Moulin Billaud, chanoine en l'église episcopale [1], Mr de la Ramée, de la religion reformée, Mr de la Gendronnière, de la religion catholique, apostolique et Romaine ; lesquels nous avons priés au nom de tous les habitants de ce dict lieu de vous rendre ceste lettre, avec tesmoignage par leurs bouches de ce qui est contenu en icelle. Que s'il vous plaist nous faire cest honneur de nous bailler advis et conseil, si vous requerez de nous une plus ouverte et authentique declaration, de le nous mander, et ne faillirons d'obéir à vos commandements.

Et, avecq ceste volonté et devotion, nous prierons Dieu,

Monseigneur,

Qu'il vous donne en bonne santé l'accomplissement de vos prières et desirs.

   Vos bien humbles et très obéissants serviteurs,
   les dicts ecclesiastiques et habitants de Luçon de
   l'une et l'autre religion.

---

1. Aulbin Rapin, seigneur du Moulin-Billaud, chanoine de Luçon et prévôt de Fontenay, frère de Nicolas Rapin.

Nous, Armand Jean Duplessis de Richelieu, par la grace de Dieu et du Saint Siége apostolique, evesque et baron de Luçon, protestons, sur la foy que nous debvons au premier autheur de toutes choses, de nous comporter tout le cours de nostre vie envers le Roy Loys treiziesme, à present regnant, tout ainsi que les très humbles, très affectionnés et très fidelles subjects doibvent fayre envers leurs legitimes seigneurs et Roy. En oultre nous certiffions que, bien qu'il semble qu'après le funeste malheur qu'un homicide nous a espandu sur nous, nous ne puissions plus respirer de joye, nous ressentons toutes foys ung contentement indicible de ce qu'il a pleu à Dieu, nous donnant la Royne pour regente de cest Estat, nous departir ensuite de l'extrême mal qui nous est arrivé le plus utile et necessaire bien que nous eussions peu souhaitter en nos misères, esperant que la sagesse d'une si vertueuse princesse maintiendra toutes choses au poinct où la valeur et la puissance du plus grand Roy que le ciel ayt jamais couvert les ont establies. Nous jurons, sur la part qui nous est promise en l'heritage celeste, de luy porter toute obéissance, et supplions Dieu qu'il nous envoye plus tost la mort que de permettre que nous manquions à la fidélité que nous debvons et jurons maintenant au Roÿ, son fils, et celles que nous desirons avec devotion estre continuées des graces du père des bénédictions, affin que nous puissions vivre et mourir soubz les lois de ceux qui, obéissant à la souveraine loy, gouverneront heureusement le premier Estat de l'Univers, conduicts pas la main du Roy des Roys du monde. Fait le 22 may 1610. ARMAND, Evesque de Luçon.

Nous les doyen et chanoines de l'esglise cathedrale de Luçon et les habitants du dict lieu, duement assemblez au son de la cloche, en la manière accoustumée, avons unanimement juré et protesté de rendre et garder toute obéissance et fidellité au Roy Loys treiziesme de ce nom, nostre souverain seigneur, à present regnant, et à la Royne regente, et de vivre et mourir au service de Leurs Majestés, et en l'observation de leurs commandements. En tesmoing de quoy nous avons signé ces presentes en la cité de Luçon, le vingt'quatriesme jour du mois de may mil six cent dix.

Par commandement du dict chapitre :

BARRETEAU, *scribe du dict chapitre ;* CLEMENCEAU, *seneschal du dict Luçon ;* DE SALLENOVE LA MONGIE, *conseiller et maistre des requestes ordinaires de l'hostel de feu très honorable memoire madame sœur unicque du Roy ;* ARNAUDEAU, *advocat fiscal du dict Luçon ;* M. ADRIAN; J. ORCEAU, *procureur fiscal du dict Luçon ;* P. RANFRAY; M. RANFRAY; HILLAYREAU; G. RANFRAY; J. BEREAU; GYRAUD; TAYRAUD; COUTOCHEAU; CAILLEAU; MORINEAU; ROCHEREAU; YVON; GAUDINEAU; DALLET; MULONNIER; BOUQUIER; TACHERON; J. LUNEAU; ALLEAUME; NAULLET.

En marge est écrit : *A Monseigneur, Monseigneur de Parabère, lieutenant et gouverneur en Poictou pour le Roy, nostre sire.*

XII.

Quittance de la somme de quatre cent cinquante écus, donnée par Th. Agr. d'Aubigné à Henri de Rohan, pour prix d'une armure de Milan, ayant appartenu à Soubise, et d'autres armes, qu'il lui avait vendues. (*Orig. pap. appartenant à M. B. Fillon, qui en a communiqué la copie.*)

26 mai 1619.

Je confesse avoir receu de Monseigneur le duc de Rohan la somme de quatre cents escuz qu'il m'a comptez en monnoyes ayant cours et au poids de l'ordonnance, pour le prix de la cession que je luy ai faicte d'un harnoys de guerre, qu'on dit avoir esté à Monsieur de Soubize[1], qui l'avoit apporté de Milan ; lequel harnoys m'a esté vendu par Monsieur De la Noue[2] ; et de la dicte somme de quatre cents escuz le tiens quipte, lui et les siens, sans jamais rien en revendiquer, ni contester ou pretendre ; et par la mesme quiptance le descharge de cinquante escuz qu'il m'a comptez pour la vendition d'espées, que luy fis le jour de hyer. — Aux Loges de Fontenay le Comte le vingtsixiesme jour de may mil six cents dix neuf.

Quiptance de la somme de quatre cents cinquante escuz.

A. D'AUBIGNÉ.

XIII.

Requête adressée par l'Université de Poitiers au procureur général du Parlement de Paris contre les officiers de la Sénéchaussée de Civray, qui contestaient à ses messagers le droit de plaider devant les juges royaux de Poitiers, conservateurs de ses priviléges. (*Copie du temps, pap. appartenant à M. Beauchet-Filleau.*)

Sans date (après 1726).

A Monseigneur le Procureur Général.

MONSEIGNEUR,

MM. les officiers de la Sénéchaussée de Civray, en se proposant de limiter la juridiction conservatoire des priviléges royaux de l'Université de Poitiers dans des bornes que nos

---

1. Jean de Parthenay-l'Archevesque, l'un des principaux chefs du parti protestant, mort le 1ᵉʳ septembre 1566.
2. Odet de la Noue, fils de François.

Roys ne lui ont point prescrit, attaquent les prérogatives du corps académique. L'Université accorde des priviléges et le juge conservateur ne fait que connoître des causes de ceux qu'elle admet au nombre de ses officiers et de ses suppôts; mais, si elle donne des priviléges, ce n'est que parce qu'elle est autorisée à les concéder : l'arrêt du Conseil Privé du 11 avril 1674, les lettres patentes du mois de juillet enregistrées en Parlement le 18 août de la même année 1674, les lettres patentes du mois de juin 1725 enregistrées en Parlement le 2 juillet 1726, prouvant que l'Université ne transgresse point l'ordonnance de 1669 et qu'elle ne fait qu'user des droits que nos Roys lui ont conservés.

Comme les Messageries sont, de tous les priviléges, ceux qui paroissent déplaire le plus à MM. les officiers de Civray, l'Université leur prouvera que c'est sans fondement qu'ils les taxent d'abusifs.

L'Université de Poitiers a été érigée en 1431 par la bulle d'Eugène IV et les lettres patentes de Charles VII enregistrées en Parlement séant à Poitiers le 8 avril 1431 avant Pasques. Charles VII, en accordant à l'Université de Poitiers les mêmes priviléges que ses prédécesseurs avoient accordés aux Universités de Paris, de Toulouse, d'Orléans, d'Angers, de Montpellier, créa un juge conservateur pour la conservation des priviléges qu'il concède.

Le Parlement, qui étoit séant à Poitiers, ne vit point d'un œil indifférent la naissance de l'Université, il s'occupa de ce qui pouvoit lui donner de la consistance, procurer son illustration, lui attirer des sujets.

Le procès-verbal de l'établissement de l'Université dénomme plusieurs de nos seigneurs du Parlement qui assistèrent à la première assemblée où il fut fait des règlements.

Un de ces règlements fut qu'il y auroit dans l'Université de Poitiers, qui, comme les autres Universités du royaume, est un corps mixte composé de deux sortes de parties, dont les unes sont principales et les autres accessoires; qu'il y auroit quatre nations [1]. De l'établissement de ces nations es venu, comme de la source, et par une suite indispensable, l'origine des Messagers.

Ces Messagers destinés à porter les lettres des docteurs, des professeurs, des régents et des écoliers, et à apporter les lettres et les choses nécessaires que les parents des écoliers leur envoyoient, n'étoient point obligés de demeurer à Poitiers; ils étoient obligés d'y venir ou d'y envoyer des gens dont ils répondoient, une foiz tous les huit jours, ou tous les quinze jours, d'y apporter l'argent et les autres objets dont les parents des écoliers les chargeoient et d'y demeurer un jour et demi, affin que les écoliers eussent le temps de faire réponses aux lettres qu'ils recevoient. Ces Messagers pouvoient se charger des lettres et pacquets des différents particuliers. Le public n'étoit point lésé, parce que les droits que ces Messagers devoient percevoir étoient fixés, comme il est constaté par un règlement de l'Université du 2 mars 1578.

Que les Messageries ayent pris naissance avec l'Université; que ceux qui en étoient pourvus fussent de vrais suppôts de

---

[1]. Voici, d'après la première organisation de l'Université, quels étaient le nom et l'ordre des quatre nations qui la composaient : de France, d'Aquitaine, de Touraine et de Berry. Mais, sur les réclamations de cette dernière, la difficulté, soumise à des arbitres, fut tranchée en sa faveur dans une congrégation générale, tenue le 17 juillet 1432, « attendu les prééminences de ladite Nation de Berry, qui avoit un Primat et plus de provinces et diocèses sous elle que la Nation de Touraine, qui n'a qu'une seule province, jaçoit qu'elle soit notable, grande et ample; que laditte Nation de Berry précederoit en ordre ladite Nation de Touraine, et que la Nation de Berry tiendra le troisième lieu en l'ordre des Procureurs des Nations en ladite Université ; ce que Me Laurent Vincent, Procureur de ladite Nation, accepta.... Toutesfois la Nation d'Aquitaine, qui a accoustumé de tenir la seconde place, s'offrit de quitter sadite place pour oster le différent qui estoit entre lesdites Nations de Berry et Touraine, si la Nation de Touraine la vouloit accepter, afin que la Nation de Touraine tienne la troisième place ; et s'offrit ladite Nation d'Aquitaine de prendre la dernière place entre lesdites Nations. » (*Annales d'Aquitaine*, « De l'Université de la ville de Poitiers.... Extrait du livre du scribe de l'Université, etc. » Poitiers, Abraham Mounin, MDCXLIII.)

l'Université et dussent jouir du droit de Garde Gardienne : c'est ce que prouvent les lettres patentes de Louis XII du 9 janvier 1455 ; que les Messagers de l'Université ne servissent pas seulement ceux qui composoient le corps académique, ou les écoliers, mais encore le public, la preuve en résulte de ce qu'il n'y avoit point de Messagers royaux d'établis ; nos Rois avoient des coureurs de leurs écuries pour porter leurs ordres et dépêches, tant au dedans qu'au dehors du royaume, mais ces coureurs ne partoient que lorsque le service du Roi l'exigeoit, et ils ne portoient point les lettres et les paquets des particuliers.

Henri III, par sa déclaration du 25 mai 1582, attribua aux Messagers qu'il avoit créé et exclusivement à tous autres, le port des procédures et celui des deniers royaux.

Louis XIII, par son édit du mois de février 1620, érigea en titre d'office héréditaire l'office des Messagers royaux ; il ordonna d'établir des Messagers royaux dans les lieux où il n'y en avoit point encore eu d'établis, et par l'édit du mois de mai 1635, S. M. unit aux cinq grosses fermes les droits et propriétés des Coches, Messageries, Roulages et Voitures, tant par eau que par terre.

Louis XIV, par son édit du mois de décembre 1643, créa deux Messagers dans les villes où il n'y en auroit point d'établis.

Par la création et l'établissement des Messagers royaux, les Messagers des Universités, à l'exception de ceux de Paris, furent sans fonctions. L'Université de Paris obtint un arrêt du Conseil d'Etat, qui lui permit d'affermer les Messageries, et elle les afferma ; elle en renouvella les baux le 15 juin 1694, 27 novembre 1703, 22 octobre 1709, 28 novembre 1713, 3 février 1716. Le Roy, par un arrêt de son Conseil d'Etat du 14 avril 1719, qui a été suivi de lettres patentes du même mois d'avril 1719, enregistrées en Parlement le 8 may et à la Chambre des Comptes le 12 may 1719, a ordonné que le bail des Messageries appartenantes à l'Université seroit compris ou censé compris dans le bail général des Postes et Messageries royales ; que le prix seroit payé par les adjudicataires quitte de toutes charges, de quartier en quartier, aux receveurs de l'Université.

L'Université de Poitiers n'a eu et n'a aucun dédomagement pécuniaire pour la suppression des fonctions de ses Messagers. S. M. l'a confirmée dans le droit de nommer aux Messageries qu'elle étoit dans l'usage de nommer, elle a voulu que ceux à qui elle accorderoit des provisions de Messagers continuassent de jouir du droit de Garde-Gardienne.

Postérieurement aux édits et déclarations portans déclaration et établissement des Messageries royales, qui avoient produit la cessation des fonctions des Messagers de l'Université, Louis XIV, par son édit de 1669, suspendit l'exécution de toutes les lettres patentes qui concédoient le droit de Garde-Gardienne, jusqu'à ce que les Corps et Communautés eussent représenté leurs titres et concessions.

L'Université ayant satisfait à ce que prescrivoit l'édit de 1669 et supplié le Roy de la conserver au droit et privilége de Garde-Gardienne, conformément aux concessions qui lui en avoient été faites, S. M., par arrest de son Conseil Privé du 11 avril 1674, l'y a maintenue. « Veu, porte l'arrest,
« les dittes concessions spécialement octroyées par les Roys
« Charles VII, Louis XII, François I, Henri III, Louis XIII,
« relatives encore à d'autres lettres, et toutes confirmatives
« les unes des autres dudit droit et privilége, plusieurs juge-
« mens rendus en consequence par lesdits juges conserva-
« teurs et autres pièces : ouy le rapport du sieur de la Mar-
« guerite, conseiller ordinaire du Roy en ses Conseils, et
« tout considéré : le Roy étant en son Conseil, ayant égard
« à la dite requête, conformément ausdites lettres patentes et
« concessions y mentionnées, a maintenu et gardé ledit
« Chancelier, Recteur, Docteurs, Régens, Professeurs et
« Officiers généraux et particuliers de la dite Université de
« Poitiers, leurs Suppôts, Bedeaux et *Messagers* d'icelle, au

« droit et privilège de pouvoir plaider en toutes causes et
« instances tant en demandant qu'en défendant en la ma-
« nière accoutumée, et tout ainsi qu'ils en ont bien et due-
« ment jouy par le passé, pardevant lesdits juges Royaux
« dudit Poitiers, conservateur de leurs dits privilèges, aus-
« quels S. M. en attribue, en tant que besoin seroit, toute
« Cour, juridiction et connoissance, et par appel au Par-
« lement de Paris, et icelle interdite à toutes autres Cours et
« juges, et à cet effet ordonne S. M. que toutes lettres à ce
« nécessaires leur en seront expédiées. »

Ces lettres patentes ont été concédées par S. M. au mois de Juillet 1674 et elles ont été enregistrées en Parlement le 18 août de la même année 1674.

L'enregistrement de ces lettres patentes mérite d'être observé. La Cour refère la requête présentée au Roy par l'Université et dans laquelle il est fait mention des Suppôts et des Messagers, pour jouir eux et leurs successeurs du droit de Garde-Gardienne pleinement, perpétuellement. La Cour, après avoir parlé des lettres patentes qui lui sont adressées, de l'arrest du Conseil privé du Roy du 11 avril 1674 ; après avoir ouy les conclusions de M. le Procureur Général et le rapport de M. Claude de Sallo, ordonne l'enregistrement de ces lettres patentes. Quoy de plus discuté, quoy de plus authentique ?

Les lettres patentes de Louis XIV ont été confirmées par celles de Louis XV, actuellement régnant, elles sont du mois de Juin 1725 et elles ont été enregistrées en Parlement le 2 Juillet 1726.

Le Roy et le Parlement, après un mûr examen, ont donc déclaré que, quoique les Messagers de l'Université fussent sans fonction, ils devoient jouir du droit de Garde-Gardienne, ainsi qu'ils en avoient joui lorsqu'ils avoient eu des fonctions. La cessation des fonctions des Messagers de l'Université ayant tourné à l'avantage de l'Etat, l'Université n'ayant reçu aucun dédomagement du produit qu'elle percevoit de ses Messageries, S. M. a voulu que les titres des anciennes Messageries subsistassent, que l'Université continuât de les concéder, que ceux à qui elle les concéderoit, lorsqu'ils viendroient à vacquer par mort ou démission, jouissent du droit de Garde-Gardienne, ainsi qu'en jouissoient ceux qui avant la création des Messageries Royalles en remplissoient ou faisoient remplir les fonctions et qui n'étoient point obligés de demeurer dans la ville de Poitiers.

Qu'il ne soit point nécessaire de résider à Poitiers pour être pourvu par l'Université d'un office de Messager, dès là même pour jouir du droit de Garde-Gardienne, c'est ce qui est évident. Les lettres patentes de Louis XII, du 9 janvier 1455, le règlement de l'Université du 2 mars 1578 concernant les fonctions des Messagers, l'arrêt du Conseil privé du 11 avril 1674, les lettres patentes de Louis XIV et de Louis XV, enregistrées en Parlement, et qui font mention des Messagers, ne leur imposent pas l'obligation de résider à Poitiers; et depuis la création et l'établissement des Messageries Royalles, pour quelle fin y viendroient-ils? où résideroient-ils? Les Messagers Royaux exercent des fonctions qui leur étoient propres. Aussi la cessation des fonctions des Messagers de l'Université, la non résidence à Poitiers, n'ont-elles point été regardées par le Parlement comme des motifs de ne point jouir du droit de Garde-Gardienne. La Cour par des arrêts a maintenu les Messagers de l'Université dans le droit de porter leurs causes, tant en demandant qu'en défendant, à la Cour conservatoire.

L'Université en accordant des lettres de Messagers n'accorde point des priviléges abusifs; elle ne fait qu'user du droit que nos Rois lui ont concédé et dans lequel ils l'ont maintenue. Comment MM. les officiers de la Sénéchaussée de Civray se sont-ils élevés contre des priviléges qui subsistent depuis plus de trois siècles, et qui depuis Charles VII ont été confirmés de règne en règne par des lettres patentes enregistrées en Parlement? Comment ont-ils pu dire que l'Université conféroit des priviléges de six mois, tandis qu'il est certain qu'elle n'en délivre point ? Que si elle en donne de trois mois et d'un an, leur nombre n'est point arbitraire ; fixé dès l'institution du corps académique, il n'a point été augmenté depuis. Comment des magistrats, à qui la vérité doit être si précieuse, ont-ils pu y donner atteinte, en assurant que l'Université s'est arrogé le droit de créer autant de Notaires Apostoliques qu'il y a de sujets ?

Qu'entendent MM. les officiers de Civray par le mot de *sujets* ? Veulent-ils dire qu'il y a autant de Notaires Apostoliques qu'il y a d'écoliers qui étudient dans les différentes facultés ? S'il y avoit autant de Notaires Apostoliques privilégiés qu'il y a d'écoliers, le nombre seroit grand, puisqu'il y a beaucoup d'écoliers. Veulent-ils dire qu'il y a autant de Notaires Apostoliques privilégiez qu'il y a de docteurs et d'officiers généraux ? Si cela étoit, le nombre seroit encore grand, puisqu'outre le Recteur, le Chancellier, les Conservateurs royaux et apostoliques, les quatre facultés comprennent plusieurs Docteurs. MM. les officiers de Civray doivent nécessairement entendre l'un ou l'autre ; ce n'est que d'une multiplicité de Notaires Apostoliques privilégiez dont ils ont eu dessein de faire mention et dont effectivement ils ont parlé. Pourquoy supposer à l'Université des Suppôts qu'elle n'a pas ? Pourquoy lui faire accorder des priviléges qu'elle ne concède pas ? L'Université n'a qu'un seul titre de Notaire Apostolique, elle n'accorde qu'un seul privilége sous le nom de Notaire Apostolique ; ce fait est certain, ce privilége est respectable par son ancieneté ; il date de l'institution de l'Université ; il a existé en même tems que la Cour conservatoire apostolique. Si par la création des Notaires Apostoliques en titre d'office, celui de la Cour conservatoire apostolique est devenu sans fonctions, l'Université n'a point été privée par nos Rois du droit de concéder ce privilège, comme le prouvent l'arrêt du Conseil privé du 11 avril 1674, les lettres patentes de Louis XIV et de

Louis XV enregistrées en Parlement, puisque les Suppôts dont le Notaire Apostolique est du nombre y sont dénommez et maintenus dans le droit de Garde-Gardienne.

Que MM. les officiers de la Sénéchaussée de Civray cessent d'alléguer que leur juridiction, quoique très-étendue, est limitée dans des bornes très-étroites; elle est aujourd'hui telle qu'elle a été depuis près de 300 ans. Le procès-verbal de l'établissement de l'Université fait mention que les lettres patentes de Charles VII furent enregistrées dans les Baillages et Sénéchaussées voisines de Poitiers; il n'est pas à présumer qu'elles n'ayent pas été enregistrées à la Sénéchaussée de Civray. MM. les officiers de ce siége peuvent-ils donner atteinte à des priviléges portés dans des lettres patentes, confirmées de règne en règne et enregistrées en Parlement? peuvent-ils s'élever contre une juridiction qui, dès son institution, a été favorisée par le Parlement, qui n'authorise point les abus? L'Université n'accordant que les privilèges qui lui ont été concédés par nos Roys, que les privilèges qu'elle accordoit avant l'édit de 1669, que, depuis cet édit, elle n'a accordé et n'accorde qu'en vertu d'un arrêt du Conseil Privé, suivi de lettres patentes enregistrées en Parlement, MM. les officiers de Civray sont-ils fondés à les taxer d'abusifs? L'Université de Poitiers, qui jouit du glorieux avantage d'avoir été érigée sous les yeux du Parlement et formée par ses soins, Vous supplie, Monseigneur, de vouloir bien, dans le cas que MM. les officiers de la Sénéchaussée de Civray se déterminent à répondre, lui communiquer leur réponse; elle continuera d'offrir ses vœux pour la conservation de votre Grandeur.

ÉPIGRAPHIE ROMAINE ET GALLO-ROMAINE

SIGLES FIGULINS TROUVÉS A POITIERS.

Le sol de l'antique *Limonum*, sur lequel est bâti Poitiers, recèle une innombrable quantité d'objets anciens de toutes sortes, et l'on y découvre surtout bien souvent des choses on ne peut plus intéressantes en fait de curiosités romaines et gallo-romaines. Cette mine si riche et si variée dans son rendement n'a pour ainsi dire encore été qu'effleurée : tout donne donc lieu d'espérer qu'elle ne s'épuisera jamais tout à fait, et que, par conséquent, pendant une bien longue période de siècles, ceux qui, comme un autre collectionneur et moi nous le faisons actuellement, s'occuperont plus tard à recueillir toutes les épaves véritablement dignes d'intérêt que le passé nous a léguées, trouveront, aussi eux, de nombreuses occasions d'arracher à la destruction et à l'oubli une foule d'objets curieux. Par ce moyen, bien des choses antiques ayant une véritable importance et méritant d'être connues seront conservées pour le plus grand avantage de la science, et contribueront à fournir de précieux renseignements non-seulement sur les mœurs et les usages des Romains et des Gaulois, nos ancêtres, mais encore sur le degré d'avancement auquel étaient parvenus la civilisation et les arts chez ces deux peuples à une époque déjà si éloignée de nous.

Parmi tant de débris antiques que la pioche de l'ouvrier exhume chaque jour de ce sol privilégié, et si fécond en découvertes inattendues, la céramique occupe un rang très-important. C'est donc une chose assez fréquente que de rencontrer non-seulement des vases romains et gallo-romains dans leur entier, vases dont les formes ainsi que les dimensions sont très-variées, mais encore une quantité vraiment étonnante de fragments de vases de toutes sortes, remontant à la même époque et qui ont été façonnés en terre de différentes couleurs, soit blanche, noire, brune, grise ou rougeâtre. Quand bien même d'autres indices infiniment plus probants et plus décisifs ne viendraient pas trancher la question, cette immense quantité de poteries, dont la plupart sont d'un beau galbe et d'un fini de travail véritablement remarquable, suffirait seule, au besoin, pour démontrer que, sous la domination romaine, *Limonum* fut un centre très-important de population ; on peut en conclure de plus que les habitudes de luxe et de bien-être étaient fort communément répandues parmi ses habitants, tant Romains que Gaulois.

Mais ce qui vient encore davantage à l'appui de ce que j'avance, c'est que parmi tous ces débris de vases que l'on peut considérer comme étant d'un mérite et d'une valeur tout à fait secondaires, se trouvent très-fréquemment confondus pêle-mêle avec eux une quantité considérable de fragments de ces beaux vases en terre rouge dite samienne, si remarquable par le vernis brillant et lustré dont on n'a pas pu encore jusques à ce jour retrouver le secret. Cette riche variété de céramique dut être autrefois d'un usage bien généralement répandu, même pour les vases les plus luxueux de cette catégorie, si l'on en juge par le nombre vraiment considérable d'échantillons de cette espèce que le sol de Poitiers renferme. Ces vases, qui sont supérieurs à tous les autres non-seulement par la grandeur de leur dimension, mais encore par leurs formes élégantes et variées, sont en outre pourvus de riches décorations représentant le plus ordinairement des sujets de chasse, des divinités du paganisme, des scènes mimiques ou autres, et plus communément encore des feuillages, des animaux et beaucoup d'autres motifs d'ornementation variés à l'infini avec goût et talent. Cette belle poterie, qui occupe incontestablement le premier rang, mérite donc mieux que toute autre de fixer l'attention de ceux qui veulent étudier sérieusement l'histoire de l'art chez les anciens.

J'ai eu l'heureuse fortune de recueillir un assez grand nombre de ces beaux fragments de vases historiés, dont plusieurs, de très-grande dimension, sont plus ou moins complets par suite du soin que j'ai eu d'en recoller les morceaux. Quelques-uns d'entre eux sont d'une beauté exceptionnelle d'exécution et ont un mérite tout à fait hors ligne. Quant aux fragments isolés de vases pourvus d'une riche ornementation, c'est par milliers que l'on peut les compter dans ma collection ; et je puis dire sans aucun orgueil que, sous ce rapport, j'ai peut-être plus de choses à présenter que n'en ont beaucoup de musées publics très-importants.

L'industrie des potiers romains ou gallo-romains ne s'est pas bornée seulement à façonner des vases aussi beaux et aussi luxueux que ceux dont je viens de parler ; elle a produit en outre une quantité infiniment plus considérable d'autres récipients en terre samienne, qui, quoique dépourvus de cette riche ornementation que nous admirons dans les autres, et par conséquent d'une acquisition beaucoup moins dispendieuse à l'époque où ils étaient d'un usage journalier, sont cependant très-curieux sous un tout autre point de vue.

Je vais donc spécialement m'occuper ici de ces vases de différentes grandeurs et de formes si variées, soit patères, assiettes, etc., sur lesquels les potiers romains, de même que quelquefois aussi les potiers gaulois, ont inscrit leurs noms au moyen d'estampilles destinées à faire connaître et à distinguer au premier coup d'œil les différents ateliers de fabrication, tout en servant peut-être à sauvegarder les droits de propriété de chacun des potiers qui les avait confectionnés. Les caractères épigraphiques au moyen desquels ces noms ont été sigillés sont on ne peut plus intéressants à étudier tant par rapport à leurs nombreuses variétés que, bien souvent aussi, par la singularité avec laquelle ont été agencés les ornements accessoires qui décorent ces espèces de cachets. Possédant un assez grand nombre de vases ou fragments de vases sur lesquels les potiers ont inscrit leurs noms, je crois rendre un service à la science épigraphique en publiant ceux que j'ai réussi à me procurer. Beaucoup d'entre eux paraissent être restés tout à fait inédits jusqu'à ce jour ; du moins ils ne figurent pas dans la curieuse et intéressante publication de M. H. Schuermans, ayant pour titre : *Sigles figulins* (époque romaine)[1], que j'ai consultée utilement, non plus que dans le catalogue des « Potters'stamps on the red glazed vessels »

---

1. *Annales de l'Académie d'archéologie de Belgique*, XXIII. Deuxième série, T. III. Anvers, 1867, in-8°.

édité par M. Roach Smith, de Londres [1]. Parmi ces noms il en est d'autres aussi qui, bien que déjà publiés, pourront peut-être servir à rectifier certaines lectures déchiffrées d'une manière un peu défectueuse, par suite sans doute du manque de netteté des empreintes d'après lesquelles on les a lues.

Ce n'est qu'à partir de 1853 seulement que j'ai commencé à recueillir sérieusement des vases ou fragments de vases ayant des inscriptions en sigles figulins. Jusque-là, à six ou sept exceptions près, j'avais eu le tort de ne pas attacher assez d'importance à ces curiosités épigraphiques. Aussi, dans les temps antérieurs, combien est-il de noms de potiers que les ouvriers ont dû détruire par ignorance, ou tout au moins rejeter dans les terres, avant d'avoir rencontré quelqu'un qui, par l'appât de l'intérêt, leur eût suggéré l'idée de conserver ces objets, tout aussi bien que beaucoup d'autres fragments curieux de céramique? Ce sont les nombreuses découvertes en ce genre que mit au jour le percement de la rue de l'Industrie, laquelle fut ouverte dans un centre important d'habitations gallo-romaines dont les substructions contenaient une foule de choses curieuses, qui me décidèrent à joindre cette intéressante spécialité aux divers objets antiques que je collectionnais déjà depuis près de 17 ans. Depuis cette époque je n'ai négligé aucune occasion de me procurer des noms de potiers, et je n'ai eu qu'à me féliciter de ma persévérance à cet égard : car au fur et à mesure que le temps s'écoulait, la voie dans laquelle j'étais entré s'ouvrait de plus en plus large devant moi ; toutefois, c'est surtout depuis le mois de novembre 1865 que cette série a pris un développement vraiment extraordinaire, et je dois dire que, dans le cours de ces sept dernières années, je l'ai vue plus que tripler.

Déjà, dans le tome XXII des Mémoires de la Société des Antiquaires de l'Ouest (année 1855), M. de Longuemar a publié, sous le titre de Notice descriptive sur quelques poteries antiques découvertes à Poitiers, les quelques noms de potiers que je possédais à cette époque, ainsi que certains autres appartenant tant au musée de Poitiers qu'à M. du Puis-Vaillant père. Sur la planche lithographiée qui

---

1. *Catalogue of the museum London antiquities*, collected by Charles Roach Smith, 1854, grand in-8°.

accompagne ce travail les noms de potiers qui faisaient partie de ma collection sont marqués d'un astérisque et ne s'élèvent qu'au chiffre de 43 : je dois dire que la lecture de quelques-uns d'entre eux laisse à désirer sous le rapport de l'exactitude.

Plus tard, dans son intéressant ouvrage intitulé : l'Art de terre chez les Poitevins (Niort, L. Clouzot, 1864, in-4º), mon ami Benjamin Fillon a reproduit tous les noms de potiers venus en ma possession jusques au moment de la publication de ce livre. Je dois reconnaître avec franchise que certaines inexactitudes qui existaient dans la liste qu'il m'avait alors prié de lui fournir ne peuvent être imputées à ce savant antiquaire, mais bien à moi. Un peu plus expert aujourd'hui quant au déchiffrement des noms de potiers, j'ai scrupuleusement vérifié à plusieurs reprises ceux dont le détail va suivre ; mais il est des empreintes tellement difficiles à lire que, malgré le soin consciencieux avec lequel j'ai cherché à éviter des erreurs, je n'oserais cependant pas garantir que je n'en ai pas encore commis : je laisse à des personnes plus compétentes que je puis l'être en pareille matière le soin de les rectifier.

Quoique possédant aussi un certain nombre de marques de potiers estampillées sur des anses de très-grandes amphores, je ne les ai point jointes à ce travail. J'ai agi de même relativement à une quantité considérable de noms gravés à la pointe qui font partie de ma collection et sont inscrits tant sur des poteries samiennes que sur des vases de différentes autres couleurs, car j'ai l'intention de m'occuper plus tard de ces deux spécialités. J'ai cru cependant devoir faire une exception par rapport à la marque du potier SANCTVS FEC figurant sur un fragment de la panse d'une assez grande amphore en terre rougeâtre. La beauté des caractères de cette curieuse empreinte doit du reste, selon moi, plutôt la faire classer dans la catégorie des inscriptions existant sur les poteries samiennes que parmi celles estampillées sur les anses d'amphores : en effet, la forme de l'écriture de ces dernières est généralement d'un genre bien différent de celle des autres.

Tous les noms de potiers que je cite proviennent des fouilles faites à Poitiers, sauf un seul, celui dont la légende est : SECVND M. Cette marque, trouvée à Thouars ou aux environs, m'a été donnée par mon ami feu M. Pontois, ancien principal du collége de cette ville, qui l'avait recueillie.

Pour donner une idée aussi précise que possible de la variété infinie des caractères épigraphiques figurant sur les estampilles des potiers dont je donne ici la liste, il eût été nécessaire, indispensable même, de reproduire, par le moyen de la gravure, tous les noms qui se font remarquer, tant par la singularité des sigles que par leur agencement particulier; mais c'eût été une dépense hors de proportion avec les ressources pécuniaires dont peut disposer une société savante qui n'en est encore qu'à son début : elle a donc été, à regret, obligée de limiter ces reproductions de noms à un nombre relativement restreint, mais encore assez considérable.

Je ne dois pas omettre de dire que les bois qui représentent les noms figurés ont été gravés par M. Roch, artiste de Paris, d'après les croquis qui en ont été faits par M. E. Sadoux, habile dessinateur d'Angoulême.

Malgré toute la monotonie qui doit inévitablement résulter de bien des redites fastidieuses, j'ai pensé qu'il ne serait peut-être pas sans utilité d'établir à la suite de chacun des noms de potiers que je cite : 1º les diverses nuances, soit de beauté, soit de médiocrité de forme, des caractères employés pour figurer ces noms; 2º l'état plus ou moins net ou pâteux des empreintes, attendu que c'est le meilleur moyen à employer pour que les personnes qui liront la liste qui va suivre, et surtout celles qui auront besoin de la consulter, puissent juger du plus ou du moins de certitude qu'offre la lecture des noms, selon qu'ils ont été relevés sur des exemplaires indiscutables, ou sur certains autres qui laissent beaucoup à désirer sous le rapport de la netteté ou de la conservation des empreintes; et, comme le même fabricant a souvent fait figurer son nom sur des poteries de formes et de grandeurs différentes, j'ai pareillement cru devoir indiquer, d'une manière très-sommaire, la catégorie à laquelle appartiennent tous les vases sigillés qui font partie de ma collection, afin de donner une idée approximative tant du degré d'importance qu'ont eu certains ateliers de fabrication de poteries que de la variété de leurs produits : cela aura lieu surtout lorsque ces vases auront été estampillés par le même ouvrier avec des cachets différents.

Quant à la classification des noms, j'ai adopté l'ordre rigoureusement alphabétique, sans m'astreindre à grouper métho-

— 339 —

diquement les uns à côté des autres ceux qui peuvent appartenir aux mêmes potiers. Cet agencement, je le sais, offre un inconvénient : celui de séparer quelquefois le nom des mêmes potiers, selon que leurs marques se trouveront être plus ou moins abrégées, relativement à celles qui sont complètes ; mais cette liste de noms n'est pas assez longue pour que l'on ne puisse rejoindre facilement ce qui devrait être réuni.

Voici maintenant quelle est l'indication des abréviations que j'ai employées pour l'intelligence de la table qui va suivre :

1º En ce qui concerne la forme des lettres :

T. b. car.	Très-beaux caractères.
B. car.	Beaux caractères.
Car. a. b.	Caractères assez beaux.
Car. p.	Caractères passables.
Car. bar.	Caractères barbares.
Car. t. bar.	Caractères très-barbares.

2º Relativement à l'état de conservation des légendes :

Emp. t. n.	Empreinte très-nette.
Emp. n.	Empreinte nette.
Emp. m. n.	Empreinte médiocrement nette.
Emp. pât.	Empreinte pâteuse.
Emp. t. pât.	Empreinte très-pâteuse.

3º Pour la forme des vases et les détails qui les concernent :

F.	Fond.
Pat.	Patère.
Ass.	Assiette.
Dim.	Dimension.
Gr.	Grand ou grande.
Moy.	Moyen ou moyenne.
Frag.	Fragment.
Port.	Portion.
Comp.	Complet ou complète.
Pet.	Petit ou petite.

Nota. Plusieurs points placés à la fin d'un nom indiquent que la légende est interrompue par la brisure.

Les lettres restituées sont mises entre parenthèses.

Les caractères archaïques, lorsqu'il y en a, sont indiqués à la suite de chaque nom. Lorsqu'il ne sera rien dit des A, c'est qu'ils sont barrés.

Quant aux indications qui précèdent ou qui suivent quelquefois les noms de potiers, telles que celles-ci : O. OF. OFF. OFFI. OFFIC pour *officina* ; M. MA ou MAN pour *manu*, et F. FEC pour *fecit*, comme elles sont très-généralement connues pour avoir cette signification, j'ai pensé qu'il n'était pas nécessaire d'indiquer ces abréviations lorsqu'elles se rencontrent sur les empreintes.

J'ajouterai que lorsqu'il y a des points placés entre les lettres composant la légende des noms de potiers, ou même à la fin d'un nom, ils sont le plus souvent établis, soit à la moitié de la hauteur des caractères, soit même plus haut, mais presque jamais en bas : j'indiquerai seulement ceux de ces points qui figurent dans le corps même de certaines lettres ou au-dessus du jambage de l'une d'elles.

L.-F. Bonsergent.

ÉPIGRAPHIE ROMAINE ET GALLO-ROMAINE

SIGLES FIGULINS TROUVÉS A POITIERS.

ABITI

Car. p. — *Emp. pât., mais très-lisible.* — F. entier d'une pet. pat.

AC

Car. p. — *Emp. n.* — F. entier d'une pet. pat.

OFF ACER

Car. a. b. — *Emp. t. n.* — La partie inférieure du deuxième F est pourvue à sa base d'une espèce d'éperon extérieur que l'on prendrait à tort pour un point : c'est donc bien OFF ACER qu'il faut lire ce nom. — F. presque comp. d'une pet. pat.

(OFF A)CER?

T. b. car. — *Emp. t. n.* — Frag. du f. d'une pat. de moy. dim.

ACV

Car. p. — *Emp. t. n.* — Frag. du f. d'une pet. pat. en terre très-fine.

ACVRIO. F

Car. t. b. — *Emp. t. n.* — Frag. du f. d'une ass. de moy. dim.

Emp. m. n., mais très-lisible. — F. entier d'une pat. de moy. dim.

AC.V.TI

Car. a. b. — *Emp. t. n.* — Le premier point est dans le centre du c. — Frag. du f. d'une ass. de moy. dim.

ACV(TI)?

Car. a. b. — *Emp. n.* — Un point figure dans le centre du c. — Frag. du f. d'un vase de moy. dim. avec une faible partie du pourtour sur laquelle figurent quelques vestiges de l'ornementation élégante qui décorait cette poterie.

OF ACV(TI) ?

B. car. — *Emp. n.* — Une très-faible portion du T paraît. — Presque la moitié du f. d'une très-pet. ass. en terre très-fine.

OF ADN

Car. p. — *Emp. t. pât., mais lisible.* — La majeure partie de l'o est enlevée. — Moitié du f. d'une pet. pat.

OF ADN

Car. a. b. — *Emp. pât., mais lisible.* — F. entier d'une pat. de moy. dim.

... ADN.AD ...

B. car. — *Emp. t. n.* — Les deux D sont liés aux deux A. — Frag. du f. d'une ass. de moy. dim. — Le vase auquel appartient cette marque doit avoir été fabriqué par le même potier que celui qui a signé les deux qui précèdent. Le mot OFF manque sans doute au commencement.

AFIND ?

Emp. a. n. — F. presque comp. d'une assez gr. ass.

AFIVM F (F arch.)

Car. bar. — *Emp. m. n., mais lisible.* — Le V est légèrement curviligne. — Frag. du f. d'une pet. pat.

AFRICANI M...

B. car. — *Emp. t. n.* — Le deuxième A n'est pas barré, et on ne voit que le haut des deux premiers jambages de l'M. — Frag. du f. d'une pat. de moy. dim.

AIRAMN

Car. bar. — *Emp. pât., mais lisible.* — Le premier A n'est ni barré ni ponctué; le deuxième, qui a une barre, se trouve compris dans l'M; quant à l'N, il est barré en sens inverse. — F. entier d'une ass. de moy. dim.

AIRAMN

Car. bar. — *Emp. m. n.* — Quoique tout à fait dans le même genre de celle qui précède pour tous ses détails, cette marque ne paraît pourtant pas avoir été produite par la même estampille. — Frag. du f. d'une pet. ass.

AISTI M ou AISII M (A arch.).

Car. p. — *Emp. a. n., sauf le T.* — Frag. du f. d'une ass. de moy. dim.

ALBAN

Car. a. b. — *Emp. t. n.* — Port. du f. d'une pat. de moy. dim.

ALBVS

B. car. — *Emp. t. n.* — Ayant égaré ce nom, je ne puis indiquer quelle est la forme ni la dimension du vase auquel il appartient.

ALBVS EE

Car. p. — Emp. t. n. — L'a n'est ni barré ni ponctué, le v est de forme un peu curviligne et l's est tourné en sens inverse. — Frag. du f. d'une pat. de moy. dim.

ANBI, ou peut-être ALBI?

Car. p. — Emp. a. n. — Après la première lettre vient un jambage vertical, à la suite duquel est un vide jusques à la lettre B. L'empreinte a très-mal porté là ; cependant je crois reconnaître, par des traces très-peu apparentes à la vérité, que c'est bien le deuxième jambage d'un N qui va rejoindre le B qui y est accolé : je pense donc que c'est ANBI qu'il faut lire. — Frag. du f. d'une pet. pat.

AND(OCA)?

Car. p. — Emp. n. — Moitié du f. d'une pat. de gr. dim.

 ANEXTLATI....

Emp. t. n. — Port. du f. d'une ass. de pet. dim.

 ANTIOCHVS

Emp. a. n. — Le T, qui devrait être indiqué au-dessus du troisième jambage de l'N, ne paraît pas. — F. entier d'une pet. pat.

APA(MI)?

Car. pas. — Emp. assez n. — Ce nom, de forme circulaire, figure autour d'une rosace. Ce qui est conservé de cet ornement et l'espacement des lettres existantes prouvent qu'il ne peut y avoir que deux lettres qui manquent. — Moitié du f. d'une pet. pat. en terre rougeâtre.

AQV

Car. p. — Emp. n. — F. à peu près entier d'une ass. de pet. dim.

OF AQV(ITANI) ou OF AQV(ILII)?

T. b. car. — Emp. t. n. — Presque la moitié d'une ass. de pet. dim. en terre très-fine.

OF. ARDACI

Car. a. b. — Emp. n. sauf l'I. — Les deux A ne sont ni ponctués ni barrés. — Frag. du f. d'une ass. de pet. dim.

ARI

Car. t. bar. — Emp. t. n. — L'A n'est ni barré ni ponctué. — F. presque comp. d'une pet. pat.

ARICI...

Car. a. b. — Emp. t. n. — L'A est ponctué. — Moitié du f. d'une pat. de moy. dim.

AS.I

Car. t. bar. — Emp. t. n. — L'A est ponctué tout à fait à sa base et ses deux jambages ne se touchent pas en haut. — Port. du f. d'une pet. pat.

ATE

Car. p. — *Emp. n.* — Le jambage inférieur de l'E n'est pour ainsi dire pas apparent. — Moitié du f. d'une pat. de moy. dim.

ATEI

Car. p. — *Emp. a. n.* — F. entier d'une pet. pat.

ATEI

Car. p. — *Emp. t. n.* — F. entier d'une très-pet. pat.

ATEI

Car. un peu bar. — *Emp. t. n.* — F. entier d'une pet. pat.

ATEI

Car. p. — *Emp. t. n.* — Ce nom est imprimé dans un encadrement irrégulier qui imite la forme d'un arc dans sa partie supérieure. — Frag. du f. d'une ass. de moy. dim. en terre très-fine.

ATEI

Car. a. b. — *Emp. t. n.* — F. entier d'une pet. pat.

ATEI

B. car. — *Emp. t. n.* — Manque le premier jambage de l'A, qui, très-probablement, devait être barré. — Port. du f. d'une pet. pat.

ATEI

Car. p. — *Emp. pât., mais lisible.* — Très-pet. frag. de pat. — Cette marque n'est pas complète ; il y manque la majeure partie d'une seconde ligne d'inscription dont il ne reste plus qu'une étoile, par laquelle elle commençait.

Emp. assez n. — A la fin de ce nom se trouve figuré un signe ressemblant à un oiseau qui vole. — Frag. du f. d'une ass. de moy. dim.

ATEI

Car. p. — *Emp. a. n.* — Le T est figuré par une barre au-dessus de l'A ; le jambage du milieu de l'E est faiblement indiqué et comme si ce n'était qu'un point. — F. presque comp. d'une pat. de moy. dim.

Emp. n. — F. entier d'une pat. d'assez gr. dim.

ATEI

Car bar. — *Emp. pât., mais très-lisible.* — Le T et l'E ne forment qu'une lettre, quoique la barre du T ne soit pas marquée à gauche, au-dessus de l'E. — Frag. du f. d'une pat. de moy. dim.

ATEI

B. car. — *Emp. t. n.* — Le T et l'E ne forment qu'une lettre d'une manière bien accentuée. — Frag. du f. d'une pat. de moy. dim. — Toutes les marques du potier ATEI, qui précèdent, paraissent avoir été produites par des estampilles différentes, ce qui prouve l'importance et l'activité de cet atelier.

ATEI O

Car. p. — *Emp. a. n.* — L'A paraît être ponctué, et l'o est bien plus petit que les autres lettres. Quoique l'E ne soit indiqué que par la barre du milieu, il n'est pas douteux pour moi qu'il s'agit encore ici d'une marque du potier ATEIVS. — F. entier d'une pet. pat. en terre très-fine.

Emp. t. n. — F. entier d'une toute pet. pat. en terre très-fine.

ATEINI

Car. a. b. — *Emp. t. n.* — L'A n'est ni ponctué ni barré. En supposant qu'il faille lire ce nom ATEI M, il faut admettre cette réserve que le dernier jambage de l'M n'est nullement adhérent à cette lettre, tandis que les trois autres se touchent. — Frag. du f. d'une ass. de très-pet. dim.

ATEIXANTI

Emp. t. n. — Un peu plus de la moitié d'une pat. de moy. dim.

ATEPO M...

Car. p. — *Emp. a. n.* — L'A paraît être ponctué ; le T est assez accentué, mais l'E qui doit être joint à lui ne paraît pas ; le premier jambage de l'M est très-reconnaissable. — Frag. minuscule d'une très-pet. ass.

(AT)EPO M

Car. a. b. — *Emp. t. n.* — Très-pet. frag. d'une pet. pat.

ATEPO MA

Car. p. — *Emp. t. pât.*, surtout pour les trois premières lettres. — La barre supérieure du T ne paraît pas ; l'A est compris dans l'M et barré. — F. entier d'une pat. d'assez gr. dim.

ATEPO MAN

Car. p. — *Emp. t. pât*, mais lisible. — La barre horizontale du T n'est que très-faiblement apparente ; l'E, qui se trouve joint à lui, paraît très-peu ; enfin l'A, qui se trouve compris dans l'M, semble être *arch*. — F. entier d'une pat. d'assez gr. dim.

Emp. a. n. — La barre supérieure du T ne paraît pas. — Tout pet. frag. du fond d'une pet. pat. — Cette marque est la plus accentuée et la plus élégante de forme de toutes celles du même potier que j'ai recueillies, et qui diffèrent toutes entre elles. Le vase sur lequel elle était imprimée est pourvu d'un vernis rouge-brillant, tandis que les autres poteries d'ATEPO que j'ai, sont d'une couleur plus pâle.

ATEPSI M

Car. p. — Emp. peu n. pour les quatre dernières lettres, qui, pourtant, sont lisibles. — Un point figure de chaque côté du T, immédiatement au-dessous de sa barre supérieure. — Frag. du f. d'une pet. pat.

ATI

Car. p. — Emp. t. n. — F. entier d'une pet. pat.

ATI

Car. p. — Emp. n. — F. entier d'une pet. pat. — Cette marque n'a pas été produite par la même estampille que celle du nom qui précède.

ATILIA(NI)

Car. p. — Emp. assez n. — Le premier A n'est ni barré ni ponctué ; le deuxième est barré. — Frag. du f. d'une pat. de gr. dim.

ATILIANI. MA...

Car. a. b. — Emp. m. n., mais très-lisible. — L'A qui est barré, est compris dans l'M ; un N manque sans doute à la fin de l'inscription. — Frag. du f. d'une assez gr. ass.

ATILIANI O

Car. p. — Emp. mal venue, mais cependant très-lisible. — On ne peut voir si les deux A sont barrés. — Pat. de moy. dim., de forme assez profonde et presque comp.

ATILIANI. O

Car. p. — Emp. t. n. — Le premier A n'est ni ponctué ni barré. — F. entier d'une pat. de moy. dim.

ATILIANI. O

Car. p. — Emp. t. n. — Le premier A n'est ni ponctué ni barré. — F. entier d'une pat. de moy. dim.

ATILIANI. O

Car. a. b. — Emp. n. — L'A et l'N ne forment qu'une lettre ; le second A est barré, tandis que l'autre n'a ni point ni barre. — F. entier d'une pat. d'assez gr. dim.

(A)TILIANI. O

Car. a. b. — Emp. t. n. — L'absence de l'A empêche de savoir s'il était sans point ni barre ; le deuxième A et l'N ne forment qu'une lettre, comme dans l'exemplaire qui précède. — Presque toutes les marques du potier ATILIANVS ont été produites par des estampilles différentes.

AVCELLA. F

Car. t. b. — Emp. t. n. — Pat. d'assez gr. dim., aux deux tiers comp.

AVEVALE

Emp. t. n. — F. entier d'un gr. vase en terre très-fine, avec une faible portion de pourtour sur laquelle figurent des vestiges d'ornementation d'un galbe très-pur, ressemblant à des feuillages.

OF BAS

Car. a. b. — *Emp. n.* — Très-pet. frag du f. d'une pet. pat.

OF BAS

Car. a. b. — *Emp. t. n.* — Moitié environ d'une très-jolie pet. pat. en terre très-fine. — Estampille tout à fait différente de la précédente.

OF BASSI

Car. a. b. — *Emp. t. n.* — Port. du f. d'une pat. d'assez gr. dim.

(BELIN)ICCVS?

T. b. car. — *Emp. t. n.* — Cette marque figure à l'extérieur sur un frag. d'un gr. vase orné de dessins d'un genre assez beau; elle est en forte saillie et les lettres, qui en sont hautes, sont établies dans un rond derrière et le long d'un personnage ailé qui paraît être le Temps.

OF BENE

Car. p. — *Emp. a. n.* — Le deuxième E est joint au dernier jambage de l'N. — F. entier d'une pat. de moy. dim.

OF BENE

Car. p. — *Emp. peu n. pour les deux dernières lettres.* — L'N et l'E sont liés. — F. entier d'une pet pat. en terre très-fine.

OF BENE

Car. p. — *Emp. très-pât. pour les deux dernières lettres, mais lisible.* — L'N et l'E sont liés. — Frag. du f. d'une pat. de moy. dim.

BIBIX ou peut être BIBIXI

en comptant un trait vertical qui paraît bien appartenir à cette marque.

Car. p. — *Emp. a. n.* — Les trois premières lettres sont liées ensemble au moyen du premier B qui est accolé à l'autre en sens inverse. Ce nom doit évidemment être celui d'un Gaulois. — F. entier d'une pet. pat. avec environ la moitié du pourtour et du bord.

BITVR(IX)?

Car. p. — *Emp. m. n., mais lisible.* — La partie infér. de la quatrième lettre manque, mais il est aisé de voir que c'est bien un R; la barre supérieure du T n'est pas indiquée. — Frag. du f. d'une pat. de moy. dim.

BOLLVCI

Car. t. barb. — *Emp. a. n.* — La tête du deuxième L touche celle du jambage de gauche du V. — F. entier d'une pet pat.

BORILLIOF

Emp. t. n. — F. entier d'une pat. de moy. dim., avec port. du pourtour et du bord.

BORILL...

T. b. car. — *Emp. t. n.* — Frag. du f. d'une pat. de moy. dim.

BRII

Car. t. bar. — *Emp. n.* — Frag. du f. d'une pet. pat.

BVRDOF

Emp. t. n. — F. entier d'une pet. pat.

(C)ABILIO F (F *arch.*)

Car. p. — *Emp. n.* — Pet. frag. du f. d'une pat. de moy. dim.

CACASI

Car. p. — *Emp. t. n.* — Les deux A sont ponctués tout à fait à leur base. — F. presqu'entier d'une ass. de gr. dim.

CACASI

Car. bar. — *Emp. a. n.* — Les deux A paraissent n'être ni ponctués ni barrés; l's est fortement incliné en avant. — F. presque comp. d'une pat. de moy. dim.

CACASI M

Car. a. b. — *Emp. t. n.* — Les deux A sont ponctués. — Port. du f. d'une ass. de gr. dim. — Aucune des trois empreintes portant le nom de CACASI ne ressemble à l'autre.

CADF

Emp. n. — Frag. du f. d'une pat. de moy. dim.

(C)ALID ? (CALIDVS ou peut-être VALIDVS.)

T. b. car. — *Emp. t. n.* — L'A et l'L sont liés; l'I, bien plus pet. que les autres lettres, est placé au-dessus du trait inférieur de l'L. — Cette marque est d'une forme très-élégante et très-délicate. — Frag. du f. d'une pet. pat. en terre très-fine.

CALLIS... (CALLISTI ?)

Car. a. b. — *Emp. n.* — Très-pet. frag. du f. d'une ass. qui paraît avoir été d'assez gr. dim.

CAMBVS F

B. car. — *Emp. a. n. et très-lisible.* — L'estampille ayant mal porté, la partie inférieure des lettres A et M ne paraît pas. — F. entier d'une ass. d'assez gr. dim.

CAMP.

Car. a. b. — *Emp. t. n.* — L'A, qui est barré, fait partie de l'M. — Moitié du f. d'une pet. pat.

CAMPANI

Car. p. — *Emp. très peu n., mais cependant lisible.* — L'A et l'M ne forment qu'une lettre; ce premier A est barré. — F. ent. d'une ass. de moy. dim.

CAMPANI OF (F arch.)

B. car. — Emp. t. n. — Frag. considérable d'une gr. pat.

OFI. CAN... (OFI. CANDIDI ?)

Car. a. b. — Emp. t. n. — Les lettres A et N sont accouplées au moyen du jambage du milieu de cette dernière lettre qui est placé en sens contraire de la manière habituelle de le figurer; on dirait que c'est un D dont le trait inférieur vient se rattacher à l'N qui fait partie de cet accouplement de lettres; l'A est barré. — Moitié du f. d'une pet. pat. en terre très-fine.

CANTOM...

T. b. car. — Emp. t. n. — Frag. du f. d'une ass. de moy. dim.

CANTVS

Car. a. b. — Emp. n. — Plus de la moitié du f. d'une pat. de moy. dim.

CAPITV. F

B. car. — Emp. t. n. — F. entier d'une pat. d'assez gr. dim., avec port. du pourtour.

(C)APITV. F

Car. a. b. — Emp. n. — L'A, dont la majeure partie existe, n'est ni barré ni ponctué. — Moitié du f. d'une pat. de moy. dim.

CAPIT(V. F)

Car. a. b. — Emp. n. — Moitié du f. d'une pat. de moy. dim.

CASSIGN...

Car. p. — Emp. t. n. — Les jambages de l'A ont en dehors une accentuation curviligne assez prononcée à leur base. — Moitié du f. d'une pat. de gr. dim.

CATIANI M

Car. un peu bar. — Emp. t. n. — Le premier A n'est ni ponctué ni barré; le deûxième est ponctué. — F. entier d'une ass. de moy. dim.

CATLI. OFIC

Car. a. b. — Emp. n. — Moitié d'une ass. de moy. dim.

CAVTI

Car. p. — Emp. t. pât., mais lisible. — La barre de l'A parait à peine; ce n'est peut-être qu'un point qui la remplace. — F. presque comp. d'une pet. pat.

CAVTI. M

T. b. car. — Emp. t. n. — L'A est ponctué. — F. entier d'une pat. de gr. dim.

OFI CAVTI

Emp. un peu pât. — Frag. du f. d'une ass. de pet. dim.

OFI CAVTI (F. arch.)

Car. p. — Emp. un peu pât. — Cette marque, qui est tout à fait dans le genre de celle qui précède, ne se distingue d'elle que parce qu'elle n'a pas un point placé entre la troisième et la quatrième lettre. Comme sur l'autre on lirait plutôt OFI CAVI que OFI CAVTI. — Frag. du f. d'une assez gr. pat.

OFIC CAVTI

T. b. car. — Emp. t. n. — Un point se trouve placé dans le centre de chacun des deux c, et en outre il y en a un autre entre les deux premiers jambages de la lettre formant l'A et le v tout à la fois. — Port. du f. d'une ass. de moy. dim. en terre excessivement fine.

OFIC CAVTI

Car. p. — Emp. a. n. — Comme dans l'exemplaire qui précède un point se trouve placé dans chacun des deux c, mais rien n'indique qu'il y ait une triple lettre. On pourrait donc lire OFIC CNI sans une légère accentuation horizontale du dernier jambage de l'N qui prouve que cette marque, infiniment moins élégante que l'autre, appartient bien au potier CAVTVS. — Frag. du f. d'une pat. de moy. dim.

OFFI. CES (OFFI. CESORINI?)

B. car. — Emp. t. n. — Pet. frag. d'une ass. de moy. dim.

(C)ESORINI

T. b. car. — Emp. t. n. — Quoique coupé en partie par la cassure, l'E est très-reconnaissable. — Frag. du f. d'une pat. de moy. dim.

(CE)SORINI

T. b. car. — Emp. t. n. — Quoique coupé par la cassure, il est facile de reconnaître l's. — Moitié d'une très-jolie pat. de moy. dim. — Cette empreinte et celle qui précède paraissent avoir été produites par la même estampille.

CINTVCR F ou CINTVCA F (F arch.)

Car. minuscules de forme très-maigre. — Emp. t. pât. — Le v est fortement incliné de gauche à droite ; et l'A, si c'en est un, paraît n'être ni ponctué ni barré. Je pense toutefois que c'est bien CINTVCR F qu'il faut lire cette marque. — Un peu plus de la moitié du f. d'une ass. de pet. dim.

Emp. t. n. — J'ignore ce que peut signifier le sigle qui partant de l'N va rejoindre l'A. — Port. du f. d'une pat. de moy. dim.

COBSI

Car. p. — Emp. m. n., mais lisible. — Une faible partie de l'I paraît. — Pet. frag. du f. d'une pet. pat. en terre très-fine.

COCIQ F

Car. a. b. — Emp. t. n. — L'F est renversé la tête en bas. — Un peu plus de la moitié du f. d'une pat. de moy. dim.

COLLO F

Car. bar. — Emp. t. n. — L'F est renversé la tête en bas. — Frag du f. d'une pet. pat.

— 351 —

CONDO

Car a. b. — *Emp. t. n.* — Le D est joint au dernier jambage de l'N. — F. entier d'une pet. pat.

COR(NELIVS ?)

Car a. b. — *Emp. n.* — Le premier jambage de l'N paraît. — Presque la moitié du f. d'une pat. de moy. dim.

 CORNV ?

Emp. t. n. — F. entier d'une pat de gr. dim. et assez profonde.

 Lisez COSAX.M

Emp. n. — Sauf son premier jambage l'M est en partie enlevé par la cassure ; mais il peut facilement être reconnu dans sa partie supérieure ; ce détail essentiel a échappé au dessinateur qui a reproduit COSAXI au lieu de COSAX.M. Le point qu'il a placé après l'I n'existe pas. — Frag. du f. d'une gr. pat.

COTTO F

Car. a b. — *Emp. t. n.* — F. entier d'une très-pet. ass.

CRA

Car. un peu bar. — *Emp. pât. et un peu éraillée, mais lisible.* — L'A paraît n'être ni ponctué ni barré. — F. entier d'une pet. pat.

 CRES ?

Emp. a. n. — Le sigle final, que je crois être un s, a un peu souffert par le frottement. — Serait-ce une abréviation du nom du potier CRESTUS que représente cette marque ? — Port. du f. d'une pet. ass.

CRICIRO

Car. p., de forme très-maigre. — *Emp. a. n.* — F. entier d'une très-pet. pat.

CRICIRO...

T. b. car. — *Emp. t. n.* — Frag. du f. d'une ass. de moy. dim. en terre très-fine. — Cette empreinte n'est nullement pareille à l'autre.

 CRISPINI

Emp. a. n. — Frag. du f. d'une pet. pat.

........CROESI (OFFICINA CROESI)

T. b. car. — *Emp. t. n.* — Frag. assez considérable du f. d'une ass. d'assez gr. dim. en terre excessivement fine.

CVCA(B) ou CVCA(BVS?) (A. arch.)

Car. p. — *Emp. t. n.* — Ce qui me fait croire que c'est bien ce nom, c'est que le jambage vertical qui suit l'A offre à sa base des traces de la boucle inférieure d'un B. — Moitié du f. d'une pet. pat.

⬬ MDAL VIƐV ⬬

Emp. a. n. — L'avant-dernière lettre dont l'ensemble forme un sigle qui m'est inconnu, par rapport à la barre qui la traverse, paraît être un s tourné en sens inverse et barré par un I. Faut-il lire ce nom M DALVISIV OU AMDALVISIV ? Ce qu'il y a de certain, c'est que la lettre M n'est nullement barrée de manière à former un A. Il est donc présumable que c'est pour indiquer un prénom qu'elle a été placée là. — Moitié d'une pat. de moy. dim.

⬬ DMON ⬬

Emp. t. n. — F. entier d'une pat. de gr. dim.

DANO

Car. p. — *Emp. m. n.* — F. presque entier d'une très-pet. pat.

⬬ DAVNOM ⬬   DAVNO M

Emp. n., sauf la lettre O. *Le jambage antérieur du* D. *ne paraît pas.* — L'A, qui est barré, ne forme qu'une lettre avec le V. — Frag. assez considérable d'un gr. vase ou bol en terre gris-rougeâtre, tirant un peu sur la couleur mine de plomb peu foncée, et décoré de feuillages d'un goût pur.

DIICMI M (DECMI M)

T. b. car. — *Emp. t. n.* — Plus de la moitié d'une très-jolie pat. de moy. dim.

DECMI. MA...

Car. a. b. — *Emp. t. n.* — L'M et l'A ne forment qu'une lettre ; ce dernier est barré. — Frag. du f. d'une assez gr. ass.

DECV.

Car. p. — *Emp. un peu pât.* — La barre inférieure de l'E ne paraît pas ; serait-ce un F ? — Très-jolie pet. pat. en terre très-fine de couleur jaunâtre avec quelques colorations d'un rouge tendre.

DIOR. F

Car. a. b. — *Emp. t. n.* — Presque la moitié d'une jolie pet. pat. en terre très-fine.

DIORI

Car. a. b. — *Emp. t. n.* — Frag. du f. d'une pet. pat en terre très-fine.

— 353 —

DITTAMI ?

Emp. t. n. — Les deux tiers du f. d'une pat. de moy. dim.

DIVICA(TI M) ou DIVICATVS

T. b. car. — *Emp. t. n.* — La cassure empêche de voir le 2ᵉ jambage de l'A. — Frag. considérable d'un gr. plat en terre très-fine.

DON

Car. p. — *Emp. a. n.* — L'N est placé à contre-sens. — F. entier d'une pet. pat.

DONI

Car. p. — *Emp. a. n.* — F. entier d'une pat. de moy. dim. en terre de couleur noire, genre mine de plomb.

DVB ?

Car. p. — *Emp. a. n., sauf le* B *qui est douteux.* — Plus de la moitié d'une très-jolie pet. pat. en terre très-fine.

DOVLICCVS

B. car. — *Emp. t. n.* — F. entier d'une pet. pat.

ELVSSIVF

Emp. t. n. — F. presque comp. d'une pat. de moy. dim.

IIMOCI EMOCI

Car. p. — *Emp. a. n.* — La légende est en partie ébréchée, mais pourtant lisible ; le C, qui est incliné en avant, touche par le haut à l'I et paraît former avec lui un D à contre-sens. — Frag. du f. d'une pat. de moy. dim.

EVICIV

Emp. t. n. — F. entier d'une pat. d'assez gr. dim.

 FAM. F.

Emp. t. n. — La moitié du f. d'une pet. pat.

FAM·F

T. b. car. — *Emp. t. n.* — F. presque comp. d'une pat. de gr. dim.

 FAVSTVS SALINATOR SERVIAE

Emp. t. n. — Le 2⁰ jambage du v du mot SERVIAE est accentué et posé de manière à ne pas laisser de doute sur cette lecture. — Avant de devenir potier, FAVSTVS avait sans doute occupé quelque emploi dans l'exploitation des salines de la Servie ; c'est ce qu'il aura voulu rappeler en faisant graver ce cachet. — F. presqu'entier d'une jolie petit. pat. de forme profonde, avec port. du pourtour.

FELICIS MAN

Car. p. — *Emp. un peu pât., mais très-lisible.* — La lettre A, comprise dans l'M, est barrée. — F. entier d'une ass. gr. pat.

FELICIT

Car. a. b. — *Emp. n.* — F. entier d'une pat. de moy. dim.

OF. FIRMO

T. b. car. — *Emp. t. n.* — Moitié du f. d'une pat. de moy. dim.

O. FIRMONIS

Car. a. b. — *Emp. n.* — Le dernier jambage de l'N a plus de hauteur que le premier ; par ce moyen le second I qui dépend de cette lettre se trouve indiqué. — Frag. assez gr. du f. d'une ass. de m. dim.

 FONT ?

Emp. n. — F. entier d'une très-pet. pat.

 FECIT MALIVS FORTVNATVS

Emp. t. n. — Plus de la moitié d'une très-jolie pet. pat. de forme profonde et en terre très-fine. Le galbe de ce pet. vase est d'une rare élégance et d'un gr. fini de travail.

OF FRIM

Car. a. b. — *Emp. a. n., sauf le second F.* — F. entier d'une pat. de moy. dim.

(F)VSCVS. F

T. b. car. — *Emp. t. n.* — Le V ne paraît pas entièrement, mais il est très reconnaissable. — Petit frag. du f. d'une pat. de moy. dim.

GEMI(NVS)   GEMINI ou GEMINI M

Car. a. b. — *Emp. t. n.* — Petit frag. du f. d'une pat. de moy. dim.

GEM(INVS) ?

Car. a. b. — *Emp. n.* — Le G a la forme d'un c. — Cette marque figure sur un frag. du pourtour extérieur d'un bol assez gr. et peu profond, près d'une tête de lion dans laquelle existe un trou pratiqué à la place de la bouche pour verser le liquide.

GENETII M.

Car. un peu bar. — *Emp. t. n.* — L'M n'est pas complet ; il y manque le dernier jambage. — Pat. d'assez gr. dim. aux deux tiers comp.

GENETII M

Car. un peu bar. — *Emp. m. n.* — Une partie du G manque. Cette marque présente la même particularité que l'autre quand à l'M, et doit avoir été produite par la même estampille. — F. presque compl. d'une pat. assez gr.

GENI.ALIS. F

Car. p. — *Emp. a. n.* — La barre du G ne paraît pas être indiquée, et l'A n'est ni barré ni ponctué. — F. presque comp. d'une ass. d'assez gr. dim. en terre très-fine.

⟨CERMNI⟩   GERMANI OU CERMANI

Emp. t. n. — Près des deux tiers d'un assez gr. bol dont la décoration consiste en une bordure très-élégante au dessous de laquelle sont représentés des lièvres dans une série de médaillons ronds. — L'ensemble de cette ornementation est d'un bel effet.

GRATVS. F

Car. minuscules p. — *Emp. un peu pát.* — Le G à la forme d'un c, et l'A paraît être ponctué. — Frag. du f. d'une ass. de pet. dim.

HABILIS .F

B. car. — *Emp. t. n.* — Pat. de moy. dim. à laquelle il ne manque pour être entière qu'un très-petit frag.

HABILIS...

B. car. — *Emp. t. n.* — La cassure ne permet de voir qu'un léger vestige du jambage vertical qui venait après l's : tout porte à croire que c'était un F qui se trouvait à la suite de ce nom. — Moitié du f. d'une pat. de moy. dim. — Ces deux empreintes n'ont pas été produites par la même estampille.

IABBA

Car. bar. — *Emp. t. pât., mais lisible.* — Le premier A n'est ni ponctué ni barré; le deuxième est barré. — Plus de la moitié du fond d'une pet. pat.

IANVARIS

Emp. t. n. — Plus de la moitié d'une jolie pat. de moy. dim.

IAVRA F

Car. a. b. — *Emp. n.* — Le premier A n'est ni ponctué ni barré; quant au deuxième, on dirait qu'il est pourvu de la cédille *archaïque*. — F. entier d'une pet. pat.

ICCALVS F

T. b. car. — *Emp. t. n.* — Frag. du fond d'une pat. de moy. dim.

ILUXXONI

Emp. a. n. — F. entier d'une pet. pat.

(IND)EGENI M ?

T. b. car. — *Emp. t. n.* — Le deuxième E est accolé au jambage de gauche du dernier N, et est tourné en sens inverse; le D ne paraît qu'en partie. — Port. du f. d'une ass. de pet. dim.

IVAS

Car. un peu bar. — *Emp. t. n.* — L'A n'est ni ponctué ni barré. — Pet. frag. du f. d'une pat. de moy. dim.

IVC

Car. a. b. — *Emp. n.* — F. entier d'une pet. pat.

IV.CVN

Car. p. — *Emp. a. n.* — F. entier d'une pat. d'assez gr. dim.

IVCVNDI

B. car. — *Emp. t. n.* — Le C n'a qu'une courbure très-faible, et le D est tourné à rebours. — Moitié du f. d'une ass. de moy. dim.

IVC(VNDI)

B. car. — *Emp. t. n.* — Une faible port. de la partie inférieure du deuxième V paraît. — Frag. assez considérable d'une ass. de pet. dim. en terre très-fine.

IVIA

Car. p. — *Emp. faiblement venue.* — F. entier d'une gr. pat.

IVICI ou peut-être IVLLI

Car. t. bar. — *Emp. a. n. quoique pât.* — Si c'est IVLLI qu'il faut lire ce nom, les barres horizontales des L ne sont pas indiquées. — F. entier d'une pet. pat.

 IVLIVS

Emp. t. n. — Il n'est pas possible de lire ce qui était écrit à la deuxième ligne de ce nom de potier que termine une étoile. — Moitié du f. d'une pat. en terre très-fine et de moy. dim.

IVLLI

Car. bar. — *Emp. n.* — L'ɪ final a la forme d'un L. — Les trois quarts environ du f. d'une ass. de moy. dim.

IVLLI

Car. p. — *Emp. a. n.* — Six points se suivant, placés 1, 2, et 3, figurent avant le premier ɪ, les trois touchent cette lettre. La même chose existe pour les trois points superposés après le dernier ɪ ; on ne distingue pas les trois autres points également placés 2 et 1 qui devraient les suivre. — Port. assez considérable d'une pet. pat.

IVLLI

Car. p. — *Emp. t. n.* — Un point se trouve avant le nom ; deux autres superposés sont à la fin. — F. entier d'une ass. de pet. dim. en terre tr.-fine.

IVLLI

Car. bar. — *Emp. n.* — Le premier L touche le deuxième jambage du v comme s'il ne formait qu'une lettre avec lui. — F. entier d'une très-pet. pat.

IVLLI

Car. p. — *Emp. a. n.*, *sauf le premier* L. — Frag. du f. d'une pat. d'assez gr. dim. — Aucune des empreintes ci-dessus portant le nom de ɪᴠʟʟɪ ne ressemble à l'autre.

IVLLVI

Car. p. — *Emp. n.* — Le dernier v est plus petit que l'autre, et se trouve placé au-dessus du jambage horizontal du deuxième L. — F. presque comp. d'une pet. pat.

IV.LL.VS.

Car p. — *Emp. n.* — Le premier v, dont le jambage de gauche est de forme légèrement curviligne, a un point dans le centre de sa partie supérieure. — Plus de la moitié du f. d'une ass. de moy. dim.

IVSTI. MA

Car. a. b. — *Emp. t. n.* — Le haut des deux premières lettres manque pour une très-faible partie. — Pat. entière d'assez gr. dim.

IVSTI MA

Car. un peu bar. — *Emp. a. n.* — Le point qui figure sur l'exemplaire précédant manque à celui-ci. — F. entier d'une pat. de moy. dim.

Emp. t. n. — Le nom du potier ɪᴠsᴛᴠs, que le bois reproduit à la moitié de sa grandeur, figure sur un bol de moy. dim. que décoraient des sujets de chasse, dont on voit encore quelques restes sur la portion du pourtour qui a survécu. L'inscription, qui a un fort relief, se trouve placée à l'extérieur du vase, tout à fait au bas de la panse et au-dessous d'un chien qui poursuit un animal dont on ne voit que les pattes de derrière. Le fond de ce bol est entier.

(LAST)VCIS F?

T. b. car. — Emp. t. n. — Frag. du f. d'une ass. de moy. dim.

LASTVCISS... (L arch.) LASTVCISSA M ou OF

Car. a. b. — Emp. t. n. — L'A est ponctué. — Frag. considérable d'un plat de gr. dim.

Emp. n. — Frag. du f. d'une ass. d'assez gr. dim. — Quoiqu'il soit écrit d'une manière un peu différente, ce nom doit évidemment appartenir au potier dont les deux marques précèdent.

LEAVDV F

Car. moins que p. — Emp. m. n., mais lisible. — L'A réuni au V, paraît être ponctué. L'inclinaison du D, pareillement joint à l'autre jambage de cette dernière lettre, donne tout lieu de croire que c'est bien le nom de ce potier. Les deux jambages du V final ne se touchent pas à leur partie inférieure. — F. entier d'une gr. pat.

LIBE(RALIS)?

Car. a. b. — Emp. a. n. — Frag. considérable d'une ass. de moy. dim.

OF LICINIAM

B. car. — Emp. t. n. — Je cite ici cette légende telle qu'elle est inscrite, mais je dois faire une observation au sujet de son interprétation. Malgré toute l'anomalie qu'il y a de trouver réunies sur la même marque les indications OF et MANV qui sont équivalentes, et quoique la lettre A, qu'une barre indique dans l'M, soit placée entre les deux premiers jambages de cette lettre, je n'hésite pas à croire qu'il faut lire OF LICINI MA. — F. entier d'un bol de gr. dim., dont je possède de nombreux frag. ornés d'une très-riche décoration.

LITTERA F

B. car. — Emp. t. n. — F. entier d'une pat. de moy. dim.

LOSORI· M

Car. a. b. — Emp. m. n., mais très-lisible. — F. entier d'un bol d'assez gr. dim.

LVCAN

Car. a. b. — Emp. m. n., mais très-lisible. — L'A n'est ni ponctué ni barré. — F. entier d'une ass. de pet. dim.

LVPINI M (L arch.)

Car. a. b. — Emp. n. — F. entier d'une pat. de gr. dim.

— 359 —

 MABYS OU MABVS ?

Emp. légèrement pât., mais très-apparente. — Sans la netteté relative avec laquelle cette marque bizarre dans son ensemble a été produite, on pourrait croire qu'elle est le résultat d'un estampillage manqué d'abord et repris à plusieurs fois. Je ne crois pas du reste qu'elle soit complète parce qu'elle s'arrête à la cassure au bord de laquelle un nouveau jambage paraît se montrer. Je laisse donc à des personnes plus expérimentées que moi le soin d'interpréter cette empreinte. — Près de la moitié d'une pat. de moy. dim. assez profonde.

OFI MACCA

Car. p. — *Emp. n.* — Le jambage gauche du premier A, qui n'est ni ponctué ni barré, a une forme curviligne très-prononcée ; le deuxième A est barré. — Tout pet. frag. du f. d'une pet. pat.

OF. MACCAR

Car. p. — *Emp. n.* — L'M et l'A ne forment qu'une lettre indiquée par une barre placée entre les deux derniers jambages de l'M ; l'R est accolé au dernier A. — La moitié du f. d'une gr. pat.

OF MAC (CAR) ou OF MACCARI ?

Car. a. b. — *Emp. n.* — L'M et l'A ne forment qu'une lettre quoique ce dernier ne soit ni ponct. ni barré. — La moitié du f. d'une ass. de pet dim. en terre très-fine.

OF. MACCARI

Car. a. b. — *Emp. t. n.* — Les lettres doubles sont agencées de la même manière que dans la marque précédente sans que néanmoins le premier A ait son jambage antérieur de forme curviligne. — Frag. du f. d'une ass. de pet. dim. en terre très-fine.

MACRINI

Car. un peu bar.—*Emp. t. n.*—L'A qui est censé faire partie de l'M n'est ni ponctuée ni barré ; l'R affecte presque la forme d'un A. — Frag. du f. d'une pat. d'assez gr. dim.

 MADRITV M OU MADREV M ?

Emp. a. n.—S'il faut lire cette marque MADREV M les deux I formeraient l'E ; mais la barre du jambage gauche du v qui s'étend sur le dernier I d'une manière caractéristique donne tout lieu de croire que c'est un T que l'on a voulu indiquer. — Frag. assez minime d'une ass. en terre rougeâtre qui a dû être de pet. dim.

 MAHFTIS

Emp. n. — F. entier d'une très-pet. pat. en terre très-fine.

Emp. a. n. — F. entier d'une ass. de moy. dim.

(MAI)ORIS

Car. p. — *Emp. n.* — L's adhérent à l'i est incliné en avant comme dans la marque qui précède celle-ci ; l'o n'est pas complet, mais il est très-reconnaissable. — Très-pet. frag. du f. d'une pat. de moy. dim.

MAIORIS

Car. p. — *Emp. t. n.* — Les lettres M et A forment une série non interrompue de jambages. L'A est ponctué. — F. entier d'une pet. pat. Cette estampille est d'un genre complétement différent de celui des deux autres.

MAIV F

Car. p. — *Emp. pât., mais lisible.* — L'A est compris dans l'M et barré. — F. entier d'une pat. de pet dim.

 MALH

Emp. t. n. — F. presqu'entier d'une pat. de gr. dim.

MALLEDO. F

B. car. — *Emp. n.* — F. entier d'une pet. pat.

MALLED. V...

B. car. — *Emp. t. n.* — Ce nom doit être complet. — Un point est placé entre les deux L au dessus de la barre inférieure du premier. — Pet. frag. du f. d'une ass. de moy. dim. en terre très-fine.

MALLVRO F

T. b. car. — *Emp. t. n.* — F. entier d'une pat. de moy. dim.

MAMAVCNI OU MAMANCNI

Car. a. b. — *Emp. t. n., sauf les lettres accouplées qui cependant sont très-visibles.* — Port. du f. d'une ass. de moy. dim.

MAMMI. OF (A arch.)

T. b. car. — *Emp. t. n.* — L'o est de forme beaucoup plus petite que les autres lettres. — La moitié du f. d'une pat. de moy. dim. en terre très-fine.

MAM(MI. OF ?)

Car. p. — *Emp. a. n.* — L'A n'est ni barré ni ponctué. — La moitié du f. d'une ass. de moy. dim.

MANE

Car. minuscules a. b. — *Emp. n.* — L'M et l'A, qui est barré, ne forment qu'une lettre. — F. entier d'une très-pet. pat.

MARCELLI M...

Car. p. — *Emp., mal venue, mais lisible.* — Les deux premières lettres n'en forment qu'une, et l'on dirait que l'A est ponctué ; l'm final ne paraît qu'en partie. — La moitié du f. d'une pet. pat.

MARCI F.

Car. a. b. — *Emp. t. n.* — Les deux premières lettres forment une série non interrompue de jambages ; l'A est ponctué et l'F final n'a pas la barre du milieu. — Bol presque comp. d'assez gr. dim., ayant une bordure très-saillante vers le milieu de sa hauteur.

MARTI

Car. p. — *Emp. un peu pât., mais lisible.* — Une cassure empêche de voir le premier jambage de l'M dans lequel l'A qui est ponctué est compris. — Un peu moins de la moitié d'une pet. pat. en terre très-fine.

MAR(TI) ? (A arch.)

Car. p. — *Emp. n.* — Cette marque est de forme circulaire autour d'un annelet central. — La moitié du f. d'une pet. pat. en terre rougeâtre.

(MA)RTI M

B. car. — *Emp. t. n.* — L'M final est très-petit en comparaison des autres lettres ; la partie antérieure de l'R manque. — Très-petit frag. d'une pat. de moy. dim.

MASC

Car. p. — *Emp. a. n.* — L'M et l'A ne forment qu'une lettre ; la barre dont ce dernier est pourvu est placée très-bas. — F. entier d'une très-pet. pat.

MASCIVS. FF

T. b. car. — *Emp. p. n., mais très-lisible.* — Le dernier F de la légende remplace sans doute un E, afin de former l'abréviation du mot *fecit*. L'A, qui est ponctué, fait partie de l'M. — Plus des trois quarts d'un gr. bol en terre rouge d'une finesse extraordinaire de terre et du plus beau vernis. Ce vase est orné d'une frise délicate au dessous de laquelle se trouve un courant uniforme et continu de feuillages d'un goût de dessin très-pur et d'un charmant agencement. La conservation de tous les détails composant la décoration de ce vase est parfaite, car elle a été produite par un moule entièrement neuf.

OF MASSI

Car. p. — *Emp. on ne peut plus pât., mais cependant lisible.* — L'M et l'A, qui paraît être ponctué, ne forment qu'une lettre. — F. entier d'une pet. pat.

MASSILI ?

B. car. — *Emp. t. n.* — L'A est indiqué dans l'M par une barre. Ce nom commençant immédiatement un peu après la cassure, on ne voit pas le premier jambage de l'M. Il m'est donc impossible de dire si l'on doit lire MASSILI ou VASSILI ; cependant j'incline à croire que la première lettre était plutôt un M qu'un V. — Plus de la moitié du f. d'une pet. pat. en terre très-fine.

MATEIS

Car. p. — Emp. m. n., mais lisible. — L'A, qui est barré, fait partie de l'M ; le T et l'E sont pareillement liés ensemble.— Frag. du F. d'une ass. de pet. dim.

 MATERNI OU PATERNI ?

Emp. a. n. — Cette marque rétrograde, dont les caractères au lieu d'être en relief sont en creux, figure sur un fragment ayant fait partie d'un vase de couleur noire et de moy. dim., orné de sujets de chasse. — Ce fragment est assez considérable pour pouvoir donner une idée de la décoration. Quant à l'inscription elle est établie sur un cartouche entre deux chiens placés l'un au dessus de l'autre et courant en sens inverse. La première lettre et la moitié de la seconde manquent.

 MATERNUS FEC

Emp. a. n. — La moitié environ du f. d'une ass. de moy. dim. en terre rougeâtre. — Le bois qui reproduit ici cette marque ne la représente qu'à la moitié de la grandeur de l'original.

MATVRI. M...

B. car. — Emp. t. n. — Les deux premiers jambages de l'M sont seuls apparents. — F. entier d'une pat. de moy. dim.

 MAX

Emp. t. n. — Frag. du f. d'une pet. pat. en terre très-fine.

 MENOPHILOS
M. PERENNIS

Emp. n., quoique dépourvue de relief. — Cette marque, d'une rare élégance, est imprimée sur un frag. assez considérable d'une ass. d'assez gr. dim. en terre on ne peut plus fine et pourvue d'un vernis rouge très-brillant. Elle figure non dans le milieu du f. du vase, mais sur un des côtés, vers le bord. Le nom de MENOPHILOS, potier d'origine grecque sans doute, se trouve réuni ici à celui de PERENNIS, que nous retrouverons bientôt, et prouve qu'il y a eu sous les Romains des associations formées par des potiers pour l'exploitation de leur industrie.

MERCA. M

Car. a. b. — Emp. t. n. — L'A est ponctué. — Plat de très-gr. dim. aux deux tiers comp. et à bord très-bas.

MICIS F

Car. p.— Emp. t. n.— L's est tourné à contre-sens.— Pat de moy. dim. aux trois quarts comp.

 MIRCATO

Emp. n. — Cette marque rétrograde figure à l'extérieur d'un gr. bol en terre rouge très-fine orné de sujets de chasse. Elle est établie au bas de la panse et est placée sur une banderolle au dessus d'un chien qui court après un lièvre. Les caractères qui composent l'inscription sont en creux. Quant à la frise supérieure elle représente des oiseaux et d'autres ornements. — J'ai environ la moitié de ce vase dont la décoration est belle et d'une gr. netteté de moulage.

MOBESI

Car. p. — *Emp. t. pât., mais très-lisible.* — Plus de la moitié du f. d'une ass. de moy. dim. en terre très-fine.

OF MOM

Car. a. b. — *Emp. n., sauf la seconde lettre.* — F. entier d'une pet. pat. en terre très-fine.

OF MONDA

Car. p. — *Emp. m. n., surtout pour la dernière lettre qui cependant paraît bien être un* A. — Moitié du f. d'une pat. de moy. dim.

Emp. t. n. — F. entier d'une pat. de moy. dim.

NII

Car. moins que p — *Emp. peu n., mais lisible.* — F. entier d'une très-pet. pat.

 NOMI

Emp. n. — F. entier d'une pat. de moy. dim.

NVA F

Car. t. bar. — *Emp. pât., mais lisible.* — Frag. du f. d'une pat. de moy. dim.

Emp. t. n. — Frag. considérable d'un plat de gr. dim.

IVL NVM(I M)

Car. a. b. — *Emp. t. n.* — Comme dans l'exemplaire gravé qui précède, le point se trouve placé au-dessus du jambage inférieur de l'L. On ne voit que le commencement de l'M. — Pet. frag. du f. d'un plat de gr. dim.; cette empreinte est identiquement pareille à la précédente.

— 364 —

| OGA |
| RIOS |

(A. arch.)

Car. a. b. — *Emp. t. n.* — Frag. du f. d'une ass. de moy. dim. en terre fine et de couleur noire peu foncée.

OICOC...

T. b. car. — *Emp. t. n.* — On connaissait déjà le nom oico incomplet d'après une marque de potier rencontrée à Limoges : celle-ci quoique ne résolvant pas la question ajoute au moins une lettre à ce nom. — La moitié du f. d'une pet. ass. en terre très-fine.

 OLECSISS ?

Emp. t. n. — F. entier d'une ass. de moy. dim. en terre rougeâtre.

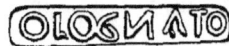

Emp. t. n. — F. presque comp. d'une pat. de moy. dim.

OIRII ou DIRII ?

Car. t. bar. — *Emp. a. n.* — La partie antérieure de la première lettre, que ce soit un o ou un d, n'est pas marquée. L'R est ponctué au milieu de sa partie inférieure et est également pourvu d'un point à l'extérieur de sa boucle du haut. Quant à la première lettre, c'est, à mon avis, bien plutôt un o qu'un D. — F. presque comp. d'une pet. pat.

PAMMIVS F

Car. p. — *Emp. pât. et un peu coupée en bas par la cassure, mais lisible.* — La boucle du P est très-petite, et un point placé entre les deux premiers jambages du premier M indiquent l'A. — La moitié du f. d'une pet. pat. en terre très-fine.

PASSEN MA

T. b. car. — *Emp. t. n. et fort lisible bien qu'un peu ébréchée en tête par la cassure.* — L'M et l'A, qui est barré, ne forment qu'une lettre. — La moitié environ du f. d'une ass. de pet. dim.

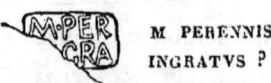 M PERENNIS
INGRATVS ?

Emp. t. n. — Frag. peu considérable du f. d'une pat. de moy. dim. — M. PERENNIS doit être le même potier que celui dont le nom figure sur la marque de MENOPHILOS décrite plus haut. Il s'agit donc ici d'une nouvelle association, et je crois ne pas me tromper en pensant que le nom incomplet qui figure à la seconde ligne doit être lu INGRATVS.

PHIL (PHILIPPUS ?)

Car. p. - *Emp. t. n.*—L'H est lié au P.—Frag. du f. d'une pat. de moy. dim.

PISTILLI M... (les deux L sont *arch.*)

Car. un peu bar. — *Emp. t. n.* — F. entier d'une pat. de moy. dim.

OF POLI

Car. a. b. — *Emp. peu n.*, *mais lisible.* — Frag. du f. d'une pat. de moy. dim.

OF. POL(I)

Car. p. — *Emp. a. n.* — Frag. du f. d'une pat. de moy. dim. — Ces deux empreintes ont été produites par la même estampille.

 M. PORTICI

Emp. n. — F. entier d'une pet. pat.

(POS)TVMI MA ?

Car. bar. — *Emp. n.* — Le v a une forme tout à fait curviligne ; l'M et l'A ne forment qu'une lettre ; ce dernier est barré et néanmoins un point existe entre les deux jambages du milieu de l'M. — La moitié du f. d'une pet. pat.

OF PRIM

Car. p. — *Emp. assez n., sauf l'P, mais lisible.* — F. entier d'une pat. de moy. dim.

PRIM(I)

Car. p. — *Emp. a. n.* — Tout pet. frag. d'une pet. pat. — Cette marque est comp. différente de celle qui précède.

PRIMI ou PRIM F.

Car. p.— *Emp. un peu pât., mais lisible, sauf la dernière lettre.* — S'il y a un F à la fin il n'a pas de barre supérieure, et un point se trouve au-dessous de celle du milieu. — F. entier d'une pat. de moy. dim.

Emp. m. n., mais lisible, sauf les deux dernières lettres de la seconde ligne. — Le bois ne rend pas exactement ces deux lettres qui sont, selon moi, un I et un M. Quant au trait horizontal qui traverse la troisième, cela ne m'empêche pas de la prendre pour un B, surtout lorsque je la compare à la cinquième, qui n'est pas un R : je lis donc EVBODI M. S'agit-il encore ici d'une association de potiers ? — Frag. du f. d'une ass. de moy. dim.

PRISCILLI MAN (les deux L sont *arch.*)

Car. p. — *Emp. a. n.* — Les lettres M et A forment une série de jambages sans solution de continuité ; l'A est ponctué. — F. presque compl. d'une ass. de pet. dim.

PRISCINI. M
Car. un peu bar. — *Emp. t. n.* — L'r a presque la forme d'un A. — F. entier d'une pat. de moy. dim.

PRIVAT
Car. a. b. — *Emp. a. n.* — Les deux tiers environ d'une jolie pet. pat.

OF. PRM.V...
Car. p. — *Emp. a. n.* — Un peu plus de la moitié du f. d'une pet. pat. en terre très-fine.

OF. PRM.V...
Car. p. — *Emp. a. n.* — Un petit éclat a enlevé la partie supérieure de l'R, et l'on ne voit que le premier jambage du v. — Un peu moins de la moitié d'une pat. de moy. dim. — Cette marque a été produite par la même estampille que la précédente.

PVDENIS
B. car. — *Emp. m. n., mais très-lisible.* — Frag. du f. d'une pat. de moy. dim.

PVD(ENIS)
B. car. — *Emp. n.* — Presque la moitié du f. d'une pat. de moy. dim. en terre très-fine. — Cette marque a été produite par la même estampille que la précédente.

PVGN(I M)
T. b. car. — *Emp. t. n.* — La moitié du f. d'une pat. de moy. dim.

Emp. n. — Très-pet. frag. d'une pat. de moy. dim., ou d'une pet. ass.

QVINTANI M
Car. a. b. — *Emp. t. n.* — Le T est indiqué au-dessus du troisième jambage de l'N; l'M est plus petit que les autres lettres. — F. entier d'une pat. de moy. dim.

QVINT(ANI M)
Car. p. — *Emp. m. n., mais lisible.* — Le T et l'N sont liés comme dans l'exempl. précédent. — Presque la moitié du f. d'une pat. de moy. dim. — Cette empreinte est différente de l'autre.

RE
Car. p. — *Emp. n.* — F. presque comp. d'une pet. pat.

REVRIM

Emp. n. — F. comp. d'une pat. de moy. dim.

REBV(RR)I MAN

Car. a. b. — *Emp. m. n.* — L'A, quoique non ponctué, est compris dans l'M, du quatrième jambage duquel part un trait vertical qui complète l'N, agencé dans ces lettres. Les deux R ont été effacés par le frottement. Aucune lettre accouplée n'existe dans cet exempl. — Frag. considérable d'une ass. d'assez gr. dim.

REDIT(VS) ou REDITI. M

T. b. car. — *Emp. t. n.* — Frag. considérable d'un pat. de gr. dim. en terre très-fine.

REGALIS

Car. a. b. — *Emp. n.* — L'A est ponctué. — Frag. considérable d'un plat de gr. dim.

REGINI.

Car. a. b. — *Emp. n.* — Après le point qui termine ce nom est un jambage vertical qui se trouve avant la cassure ; est-ce un M ou un F ? — La moitié du f. d'une gr. pat.

RHOGENI. M (REOGENI. M)

T. b. car. — *Emp. m. n., mais lisible.* — Le deuxième I est plus petit que les autres lettres. — Frag. assez gr. d'une ass. de moy. dim.

REP.

Car. p. — *Emp. t. n.* — F. presque comp. d'une pet. pat.

REPENT

Car. a. b. — *Emp. t. n.* — Le P a une forme très-bizarre ; sa boucle est figurée par un gros point, et au dessous d'elle il y a deux autres points qui se suivent. — Le tiers environ d'une pet. ass. en terre très-fine.

REPENTI

Car. un peu bar. — *Emp. a. n.* — Le P n'a pas de boucle, et le T ressemble à un I. — F. presque comp. d'une pet. ass. en terre très-fine.

REPENTIN

Car. p. — *Emp. n.* — La boucle du P est peu accusée, et le T est indiqué par une faible barre sur le dernier jambage du premier N. — Tout pet. frag. d'une pât. de moy. dim.

RIAND M

Car. un peu bar. — *Emp. pât., mais lisible.* — Presque la moitié d'une pet. pat.

RISPI. M

Car. p. — *Emp. n* — L'M n'est indiqué que par son premier jambage et la tête du second : ce n'est pas une défectuosité d'empreinte. — Le tiers environ d'une pat. de gr. dim. en terre très-fine.

Emp. t. n. — Le tiers environ du f. d'une pat. de moy. dim.

RONT.V

Car. a. b. — *Emp. t. n.* — Une barre indique le т sur le troisième jambage de l'N. — La moitié du f. d'une ass. de moy. dim. en terre tr.-fine.

RV.

B. car. — *Emp. n.* — Frag. du f. d'une très-pet. pat.

RVFI

Car. un peu bar. — *Emp. n.* — F. presque comp. d'une très-pet. pat. en terre très-fine.

OF RVM ou O FRVM

Car. p. — *Emp. m. n., mais lisible.* — Presque la moitié d'une gr. pat.

 SABINI

Emp. t. n. — Port. du f. d'une ass. d'assez gr. dim.

SABINI OFFICINA

Emp. n. — Les deux tiers d'une jolie pet. pat. en terre très-fine.

SAB. OF.F

Car. a. b. — *Emp. a. n.* — Cette marque est tout à fait pareille à celle qui précède. — Port. du f. d'une ass. de pet. dim. — J'ai un troisième exempl. de ce nom ainsi figuré, mais un peu défectueux. Il est empreint sur le fond d'une assez gr. patère.

(SA)BINI

Car. a. b. — *Emp. t. n.* — Port. du f. d'une ass. de moy. dim. en terre très-fine.

OFF SA(BINI)

B. car. — *Emp. n.* — L'A n'est ni ponctué ni barré ; le commencement d'un jambage vertical qui le suit donne tout lieu de croire que c'est bien ce nom. — Les deux tiers du f. d'une pet. pat.

Emp. t. n. — Dans le rond autour duquel se déroule la légende, se trouve figuré un signe que l'on peut prendre pour un marteau. — F. entier d'une très-pet. pat.

SALVE

B. car. — *Emp. m. n.* — L'a est ponctué. — F. presqu'entier d'une pet. ass.

SALVE

Car. a. b. — *Emp. t. n.* — L'a est barré très-bas. — F. entier d'une toute pet. pat. en terre très-fine. — Emp. différente de l'autre.

(S)ALVE

Car. a. b — *Emp. n.* — La partie inférieure de l's paraît un peu. — La moitié du f. d'une ass. de pet. dim. en terre très-fine.

SALVETV

Car. p. — *Emp. t. n.* — L'a paraît être ponctué. — Presque la moitié du f. d'une ass. de moy. dim.

SALVETV

Car. a. b. — *Emp. t. n.* — L'a est ponctué ; un point existe aussi tout à fait en haut, dans l'intérieur du v. — Frag. du f. d'une ass. de très-pet. dim. en terre excessivement fine. — Cette empreinte est tout à fait différente de celle qui précède.

SALVI (A arch.)

Car. a. b. — *Emp. t. n.* — Le tiers environ d'une jolie pet. pat. en terre très-fine.

SALVI

Car. un peu bar. — *Emp. a. n.* — Frag. du f. d'une pat. de moy. dim. — Empr. toute différente de la précédente.

SAMILLI. M

Car. un peu bar. — *Emp. a. n.* — F. entier d'une pet. pat.

SAMILLI. M

Car. un peu bar. — *Emp. n.* — Plus de la moitié du f. d'une pat. de moy. dim. — Cette empreinte est un peu différente de celle qui précède.

SANCTIANI M

Car. p. — *Emp. t. n.* — Les deux a sont ponctués. — F. entier d'une pat. de moy. dim.

SANCTVS FEC

Emp. a. n. — Frag. de la panse d'une amphore en terre rougeâtre et qui paraît avoir été d'une dimension assez considérable. — Le bois ne reproduit cette inscription qu'à la moité de la grandeur de l'original.

(SAT)VRNINI

Car. a. b. — *Emp. m. n., mais lisible.* — Presque la moitié d'une pat. de moy. dim.

SCAP

Car. p. — *Emp. a. n.* — F. entier d'une très-pet. pat.

SCEVS

Car. a. b. — *Emp. m. n., mais très-lisible.* — Port. du f. d'une ass. de moy. dim.

SCEVS

Car. p. — *Emp. m. n., mais lisible.* — Frag. du f. d'une ass. de pet. dim.

SCEVS

Car. a. b. — *Emp. n.* — Presque la moitié d'une pat. de gr. dim. — Ces trois marques ont été produites par des estampilles différentes. Celle-ci est imprimée sur un assez grand rond qui forme une saillie très-prononcée dans le milieu du fond de la pat.

OFIC SCO

Car. a. b. — *Emp. n.* — Un point se trouve placé dans le centre du premier c. — Plus de la moitié du f. d'une ass. gr. pat.

SCOTIVI.. ou SCOT M

Car. a. b. — *Emp. t. n.* — La cassure ne permet de voir que le haut du dernier jambage vertical ; ni lui ni celui qui le précède ne sont adhérents au v : c'est ce qui me fait croire que ce nom doit être lu scotivi. — Port. du f. d'une pat. de moy. dim.

Emp. n. — La moitié du f. d'une pet. ass.

SECVND M

T. b. car. — *Emp. t. n.* — Le D est lié au troisième jambage de l'N. — Frag. du f. d'une ass. de moy. dim. en terre très-fine.

SEDATI. M...

T. b. car. — *Emp. t. n.* — On ne voit que les deux premiers jambages de l'M ; l'A n'est ni barré ni ponctué. — Frag. du f. d'une ass. de moy. dim., en terre très-fine.

Emp. n. — Ce nom, que l'on a fait graver par rapport à sa singularité, est difficile à lire. L's renversé, qui se voit au commencement de la légende et que suit un point, indique-t-il un prénom ? Comme il y a d'autres points dans l'inscription, cela paraît douteux. Sauf meilleur avis, je prends pour un L le jambage qui suit les deux premiers points, et pour un E *arch.*, les deux traits verticaux qui viennent immédiatement après : de cette manière, je lis sefilese. — F. entier d'un plat d'assez gr. dim.

SENIL.I. M

Car. a. b. — *Emp. t. n.* — Le premier point est au-dessus du jambage horizontal de l'L. — Port. du f. d'une assez gr. pat.

SENIL. I. M

Car. p. — Emp. un peu pât. — Le premier point est placé comme dans l'exemplaire précédent. — F. presqu'entier d'un plat d'assez gr. dim. — Quoique se ressemblant un peu, ces deux empreintes sont le produit d'estampilles différentes.

SENO MAN

Car. a. b. — Emp. m. n. — L'A, qui est barré, fait partie de l'M; l'N y est également adhérent, et son second jambage part de l'A en sens inverse de la manière dont il est placé d'ordinaire. — F. presqu'entier d'une pet. ass.

SIIX(TVS) (SEXTVS ou SEXTI)

Car. a. b. — Emp. n. — C'est bien ce nom qu'il faut lire, car l'extrémité gauche de la barre supérieure du T paraît un peu. — La moitié environ d'une pat. de moy. dim.

SILVANI

Car. p. — Emp. n. — Un point est placé dans l'intérieur du V, tout à fait en haut. — Environ la moitié du f. d'une pat. de moy. dim.

SILVANV

Emp. t. n. — Frag. du f. d'une pat. de moy. dim. en terre on ne peut plus fine.

SILVI. OF

Car. a. b. — Emp. n. — Les lettres O et F sont en plus petits caractères que le reste. — Presque la moitié d'une pat. d'assez gr. dim. et de forme profonde.

SIOFCI ?

Car. un peu bar. — Emp. a. n. — La première lettre a une forme insolite et ressemble presque à un D de l'écriture cursive. L'F est renversé la tête en bas; enfin un sigle très-peu apparent, placé à la fin de la légende, semble être un F tourné en sens inverse. — F. presqu'entier d'une pat. de moy. dim.

SOLINI. OF

Car. a. b. — Emp. n. — F. entier d'une pat. de moy. dim.

 STUDIOSI

Emp. m. n. — F. entier d'une gr. patère.

SVBI

Car. p. — Emp. m. n., surtout pour la boucle inférieure du B. — F. entier d'une très-pet. pat.

SVCCVSXII ?

Car. a. b. — Emp. t. pât. — F. entier d'une pat. de moy. dim.

SVOBNEDOE

Emp. t. n. — La dernière lettre serait-elle un E au lieu d'être un F ? — F. presqu'entier d'une très-gr. pat.

(TA)LBVCIANI

T. b. car. — *Emp. t. n.* — Frag. considérable d'un plat d'assez gr. dim.

Emp. a. n. — Frag. du f. d'une gr. pat. — Quoiqu'il soit écrit d'une manière un peu différente, ce nom doit être le même que celui qui figure sur la marque précédente.

TAVDACI (les deux A sont *arch.*)

Car. p. — *Emp. a. n.* — Le premier A et le V sont liés ensemble. — Tout pet. frag. du f. d'une très-pet. pat. en terre très-fine.

Emp. t. n. — Plus de moitié du f. d'une assez gr. pat. en terre très-fine.

Emp. t. n. — F. presqu'entier d'une ass. gr. ass. en terre très-fine. — On considère généralement ces deux noms comme appartenant au même potier : ne seraient-ils pas ceux de deux associés ?

TIBERI M

B. car. — *Emp. t. n.* — F. presqu'entier d'une pet. pat.

(TI)BERI. M

B. car. — *Emp. t. n.* — Frag. du f. d'une pat. de moy. dim. — Ces deux empreintes ont été produites par la même estampille.

TIGOTA (A *arch.*)

Car. t. bar. — *Emp. n.* — Port. du f. d'une pat. de moy. dim.

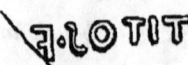

Emp. a. n. — Ce nom est inscrit d'une manière rétrograde sur un très-petit fragment d'un vase de moy. dim. pourvu d'ornements assez délicatement exécutés et représentant des arabesques. Il est placé à l'extérieur, vers le milieu de la panse.

TITVSIVS. FE

Car. a. b. — Emp. n. — Frag. assez gr. d'une ass. de pet. dim.

TONCVS. F

Car. a. b. — Emp. m. n., mais très-lisible. — L'f n'est pas barré en haut. — Frag. assez gr. d'un bol de pet. dim.

TOVTI OF

B. car. — Emp. t. n. — Ce nom commence de suite après la cassure et peut ne pas être comp.; cependant, d'après la manière dont l'estampille est placée juste au milieu du rond, il ne doit lui manquer que peu de lettres. S'il est incomplet, ne serait-ce pas contovti qu'il faudrait le lire? — La moitié d'une jolie pat. d'assez gr. dim.

TRETIOS. F

Car. p. — Emp. a. n. — F. entier d'une très-pet. pat.

(TR)IBVNI M?

Car. a. b. — Emp. n. — Près du tiers d'un bol d'assez gr. dim.

VALERI

Car. p. — Emp. a. n. — Frag. du f. d'une pat. de moy. dim.

(VA)LERI

Car. p. — Emp. t. n. — Le bas du jambage de droite de l'a paraît un peu. — Tout pet. frag. du f. d'une pat. de moy. dim. — Cette empreinte est différente de la précédente.

VATVCNI ou VAVCNI

Car. p. — Emp. a. n. — L'a, qui est ponctué, a une barre sur son sommet. C'est donc plutôt vatvcni que vavcni qu'il faut lire ce nom. — Plus de la moitié du f. d'une pat. de moy. dim.

VIIN (VEN)

Car. bar. — Emp. n. — Le dernier jambage de l'n n'est pas apparent. — F. entier d'une pet. pat.

VI

Car. p. — Emp. a. n. — Frag. d'une pet. pat. de forme assez profonde.

VIAT

Car. a. b. — Emp. t. n. — Cette marque est pourvue d'un filet circulaire comme encadrement. — F. entier d'une pat. de moy. dim.

VICARI

Car. p. — Emp. n. — Frag. du f. d'une pet. pat.

VICA(RI)

Car. p. — Emp. assez n. — L'a ne paraît être ni barré ni ponctué. — La moitié du f. d'une pat. de moy. dim.

VID(V)CVS F

Car. a. b. — *Emp. m. n.* — La moitié du f. d'une pet. pat.

V(IDV)CV(S) ?

Car. a. b. — *Emp. t. n.* — Cette marque, qui figure dans un encadrement carré dont la moitié manque, est composée de deux lignes d'inscription. Ce qui reste offre à la première ligne un v et à la seconde un c et un v. Il est probable qu'il y avait un F à la fin de la légende pour que chaque ligne contînt quatre lettres. — Frag. du f. d'une pet. ass. en terre excessivement fine.

VINIV ?

Car. t. bar. — *Emp. n.* — F. entier d'une pet. pat. — Le nom du potier vinivi est connu.

VIRECV

Car. a. b. — *Emp. t. n.* — Port. du f. d'une ass. de pet. dim.

VIRECV

Car. a. b. — *Emp. t. n.* — F. entier d'une toute pet. ass. — Quoiqu'ayant une gr. ressemblance entre elles, ces deux marques paraissent avoir été produites par des estampilles différentes.

OF VITAL

Car. moins que p. — *Emp. t. n.* — L'A n'est ni ponctué ni barré ; la barre horizontale de l'L est à peine indiquée. — F. entier d'un vase ou bol de gr. dim. très-épais et qui a dû être orné de sujets de décoration.

OF VITAL

Car. moins que p. — *Emp. pât.* — Cette marque, qui est bien moins nette que l'autre, paraît avoir été produite par la même estampille. — Frag. très-considérable d'un gr. bol décoré de sujets de chasse et d'autres motifs d'ornementation d'un assez bon goût, quoiqu'ayant un peu de lourdeur.

VOBNIL ou plutôt VOBANIL (l. arch.)

Car. a. b. — *Emp. t. n.* — Le deuxième jambage de l'N a une inflexion particulière qui donne tout lieu de supposer que c'est bien vobanil qu'il faut lire ce nom, quoique l'A, qui dans ce cas est compris dans l'N, ne soit pas ponctué. — F. presqu'entier d'une pat. de moy. dim.

 XANTHI

Emp. t. n. — F. entier d'une pat. d'assez gr. dim.

Emp. t. n. — Plus de la moitié du f. d'une très-pet. pat. en terre très-fine.

XANTHI

Car. a. b. — Emp. a. n. — L'a forme une lettre séparée. — Frag. du f. d'une très-pet. ass.

 XELLIV

Emp. t. n. — On peut lire aussi XIELLIV, si l'on tient compte du jambage vertical, qui touche l'x. — Pat. de moy. dim. et qui est entière.

XELLIV ou XIELLIV

Car. bar. — Emp. t. n. — F. entier d'une pat. de moy. dim. — Ces deux marques diffèrent un peu l'une de l'autre.

XIVI...

Car. bar. — Emp. m. n., mais lisible. — Une faible portion du jambage du deuxième i paraît seulement. — Port. du f. d'une pet. pat. en terre très-fine.

Je n'ai pas connaissance que l'on ait jamais découvert de fours à potiers, non-seulement ici, mais même dans un rayon assez éloigné. Jusqu'à preuve contraire, tout porte donc à croire qu'aucun des vases sur lesquels se lisent les noms ci-dessus établis n'est de fabrication poitevine. En admettant, ce qui est très-supposable, que la majeure partie de ces vases provenait de fabriques éloignées, cela prouve combien les produits de l'industrie céramique romaine et gallo-romaine s'exportaient à des distances considérables, même dans des temps où les moyens de communication n'étaient pas, à beaucoup près, toujours très-faciles.

Je ne dois cependant pas omettre de noter un détail intéressant: c'est que je me suis procuré une estampille romaine en bronze, qui a été trouvée à Poitiers et a dû servir à la décoration des poteries. Cette espèce de cachet est pourvu d'une tige haute de 6 centimètres, tandis que la bande, qui servait à mouler, n'en a que 3 de longueur sur 1 de largeur. La partie extérieure de cette bande, gravée en creux d'une façon très-accentuée, représente un courant de feuillages se déroulant en spirale.

Il s'en faut de beaucoup que, dans la liste qui précède, j'aie fait figurer, en rétablissant une partie de leurs légendes, tous ceux des noms de potiers que je possède, et qui sont incomplets soit au commencement, soit à la fin. J'en ai encore une bien plus grande quantité qui sont dans le même cas. Avec un peu de patience et de recherches, je suis convaincu que la lecture d'un certain nombre d'entre eux pourrait être reconstituée, du moins pour ceux qui ne sont pas trop écourtés ; mais je suis forcé de les négliger, parce que ce travail est déjà beaucoup plus long que je ne l'avais pensé.

Comme *spécimen* curieux de certains caractères peu communément employés par des potiers de l'époque romaine pour signer les produits de leur industrie, j'ai cru devoir faire graver quatre inscriptions, dont trois ont entre elles un certain air de ressemblance quant aux sigles dont elles sont composées. J'avoue ingénument mon incompétence relativement au déchiffrement des trois premières ; toutefois, j'ose espérer qu'il se rencontrera dans le monde savant quelque linguiste assez habile pour pouvoir les interpréter.

Voici la reproduction de la première, qui seule est bien complète :

Elle figure, tout à fait au bas de la panse, sur un fragment considérable d'un très-beau bol de grande dimension, dont je possède quelques autres morceaux qui ne peuvent se rajuster. La riche décoration de ce bol représente, dans un encadrement oblong, un cavalier armé d'une lance et galoppant. Dans les médaillons ronds, qui alternent avec le sujet dont je viens de parler, se voient divers animaux, tels qu'un lion, un tigre et un cerf que poursuit le chasseur. Entre ces diverses décorations sont des cariatides représentant des femmes. Le Catalogue du musée des antiquités de Londres, par M. Roach-Smith, reproduit un *fac-simile* de l'inscription qui précède, et M. de Longuemar l'a pareillement fait figurer sur le dessin de ce vase restitué qu'il a joint à sa Notice sur quelques poteries antiques découvertes à Poitiers. Néanmoins, je crois utile de la reproduire de nouveau, ne fût-ce que pour attirer sur elle l'attention des érudits.

La seconde est celle-ci :

Elle est placée tout à fait au bas de la panse d'un bol plus petit que le précédent, et dont je possède un peu moins de la moitié. Ce vase est alternativement décoré par des animaux, des oiseaux et des feuillages d'un assez bon goût de travail. L'inscription est interrompue du côté droit par la brisure.

La troisième est ainsi figurée :

Comme les autres, elle se trouve au bas de la panse d'un bol qui paraît avoir été aussi grand que le précédent. Je n'en possède qu'un très-petit fragment, sur lequel on voit quelques restes d'ornementation. Ici c'est du côté gauche que la légende laisse une suite à désirer.

Si j'avais à hasarder une opinion relativement à ces trois vases, je serais porté à croire que s'ils ne sont pas d'origine Punique ou Celtibérienne, ils ont été fabriqués en Orient, et que leurs inscriptions doivent être lues de droite à gauche.

Enfin, voici quelle est la dernière :

Cette inscription, en caractères cursifs, figure sur un fragment d'un bol qui a dû être très-grand, si l'on en juge par l'épaisseur du morceau de poterie sur lequel elle est inscrite. Ce débris est pourvu d'une décoration de bon goût, qui laisse distinguer la jambe d'un personnage et des feuillages disposés en arabesques. De même que les précédentes, elle se lit tout à fait au bas de la panse du vase, et ne se compose que des trois lettres suivantes : GRA ou CRA.

TABLE GÉNÉRALE

DES NOMS DE PERSONNES

ET DE LIEUX.

A

Abo, p. 35, 36.
Absie (l'), abbaye, 102, 133, 306 ; c^{on} de Moncoutant, *Deux-Sèvres.* — J. Beatoun, abbé de l'Absie, 132.
Accon, 89 ; *Saint-Jean-d'Acre.*
Acelini (Guillelmus), 93.
Acfredus, 45 ; — grammaticus, 25 ; — Macellarius, 37 ; — Panetus, 33, 34.
Acfridus, filius Berengerii Pendilles, 40.
Achardaus (boys aus), 112 ; c^{ne} de *Bois-de-Céné,* c^{on} de *Challans, Vendée.*
Acharie (Isabeau), femme de Jean Brugiers, seign. de Chaix, 127.
Adam (M^r.), secrétaire de la maison de la Trémoille, 239, 291, 292, 293.
Adelora, soror Petri, clerici Sancti Petri Puellensis, 44.
Ademari (Guillelmus), 26.
Ademarus, 27.
Adrian (M.), 323.
Affredus, sacerdos, 29.
Agnes, comitissa Pictavensis, 5, 10, 12, 13, 15, 18, 21, 22, 23, 24, 25, 30, 33, 34, 35, 36, 37, 40.
— imperatrix Romana, 10.
— uxor B. Montis Acuti, 90.
Agriciacus, Agrissiacus, Agriziacus, 6, 11, 33, 35, 36, 37, 38, 39, 40, 41, 46 ; *Agressay*, c^{ne} de *Thurageau,* c^{on} de *Mirebeau, Vienne.*

Aguliæ terra apud castrum Oleronum ; salina de Angullis, 44.
Aigret (Gauterius), archipresbyter de Auparesio, 62.
Ailonensis (Isembertus), 11. V. Castello Aillon (I. de).
Aimarus, canonicus Sancti Nicolai, 28.
— vicarius, 38.
— de Cameris, 25.
— de Talnaico, 45.
Aimeric de Rocha, 59.
Aimericus, filius Berengerii Astanova, 40.
— filius Ganfredi, vicecomitis Thoarcensis, 9.
— frater Guinemanni, prioris Sanctæ Radegundis, 36.
— decanus ecclesiæ Pictavensis, 17, 19.
— prior Sancti Medardi, 62.
— prior Sancti Nicolai, 38.
— vicecomes, 63.
— vicecomes Thoarcensis, 19.
— de Arcellis, 44.
— Bederreire, 85.
— Brun, 84.
— de Calviniaco, canonicus Sancti Nicolai, 28.
— Coeneas, 63.
— Faiæ, 38.
— Godinellus, canonicus Sancti Nicolai, 28.
— Grinberti, 60, 64, 62, 67.
— Lemossinca, 74.
— dominus Mauritaniæ, 80, 81.

Aimericus Menardi, 58, 61, 63.
— Pipaldus, 41.
— Poer, al. Poerii, 66, 67, 69, 70.
— de Roauta, miles, 87.
— Roeas, miles, 97.
— Salinarius, 31.
— de Traiant, 82.
Ainardus, canonicus Sancti Nicholai, 30 ; — Cocus, 28.
Aino, miles, 42.
Airaldus de Forgiis, 44, 45.
Airan, 37 ; Airannus, 25.
Airaudi (Willelmus), 63.
Airaudus Discapdelatus, 31.
— de Sancto Gregorio, 26.
Airou, 262, 282, 283 ; c^{on} de Vouillé, Vienne.
Alart (J.), 183.
Alba Petra, 100, 108 ; le Boupère, c^{on} de Pouzauges, Vendée.
Albericus, 31.
Albertus, 27.
— de Cambono, 42.
— Talamundensis, 46.
Alboin, évêque de Poitiers, 299.
Alboinus, decanus Sancti Hilarii, 23, 25.
Albret (Charles, cadet d'), 174.
Albuinus, miles, 39.
Albya (A. de), 101.
Aldeardis, uxor Berengerii Pendilles, 40.
— la Maitresse, 75.
Aldebertus, 44.
— comes, 14.
Aldeburgis, filia Berengerii Pendilles, 40.
Aldoar, 41.
Aleelmi (Guillelmus), episcopus Pictavensis, 55, 56.
Alexander papa II, 10, 15, 18, 30.
Alienordis, uxor... Poer, 69.
Allard (Claude), chanoine de Laval, 204, 294.
Alleaume, 323.
Allexendrye (village de l'), 313 ; près Cissé, Vienne.
Allumnellus (Garinus), 105.
Almarici (Guillelmus), 7.
Alneia (domus Hospitalis de), 114 ; Launay, c^{ne} de Sainte-Cécile, c^{on} des Essarts, Vendée.
Alnisium, 30 ; l'Aunis.
Aloiensis (Ebalus), 30 ; de Châtelaillon, près la Rochelle.
Alon, al. Alun, al. Alum (Petrus), 91, 100, 102.
Alperusiensis, al. de Alperusio (Petrus), 91, 92, 102.
Alperusium, 91 92, 99, 101, 102, 103 ; Auparesium, 62 ; Pareds, c^{ne} de la Jaudonnière, c^{on} de Sainte-Hermine, Vendée. —Alperusienses archipresbyteri, V Gauterius Aigret, Guillelmus.
Amatus, archiepiscopus Burdegalensis, legatus sedis apostolicæ, 18, 20, 21.
Amblardus, 63.
Amboise, 172 note, 173 note, 189 ; Indre-et-Loire.
Amelina, uxor Gaufredi, vicecomitis Thoarcensis, 9.
Amelius, prior, 120.
Amiens, 151, 173.
Amori, al. Amorri, al Amaurius (Mauricius), miles, 81, 82, 86.
Anagnia, 46 ; Anagni en Italie.
Ancenis, 170 ; Loire-Inférieure.
Andreas, filius Petri Rustici, 70.
— canonicus Sancti Nicolai, 31.
— Brugali, 45.
— Fillun, 59.
— de Malebrario, 82.
— Torre, 113.
Anet-sur-Eure, 165 ; Eure-et-Loir.
Angers, 140, 141, 142, 325 ; — (le cardinal d'), 171.
Angevin (Bernard), 147 note.
Anglais (les), 145, 146, 147, 166, 177, 195.
Angleterre (le roi d'), 165, 166, 178, 180, 200.
Angnes, uxor H. de Boscho, 96.
Angoulême (comte d'), 193.
— (Charles, comte d'), 314.
— (évêques d'), V. Gerardus, Lambertus.
— (Saint-Ausone d'), 193.
Angullis (salina de) apud castrum Oleronum, 44.

Anjou (l'), 176 ; comtes d'—, V. Gaufredus, Richard Cœur-de-Lion ;
— (duc d'), 312.
Anne, femme de Charles Schomberg, duc d'Halwin, 272.
Anson, 298 ; c^{ne} de Saint-Cyr-en-Talmondais, Vendée.
Ansterius, 29.
Anterius, capellanus de Calleria, 62.
— dominus Mauritaniæ, 80.
Aquitaine (ducs d'), V. Poitou (comtes de).
— (nation d'), en l'université de Poitiers, 326.
Aragon (roi d'), 312.
Arabers (Gaufredus), 9, 28.
Arbergamento (Martinus de), 64, 65, 66, 67.
Arbertus, 26.
— (magister), templarius, 99.
— de Sancto Jovino, 37, 39.
Arcellis (Aimericus de), 44.
Arcoit, filius Garsiæ de Macheco, 57.
Arduinus, 37 ; — canonicus Sancti Nicolai, 27, 29, 31.
Arenbors la Chotarde, 66.
Argentum (R. de), miles, 71.
Armagnac (comte d'), 157, 174 note.
— (Anne d'), 174 note.
— (Jacques d'), duc de Nemours, comte de la Marche, 151 note.
Arnaldus, 14, 26.
— canonicus Sancti Nicolai, 29.
— Caleri, 45.
— Villanus, 41.
Arnaudeau, avocat fiscal de Luçon, 323.
Arnaudus, 28, 59.
— decanus, 59.
— presbyter, 45.
— Berners, 69.

Arnaudus de Faolia, 58, 66.
— Qui non ridet, archidiaconus, 55.
— Vigerius, al. Vigerii, 58, 64, 65, 66, 67.
Arnoldus, 55.
Arnulfus Jornal, 42.
Aron, chapelle, c^{ne} de Saint-Cyr-en-Talmondais, Vendée, 298.
Arpinus (P.), 103.
— (Radulphus), miles, 103.
Arquencum (riparia d'), 104 ; l'Arcanson, rivière, c^{on} de la Châtaigneraie, Vendée.
Arras, 166, 167.
Arthenicus, canonicus S. Nicolai, 30.
Artigia Extrema, villa, 46.
Arveus, 39.
Ascelin (Gaufridus), 60.
Astanova (Berengerius), 40.
Ato, capellanus, 44, 45.
Auberga, mater G. Megne, 67.
Aubery du Maurier, 210.
Aubigné (Agrippa d'), 324.
— Constant d'), 227.
Aubigny (M^r. d'), 282, 283.
Aubreteria, 96 ; l'Aubretière, c^{ne} du Breuil-Barret, c^{on} de la Châtaigneraie, Vendée.
Audeart la Baudeia, 63, 64.
Audebertus Posdrea, 64.
Audemer (Landricus), procurator domus Hospitalis de Monte Acuto, 81.
Auparesium, V. Alperusium.
Avrard, curé de Saint-Hilaire de Poitiers, 305.
Auxiensis (Guillelmus, archiepiscopus), 19.
Aygronères (les), 112 ; c^{ne} de Bois-de-Céné, c^{on} de Challans, Vendée.
Aymericus, V. Aimericus.
Ayrault (Madame) à Angers, 141.

B

Balfredi (Johannes), 26.
Baraeere (la), 80 ; la Baraire, c^{ne} de Beaurepaire, c^{on} des Herbiers, Vendée.
Barba Rufa (Petrus), 70.
Barbezières (François de), s^r de Chémeraut, 239.

Barbotea (Guillelmus), 58, 59, 61.
— (Josbertus), 60.
— (Petrus), 58, 62, 63.
Barbotins (Guillelmus), sacerdos, 86.
Bardonis seu Bordonis (Girbertus), canonicus Sancti Nicolai, 44, 45.
Barra, 56, 59, 63 ; Barra de Lu-

chai, 70; Barra de Luzaio, 72; Barra Sancti Saturnini, 55 *La Barre de Saint-Juire*, c^ne *de Sainte-Hermine, Vendée*.

Barra (Radulfus de), 71.

Barræ Dorini, 103; *les Barres*, c^ne *de Pouzauges, Vendée*.

Barreteau, scribe du Chapitre de Luçon, 323.

Barrette (la), al. la Barette; Barretta, al. Baretta, 63, 65, 66, 67, 70. V. Barra.

Barris Dorynni (F. de), 92.

Bartholomeus, canonicus Sancti Petri Pictavensis, 38.

— de castello Mirabel, 33; archiepiscopus Turonensis, 34.

— de Viveona, 26.

Basagiæ, V. Bazogiæ.

Bassins de la Ferre, 75.

Bastardus (Guillelmus), 43.

Baudarz (Gaufridus), 88.

Baude, al. Baudet (Boninus), 64.

— (Gaufridus), 64, 66, 69.

— (Petrus), 64, 66, 67, 69.

Baudeia (Audeart la), 63, 64.

Bayonne, 192.

Bazogiæ, 104; Basagiæ, 109, 110; *Bazoges-en-Pareds*, c^on *de la Châtaigneraie, Vendée*.

Béarn (Pierre de), 147 note.

Beauce (la), 154, 155.

Beauclerc (Michel de), maître des cérémonies des ordres du Roi, 288.

Beaujeu (Pierre de), 174 note.

Beaulieu, 166.

Beauménil, acteur, 305.

Beaumont (Jacques de), 178.

Beaune (Jacques de), 191, 192, 197, 201.

Beauregard (Mgr de), évêque d'Orléans, 304.

Beauvais, 173.

Bechet (Raginaudus), 85.

Bedarrere, al. Beidererei (Petrus), 58, 65.

Bederreire (Aymericus), 85.

Bedis (Johannes), 95.

Bellasatis, al. Bellassatis, uxor G. vicecomitis Brocearum, 99, 101, 102.

Bellay (Zacharie du, s^r du Plessis-Bellay, gouverneur d'Henri de la Trémoille, 250.

Bellenave (le sire de), 196, 200.

Belleville, 114; c^on *du Poiré-sous-la-Roche, Vendée*.

— (Maurice de), chevalier, seign. de Montaigu, de la Garnache et de Commequiers, 111, 114, 115, 116.

— (Olivier de Clisson, seign. de), 126, 307.

Belvearium, 113, 114; *Beauvoir-sur-Mer, Vendée*.

Benaventus de Lodonio, 29.

Benedicta, filia Berengerii Astanova, 40.

— uxor Guillelmi de Petra; 29.

Benedictus, discipulus Fulcherii, abbatis Orbisterii, 55, 56.

— prior Sancti Nicolai, 36.

Beneventum, 46; *Bénévent en Italie*.

Benon (forêt de), 218; c^on *de Courçon, Charente-Inférieure*.

Berardi (Martinus), prior, 121.

Berchorium, 306; *Bressuire, Deux-Sèvres*.

Bereau (J.), 323.

Berengarius Calletea, 57.

Berengerius Astanova, 40.

— Pendilles, 40.

Berlaius de Pasavanto, 9.

Bernardus, canonicus Sancti Nicolai, 27.

— clericus Stirpensis, 20.

— presbyter de Faiolia, 85.

— Meschinus, 25.

— (Willelmus), senior de Colungiis, 91.

Berner (Arnaudus), 69.

Bernerius, 38.

Berno, 27, 37.

Berry (M. de), 152.

— (nation de), en l'université de Poitiers, 326.

Bersona (Johannes de), 109.

Berthelemi (Geoffroy), écuyer, 308.

Bertramnus, abbas Nobiliacensis, 17.

Bertrandus de Chalon, preceptor

domus Hospitalis de Habitis, 113.
Besly (Jean), 122.
Bethun ou Beatoun (Jacques de), archevêque de Glascou, 131, 133.
Béziau (Jacques), 173.
Biberis fluvius, 6, 11, 24 ; *la Boivre, rivière, affluent du Clain.*
Biciacum, 299.
Bidault (Josias), 226.
Bigotière (Fr. Viète, s^r de la), 132.
Billette (Petrus), 306.
Biscardus, decanus, 64.
Bissaut (J.), 84.
Bistardea (Guillelmus), 85.
Blanchardus Carnifex, 85.
Blois, 187, 188, 190, 192, 193, 195, 196, 197, 198, 199, 200, 308.
Blondellus (Johannes), scutifer ducis Burgundiæ, 309, 310, 311.
Bochet (Gauterus), 70.
Bodet, 94 ; c^{ne} de la *Chapelle-Themer*, c^{on} *de Sainte-Hermine, Vendée.*
Bodin (Paganus), 60.
Boele (P. de), 95.
Boers Grinberti, 60.
Boet (Simon), 81.
Boilesve (Nicolas), 161.
Boiz (Willelmus de), 104.
Bommoisiz (prévôt de), 166.
Bonar (frater Guillelmus), templarius, 99.
Bonet (molendinum), 95.
Boneta, uxor Johannis Mareschalli, 65.
Boninus, 67.
Baudez, 64.
Bonitus Duridentis, 24.
Bonivint (J.), clericus, 86.
Bonnella, piscatoria, 121 ; *la Bonnelle*, c^{ne} *de Fontenay-le-Comte, Vendée.*
Bordeaux, 145, 146, 147 note, 148.
— (archevêques de), 46 ; V. Amatus, Gaufridus, Goscelinus.
Bordonis (Girbertus), V. Bardonis.
Borellus de Mosteriolo, 7, 11.
Bornezellum, 94 ; *Bournezeau*, c^{on} *de Chantonnay, Vendée.*
Borsardus (Galfridus), miles, 91.

Boschenea, al. de Boscheneia (Renaldus), 62, 63.
Boscho (Hugo de), dominus Cante Merule, 96.
Boscum Rolandi, 99 ; *Bois-Roland*, c^{ne} *de Pouzauges, Vendée.*
Boso, comes Marchiæ, 19.
— vicecomes Castelli Ayraudi, 19.
Boteline (la), 109.
Bottentret (terra de), 61, 62.
Boucicaut (Jean le Maingre), 126.
Boucœur, 223, 224, 288 ; c^{ne} *de Saint-Varent, Deux-Sèvres.*
Bouhier (Lucrèce-Marie), marquise de Noirmoutiers, en secondes noces duchesse de Vitry, 272.
Bouillé (J. du Fouilloux, seign. de), 134.
Bouillon (le duc de), 209, 220, 226, 230, 235, 251, 252, 253, 255, 262.
— (Louise de), 232, 281, 285.
— (Mlle de), 290.
Bouin (Pierre), 295, 296.
Boulay (Claude du), seconde femme de Jean Besly, 122.
Bounin, famille de Fontenay-le-Comte, 130.
Bouquier, 323.
Bourbon (le duc de), 152, 157.
— (Charles de), comte de Soissons, 230.
— (Guischarde de), abbesse de la Trinité de Poitiers, 263, 264.
— (Henri de), prince de Condé, 248.
Bourbon-Montpensier (Charlotte de), abbesse de Jouarre, puis femme de Guillaume le Taciturne, prince d'Orange, 204, 205, 294.
— (Henri de), duc de Montpensier, 207, 217, 226, 233.
— (Jeanne de), abbesse de Jouarre et de Sainte-Croix, 206, 209, 212 ; désignée sous les noms de « Madame, M^e ma tante, notre bonne princèsse », 215, 230, 231, 233, 234, 235, 237, 238, 241, 253, 256.
— (Louis, duc de), 205.

Bourbon-Vendôme (Eléonore de), abbesse de Fontevrault, 207, 230.
Bourbonnais (pays de), 157.
Bourdilière (Mlle de la), 243, 244, 245.
Bourges, 201.
Bourgogne (le duc de), 171, 172, 173, 181, 183, 309, 310.
— (Charles de), 178, 179.
Bourguignons (les), 154, 155, 157, 183.
Bouron (M^r. de), 232, 233, 234, 237, 240.
Boynet (Charles, s^r du Plessis, 214, 239, 240.
Bran (Pierre), fabricien de l'église Notre-Dame de Fontenay, 130.
Branda, salina, in insula Oleroni, 45.
Brandisner (M^r. de), 161 note.
Bretagne (le duc de), 152.
Bretons (les), 154.
Bretulio (Juliana de), sanctimonialis Fontis Evraudi, 56.
Bretunnere (la), 71 ; la Bretonnière, c^{ne} de la Réorthe, c^{on} de Sainte-Hermine, Vendée.
Breyes (frater G. de), preceptor milicie Templi in Aquitania, 99.
Briccas (Stephanus), 66, 67.

Briçonnet (Jean), 174.
Briderio (Petrus de), 14 ; dapifer comitis Pictavensis, 42, 43.
Brinon (A.), 159, 160.
Brocca (Gaufredus), 39.
Brociæ, 99 ; Broceæ, 101, 102 ; Bruciæ, 102. *Brosses*, c^{ne} *de Chaillac*, c^{on} *de Saint-Benoît-du-Sault, Indre.*
Broli Herbaudi abbas, V. Girardus.
Brosiliis (Willelmus de), 86.
Brousils (les), 273 ; c^{on} *de Saint-Fulgent, Vendée.*
Brugali (Andreas), 45.
Brugière (Jean), seign. de Chaix, 127.
Bruluet (Gaufridus de), 60.
Brun (Aimericus), 84.
Brun (Petrus), 60.
Bruneleria, 108 ; *la Brunelière*, c^{ne} *de Pouzauges, Vendée.*
Brunus de Marolio, 60.
Bubulcus (Radulfus), 66, 67, 68.
Buch (le captal de), 147 note.
Buignum, 42 ; *le Bignon*, c^{ne} *de Sallertaine*, c^{on} *de Challans, Vendée.*
Buor (Jacques), écuyer, seign. de la Motbe-Freslon, 134.
Burgundio (Rotbertus), 19.
Bye (Gaillard de), receveur en Poitou, 126.

C

Cacaud (Philppe), doyen de Saint-Hilaire de Poitiers, 255.
Cadillac, 145 ; *Gironde.*
Cailleau, 323.
Calcri (Arnaldus), 45.
Calleas (P.), dominus Callerie, 83, 84.
Calleria, 62, 83 ; *La Caillère*, c^{on} de Sainte-Hermine, Vendée.
Calletea (Berengarius), 57.
Calo, 14.
Calviniacbi (Gaufridus), 38.
Calviniaco (Aimericus de), canonicus Sancti Nicolai, 28.
Cambono (Albertus de), 42.
Cameliacum, 87 ; *Chemillé, Maine-et-Loire.*
Cameris (Aimarus de), 25.
Camus ou Camois (le sire de), 146.

Canchiola (prata de), 59.
Candale (le sire de), 147 note.
Cande (Saint-Martin de), 180, 183 ; c^{on} *de Chinon, Indre-et-Loire.*
Canta Merula, 96 ; *Chantemerle*, c^{ne} *des Moutiers-sous-Chantemerle*, c^{on} *de Moncoutant, Deux-Sèvres.*
— (Willelmus de), 91.
Canuttus (Petrus), 82.
Capellanus (Benedictus cognomento), discipulus Fulcherii, abbatis Orbisterii, 56.
Capoue (prince de), 312.
Caprarius (Frogerius), 39.
Carnifex (Blanchardus), 85.
Cartusia (ordo de), 55, 57.
Casalibus (Hugo de), professor in Universitate Pictavensi, 317.

Cassellas (Durant de), 41.
Castaneria, 37 ; *la Châtaigneraie*, *Vendée*.
Castel, 148.
Castellionis (Guillelmus, miles, dominus), 46 ; *Castillon*, *Gironde*.
Castello (Mabilia de), sanctimonialis Fontis Evraudi, 56.
Castello Aillon (Isembertus de), 7, 11 ; *Châtelaillon*, c^{ne} *d'Angoulins*, c^{on} *de la Rochelle*.
Castille (la), 185.
— (le prince de), 192.
— (le roi de), 148, 183.
Castillon, 145 ; *Gironde*.
Castrum Eraudi, 107 ; *Châtellerault*, *Vienne*.
Castrum Lebaud, 73 ; — Lebaudi, 56, 60, 62 ; — Lebault, 71, 72 ; — Liebaudi, 57 ; V. Libaud.
Castrum Radulfi, 72 ; *Châteauroux*, c^{ne} *de la Réorthe*, c^{on} *de Sainte-Hermine*, *Vendée*.
Catherine, sœur du Roi Henri IV, 208.
Catuis (Guillelmus), miles, 86.
Cecilia, germana A. Roeas, 97.
Cellator (Martinus), 28.
Celles en Berry, 146 note.
Cendrer (Gaufridus), 75.
— (Giraudus), 75.
Ceospolle (Guillaume de), écuyer, 308.
Ceres, 81 ; *Serit*, c^{ne} *des Herbiers*, *Vendée*.
— (Hugo de), 80.
— (P. de), 86.
Cerezyo (Willelmus de), clericus, 106.
Cerpillon (Jean), chevalier, 308.
Chabot (Guillelmus), 66.
— (Theobaudus), 60, 61, 96.
— de Brion (Marguerite), duchesse d'Elbeuf, 207.
— de Charny (Eléonore), comtesse de Ryé, 218.
— de Niolio, 66.
Chaicetel (Willelmus), 85.
Chaille, 161.
Chaix, 127 ; c^{on} *de Fontenay-le-Comte*, *Vendée*.
Chalantuns (Petrus), 65.

Chalanz, 112 ; *Challans*, *Vendée*.
Chalo de Mella, archidiaconus, 55.
Chalon (Bertrandus de), preceptor domus Hospitalis de Habitis, 113.
Chalunge (nemus dau), 71.
Chambon (Jean), 170, 179.
Champenit (Gaufridus), 82.
Chandor (M^r de), secrétaire du duc de la Trémoille, 212, 296.
Chappeau (Laurent), s^r de la Bourdilière, 243, 244.
Charbunnel (Gaufridus), sacerdos, 71.
Charente, rivière, 314, 315.
Charles (Monsieur), frère du roi, 167.
— Charles, comte d'Angoulême, 314.
— V, roi de France, 124, 125.
— VII, roi de France, 148, 325, 328, 330, 332.
— de Bourbon, comte de Soissons, 230.
Charolais (le comte de), 154, 155, 166.
Charroux, 185, 186 ; *Vienne*.
Charruns (Guillelmus), 62.
Chartres, 158, 167 ; évêque de —, V. Gaufridus.
Chasteau (Jean), à Fontenay-le-comte, 132.
Chasteau Regnault, 181 ; *Château-Renault*, *Indre-et-Loire*.
Chastegnerius (Willelmus), dominus Castanarie, 97.
Chastelars (Gaufridus de), 85.
Châtellerault, 107, 153, 208; vicomtes de —, V. Boso, Hugo.
Chauche (Durandus de), sacerdos, 86.
Chaumeita, 59, 60, 63.
Cheintres (frater Mauricius de), preceptor domus Templi Sancti Salvatoris de Malleone, 88.
Chesneau, 153.
— (Gilles), s^r de la Motte, gentilhomme de la maison de la Trémoille, 246, 256, 257, 273.
Chévredens (Jehan), 165.
Chiniciaco (Lozoicus de), 38.
Chinon, 146 note ; *Indre-et-Loire*.
Chiruns (les), 59, 61.
— (Renaldus), 58.

25

Choe feodum, 173; *Escoué*, c^ne *de Montreuil*, c^on *de Fontenay-le-Comte, Vendée.*
Chotarde (Arenbors la), 66.
Chourses (Jean de), s^r de Malicorne, 220.
Christianus, 6, 11.
Ciconia, 37, 40; *la Cigogne, lieu détruit*, c^ne *de Thurageau*; c^on *de Mirebeau, Vienne.*
Cissec, al. Cissiacus, Cisicus, 6, 10, 312, 313; *Cissé*, c^on *de Neuville, Vienne.*
Civray (sénéchaussée de), 324, 325, 330, 331, 332.
Clarenbaudus, miles, 86.
Clémenceau, sénéchal de Luçon, 323.
Clermont-Dampierre (Claude-Catherine de), duchesse de Retz, 221.
Cleruet (Vincentius), 102.
Clichon (Guillelmus de), miles, 86.
Clinus fluvius, 6, 11; *le Clain, rivière, affluent de la Vienne.*
Clisson (Olivier de), connétable de France, 126, 307.
Clocarius (Radulphus), 25.
Cluniacensis (Hugo, abbas), 21.
Coceio (Raginaudus de), 55.
Cochefilet (Rachel de), duchesse de Sully, 234.
Cochinea, al. Cochunneas, Cochoneas (Stephanus), 97, 98, 14, 108.
— (Johannes), 97, 98, 108.
Cocus (Ainardus), canonicus Sancti Nicolai, 28.
Codria, 93, 99, 100; *la Coudrie*, 112; c^ne *de Challans, Vendée.*
Coeneas (Aimericus), 63.
Coennea terra, 59.
Coëtivy (de), 189 note.
— (Pregentius de), nobilis vir, 317.
Cohec (Hugo de), 25, 26.
— (Iterius de), 26.
Colez (Gaufridus), 62.
Coligny (Chastillon, sire de), 135.
— (Louise de), princesse d'Orange, 203, 207, 208, 209, 212, 261; appelée « Madame ma belle », 215, 219, 223, 224, 240, 250.
Colinances (monasterium de), 56.

Columbarium, 29, 30; *Colombiers*, c^on *de Châtellerault, Vienne.*
Compiègne, 173; *Oise.*
Concressault (le sire de), 166.
Condé (prince de), V. Bourbon (Henri de).
Conens (Johannes), 61.
Constant, avocat du Roi à Poitiers, 252.
Constantin (Jean), 147 note.
Constantinus, decanus, 63.
Constantinus monacus, 68.
— prior, 26.
— Milventus, 36.
— Morandus, 44, 45.
— de Selena, 30.
Contest (Rainaldus de), 6, 8, 24.
Conzay (André de), 161, 162, 163.
— (Hugues de), 162.
Copechaignère (la), 110; *la Copechagnière*, c^on *de Saint-Fulgent, Vendée.*
Copos (C. de), miles, 84.
Corbeil, 113, 153, 156; *Seine-et-Oise.*
Cormerio (terra de), 65.
Cornaire (puteus de), 113; c^ne *de Beauvoir-sur-Mer, Vendée.*
Corum (Ramnulphus de), 42.
Coste-Maizières (le s^r de la), 319.
Costenceau (Petrus), 87.
Costencius Verdoilet, 95.
Cotereau, 188, 190.
Coton (le Père), jésuite, 260.
Coucy (le seigneur de), 314.
Couez (Petrus), sacerdos, 71.
Couhé, 185; *Vienne.*
— (Jeanne de), 193 note.
Courtin, 184.
Cousture (M^r. de la), 318, 319.
Coutocheau, 323.
Coutras, 191; *Gironde.*
Couture-Renon (François de la), 318 note.
Cracunius (Stephanus), canonicus Sancti Nicolai, 28.
Craon (M. de), 183 note.
— (Pierre de), 314.
Croizet (Michelet), 163.
Crussol, 158 note, 164, 170, 172, 175.
Cuilly (Jean de), écuyer, 307.

Cumont (René de), sr de Fiefbrun, 274.
Cursac (Leo de), 27.

Curson, 298; cᵒⁿ *des Moutiers-les-Maufaits, Vendée.*

D

Dallet, 323.
Daucias, Daulces, villa, 36, 41; *Douce,* cⁿᵉ *de Thurageau,* cᵒⁿ *de Mirebeau, Vienne.*
Dauron (Michau), 149.
Davi de Riaumo, miles, 99.
Davieria, 102; *la Davière,* cⁿᵉ *du Boupère,* cᵒⁿ *de Pouzauges, Vendée.*
Decanus (Johannes), clericus, 70.
Delartus (Robinus), 106.
Demuseau (Morlet), 199.
Derby (la comtesse de), 291.
Desforges, sénéchal de Mauléon, 279.
Discapdelatus (Airaudus), 31.
Doaciis (Guillelmus de), 39.
Dociaco (Rainaldus de), miles, 39.

Dois (Girardus de), 25.
Dorchère, 170.
Dordogne, rivière, 313.
Doyat (du), 186.
Dreux, secrétaire du Roi, 248, 249, 258.
Dreux du Radier, 204, 206, 207.
Dubois (Josselin), 167, 168 note.
Dunois (le comte de), 176, 177, 181.
Dupont (Nicolas), 132.
Durafort (G. de), 185.
Durandus de Chauche, sacerdos, 86.
— Faiolis, 57.
Durannus, prior Sancti Nicolai, 39.
Durant de Cassellas, 41.
Duras (Gaillard de), 147 note.
Duridentis (Bonitus), 24.

E

Ebalus Aloiensis, 30.
Ebbos, dominus de oppido Parthenay, 19.
Eblonus, 37.
Eboris (frater R.), templarius, 100.
Elizabeth, électrice palatine, 246.
— reine d'Angleterre, 206.
Emalricus, 36.
Emma, comitissa Aquitanorum, 30.
Emmanrici (Fulco), 25.
Emmanricus, 11.
Engelelmus, 14.
Engobaldi (Rotbertus), 25.
Engolisma (thesaurarius de), 23.
Epernay (seigneur d'), 314.
Episcopi (Petrus), dominus de Sancto Hermete, 72; — dominus Sancte Hermine, 84, 94, al. dominus Bornezelli, 95.

Erbergement (Martinus de l'), 70.
Erbertus, sacerdos, 86.
Ernaudus, 36.
— Veierans, al. Veeras, 70, 71.
Eschallart (Charles), sr de la Boulaye, 222.
Espagne (l'), 188.
Espinée (l'), 65.
Essars (les), 93; *Vendée.*
Estreveria, uxor Petri Barboteas, 63.
Etables, 313; cⁿᵉ *de Charray,* cᵒⁿ *de Neuville, Vienne.*
Etampes, 155, 161; *Seine-et-Oise.*
Eu (le comte d'), 156.
Eugène IV, pape, 325.
Eutachia, domina Moritanie, 88.
Evroinus, 59, 70.

F

Fabri (maître), 190, 191.
Faiæ (Aimericus), 38.

Faiolia, 85; domus Hospitalis de Faiole, 105; *Féolette,* cⁿᵉ *de*

Saint-Étienne-de-Brillouet, c^{on} de Sainte-Hermine, *Vendée*.
Faiolis (Durandus), 57.
Faolia (Arnaudus de), 58, 66.
Fauquex (P.), 94.
— (W.), 94.
Faure (Hélie), 173 note.
Faye (Jehan de), écuyer, 312, 313.
Fenoillet (Pierre), évêque de Montauban, 233.
Ferruns (Renus li), 68, 69.
Feydeau (Denis), s^r de Brou, conseiller du Roi, 240.
Filletea (Hubertus), 72.
Fillun (Andreas), 59.
Flameng, 174.
Flandina, 108.
Flandre (comté de), 205, 206.
Flandrine de Nassau, abbesse de Sainte-Croix de Poitiers (al. Charlotte-Flandrine), 203 — 296.
Flavigny (M^r de), grand-vicaire de l'évêque de Luçon, 273, 274.
Floceleria (Gaufridus de), miles, 108.
Flocellariis (Willelmus de), miles, 89.
Florentia, priorissa Fontis Evraudi, 56.
Fontainebleau, 138.
Fontenay-le-Comte, *Vendée*, 119, 120, 124, 125, 126, 131, 133, 134, 135, 139, 140; Funtanetum, 121; Fontaniacum, 122; Fontanetum, 123. — Jacobins (couvent des), 127. — Notre-Dame, 128. — Prévôt, 321. — Vice-sénéchal, 320.
Fontevau, al. Frontevau, 69, 70, 71. — Ecclesia Fontis Ebraldi, 57, 64, 69, 71; — Fontis Ebrardi, 64, 65, 66, 67, 68; — Fontis Ebraudi, 56, 58, 59, 60, 61, 62, 63, 67, 72; — Fontis Evrardi, 66; — Fontis Evraudi, 55, 56; *Fontevrault*, c^{on} de Saumur, *Maine-et-Loire*; — Abbesses, V. Bourbon-Vendôme (Éléonore de), Petronilla.
Forcalquier (comte de), 312.
Foresta super Separiam, 100; — super Separim, 105, 106, 306;
la Forêt-sur-Sèvre, c^{on} de Cerisay, *Deux-Sèvres*.
Foresters (Mattheus), 88.
— (P.), 108.
Forgiis (Airaldus de), 44, 45.
Forgis (Germundus de), 89.
Formentin (le capitaine), 142.
Forziliarum terra, Forcilia, Forzillus, 7, 11, 30, 303; *Frouzille*, c^{ne} de Saint-Georges, *Vienne*.
Fou (Marie du), dame de la Boulaye, 222.
— (Yvon du), 168, 172 note, 173 note.
Foucaut (seigneur de), 318 note.
Foucaut (Gabriel), s^r de Saint-Germain-Beaupré, 274.
Fouilloux (Jacques du), seigneur du Fouilloux et de Bouillé, 134.
France (nation de), en l'université de Poitiers, 326.
— (prieuré de), de l'hôpital de Saint-Jean-de-Jérusalem, 116.
Francigena (Gosbertus), 43.
François I, roi de France, 328.
Francus de Lairet, 42.
Frédéric IV, électeur palatin, 219.
Fredericus, canonicus Sancti Hilarii, 35, 36.
Freevinus, 55.
Frenunleria, 108; *la Frelonnière*, c^{ne} de Pouzauges, *Vendée*.
Froger (l'abbé), 140, 141.
Frogeriæ, 103; *Frogère*, c^{ne} de Bazoges-en-Pareds, c^{on} de la Châtaigneraie, *Vendée*.
Frogerius, 39.
— Caprarius, 39.
Frotgerius, canonicus Sancti Nicolai, 30.
Fulcherius, abbas Orbisterii, 55, 56, 57.
Fulco, 6, 11.
— canonicus Sancti Nicolai, 31.
— Emmanrici, 25.
Funtanis (Gaufridus de), miles, 121.
Furore (la), 96; *la Foraire*, c^{ne} du Breuil-Barret, c^{on} de la Châtaigneraie, *Vendée*.

G

G. Vicecomes Brocearum, 101, 102. V. Guillelmus.
Gabardi (Johannes), 110, 111.
— (Petrus), 110, 111.
Gabardières (les), 110 ; c^ne de Saint-Philbert-du-Pont-Charrault, c^on de Chantonnay, Vendée.
Gabriau de Riparfont (Etienne), jurisconsulte, 228.
Galant (Guillelmus), 99.
Galeaz Vicecomes (Johannes), 308, 309, 311.
Galfridus Borsardus, miles, 91.
— Giraldus, miles, 91.
Galleran (Maurice), 123.
Galobea (Johannes), 107.
Ganapia, al. Ganaspia, V. Garnache (la).
Garinus Allumnellus, 105.
— Ravau, 65.
Garnache (la), 115 ; Ganapia, 85, 86 ; Ganaspia, 114 ; la Gasnache, 111, 112 ; la Gasnaiche, 111, 112 ; c^on de Challans, Vendée.
Garnerius, abbas Sanctæ Mariæ, 39.
Garnerius, camerarius, 36.
— prior Sancti Nicolai, 28.
— Sanctonicensis, 44.
Garnier (Loys), 164.
Garsias de Macheco, 57.
Gascons (les), 146.
Gasnache, al. Gasnaiche (la), V. Garnache (la).
Gaston, duc d'Orléans, 329.
Gaucourt (de), 146 note.
Gaudineau, 323.
Gaufredus, al. Gaufridus, 36.
— filius Aufredi, 89.
— filius Gaufredi, vicecomitis Thoarcensis, 10.
— archiepiscopus Burdegalensis, 55.
— canonicus Sancti Nicolai, 27, 31.
— capellanus, 9.
— comes Andegavorum, 33.
— comes Pictavensis, filius Agnetis, 6, 7, 8, 12, 15, 16, 17, 18, 21, 22, 24, 25, 26, 40, 42, 43.
Gaufredus, episcopus Carnotensis, Sedis Apostolicæ legatus, 55, 56.
— foresterius, 62.
— præpositus, 34.
— vicecomes Thoarcensis, 9.
— Arahers, 9.
— Ascelin, 60.
— Baudarz, 88.
— Baude, al. Baudez, 64, 66, 69.
— Brocca, 39.
— de Bruluet, 60.
— Calviniachi, 38.
— Cendrer, 75.
— Champenit, 82.
— Charbunnel, sacerdos, 71.
— de Chastelars, 85.
— Colez, 62.
— de Floceleria, miles, 108.
— Gauvegneas, 64, 67, 68.
— Gormont, 57.
— Letgerii, 25.
— de Lezigniaco, dominus Volventi, 98 ; — dominus Volventi et Mareventi, vicecomes Castri Eraudi, 107.
— Malileonis, 9.
— Megne, 67.
— de Molli Campo, miles, 88.
— Morre (frater), sacerdos, magister Hospitalis, 86.
— Orris, 69.
— Poer, al. Poerii, 66, 67, 69, 70.
— Raelius, clericus, 105.
— de Torgne, 82.
Gaukerius, canonicus Sancti Nicolai, 27.
Gauterii, al. Gauters, al. Galterii (Raginaldus, al. Renaldus, al. Renaudus), prior de Castro Lebaudi et de Luchaio, 59, 60, 62, 63, 64, 65, 66, 67, 68, 69, 70, 71.
Gauterius Aigret, archipresbyter de Auparesio, 62.
— Gorini, al. Gorrini, 62.
— Losdunensis, 45.
Gauterus Bochet, 70.
Gauthier, 151.

Gauthier, homme d'affaires de l'abbesse de Fontevrault, 230.
Gauvegneas (Gaufridus), 64, 67, 68.
Gédoyn, 187, 195, 196, 198, 199, 201.
Geldoinus, dominus de oppido Parthenay, 19.
Geldran, frater Adeloræ, 41.
Gendronnière (M^r. de la), 321.
Genève, 136, 137.
Geoz (Willelmus), 70.
Geraldus, abbas Monasterii Novi, 21.
Gerardus, episcopus Engolismensis, 56.
— prior Sancti Nicolai, 20.
Germundus de Forgis, 89.
Geroardus, cancellarius, 36.
Gervain (Jamet), 162.
Gifardi (frater Hugo), præceptor domorum Templi in Aquitania, 110.
Gilduinus, eques, 44.
Gilebertus Graduga, 34.
Gilla, 26.
Gilles (Nicolle), 179.
Gilo, episcopus Tusculanensis, 56.
Ginemarus, miles, 39.
Giraldi (Willelmus), senescallus Willelmi de Malleone, 83.
Giraldus, 39.
— filius B. Montis Acuti, miles, 90.
Giraldus seu Giraudus, canonicus Sancti Nicolai, 28, 30, 36.
— (Galfridus), miles, 91.
Girardus, 26, 37, 63.
— al. Gerardus, abbas Brolii Herbaudi, 55, 56.
— canonicus Sancti Nicolai, 27, 29, 30, 31, 41.
— dapifer, 25.
— mercator, 60.
— præpositus, 29.
— de Dois, 25.
Giraudus, clericus, 66.
— miles, 63.
— vicecomes Brocearum, 102. V. Guillelmus. (C'est par erreur de copiste que la lettre G a été prise pour l'initiale du mot Giraudus ; le vidimus, page 99, prouve qu'il fallait lire Guillelmus.)
Giraudus Cendrer, 75.
— de Grua, al. de Gruia, 58, 65.
— de Gusum, 42.
— Morandi, 66, 67.
— Renoarz, 70.
Giraut (Rolandus), miles, 100.
Girbertus, 28, 37.
— canonicus Sancti Nicolai, 44, 45.
— Bardonis, canonicus Sancti Nicolai, 44, 45.
Giroardus, canonicus Sancti Nicolai, 27, 31.
Gironde, rivière, 314, 315.
Glascou (Jacques de Bethun, archevêque de), 131, 133.
Gocelinus de Sancto Paulo, miles, 87.
Goderannus, abbas Malliacensis et episcopus Santonensis, 36.
Godinellus (Aimericus), canonicus Sancti Nicolai, 28.
Gorfalia, monasterium, 120 ; *les Gourfailles, métairie, c^{ne} de Pissotte, c^{on} de Fontenay, Vendée.*
Gorini, al. Gorrini (Gauterius), 62.
Gormont (Gaufridus), 57.
Gosberta, uxor Berengerii Astanova, 40.
Gosbertus, 26.
— canonicus Sancti Nicolai, 44, 45.
— Francigena, 43.
Goscelinus, thesaurarius Sancti Hilarii et archiepiscopus Burdegalensis, 8, 9, 16, 17, 18, 20, 24, 26.
Gosceranus, 31.
Gouin, al. Gouini (Willelmus), 65, 68.
Graduga (Gilebertus), 34.
Gray, 183 note ; *Haute-Saône.*
Gregorius papa VII, 18, 21.
Grenarius (Petrus), 59.
Gresille (Pierre de la), chevalier, 307.
Grinberti (Aimericus), 60, 61, 62.
— (Boers), 60.
— (Johannes), 62, 67.
— (Radulphus), 61.
— (Raginaudus), 67.
— (Renaudus), 61, 62.

Grinbertinorum, al. Grimberterie feodum, 60, 61, 67, 69.
Grinbertus (Stephanus), clericus, 70.
Groleau, scriba, 318.
Grua, al. Gruia (Giraudus de), 58, 65.
— (Raginaudus de), 58.
Grundini, al. Grundins (Stephanus), 58, 61, 65, 67.
Gualcherius, miles, 39.
Gualterius, subprior Orbisterii, 56.
Guaschus (Bertramnus), gubernator comitatus Virtutum, 309, 310, 311.
Guelinus, 55.
Guernateria, 106 ; la Grenetière, c^{ne} d'Ardelay, c^{on} des Herbiers, Vendée.
Guerri (Johannes), 85.
Guesclin (Bertrand du), 124, 125.
Guiberti (Rainaldus), 25.
Guichart (Petrus), 82.
Guido, 14.
— abbas Monasterii Novi, 38
— colibertus, 41.
— dux Aquitanorum, 35. V. Gaufredus.
— grammaticus, 26.
— prior Monasterii Novi, 9.
— vicecomes Thoarcii, 108.
— de Herbertis, 81, 82.
— de Tullo, præceptor domorum Templi in Aquitania, 92.
Guierche (le vicomte de la), 319.
Guillaume Fier-à-Bras, comte de Poitou, 303.
Guillaume le Grand, duc d'Aquitaine et abbé de Saint-Hilaire, 304. V. Guillelmus.
Guillelmus, Guillermus, Willelmus, 19, 36, 40.
— filius Arberti de Sancto Jovino, 39.
— filius Bernardi, 27.
— filius Gaufredi Arabers, 9.
— filius Guillelmi, ducis Aquitanorum, et Philippæ, 8.
— frater Huberti Filletea, 72.
— nepos præcentoris Sancti Hilarii, 25.
— archiepiscopus Auxiensis, 19.
— archipresbyter Alperusiensis, 103.

Guillelmus cancellarius Sancti Hilarii, 26.
— comes Pictavensis, maritus Agnetis, 25.
— comes Pictavensis, filius Agnetis. 6, 7, 11, 13, 23, 24, 25.
— dux Aquitanorum, filius Gaufridi ducis, 8.
— episcopus Lemovicensis, 18.
— sacrista Orbisterii, 56.
— Acelini, 93.
— Ademari, 26.
— Airaudi, 63.
— Aleelmi, épiscopus Pictavensis, 55, 56.
— Almarici, 7.
— Barboteas, 58, 59, 61.
— Barbotins, sacerdos, 86.
— Bastardus, 43.
— Bernardus, senior de Colungiis, 91.
— Bistardea, 85.
— de Boiz, 104.
— Bonar (frater), templarius, 99.
— vicecomes Brociarum, dominus Pozaugiarum, 99, 101, 102 ; dominus Alperusiensis, 102.
— de Brosiliis, 86.
— de Canta Merula, 91.
— miles, dominus Castellionis, 46.
— Catuis, miles, 86.
— de Cerezyo, clericus, 106.
— Chabot, 66.
— Chaicetel, 85.
— Charruns, 62.
— Chastegnerius, dominus Castanarie, 97.
— de Clichon, miles, 86.
— de Doaciis, 39.
— de Flocellariis, miles, 89.
— dominus de Foresta super Separiam, 100, 105, 106.
— Galant, 99.
— Geoz, 70.
— Giraldi, senescallus Willelmi de Malleone, 83.
— Gouin, al. Gouini, 65, 68.
— Jambuez, 68, 70, 71.
— Landri, capellanus, 70, 71.
— de Malleone, dominus Thalmundi, 82.

Guillelmus de Mirebello, 38, 46, 83.
— de Molli Campo, miles, 88.
— de Monte, 59.
— Normandellus, 82.
— Papin, 84, 100, 102.
— Paumer, 109, 110.
— li Petit, 64.
— de Petra, 29.
— Poers, 59, 69.
— dau Poyzat, 110.
— Radulfi, 81.
— Raimunt, miles, 99.
— Ropardi, 66.
— Rosea, miles, 84.
— de Sancto Georgio, 63, 64.
— de Sarberge (frater), 61.
— Segebrandi, 62.
— de Sonaio (frater), preceptor domorum Templi in Aquitania, 105.
— Tabaris, 59.
— Tornamina, 9.

Guillelmus Travers, 61, 68.
— de Vergna, 108.
— Villani, 65.
Guilloys, 113, 114.
Guinemannus, prior Sanctæ Radegundis, 36.
Guion (G.), 89.
Guischarde de Bourbon, abbesse de la Trinité de Poitiers, 263, 264.
Gunbaldus, Gunbaudus, 27, 28.
Gunterius, 6, 11, 24, 300, 303, 304, 305.
Guron (M^r de), gouverneur de Marans, 251.
Gusum (Giraudus de), 42.
Guyenne (pays de), 145, 147, 198, 314, 316.
Gyraut, 323.
Gyvès (l'abbé de), 141.

H

Habitis (domus Hospitalis de), 113; les Habites, c^{ne} d'Apremont, c^{on} de Palluau, Vendée.
Habaliz de Malleone, uxor Guidonis vicecomitis Thoarcii, 108.
Hamcourt (le s^r de), 156.
Hamelinus (frater), preceptor de Landa Alba, 93.
Hanau, 237; ville d'Allemagne.
— (le comte de), p. 242.
— (Mlle de), 281, 285, 287, 290.
Harpini (Theobaldus), miles, dominus de Frogeriis, 103.
Hébert (François), 175.
Hecfredus, abbas Lucionensis, 119.
Heidelberg, 217, 237; grand-duché de Bade; Allemagne.
Heldra, 27.
Heloys, filia B. Montis Acuti, 90.
Henri III, roi de France, 294, 319, 327, 328.
— IV, roi de France, 135, 207.
Herbertis (Guido de), 81, 82.
Herbertus, filius B. Montis Acuti, 90.
Herbiers (les), 82; Vendée.

Herveus, al. Arveus de Marolio, 60, 61.
Heustachia, domina Camilliaci et Mauritaniæ, 87.
Hiberni Piri prædium, 57.
Hilaire (saint), 298.
Hilaria, filia Berengerii Astanova, 40.
— germana A. Roeas, 97.
Hilarius, capellanus, 72.
Hillayreau, 323.
Hisael, V. Isael.
Honorius papa III, 93.
Hospitalis Jerosolimitani domus, al. Sancti Johannis Jerosolimitani, 80, 81, 82, 85, 86, 90, 94, 95, 97, 104, 115. — Pour les commanderies de cet ordre, V. Alneia, Faiole, Habitæ, Mons Acutus, Praeles.
Hubelinus, filius R. de Argentum, 71.
Hubertus Filletea, 72.
Hugo, abbas Cluniacensis, 21.
— canonicus Sancti Nicolai, 27, 31, 36.
— præpositus, 43, 300, 304.

Hugo, prior Sancti Nicolai, 27, 29, 31, 41, 43.
— vicecomes Castelli Airaudi, 14, 32.
— de Boscho, dominus Cante Merule, 96.
— de Ceres, 80.
— de Cohec, 25.
— Gifardi (frater), præceptor domorum Templi in Aquitania, 110.
— de Liziniaco, 14.
— Lunelli, miles, dominus de Bazogiis, 104, 109.

Hugo de Ozaio, 123.
— de Thoarcio, al. de Thoarthio, dominus Montis Acuti, 81, 82, al. dominus Montis Acuti et Ganapie, 85, 86.
Humbertus, V. Umbertus.
Hunfredus, archidiaconus Thoarcensis, 62.
Hurault (Anne), marquise de Royan, en secondes noces comtesse de Bury, 227, 228, 244.

I

Iderius, miles, 39.
Iguerandum nemus, 57 ; *Ingrande, c^ne de la Réorthe, c^on de Sainte-Hermine, Vendée.*
Ile-Bouchard (l'), 189, 222 ; *Indre-et-Loire.*
Imalricus, canonicus Sancti Nicolai, 27, 28, 31, 36, 44, 45.
Ingolins, 7, 11 ; *Angoulins, c^on de la Rochelle.*
Ingrande (P. d'), 72.
Innocentius papa II, 56.
Irland de Beaumont (Charles), maire de Poitiers, 236.
— (Jean), conseiller au parlement de Bretagne, 236.
Isael, al. Hisael, 27, 28, 31.
Isembertus, filius Berengerii Astanova, 40.

Isembertus, episcopus Pictavensis, 14, 16, 18, 19, 25, 35.
— de Castello Aillon, al. Ailonensis, 7, 11, 30.
Isle (le seigneur de l'), 147 note.
Isle-Chauvet (l'), 112 ; *c^ne de Bois-de-Céné, c^on de Challans, Vendée.*
Isle de Monz, 112 ; *Notre-Dame-de-Monts, Saint-Jean-de-Monts et la Barre-de-Monts, c^on de Saint-Jean-de-Monts, Vendée.*
Isle des Oyes, 112 ; *Ile d'Yeu, Vendée.*
Isome, 176.
Issoudun, 146 note ; *Indre.*
Iterius, 45.
— de Cohec, 26.

J

J. clericus, 86.
J. prior de Castro Lebault, 72.
J. prior Castri Radulfi, 72.
Jacoby, 208.
Jambe d'Asnes (terragerie de), 313 ; *près Cissé, Vienne.*
Jambuez (Willelmus), 68, 70, 71.
Jamet (François), 216.
Jamin (Etienne), 149, 150.
Jamine (Louise), 149, 150.
Janoillac (Jean de), 152.
Jaonicia, V. Jaunaia.
Jarigia, villa, 36, 46.

Jarries (les), 112 ; *près Challans, Vendée.*
Jaunaia, al. Jaunacia, 56, 57, al. Jaonicia, 55, 56.
Jaureguy (Juan), 205.
Jean, duc de Berry, 125, 126.
Jérusalem (roi de), 312.
Jezellas villa, 36 ; *Chézelle, c^ne de Thurageau, c^on de Mirebeau.*
Jherosolima, 65 ; *Jérusalem.*
Joaneres (forte Jaonicia ?), 69.
Johanna, 74.
— uxor R. de Argentum, 71.

Johannes, archipresbyter, 121.
— canonicus Sancti Nicolai, 27, 28, 31, 36, 44, 45.
— canonicus Sancti Petri Pictavensis, 38.
— capellanus Templi, 87.
— diaconus cardinalis Sanctæ Romanæ Ecclesiæ, 22.
— mercator, 63, 64.
— pellitarius, 55.
— Balfredi, 26.
— Bedis, 95.
— de Bersona, 109.
— Cochinea, al. Cochoneas, 97, 98, 108.
— Coneus, 61.
— Dalancon, cancellarius Ricardi, regis Angliæ, 121.
— Decanus, clericus, 70
— Galobea, 107.
— Grinberti, 62, 67.
— Guerri, 85.
— Isaelis, 28, 31.
— Mareschallus, 65.
— Martinau, 95.
— de Monte Gosmeri (frater), prior Hospitalis in Francia, 104.
— Morellus, 113.
— de Motas, capellanus, 70.
— de Motis, 58, 59, 61.
— Papart, 82.
— Paumer, 109, 110.
— Pistore, 97.
— Pulchras Manus, episcopus Pictavensis, 64.
— Racondet, 105.
— Rezis, 96, 100, 102.
— Simonis, serviens, 41.

Johannes de Sotters, miles, 96.
— lo Tamiser, 101.
— de Thoarcio, serviens W. de Malleone, 83.
— Viviani, 25.
Joia la Martinele, 94.
Joigny, 181 ; *Yonne.*
Jordeine (la), 109.
Jorigni (M^r. de), 291, 292, 293.
Jornal (Arnulfus), 42.
Josbertus Barboteas, 60.
Joscelinus, filius B. Montis Acuti, miles, 90.
Joseph de Paris (frère), provincial des Capucins de Touraine, 251.
Josmarus, 44.
Jouarre, 205, 209, 214, 215, 230 ; c^{on} *de la Ferté-sous-Jouarre, Seine-et-Marne.* — Abbesses de Jouarre, V. Bourbon (Jeanne de), Bourbon-Montpensier (Charlotte de), Trémoïlle-Royan (Marie-Marguerite de la).
Joyeuse (le cardinal de), 239, 248, 249, 255.
— (Henriette-Catherine de), duchesse de Montpensier, 250.
Jucal (P.), 81.
Judicael, 55, 56.
Juigné de Locé, à Angers, 141, 142.
Juliana de Bretulio, sanctimonialis Fontis Evraudi, 56.
Jure (Louis), 149, 150.
Jussun (Ranulfus de), 85.
Juye (Franciscus), professor in Universitate Pictavensi, 317.

K

Kamiquiers, 89, al. Quamiquiers, 90, et Quemiquiers, 111, 112 ; *Commequiers,* c^{on} *de Saint-Gilles-sur-Vie, Vendée.*
Karalouet (Jehan de), écuyer, 308.
Karimel (Geoffroy de), chevalier, 308.

Katerina, 56.
— filia... Poer, 69.
Katherina, filia B. Montis Acuti, 90.
— uxor Willelmi, domini de Foresta super Separiam, 101.
Kinschot (G. de), 280.

L

Lacq (le), 315; *le Lac, près Villiers, Vienne.*
Laidet (Pierre), 175.
Laigneau (Pierre), 158, 161 note.
Laigneron, al. Leigneron (l'aigue dau), 111, 112 : *le Ligneron, rivière, affluent de la Vie, Vendée.*
Lairet (Francus de), 42.
Lalain (Jacob), écuyer, 308.
Lalande (le seigneur de), 147 note.
Lambertus, episcopus Engolismensis, 55.
— Papinus, 59.
La Mote (le capitaine), 135.
Landa Alba (domus Templi de), 93; *Lande-Blanche, c^{ne} de Belleville, c^{on} du Poiré-sous-la-Roche, Vendée.*
Landri (Willelmus), capellanus, 70, 71.
Landricus Audemer, procurator domus Hospitalis de Monte Acuto, 81.
Lansac (le seigneur de), 147 note.
Lardeyria, al. la Lardere, 96; *les Lardières, c^{ne} des Moutiers-sous-Chantemerle, c^{on} de Moncoutant, Deux-Sèvres.*
Lateranense concilium, 56.
Laugerie, 175; *c^{ne} de Rouillé, c^{on} de Lusignan, Vienne.*
Laval, 228, 254, 257, 295.
Layné (Jacobus), professor in Universitate Pictavensi, 317.
Lectoure, 174 note; *Gers.*
Legouz, 179.
Le Mercier (Jehan), trésorier des guerres, 307.
Le Mire (J.), 126.
Lemossinea (Aymericus), 74.
Lemoyne (Richart), 196, 200.
Lenville lès Marcillac, 148; *c^{ne} de Marcillac-Lanville, c^{on} de Rouillac, Charente.*
Léon (le roi de), 183.
Léon de Cursac, 27.

Leporaria terra, 120; *la Lévrière, village, c^{ne} de Pissotte, c^{on} de Fontenay, Vendée.*
Leprévost, 149, 154.
Lesignein (Gaufridus de), 123.
Lespines (M^r de), 267.
Letardi (Rainaldus), 25.
Letgerii (Gaufredus), 25.
Letgerius de Rufiaco, 26.
Lévesque (Pierre), sire de Saint-Hermyne, 84.
Lezigniaco (Gaufridus de), dominus Volventi, 98; — dominus Volventi et Mareventi, vicecomes Castri Eraudi, 107.
Libaud, 57, al. Libaudi vel Lebaudi domus vel castellum vel prioratus, 55, 57, 58, 72; V. Castrum Libaudi. *Libaud, c^{ne} de la Réorthe, c^{on} de Sainte-Hermine, Vendée.*
Libourne, 145; *Gironde.*
Liége, 172; l'évêque de —, 171.
Limoges (évêque de), 16, 20; V. Guillelmus.
Lisous, canonicus Sancti Nicolai, 31.
Liziniaco (Hugo de), 14.
Locke (J.), 140.
Lodoicus, 35.
Lodonolium, Lodonium, 6, 11, 29; *Louneuil, c^{ne} de Jaulnay, c^{on} de Saint-Georges, Vienne.*
Loduinus, 34.
Loère (de la), 151, 167.
Loges de Fontenay-le-Comte (les), 324.
Lohers (Raginaudus), 82.
Loire, rivière, 155, 313.
Lombard, famille de Fontenay-le-Comte, 130.
Lombez (l'évêque de), 183, 184, 185.
Loménie (de), secrétaire d'État, 248.
Londigny (M^r de), 263.
Longe Reye (Pas de), 112.
Longwy (Madeleine de), abbesse du

Paraclet d'Amiens, 206, 294.
Loochristy, dépendance du monastère de Saint-Bavon de Gand, 206.
Lormont, 146; c°n du Carbon-Blanc, *Gironde.*
Lorraine (Charles de), duc d'Elbeuf, 207.
— (Jeanne de), coadjutrice de l'abbesse de Jouarre, 238.
Losdunenis (Gauterius), 45.
Lostanges (François de), s' de Palhiez, 226.
Loudun, 273; *Vienne* ; V. Losdunensis.
Louis, duc d'Anjou, 312.
— duc de Bourbon-Montpensier, 205.
— (saint), roi de France, 123.
— VII, roi de France et duc d'Aquitaine, 56.
— XI, roi de France, 148, 149, 150, 151, 152, 154, 156, 157, 158, 159, 160, 162, 163, 165, 167, 170, 172, 174, 175, 176, 179, 180, 182, 183, 184, 185, 186.
— XII, roi de France, 187, 188, 190, 191, 192, 193, 195, 196, 198, 201. 327, 328, 330.
— XIII, roi de France, 296, 322, 323, 327, 328.

Louis XIV, roi de France, 327, 328, 329, 330, 331.
— XV, roi de France, 329, 330, 332.
Lozoicus de Chiniciaco, 38.
Lucaium, 58; Luchaium, 61, 62, 63, 66; Luthaium, 63; Lucai, 68; Luchai, 69. V. Barra.
Lucas, 101.
— de Salebon, 84.
Lucia, uxor P. Villani, 66.
Luchec (Petrus de), 37.
Luco (terra de). 6. 10. 31 ; — de duobus Lucis, 9, 44 ; *le Puy de Luc, territoire, c*ne *de Migné, près° Poitiers.*
Luçon, 321, 322, 323 ; *Vendée.* — (abbé de), V. Hecfredus ; — (évêque de), 320, 322; — (chapitre de), 321, 323.
Lude (du), gouverneur du Poitou, 133.
Lugres (Jeanne de), 127.
Luneau (J.), 323.
Lunelli (Hugo), miles, dominus de Bazogiis, 104, 109.
— (Theobaldus), miles, 109.
Lusignan, 189 ; V. Lesignein, Leziniaco (G. de), Liziniaco (H. de) ; — (capitaine de), 153, 172 note, 173 note.

M

Mabilia de Castello, sanctimonialis Fontis Evraudi, 56.
Macheco (Garsias de). 57.
Maillay, 282 ; *Maillé, c*on *de Vouillé, Vienne.*
Maillezais, V. Malleacense cœnobium ;
— (évêques de), V. Masle (Jean le), Teodelinus.
Maine (le), 175, 200.
— (M'. du), 262.
— (le comte du), 153. 159, 161, 312.
Maingaudus, 25.
Maingodus de Metlo, 19.
Maingoti (Simon), 38.

Mairac (terra de) in insula Oleriolo, 43 ; *Meré, c*ne *de Dolus en l'île d'Oléron.*
Maireventi castrum, 123 ; *Mervent, c*on *de Saint-Hilaire-des-Loges, Vendée.*
Maison-Neuve (le sieur de la), 230, 286.
Maitresse (Aldeardis la), 75.
Mala Lepora, 87 ; *Mallièvre, c*on *de Mortagne-sur-Sèvre, Vendée.*
Mala Sorex (Robertus), 56.
Malebrario (Andreas de), 82.
— (R. de), maritus Eutachie, domine Mauritanie, 88.

— 397 —

Malestroit (Jehan de), chevalier, 307.
Malicorne (J. de Chourses, seigneur de), 220.
Malileonis (Gaufredus), 9.
Malleacensis (coenobium Sancti Petri), 35, 36 ; *Maillezais, Vendée.* — Abbas, V. Goderannus.
Malleone (castrum de), 83 ; Malus Leo, 89 ; *Mauléon, aujourd'hui Châtillon-sur-Sèvre, Deux-Sèvres.*
— (domus Templi Sancti Salvatoris de), al. prope Malleonem, al. de Maleonio, 84, 87, 88, 104, 106, 107, 108, 109, 111 ; *le Temple, c^{on} de Châtillon-sur-Sèvre, Deux-Sèvres.*
— (Habaliz de), uxor Guidonis, vicecomitis Thoarcii, 108.
— (Willelmus de), dominus Thalmundi, 82.
Malo Leone (Savaricus de), dominus Alperusiensis, 91, 92, 97.
— (Willelmus de), 122.
Malus Sangis, 59.
Manignus, 36.
Mans (le), 196.
Marans, 140 ; *Charente-Inférieure.*
Marche (comte de la), 123, 151 ; V. Aldebertus, Armagnac (Jacques d'), Boso.
— (gouverneur de la basse), 319.
Marches (lieutenant du roi ès basses), 307.
Marcherius, prior Sanctæ Radegundis, 19.
Marciaco (Thomas de), miles, 39.
Marcus, abbas Monasterii Novi, 9, 39, 46.
Mareschallus (Johannes), 65.
Mareventum, 107 ; *Mervent, c^{on} de Saint-Hilaire-des-Loges, Vendée.*
Margarita, uxor Hugonis de Thoartio, 85, 86.
— Montis Acuti, 82.
Maria, uxor Stephani Cochunneas, 104.
Mariau, fermier de la maison de la Trémoille, 267.
Marie de Médicis, 272.
Marie Stuart, reine d'Ecosse, 132, 133.
Marmoutiers (l'abbé de), 190.
Marolio (Brunus de), 60.
— (Herveus, al. Arveus de), 60, 61.
— (decanatus de), 71, 72.
Marquet (Guillaume), commis à la recette des aides en Poitou, 124.
Marquisia, uxor G. Gauvegneas, 67, 68.
Marsilia, uxor A. de Faolia, 58.
Martin (André), notaire, 314.
Martinau (Johannes), 95.
Martinele (Joia la), 94.
Martini (Stephanus), 63, 64.
Martinus, cellerarius Orbisterii, 56.
— cellator, 28.
— monachus Monasterii Novi, 39.
— de Arbergamento, al. de l'Erbergement, 64, 65, 66, 67, 70.
Martinus, salinarius, 44.
Masle (Jean le), évêque de Maillezais, 129, 130.
Masseuil, 313 ; c^{ne} *de Quinçay, c^{on} de Vouillé, Vienne.*
Masure (M^r. de la), secrétaire de la maison de la Trémoille, 246, 247, 273, 280.
Le Masurier, maître des requêtes, 250, 254.
Mathildis, subpriorissa Fontis Evraudi, 56.
Mattheus Foresters, 88.
Mauduric (M^r. de la), 224.
Mauge, al. Maugie (frater Salomon de), preceptor Templi Sancti Salvatoris de Malleone, 84, 87, 88.
Maugendre (W.), 84.
Mauricius, filius B. Montis Acuti, 90.
— canonicus Sancti Nicolai, 27, 30, 31.
Mauritania, al. Moritania, 80, 81, 87, 88 ; *Mortagne-sur-Sèvre, Vendée.*
Mausiacum, 7, 11 ; *Mauzé, Deux-Sèvres.*
Maximilla, uxor A. Berners, 69.
Meaux, 172 ; *Seine-et-Marne.*
Mediolani comes, 308, 310. V. Milan.

Médoc (le), pays, 145.
Megne (Gaufridus), 67.
Mehun, 157 ; *Mehun-sur-Yèvre, Cher.*
Meilleraie (Mr. de la), 283.
Meinnart (A.), 84.
Mella (Chalo de), archidiaconus, 55.
Menard, al. Menardi (Aimericus), 58, 61, 63.
Menardus de Ognetis, 58, 62, 63.
Mervent, V. Maireventum, Mareventum.
Meschinus (Bernardus), 25.
Mesme (J.), 180.
Metlo (Maingodus de), 19.
Mettayer (Jean), imprimeur et libraire, 136.
Meun-sur-Loire, 163 ; *Meung-sur-Loire, Loiret.*
Meurin, 162, 163, 172.
Michael, sacerdos de Sancto Georgio, al. de Sancto Jurio, 58, 70, 71.
Milan, 324 ; — (comte de), 308, 310 ; — (duc de), 182, 183.
Milliaco (Petrus de), sacerdos, frater Fontis Evraudi, 57.
Milo, 37.
— elemosinarius Ricardi, regis Angliæ, 121.
Milon (Pierre), médecin de Henri IV et de Louis XIII, 260.
Milventus (Constantinus), 36.
Mirabel, Mirabellum, castellum, 33, 34, 35, 45 note. *Mirebeau, Vienne.*
Mirebello (Guillelmus de), 38, 46, 83.
— (Rotbertus de), 25.
Misère, 133.
Mollerum, al. Moleron, 108, 109 ; *Mouilleron-en-Pareds, con de la Châtaigneraie, Vendée.*
Molli Campo (Gaufridus de), miles, 88.
— (Guillelmus de), miles, 88.
Monasterium Novum, ecclesia Sancti Johannis Evangelistæ, 9, 17, 18, 19, 20, 21, 38, 46 ; *abbaye de Montierneuf, à Poitiers.* Abbates, V. Geraldus, Guido, Marcus.
Monceau (Mr. du), secrétaire de Mme de la Trémoille, 273.
Monciacum, 123 ; *Monzay, cne de Villiers-en-Plaine, con de Coulonges, Deux-Sèvres.*
Moncontour (forteresse de), 307 ; *Vienne.*
Mons Acutus, 81, 82, 85, 90, 114 ; Mont Agu, 115, 116. *Montaigu, Vendée.* — Domus Hospitalis, al. burgum, al. vicus Hospitalis, al. borc de l'Hospital lez Mont Agu, 81, 85, 86, 90, 114, 115.
Mons Beraudi, 68. V. Podium Beraudi.
Monsieur, frère de Louis XIII, 295.
Mons Tamiserius, 8 ; Montamiser, ecclesia sancte Marie, 28 ; *Montamisé, con de Saint-Georges, Vienne.*
Montagnes (le bailli des), 168.
Montaigu, 273, 299 ; *Vendée.* V. Mons Acutus.
Montargis, 159, 160, 161 ; *Loiret.*
Montauban (évêque de), V. Fenoillet (Pierre).
Monte (Guillelmus de), 59.
Monte Acuto (B. de), dominus de Quamiquiers, 89, 90.
— (Margarita de), 82.
Monte Gosmeri (frater Johannes de), prior Hospitalis in Francia, 104.
Montferrant, 146, 147 note ; *con du Carbon-Blanc, Gironde.*
Montferrat (Pierre et Bertrand de), 147 note.
Montfort (le sire de), 190.
Montilz-lès-Tours, 170.
Mont Léon (Guillelme de), chanoine de Saintes, archiprêtre de la Rochelle, 84, 85.
Montlhéry, 154, 155, 156, 157 ; *con d'Arpajon, Seine-et-Oise.*
Montluçon, 146 note ; *Allier.*
Montmorency (Jeanne de), duchesse de la Trémoille, 213.
— (Marguerite de), duchesse de Ventadour, 251.
Montmorillon, 151, 168 note ; *Vienne.*
Montpellier (université de), 325.

Montpensier, V. Bourbon-Montpensier.
Montreuil-Bonnin, 124 ; V. Mosteriolo (B. de).
Morandi, al. Moranz (Giraudus), 66, 67.
Morandus (Constantinus), 44, 45.
Morellus (Johannes), 113.
Morineau, 323.
Moritania, V. Mauritania.
Mornac, 315, 316 ; c^{on} de Royan, Charente-Inférieure.
Morre (frater Gaufridus), sacerdos, magister Hospitalis, 86.
Mosteriolo (Borellus de), 7, 11, 43 ; Montreuil-Bonnin, c^{on} de Vouillé, Vienne.

Mota, villa in insula Oleriolo, 43.
Motes (Jehan des), garde du scel, 314.
Mothe (la), 194 ; la Mothe-Saint-Héraye, Deux-Sèvres.
Mothe-Freslon (la), 134.
Motis (Johannes de), 58, 59, 61 ; capellanus, 70.
Moulin-Billaud (Aulbin Rapin, s^r du), chanoine de Luçon, 321.
Moulins (Anne de), dame de Villoutreys, 250.
Moulins (Jehan de), 149, 150, 157, 158, 165.
Mourant (Colas), 164.
Mulonnier, 323.

N

Nalier, 105 ; Nalliers, c^{on} de l'Hermenault, Vendée.
Nanteil (frère Ythier de), prieur de l'Hôpital de Saint-Jean en France, 115.
Nantes, 313.
Narbonne (l'archevêque de), 166.
Nassau (Amélie de), duchesse de Landsberg, 217, 285.
— (Anna de), comtesse de Nassau, 205.
— (Catherine-Belgie de), comtesse de Hanau, 232, 242.
— (Charlotte-Brabantine de), duchesse de la Trémoille, 203.
— (Élizabeth de), duchesse de Bouillon, 209, 211, 212, 294 ; désignée par ces mots : « la bonne sœur à nous deux », 215, 217, 218, 219, 220, 221, 222, 226, 232, 234, 236, 238, 240, 241, 247, 249, 250, 252, 254, 259, 266, 274, 275, 285.
— (Flandrine de), abbesse de Sainte-Croix de Poitiers, 203-296.
— (Guillaume-Louis, comte de), 205.
— (Henri de), 215, 268, 280.
— (Jean de), 208.

Nassau (Louise-Julienne de), femme de Frédéric IV, électeur palatin, 219.
— (Maurice de), 205, 207, 268.
— (Philippe-Guillaume de), 205.
Neelle, 166.
Nemours (le duc de), 156.
Nestorius, 297, 298.
Neuville (de), 138.
Nevers (le comte de), 156.
Neuilly, 226 ; Seine.
Nicholaus, sacerdos, 56.
Niolio (Chabot de), 61 ; Nieuil-sur-l'Autise, c^{on} de Saint-Hilaire-des-Loges, Vendée.
Niort, 91, 124, 135, 146 note, 164.
Noer (li), al. les Noes, al. Noïs, 57, 63, 65 ; les Noyers, c^{ne} de la Réorthe, c^{on} de Sainte-Hermine, Vendée.
Nogent-le-Roy, 150.
Nonetensis (frater Thomas), templarius, 91.
Normandellus (Guillelmus), 82.
Normandie (le sénéchal de), 155.
Normandus, 38.
Nouaillé (abbé de), V. Bertramnus.
Noue (Odet de la), 324.
Noyon, 173 ; Oise.

O

Oda, uxor Bernardi, 27.
Odelinus, 26.
Odilo, canonicus Sancti Nicolai, 27, 29, 31, 41 ; — cantor , 43.
Oggisius, seu Otgisius, præcentor Sancti Hilarii, 23.
Ognetis (Menardus de), 58, 62, 63.
Oleriolum insula, 43 ; *Ile d'Oléron, Charente-Inférieure.*
Oleronum castrum, 44 ; ecclesia Sanctæ Mariæ, 45 ; *le Château d'Oléron.*
Oliarum terra, 123 ; *les Oullières, village, c^{ne} de Mervent, c^{on} de Saint-Hilaire-des-Loges, Vendée.*
Orange (Guillaume le Taciturne, prince d'), 204, 205.
— (Frédéric, prince d'), 208.
— (Louise de Colligny, princesse d'), 203, 207, 212.
Orbisterii monasterium, 55, 56 ; *Saint-Jean d'Orbestier , c^{ne} du Château-d'Olonne, c^{on} des Sables-d'Olonne, Vendée.* — Abbas, V. Fulcherius.
Orceau (S.), procureur fiscal de Luçon, 323.
Orfeuille (Jean-Pierre d'), chevalier, 318 note.
Orléans, 158, 162 ; université, 325.
Orris, 58, 63, 65.
— (Gaufridus), 69.
Otbertus, 29, 30.
Otgerius, præpositus Sancti Martini, 36.
Oulmes, 135 ; *c^{on} de Saint-Hilaire-des-Loges, Vendée.*
Ozaio (Hugo de), 123.

P

P. nepos Germundi de Forgis, 89.
Paganus-Bodin, 60.
— Raganers, al. Raguener, al. Ragoini, 58, 59, 68.
— Triqueng, 60.
Paillers (Willelmus), burgensis, 306.
Paludellus, 74.
Panetus (Acfredus), 33, 34.
Papart (Johannes), 82.
Papin (Willelmus), 84, 100, 102.
Papinus (Lambertus), 59.
Parabère (M^r. de), gouverneur du Poitou, 323.
Paracinsis (Stephanus), 37.
Paris, 153, 154, 155, 156, 157, 158, 160, 167, 168, 176, 201 ; — (université de), 325, 327.
Parthenay, 19, 122, 170, 177, 181 ; *Deux-Sèvres.*
Parthenay-l'Archevesque (Jean de), 324 note.
Pasavanto (Berlaius de), 9.
Pascalis papa II, 45, 46.
Pâtis (le), 122 ; *c^{on} de Fontenay, Vendée.*
Patrault (Pierre), 172 note.
Paumer (Johannes), 109, 110.
— (Guillermus), 109, 110.
Peleful molendinum, 57 ; *Poêlefeu, c^{ne} de la Réorthe, c^{on} de Sainte-Hermine, Vendée.*
Pelegrinus, 92, 100.
Pendilles (Berengerius), 40.
Perata (Gerardus de), miles, 122.
Peregrinus Rogenitelli, 102, 103.
Perer (Tomas do), 88.
Péronne, 171, 172 ; *Somme.*
Perraudière (le s^r), 295.
Petit (Guillelmus li), 64.
Petra (Guillelmus de), 29.
Petronilla, mater P. Rustici, 70.
— abbatissa Fontis Evraudi, 55, 56, 57.
Petrus, 31.
— archidiaconus Pictavensis, 17, 18, 19 ; episcopus Pictavensis, 19, 21, 46.

Petrus archidiaconus Thoarcensis, 305.
— clericus Sancti Petri Puellensis, 41.
— subdecanus Sancti Hilarii, 25.
— vices tenens decani, 121.
— Alon, al. Alun, al. Alum, 91, 100, 102.
— Alperusiensis, al. de Alperusio, 91, 92, 102.
— Barba Rufa, 70.
— Barboteas, 58, 62, 63.
— Baude, al. Baudet, al. Baudez, 64, 66, 67, 69.
— Bedareren, al. Beidarrere, al. Beidererei, 58, 65.
— de Briderio, 14, 42, 43.
— Bruns, 60.
— Canuttus, 82.
— Chalantuns, 65.
— Costenceau, 87.
— Couez, sacerdos, 71.
— Episcopi, dominus Sancte Hermine, al. de Sancto Hermete, 72, 84, 94; al. dominus Bornezelli, 95.
— dominus de Ganaspia, 114.
— Grenarius, 59.
— Guichart, 82.
— de Luchec, 37.
— de Milliaco, sacerdos, frater Fontis Evraudi, 57.
— de Raorta, 58.
— de Rialmodio, sutor, 74.
— Rusticus, 70.
— de Sancto Johanne, 25.
— Seguinos, decanus de Marolio, 71, 72.
— de Tire, 63.
— de Torgne, 69.
— de Traiant, miles, 82, 86.
— Travers, al. Traversus, 58, 61, 63, 64, 65, 66, 67, 68, 70, 71.
— Troneas, 60, 61.
— Tronellus de Raorta, 57.
— Veers, 82.
— de la Venderie, 109.
Peux de Cissec, château, 312; à Cissé, c^{on} de Neuville, Vienne.
Philippa, uxor Guillelmi, ducis Aquitanorum, 8.

Philippe II, roi d'Espagne, 207.
— Ier, roi de France, 26, 35.
— Auguste, roi de France, 122.
— le Beau, 188 note, 192 note.
Piau (J.), 84.
Picardie (la), 173.
Pictavis, 56, 318; Poitiers. — Pictavensis ecclesiæ archidiaconi, V. Petrus, Radulfus; — decanus, V. Aimericus. — Pictavense forum seu mercatum, 7, 8, 10, 13, 14, 23, 32, 33, 35, 42, 44, 45. — Pictavensis moneta, 6, 11, 299.
Piémont (comte de), 312.
Pierre-Blanche (la), 139.
Pigrea (Stephanus), 74.
Pipaldus (Aimericus), 41.
Piri Hiberni prædium, 57.
Pise (Joseph de la), 208.
Pistore (Johannes), 97.
Plantas (terra ad), 66, 70; les Plantes, c^{ne} de la Réorthe, c^{on} de Sainte-Hermine, Vendée.
Plentiva, uxor G. Baude, 64.
Plessis (Mlle du), 281.
Plessis du Parc (le), 174, 182, 184, 186; près Tours.
Poaut (frater Michael de), 58, 59, 61, 65.
Podium Beraudi, 58. V. Mons Beraudi.
Poer, al. Poerii, al. Poers (Aimericus), 66, 67, 69, 70.
— (Gaufridus), 66, 67, 69, 70.
— (Guillelmus), 59.
— (Radulphus), 59, 61, 63, 66, 67, 70.
— (Willelmus), 69.
Poitiers, 145-201. V. Pictavis. — Évêques, 159, 299; V. Alboin, Guillelmus Aleelmi, Isembertus, Johannes Pulchras Manus, Petrus, Saint-Belin (Geoffroi de). — Parlement, 325. — Université, 317, 318, 324, 332. — V. Monasterium Novum, Sanctæ Crucis, Sanctæ Mariæ Majoris, Sanctæ Radegundis, Sancti Cypriani, Sancti Hilarii, Sancti Nicolai, Sancti Pauli, Sancti Petri Puellensis ecclesiæ vel monasteria; Trinité (abbaye de la).

26

Poitiers-Saint-Vallier (famille de), 218.
Poitou, Pictavus pagus, 23, 303, 312. Comté, 132, 133. — Comtes, V. Gaufridus, Guillelmus. — Sénéchal, 151, 158 note, 161 note, 164, 170, 172, 175, 188.—Sénéchaussée, 194.—Gouverneur, 323. — Bas-Poitou, 134.
Poltiniacus, locus, 36.
Pommiers (le sire de), 147 note.
Pons (François de), 189.
Pont-Habert, 112 ; c^{ne} de Sallertaine, c^{on} de Challans, Vendée.
Porhouet (Olivier de Clisson, seign. de), 126.
Porte (Charles de la), s^r de la Meilleraie, 282, 283, 284.
Posdrea (Audebertus), 64.
Pougues en Nivernais), 222.
Pouille (duc de la), 312.
Poupincourt (Jehan de), 166.

Poussart du Vigean (Anne), dame de Saint-Germain-Beaupré, 274.
Poyzat (Guillermus dau), 110.
Pozaugiæ, 91, 92, 99, 101, 102, 109. Pozaugium, 84 ; *Pouzauges, Vendée.*
Praeles (domus Hospitalis de), 81 ; *Prailles, c^{ne} de Saint-Martin de Sanzay, c^{on} de Thouars, Deux-Sèvres.*
Prégent (Philippe), 173 note.
Prézeau, juge de paix de Maillezais, 119.
Prou, fermier de Sainte-Croix, 288.
Prouillé (Mme de), religieuse de Jouarre, 253.
Provence (comte de), 312.
Puteolis (terra de), 6, 10 ; *Pouzioux, c^{ne} de Vouneuil-sous-Biard, c^{on} de Poitiers, sud.*
Puy (le), 181 ; *Haute-Loire.*
Pychard, 133.

Q

Quadruvio (masurau de), 63, 64.
Quamiquiers, 90 ; Quemiquiers, 111, 112. V. Kamiquiers.

Quercu (terra de), 60.
Qui non ridet (Arnaudus), archidiaconus, 55.

R

Rabault, médecin, 281.
Racondet (Johannes), 105.
Radegundis, uxor Guilloys, 113, 114.
Radulfi (Willelmus), 81.
Radulfus seu Radulphus, filius Garsiæ de Macheco, 57.
— filius R. de Argentum, 71.
— archidiaconus Pictavensis, 17, 18.
— cultor, 64, 65.
— Arpinus, miles, 103.
— de Barra, 71.
— Bubulcus, 66, 67, 68.
— Clocarius, 25.
— Grinberti, 61.

Radulfus Poers, al. Poerii, 59, 61, 63, 66, 67, 70.
Raelius (Gaufridus), clericus, 105.
Raganers, al. Raguener, al. Ragoini (Paganus), 58, 59, 68.
Raginaldus, Reginaldus, Raynaldus, abbas Sancti Cypriani, 16, 17, 18, 19, 21.
Raginaudus, filius Hugonis de Ceres, 80.
— capellanus, de Ceres, 81.
— Bechet, 85.
— de Coceio, 55.
— al. Renaldus, al. Renaudus Gauterii, al. Galterii, al. Gauters, prior de Castro Lebaudi et de Lu-

chaio, 59, 60, 62, 63, 64, 65, 66, 67, 68, 69, 70, 71.
Raginaudus Grinberti, 67.
— de Grua, al. de Gruia, 58.
— Lohers, 82.
— de Vinosa, 85.
Raimunt (Guillelmus), miles, 99.
Rainaldus, Rainaudus, 38, 39.
— filius Berengerii Pendilles, 40.
— canonicus Sancti Nicolai, 36.
— de Contest, 6, 8, 24.
— de Dociaco, miles, 39.
— Guiberti, 25.
— Letardi, 25.
Rainaudus de Seneciaco, 38.
Rainerius, canonicus Sancti Nicolai, 31.
— Rufus, 38.
Rammoia (J. de), miles, 99.
Ramnulfus, canonicus Sancti Nicolai, 27, 31, 41.
— capicerius, 26.
— episcopus Santonensis, 46.
— meditarius, 43.
— de Corum, 42.
Ranfray (G. M. et P.), 323.
Ranulfus de Jussun, 85.
Raorta, 57; Roorta, 72; Roorte, 74; Roote, 71 ; la Réorthe, c^{on} de Sainte-Hermine, Vendée.
— (Petrus de), 58.
Rapin (Aulbin), s^r du Moulin-Billaud, 321.
— (Nicolas), 321.
Raslorum terra, 57; la Rallière, c^{ne} de la Réorthe, c^{on} de Sainte-Hermine, Vendée.
Ravau (Garinus), 65.
Ré, 112 ; Riez, c^{on} de Saint-Gilles-sur-Vie, Vendée.
Reginaldus, filius Willelmi, domini de Foresta super Separim, 106.
— Richerii, miles, 91.
Renaldus, capellanus Sancti Herminii, 63.
— Boschenea, al. de Boschencia, 62, 63.
—, Chiruńs, 58.
Renaudus Grinberti, 61, 62.
Rennes, 273.

Renoarz (Giraudus), 70.
Renulfus, ferrerius, 59.
Renus li Ferruns, 68, 69.
Reolhac (J. de), 150.
Réty (Jehan), 164.
Reynaut, 156, 161.
Rezis (Johannes), 96, 100, 102.
Rialmodio (Petrus de), sutor, 74.
Riaumo (Davi de), miles, 99.
Richard Cœur-de-Lion, roi d'Angleterre et duc d'Aquitaine, 120.
Richardus, cantor, 36.
Richelieu (Armand-Jean Duplessis de), évêque de Luçon, 322 ; — (cardinal de), 289.
Richemont (Artus de), 128.
— (le connétable de), 146 note.
Richerii (Reginaldus), miles, 91.
Riparfont (N. de), religieuse de Sainte-Croix, 228, 232, 279.
Riveria, sanctimonialis Fontis Evraudi, 56.
Roauta (Aimericus de), miles 87.
— (Symon de), 87.
Robertet, 190, 191, 192, 193.
Robertus Mala Sorex, 56. V. Rothertus.
Robin (Marie), dame de Beauclerc. 288.
Robinus Delartus, 106.
Rocha, 108 ; la Roche, c^{ne} de Mouilleron-en-Pareds, c^{on} de la Châtaigneraie, Vendée.
— (Aimeric de), 59.
— Amatoris, 59 ; Rocamadour, c^{on} de Gramat, Lot.
— Eboli, molendinum, 121 ; moulin de la Roche, sur la Vendée, c^{ne} de Fontenay, Vendée.
— Super Yonem, 115 ; la Roche-sur-Yon, Vendée.
Roche (N. de la), religieuse de Sainte-Croix, 228.
Roche-aux-Enfants (Hélie de la), 214.
— fils du précédent, 213, 275, 277.
Rochefort, 142, 315, 316; Charente-Inférieure.

Rochefoucauld (Benjamin de la), baron d'Estissac, 250.
— (François de la), comte de Roye, 285.
Rochelle (la), 84, 140, 142.
Rochereau, 323.
Roeas (Aimericus), miles, 97.
Rogenitelli (Peregrinus), 102, 103.
Rohan (Benjamin de), sire de Soubise, 138.
— (Henri de), duc de Rohan, 139, 323.
Rolandus Giraut, miles, 100.
Rolle (Jean), à la Rochelle, 142.
Rolent, 148, 182.
Roméage, 172.
Romorantin (seigneur de), 314.
Roorta (Simon de), 81, 88.
Ropardi (Willelmus), 66.
Rorgo, filius Tetmari, militis, 39.
Rosea (Willelmus), miles, 84.
Rosny, duc de Sully, 233.
Ross, 133.
Rossay, 295 ; c^{on} de Loudun, Vienne.
Rosselères (les), 112 ; c^{ne} de Saint-Gervais, c^{on} de Beauvoir-sur-Mer, Vendée.
Rosseria, 108 ; la Roussière, c^{ne} de Pouzauges, Vendée.
Rostaing (Charles de), comte de Bury, 244.
Rotbertus, filius Phromontis, 38.

Rotbertus canonicus Sancti Nicolai, 27, 28, 30, 31.
— prior Sancti Martini, 36.
— Burgundio, 19.
— Engobaldi, 25.
— de Mirebello, 25.
— Pictavensis, 38.
Rotgerius, canonicus Sancti Nicolai, 27, 31.
Roucy (comte de), 312.
Rouen, 165.
Rouillé, 175 ; c^{on} de Lusignan, Vienne.
Rousseau, 134.
— (René), s^r de la Parisière, 224.
Roussillon (le comte de), 166.
Roustière (le sire de la), 151.
Rouvet (Gérard), orfévre de Paris, 128.
Roux (Olivier le), 166.
Royan, 315, 316 ; Charente-Inférieure.
Roye (le s^r de), 156.
Royer (le s^r), 269, 270.
Royrand (Nicolle), 177, 178.
Rue (Jehan de la), 187.
Rufiaco (Letgerius de), 26.
Rufus (Rainerius), 38.
Rupe (G. de), 81.
Rusticus (Petrus), 70.
Ryé (Christophe de), comte de Ryé, 218.

S

Sables-d'Olonne (les), 178, 209 ; Vendée.
Saint-Belin (Geoffroy de), évêque de Poitiers, 217, 218, 219.
Saint-Christophe (M^r de), 247.
Saint-Cloud, 154, 155.
Saint-Cyr-en-Talmondais, 298 ; c^{on} des Moutiers-les-Maufaits, Vendée.
Saint-Denis (l'abbé de), 183.
Saint-Hermine, 73 ; Saint-Hermyne, 84 ; Sancta Hermina, 84, 85, 94 ; Sanctus Herminius, 60, 61, 63 ; Sanctus Hermes, 72, 95 ; Sainte-Hermine, Vendée.

Saint-Hilaire le-Grand (église de) à Poitiers, 252, 255, 258, 300, 303, 304, 305. V. Sancti Hilarii ecclesia.
Saint-Hilaire de la Celle (abbé de), 206.
Saint-Hilaire de Loulay, 299 ; c^{on} de Montaigu, Vendée.
Saint-Laon de Thouars (abbaye de), 295.
Saint-Maixent, 314 ; Deux-Sèvres.
Saint-Maur, 313 ; c^{ne} de Cissé, c^{on} de Neuville, Vienne.
Saint-Pol (le comte de), 154, 155.

Saint-Romain, 261 ; c^on *de Leigné-sur-Usseau, Vienne.*
Saint-Seurin (doyen de), 147 note.
Saint-Thierry-lès-Reims, 166.
Sainte-Bazeille (le sire de), 174 note.
Sainte-Croix (l'abbé de), 147 note.
Sainte-Croix de Poitiers, 30, 193, 203, 296. Abbesses, V. Bourbon (Jeanne de), Nassau (Flandrine de), Trémoille-Royan (Catherine de la).
Sainte-Radegonde de Pommiers, 267, 288; c^on *de Thouars, Deux-Sèvres.*
Saintes, 84 ; — (concile de), 20 ; — (diocèse de), 317 ; — (évêques de), V. Goderannus, Ramnulfus.
Saintonge (la), 315, 316.
Saix, 295 ; c^on *des Trois-Moutiers, Vienne.*
Salars, 110.
Salarteina (P. de), 86.
Salat (Jehan), 196, 199.
Salebon (Lucas de), 84.
Salinarius (Aimericus), 31.
Salle (Claude de la), 329.
Sallenove La Mongie (de), maître des requêtes de la reine-mère, 323.
Samuel, filius Gaufredi Arahers, 9, 28.
Sanctæ Crucis monasterium, 30 ; *abbaye de Sainte-Croix de Poitiers.* V. Sainte-Croix.
Sanctæ Mariæ Majoris ecclesia, 19 ; *Notre-Dame-la-Grande, église collégiale à Poitiers.* Abbas, V. Garnerius.
Sanctæ Radegundis ecclesia, 6, 23, 24 ; *église collégiale de Sainte-Radegonde à Poitiers.* Priores, V. Guinemannus, Marcherius.
Sancti Cypriani abbas, V. Raginaldus.
Sancti Georgii villa, 27 ; *Saint-Georges, Vienne.*
Sancti Hilarii ecclesia, 23, 24, 25, 26, 30, 36, 55, 252, 255, 258, 300, 303, 304, 305 ; *église collégiale de Saint-Hilaire à Poitiers.* — Decani, V. Alboinus, Cacault (Philippe) ; — thesaurarius, V. Goscelinus.

Sancti Johannis Evangelistæ ecclesia, 17 ; V. Monasterium Novum.
Sancti Martini præpositus, V. Otgerius — Prior, V. Rotbertus.
Sancti Nicolai monasterium, 5, 46 ; priores, V. Aimericus, Benedictus, Durannus, Garnerius, Gerardus, Hugo, Simon.
Sancti Pauli abbatia, 303 ; *abbaye de Saint-Paul à Poitiers.*
Sancti Petri Puellensis ecclesia, 41 ; *église collégiale de Saint-Pierre-le-Puellier à Poitiers.*
Sancti Petri ecclesia Romæ, 13.
Sancto Georgio (Willelmus de), 63, 64.
Sancto Gregorio (Airaudus de), 26.
Sancto Johanne (Petrus de), 25.
Sancto Jovino (Arbertus de), 37, 39.
Sancto Paulo (Gocelinus de), miles, 87.
Sanctonicensis (Garnerius), 44.
Sanctus Georgius, 85, 90 ; *Saint-Georges de Montaigu,* c^on *de Montaigu, Vendée.*
Sanctus Georgius, 63, 64, 70 ; *Saint-Georges de la Plaine, nom ancien de Saint-Juire.* V. Sanctus Jurius.
Sanctus Hermes, Sanctus Herminius, V. Saint-Hermine.
Sanctus Hilarius, 62 ; *Saint-Hilaire-du-Bois,* c^on *de Sainte-Hermine, Vendée.*
Sanctus Jurius, 70 ; *Saint-Juire-Champgillon,* c^on *de Sainte-Hermine, Vendée.*
Sanctus Medardus, 62 ; *Saint-Mars-des-Prés,* c^on *de Chantonnay, Vendée.*
Sanctus Porcharius, 37.
Sanctus Valerianus, 75 ; *Saint-Valérien,* c^on *de l'Hermenault, Vendée.*
Sanglier (Antoinette), baronne de Creuilly, 278.
Sarberge (frater Guillelmus de), 61.
Saugeon (Léon), 198.
Saumur, 153, 308 ; *Maine-et-Loire.*
Savaricus vicecomes, 14.

Savaricus de Malo Leone, dominus Alperusiensis, 91, 92, 97.
— Segebrant, 60.
Saxe (Anne de), seconde femme de Guillaume le Taciturne, prince d'Orange, 205.
Sedan, 209, 240, 296 ; *Ardennes*.
Segebrandi (Guillelmus), 62.
Segebrandus, al. Seibrant, miles, frater Willelmi, domini de Foresta super Separim, 101, 106.
Segebrant (Savaricus), 60.
Segninos (Petrus), decanus de Marolio, 71. 72.
Seine, rivière, 156.
Selena villa, 29, 30 ; *Salennes*, c^{ne} de *Colombiers*, c^{on} de *Châtellerault*.
Selles (Notre-Dame de), 175 ; *Celles, Deux-Sèvres*.
Seneciaco (Rainaudus de), 38.
Seneché (Saint-Vincent de), 313 ; *Cheneché*, c^{on} de *Neuville, Vienne*.
Senlis (le bailli de), 156.
Serniacus, 121 ; *Sérigné*, c^{on} de *l'Hermenault, Vendée*.
Seuldre, rivière, 314, 315.
Sexte (Alexandre), 166, 167.
Sicile (roi de), 312.
Sillans (Antoine de), baron de Creuilly, 278.
Silvestris (R.), gerens vices archipresbyteri Alperusiensis, 104.
Simon, 38.
— (frater), 58, 59, 63, 64, 65, 66, 67, 68, 69, 71.
— prior S. Nicolai, 28, 30, 41, 44, 45.
— Boet, 81.
— Maingoti, 38.
— de Roorta, 81, 87, 88.
Simonis (Johannes), serviens, 41.

Solendea, 112 ; *Soullans*, c^{on} de *Saint-Jean-de-Monts, Vendée*.
Solier (le Père), jésuite, 203, 209.
Solms (Amélie de), femme de Henri de Nassau, 280.
Sonaio (frater Guillelmus de), preceptor domorum Templi in Aquitania, 105.
Potters (Johannes de), miles, 96.
Soubise (Jean de Parthenay-l'Archevesque, sieur de), 324.
— (Benjamin de Rohan, sire de), 138.
Stanley (James), comte de Derby, 280.
Stephanus, 14.
— filius Gunbaudi, 28.
— bubulcus, 74.
— (frater), preceptor Hospitalis de Codria, 93, 99, 100.
— prior Orbisterii, 55, 56.
— Briceas, 66, 67.
— Cochinea, al. Cochoneas, 97, 98, 104, 108.
— Cracunius, canonicus S. Nicolai, 28.
— Grinbertus, clericus, 70.
— Grundini, al. Grundins, 58, 61, 65, 67.
— Martini, 63, 64.
— Paracinsis, 37.
— Pigrea, 74.
— Venditor, 27.
Stherifenetrea domus, 109.
Stirpensis (Bernardus, clericus), 20 ; *abbaye de Lesterp*, c^{on} de *Confolens, Charente*.
Suisses (les), 181.
Suzanna, domina de lo Roote, 71.
Sweertz (Robert), homme d'affaires en Hollande, 249, 268.

T

Tabarie (mulier dicta la), 104.
Tabaris (Willelmus), 59.
Tacharon, 323.
Taillebourg (comte de), 314.
— (Madame de), 189.
Talamundensis (Albertus), 46.
Talmond, V Thalmundum.
Talmondais (le), 298.

Talnaico (Aimarus de), 45.
Tamiser (Johannes lo), 101.
Tayraud, 323.
Tecelinus, 36.
Temerius, 59.
Templi domus Jherusalem, al. Hyerosolimitani, al. Salomonis, 83, 87, 88, 89, 91, 92, 93, 96, 97,

98, 99, 100, 101, 102, 105, 110.
— Pour les commanderies de cet ordre, V. Codria, Landa Alba, Malleone (Sanctus Salvator de)
Teobaldus Chaboz, 96.
Teodelinus, abbas Malleacensis, 35, 36.
Tetbaldus, 14.
— clericus, 40.
Tetmarus, miles, 39.
Teyl (J. de), miles, 99.
Teyliau feodum, 99 ; *le Teil*, c^{ne} *du Breuil-Barret*, c^{on} *de la Châtaigneraie, Vendée*.
Thalmundum, 82, 83 ; *Talmond, Vendée*.
Thebaldus, miles, 121.
Theobaldus Harpini, miles, dominus de Frogeriis, 103.
— Lunelli, miles, 109.
Theobaudus, filius la Chotarde, 66.
— Chabot, filius Hervei de Marolio, 60, 61.
Thoarcio, al. Thoarthio (Hugo de), dominus Montis Acuti, 81, 82 ; al. dominus Montis Acuti et Ganapie, 85, 86.
— (Johannes de), serviens W. de Malleone, 83.
Thoarcium., 108, 140 ; *Thouars, Deux-Sèvres*. — Thoarcensis archidiaconus, 305. V. Thouars.
Thoinard (M.), 140.
Thomas, 60, 63.
— clericus, cancellarius W. de Malleone, 83.
— (frater), al. Tomas, sacerdos, 86.
— de Marciaco, miles, 39.
— Nonetensis (frater), templarius, 91.
— do Perer, 88.
Thomasa, uxor Simonis Maingoti, 38.
Thouars, 108, 140, 151, 152, 173 note. Vicomtes de —, 305 ; V. Aimericus, Gaufredus, Savaricus.
Tire (Petrus de), 63.
Tisiciacus, villa, 35.
Tollet, 295 ; *Thollet*, c^{on} *de la Trémouille, Vienne*.

Torgne (Gaufridus de), 82.
— (Petrus de), 69.
Tornamina (Guillelmus), 9.
Torre (Andreas), 113.
Touche-Beaurepaire (le s^r de la), 295.
Toulouse, 149 ; université, 325.
Tour (Frédéric-Maurice de la), 380.
Tour (Julienne-Catherine de la), comtesse de Royé, 285.
— (Marie de la), duchesse de la Trémoille, 212, 267, 281.
Touraine (comte de), 312.
— (nation de), en l'université de Poitiers, 326.
Tours, 126, 169, 173 note, 176, 177, 180, 185, 192, 201, 319. Archevêque de —, V. Bartholomeus. — Saint-Martin de —, 183 note.
Toustain, 152, 158, 167.
Traiant (Aimericus de), 82.
— (Petrus de), miles, 82, 86.
Tral (pratum de), 60.
Travers, al. Traversus (Petrus), 58, 61, 63, 64, 65, 66, 67, 68, 70, 71.
— (Willelmus), 61, 68.
Trémoille (le duc de la), 140.
— (Madame de la), 189.
— (Catherine-Marie de la), religieuse de Sainte-Croix, 285.
— (Charlotte de la), comtesse de Derby, 280.
— (Claude, duc de la), 203, 208, 212, 216, 219, 221, 222, 223, 224.
— (Elisabeth de la), 212.
— (Frédéric de la), comte de Laval, 264, 268.
— (Gilbert de la), marquis de Royan, 227.
— (Gui de la), 309, 310, 311, 314.
— (Henri de la), duc de Thouars, 212, 250, 267.
— (Henri-Charles de la), prince de Tarente, 271.
— (Louis de la), duc de la Trémoille, 213.

Trémoille-Royan (Catherine de la), abbesse de Sainte-Croix, 204, 209, 212, 227, 229, 232, 281, 295; appelée «la chère cousine de Royan», 233, 234, 244, 262, 263, 267, 270, 272, 276, 282, 285, 287.
— (Marie-Marguerite de la), abbesse de Jouarre, 212.
Trinité (abbaye de la), à Poitiers, 263. Abbesse, 295, 296; V. Bourbon (Guischarde de).
Triqueng (Paganus), 60.
Troneas (Petrus), 60, 61.
Tronellus (Petrus) de Raorta, 57.
Truanz, 69.
Trunx, villa, 8; Trens, 28; Tron, c^{ne} de Montamisé, c^{on} de Saint-Georges, Vienne.
Tucz (Vincentius), 100.
Tullo (Guido de), preceptor domorum Templi in Aquitania, 92.
Turenne, 209, 220; c^{on} de Meyssac, Corrèze.
Tuscha Gigonis, 120; la Tousche, ancienne maison de campagne de Nicolas Rapin, près Sérigné, c^{on} de l'Hermenault, Vendée.
Tusculanensis episcopus, V. Gilo.
Tyndo (Louis), 185.

U

Uleco (P.), miles, 99.
Ulgerius, eques, 44.
Umbertus, canonicus Sancti Nicolai, 36.
Umbertus meditarius, 43, 44.
Urbanus papa II, 20, 46.
Uza (le seigneur d'), 147 note.

V

Vacaria, Vacheria, 6, 11, 25; la Vacherie, c^{ne} de Poitiers.
Vadi Pinchon molendinum, 122; moulin de Pilorge, sur la Vendée, près du Gué-Pinson, c^{ne} de Fontenay, Vendée.
Valanson, 298; vallée, c^{ne} de Saint-Cyr-en-Talmondais, Vendée.
Valois (le duc de), 193.
Valpergne (Raoulet de), 164.
Varvic (le comte de), 165.
Vassaud (Geoffroy), archevêque de Vienne, 127.
— (Marie), 127.
Veers (Petrus), 82.
Veierans, al. Vceras (Ernaudus), 70, 71.
Velza castellum, 42.
Venderie (Petrus de la), 109.
Veneur de Tillières (Anne le), comtesse de Fiesque, 286.
Verdoilet (Costencius), 95.
Verger (M^r), 233.
Vergna (Willelmus de), 108.
Vermandois (le bailli de), 156.
Vernède (Henri), s^r de la Pierre-Blanche, 139.
Vetula Mortua, locus, 59.
Vexains (Mlle de), 282.
Veyerie (la), 112; la Vérie, c^{ne} de Challans, Vendée.
Victoire-lès-Senlis (Notre-Dame de la), 179, 180.
Vienne (archevêque de), V. Vassaud (Geoffroy).
Vienne (Jehan de), 314.
Viéte (François), s^r de la Bigotière, 132, 136, 137.
Vigau (terra dau), 58.
Vigeannus, al. Vigennus, sacerdos, 85, 90.
Vigerius, al. Vigerii (Arnaudus), 58, 64, 65, 66, 67.
Vilanus (frater), miles, 86.
Vilhers, 313; Villiers, c^{on} de Neuville, Vienne.
Villani (Guillelmus), 65.
— (P.), 66.

Villanus (Arnaldus), 41.
Villiers de la Groslaye (Jean de), 185 note.
Villoutreys (Nicolas de), 250, 253, 257.
Vimeu (le prévôt de), 166.
Vincent (saint), 299.
Vincent (Laurent), procureur de la nation de Berry, 326.
Vinosa (Raginaudus de), 85.
Viridis Vallis mansio, 121; les *Vaux-Verts*, c^ne de *Fontenay*, *Vendée*.
Virtutum comes, 308, 310, 311; *Vertus*, *Marne*.
Vitralla, 121; la *Vitrelle*, c^ne de *Pissotte*, c^on de *Fontenay*, *Vendée*.
Vitré, *Ille-et-Vilaine*, 296.
Viveona (Bartholomeus de), 26.
Viviani (Johannes), 25.
Vivianus, subcantor Sancti Hilarii, 25.
Vivonne (André de), 194.
Voltron, 7, 11; *Voutron*, c^ne d'*Yves*, c^on de *Rochefort*, *Charente-Inférieure*.
Volventum, 98, 107; *Vouvant*, c^on de la *Châtaigneraie*, *Vendée*.
Vouilhé, 313; *Vouillé*, *Vienne*.
Willelmus, V. Guillelmus.

X

Xainctonge (pays de), V. Saintonge.

Y

Yvon, 323.

TABLE DES MATIÈRES

CONTENUES DANS CE VOLUME.

Pages.

Statuts et organisation de la Société des Archives historiques du Poitou. v

Liste des membres. ix

I. Cartulaire du prieuré de Saint-Nicolas de Poitiers, publié par M. Rédet. 1

II. Cartulaire du prieuré de Libaud : par MM. Marchegay et de la Boutetière. 53

III. Dons d'hommes en Bas-Poitou au xiiie siècle : par M. de la Boutetière. 79

IV. Extraits des Archives historiques de la ville de Fontenay-le-Comte : par M. B. Fillon. 117

V. Lettres des rois de France, princes et grands personnages, à la commune de Poitiers : par M. B. Ledain. 143

VI.	Lettres de Charlotte-Flandrine de Nassau, abbesse de Sainte-Croix de Poitiers : par M. Marchegay.	204
VII.	Miscellanées : par MM. Beauchet-Filleau, Bonsergent, Fillon, Marchegay et Richard.	297
VIII.	Epigraphie romaine et gallo-romaine. Sigles figulins trouvés à Poitiers, par M. Bonsergent.	333
	Table générale des noms de personnes et de lieux.	379

Poitiers. — Typographie de Henri OUDIN, rue de l'Éperon. 4.

www.ingramcontent.com/pod-product-compliance
Lightning Source LLC
Chambersburg PA
CBHW051828230426
43671CB00008B/883